本书为东北大学秦皇岛分校"人才专项科研启动基金"项目
（编号：9064512082301）结项成果

本书受东北大学秦皇岛分校"满学研究团队"建设经费
（编号：9094510922234）支持

# 清代盛京五部研究

李小雪 著

中国社会科学出版社

图书在版编目（CIP）数据

清代盛京五部研究 / 李小雪著 . —北京：中国社会科学出版社，2023.9
ISBN 978－7－5227－2458－4

Ⅰ.①清… Ⅱ.①李… Ⅲ.①官制—研究—中国—清代 Ⅳ.①D691.42

中国国家版本馆 CIP 数据核字（2023）第 155137 号

| | |
|---|---|
| 出 版 人 | 赵剑英 |
| 责任编辑 | 刘　芳 |
| 责任校对 | 李　敏 |
| 责任印制 | 李寡寡 |

| | |
|---|---|
| 出　　版 | 中国社会科学出版社 |
| 社　　址 | 北京鼓楼西大街甲 158 号 |
| 邮　　编 | 100720 |
| 网　　址 | http://www.csspw.cn |
| 发 行 部 | 010－84083685 |
| 门 市 部 | 010－84029450 |
| 经　　销 | 新华书店及其他书店 |
| 印　　刷 | 北京明恒达印务有限公司 |
| 装　　订 | 廊坊市广阳区广增装订厂 |
| 版　　次 | 2023 年 9 月第 1 版 |
| 印　　次 | 2023 年 9 月第 1 次印刷 |
| 开　　本 | 710×1000　1/16 |
| 印　　张 | 21.25 |
| 插　　页 | 2 |
| 字　　数 | 285 千字 |
| 定　　价 | 108.00 元 |

凡购买中国社会科学出版社图书，如有质量问题请与本社营销中心联系调换
电话：010－84083683
版权所有　侵权必究

# 序

李小雪同学的专著《清代盛京五部研究》即将付梓，嘱我为序，忝为导师，我慨然应允。顾炎武有"人之患，在好为人序"之语，对后人影响较大，许多学者不愿为人作序。业师王锺翰先生颇赞同章学诚"书之有序，所以明作书之旨也"之说，认为为人书序，并非仅为提携学人，以观其美，而是辨章学术，推广新作之一端，故锺翰师未暇顾及序之不文，为人作序颇多。锺翰师之序，咸亲笔书写，字斟句酌，评介著作旨趣，不作浮泛溢美之辞。2000年拙著《清前期八旗土地制度研究》付梓前，锺翰师恰患眼疾，视力模糊，但仍用一周时间，写出简短之《序》。见到字体大小不一，行距上歪下斜的《序》稿，可窥知先生在几乎看不见字的情况下，写此序之艰难，感动之余，我便有将来要为自己的学生书序之想法。于今鉴之，为学生作序，并非仅为责任和义务，将指导学生选题和研究过程、成果特点等录诸于序，或更可"明作书之旨也"。

《清代盛京五部研究》是其在博士学位论文的基础之上修改完成的，论文所涉内容是其硕士学位论文有关清入关前政治史的延伸。清初，清廷仿效明代两京制将盛京设为陪都，并参考明代陪都体制，在入关前盛京原有六部遗留人员的基础上，设立盛京户、礼、兵、刑、工五个部，统称为"盛京五部"。本书便以盛京五部作为研究对象，分四部分进行研究。第一部分是对盛京五部的沿革及机构人员的论述。

包括五部建立的原因、建立的过程、管辖范围、五部机构发展演变的动态过程及五部侍郎与五部部员的选任情况。第二、第三部分是对盛京五部各部职能的论述。盛京户部的职能涉及对官庄、旗地、钱粮、词讼、户籍、杂项支给等事务的处理，盛京刑部的职能涉及对旗民案件、蒙古案件、私刨私贩人参案件、逃人、造买赌具及私入围场等案件的处理，盛京礼部的职能涉及对祭祀、礼仪、官学、宗教及贡使等事务的处理，盛京工部的职能涉及对营造、收支等事务的处理，盛京兵部的职能涉及对点验军器、监射、驿站、东六边门及武职官员选任等事务的处理。第四部分对盛京五部与清帝及各衙门的关系进行了论述。主要内容包括五部与清帝、盛京内务府、北京六部及盛京将军衙门、奉天府等的关系。由此展现出盛京五部在有清一代变化发展的状况，概括出盛京五部在盛京地区二重管理体制形成过程中所发挥之重要作用，进而对清代东北地区政治管理制度及多民族社会治理进行深入思考。

  本书的创新性主要有两个方面。第一，在研究对象的选择上具有一定创新性。现今学界对清代东北地方政治史，特别是盛京地区政治史的研究，多倾向于关注盛京将军和奉天府府尹之间的博弈，对盛京五部缺乏关注，从盛京五部的角度去研究清代东北地方史更是鲜少。因而，本书选择盛京五部作为研究对象便为清代东北政治制度史相关研究增添一个全新研究课题。第二，在资料的选择和运用上具有一定创新性。本书在写作之初对有关清代盛京史的资料进行了详细的搜集与梳理，最大限度对相关资料进行了挖掘与爬梳，通过内容丰富且整理详细的参考文献得以窥见，参考文献书写内容甚至可看作清代盛京史的文献学研究。与此同时，书中又利用大量深藏于档案馆内未出版之档案资料，特别是一些满文档案资料，而且所收档案注重将中央与地方资料相结合。辽宁省档案馆最近出版的《黑图档》是盛京内务府存留的档案，其内容涉及广泛，又因为盛京内务府部门的特殊性，该档既反映了包括盛京五部在内的盛京地区上层管理机构的情况，也展现了清代东北地方旗民生活的状况，本书重点对其进行了研究和运用。同时，有关地方政治制度的研究，还不可忽视同时期中央与地方的往来，所以，对北京中国第一历史档案馆藏内阁题本中有关盛京五部内容的搜集和运用也是本书研究利用的重点。

  本书的出版不但为作者未来的研究奠定基础，也将为学界相关研究提供一定的参考与借鉴。有清一代，盛京五部在东北地区多民族社会治理方面发挥重要作用，正是在其协调统一下促使东北地区旗民二重管理体制得以形成。因而对其进行深入探讨与研究，将为现今东北边疆民族地区的社会治理及促进我国多民族和谐发展、维护国家统一指明方向并提供学理支持。

  小雪本硕就读于辽宁大学历史学院，乃"两耳不闻窗外事，一心只读圣贤书"之典型，故具有深厚的史学功底。随我读博后，更是孜孜以求，废寝忘食，不但在研究视野和方法方面领悟颇多，而且在满文档案整理翻译上投入精力较大。大量利用满、汉文档案资料，成为其研究特色。所发表的多篇学术质量较高的论文，深得学界好评。希望小雪以此书出版为契机，持之以恒，追求学术，勤奋耕耘，再接再厉，取得更多学术成果。

  是为序。

赵令志

# 目 录

绪 论 …………………………………………………………（1）

**第一章 盛京五部沿革及机构设置** ………………………（27）
 第一节 盛京五部的沿革 …………………………………（27）
 第二节 盛京五部的机构和官员 …………………………（53）
 小结 …………………………………………………………（87）

**第二章 盛京五部的职能（上）** …………………………（89）
 第一节 盛京户部的职能 …………………………………（90）
 第二节 盛京刑部的职能 …………………………………（125）
 小结 …………………………………………………………（151）

**第三章 盛京五部的职能（下）** …………………………（152）
 第一节 盛京礼部的职能 …………………………………（152）
 第二节 盛京工部的职能 …………………………………（175）
 第三节 盛京兵部的职能 …………………………………（194）
 小结 …………………………………………………………（207）

## 第四章　盛京五部与清帝及各衙门之间的关系 ……………（208）
### 第一节　盛京五部与清帝及盛京内务府的关系 …………（209）
### 第二节　盛京五部与京师六部及彼此之间的关系 ………（222）
### 第三节　盛京五部与盛京将军衙门的关系 ………………（236）
### 第四节　盛京五部与奉天府的关系 ………………………（253）
### 小结 …………………………………………………………（268）

## 结　语 …………………………………………………………（270）

## 附　录 …………………………………………………………（277）

## 参考文献 ………………………………………………………（305）

## 后　记 …………………………………………………………（330）

# 绪　　论

## 一　研究意义

顺治元年（1644），清军入关，清廷随之将都城由盛京迁至北京，盛京设总管来管理。顺治中期，清廷基本实现了对全国的统一，国家的各项事务也开始由以征战为主转向以恢复建设为主，清统治者对满洲发祥之地的恢复也随之提上日程。为了"近奉山陵，远翊畿辅"，清帝将盛京设为陪都，为了凸显陪都的身份，又仿照京师六部，在盛京相继建立了礼、户、工、刑、兵五部，因为盛京官吏选任事务比较简单，所以仍由京师吏部负责，在盛京未设有吏部。盛京的这五个部，因为同为陪都机构，履行职能时很多情况下需要通力合作，各部官员也经常相互调遣，所以，五个部门联系紧密，因而，清代文献中经常将这五个部统称为"盛京五部"。盛京五部是清廷在盛京城仿照京师六部设立的处理盛京等处相关事务并兼及处理京师六部涉及吉林、黑龙江两省相关事务的中央国家机关。

《清实录》中记载的有关盛京等处的事务多涉及将军和府尹，而对五部的记载多是指出五部官员的腐败和懒散。这似乎表明盛京等处事务主要是由将军和府尹负责处理，五部人少事简，是奉天地区闲散衙门，因而忽略了五部所发挥的作用。同时保存至今的有关盛京五部的史料不多，散见于清代各种资料中，不容易收集和整理。所以，现今学界还没有出现对盛京五部进行全面整体的研究，史料的稀少及内容的单一,也使得人们对盛京五部的认识还很肤浅。基于以上这些情况,笔者通过对五部相关资料的收集,试图对五部进行全面整体的研究,尽可能将收集到的资料中所反映的五部的状况都呈现出来,在此基础上展现出盛京五部在有清一代发展变化的状况,使读者能够对盛京五部有更加全面的认识,同时也对清代奉天地区的政治管理制度提出一些新的看法。

**二 相关研究回顾**

学界至今还没有对盛京五部进行全面整体的研究,已有研究成果中有关五部的内容,多是为了阐述相关问题而对五部进行的简单介绍,叙述浅显且零散,以下便对中国大陆地区、中国台湾地区及海外相关研究成果中散见之盛京五部研究状况进行简要阐述。

(一)中国大陆地区研究现状

20世纪八九十年代,学界还没有专门研究盛京五部的成果,只是在通史、制度史、东北史及东北政治制度史的研究中对五部的内容偶有涉及。萧一山的《清代通史》(中华书局1986年版)、张博泉的《东北地方史稿》(吉林大学出版社1985年版)是较早述及五部的通史及东北史著作。之后出版的研究清代政治制度史的著作,如李鹏年等编的《清代中央国家机关概述》(黑龙江人民出版社1988年版)、刘子扬编的《清代地方官制考》(紫禁城出版社1988年版),也对盛京五部的机构及职官概况做了简要介绍。与此同时,在一些东北史的专项研究中也散见关于五部的内容。这些专项研究所涉及的内容包括东北的官庄、关外的一宫三陵、东北的驿站、清帝东巡、祭祀长白山、清与朝鲜的往来、清对三姓的贡赏等。不管是在通史、制度史、东北史的研究中,还是在专项研究的论著中,盛京五部的研究都比较零散,很不深入。随着时间的推移,到了21世纪初,盛京五部的研究取得了一些新的进展。2007年,辽宁大学历史学院的丁海斌教授所著《清代陪都盛京研究》（中国社会科学出版社 2007 年版），首次以盛京五部为章节标题，但是由于篇幅所限，也只限于介绍五部的机构和职能，对其他内容涉及较少，而且对所涉及内容缺乏动态研究。刘佺仕的《清代盛京刑部初探》（硕士学位论文，中央民族大学，2013 年），首次对盛京刑部进行了全面的研究，填补了五部中各部专项研究的空白，不足之处在于利用的资料有限，研究不够深入。以下仅从有关五部的综合性研究、专题研究及职能研究三方面对现今中国大陆地区学者对五部的研究情况进行简要介绍。

**1. 有关盛京五部的综合研究**

萧一山的《清代通史》（中华书局 1986 年版）在述及地方政治制度时对奉天地区的政治组织进行了论述，其中对盛京五部的说明尤为详细，先后叙述了五部的建立、设官及其职能。张博泉的《东北地方史稿》（吉林大学出版社 1985 年版）是国内第一部完整的东北区域史著作，该书始于原始社会，止于清代，按照时间发展的顺序对各个时期东北历史的状况做了简要的叙述。其中，在述及清代东北史时，作者认为清代东北政治管理的特点是旗民双重制，盛京五部便是执行这一特殊制度的机构，既协调旗署又兼理民署。佟冬主编的《中国东北史》（吉林文史出版社 1998 年版），对东北地区历史发展状况记载极为详尽，该书共计 6 卷 430 万字。其中，在叙述奉天地区政治机构设置时，对盛京五部侍郎的设置及职能进行了简要阐述，并在对东北地区经济、文化事业的论述中偶有对五部职能的介绍。薛虹、李澍田主编的《中国东北通史》（吉林文史出版社 1993 年版）与李治亭主编的《东北通史》（中州古籍出版社 2003 年版）都对五部的设立和职能进行了阐述，两书对五部职能的叙述比佟冬《中国东北史》的叙述更加详细、具体。朱诚如主编的《辽宁通史》（辽宁民族出版社 2009 年版），是最近一部出版的研究现今辽宁省行政区划范围内各地历史的多卷本通史，上起原始社会下至当代，在述及清前期辽东行政建制之陪都机构时，将盛京五部与盛京内务府并列提出，但所述内容相对简单且概括。郑川水的《大清陪都盛京》（沈阳出版社2004年版），丁海斌、时义的《清代陪都盛京研究》（中国社会科学出版社2007年版），武斌的《故宫学与沈阳故宫》（故宫出版社2017年版），王忠昆主编《盛京皇城》（辽宁美术出版社2019年版）等是以清代盛京及盛京城作为研究对象，对其历史沿革、政治、经济、文化、宫殿建筑等进行全面研究的著作，其中，在叙述盛京政治制度时，提及盛京五部并进行了概要性介绍。刘子扬的《清代地方官制考》（紫禁城出版社1988年版），刘文瑞的《中国古代政治制度：皇帝制度与中央政府》（中国书籍出版社2018年版）等从制度史角度对清代中央及地方政治制度进行叙述，涉及清代相沿明代之陪都体制时，对盛京五部的设置进行了简要描述。

**2. 有关盛京五部职能的研究**

有关盛京五部所属官庄的研究。官庄，自清初有广义与狭义两种说法。狭义仅指内务府官庄即皇庄，广义便还包括盛京户部、礼部、工部和三陵所辖官庄。近年来，随着清代东北边疆档案资料特别是《黑图档》等盛京内务府档案的陆续刊布，盛京内务府官庄的研究备受关注。早期相关著述有关嘉禄、佟永功的《盛京内务府粮庄述要》（《历史档案》1979年第1期），魏鉴勋、关嘉禄的《康熙朝盛京内务府皇庄的管理》（《故宫博物院院刊》1984年第2期），沈微的《盛京内务府粮庄概述》（《社会科学辑刊》1986年第4期），王革生的《清代东北官庄的由来和演变》（《中国社会经济史研究》1989年第3期），乌廷玉的《清朝盛京内务府官庄的几个问题》（《北方文物》1989年第3期）；近期有李文秀、穆崟臣的《国内清代皇庄研究的回顾与展望》（《农业考古》2016年第3期），李小雪的《顺康年间盛京上三旗包衣佐领所属粮庄群体的组织与管理》（《清史研究》2019年第2期），王萍的《清康雍乾时期盛京皇庄研究》（硕士论文，辽宁大学，2018年），祁美琴的《清代包衣旗人研究》（第七章第一节《村屯包衣》），刘小萌的《"三藩汉人"与东北官庄》（《民族研究》2020年第6期）等。而由官庄所指范围的变化，可见，清初清廷与盛京在对各机构所属庄园的设置及管理上存在相似，由此，学界便于对盛京内务府官庄的研究推及对其他盛京相关机构所属庄园之研究，其中便涉及盛京五部所属官庄。五部所属庄园，主要指盛京户部、盛京礼部及盛京工部所属官庄。辽宁省社科院的王革生研究员对东北官庄的研究比较深入，他的《清代东北土地制度史》（辽宁大学出版社1991年版）一书，对清代东北官庄进行了详细的论述，其中对盛京户、礼、工三部官庄的种类、所在地、产品、庄田额、租税、庄内人丁的身份及隶属等问题进行了探讨并配有详细的统计表。同时，又写作了《清代东北官庄的由来和演变》（《中国社会经济史研究》1989年第3期）、《清代东北官庄生产关系的演变》（《满族研究》1991年第3期）等论文专门对东北官庄相关问题进行了研究，其中对盛京户、礼、工三庄的建立、劳动力来源、缴纳产品及生产关系转变等问题进行了论述。衣兴国、刁书仁所著《近三百年东北土地开发史》（吉林文史出版社1994年版），对盛京户、礼两部官庄的土地来源、种类、数额、内部结构、土地管理等问题进行了论述，特别对盛京户部专辖若干旗丁，使其听命服役之事进行了阐述。此外，乌廷玉、张云樵、张占斌的《东北土地关系史研究》（吉林文史出版社1990年版），刁书仁的《东北旗地研究》（吉林文史出版社1993年版）等对盛京户、礼、工部的官庄有所论及。王佩环的《清代前期盛京地区官盐生产供销概述》（《盐业史研究》1988年第3期）对盛京盐庄的经营情况进行了叙述。

有关盛京五部与清帝东巡的研究。王佩环的《清帝东巡》（辽大学出版社1991年版)、白文煜的《清帝东巡研究》(辽宁大学出版社2015年版)等以清帝东巡为研究对象，全面阐述清帝东巡的总体概况，沈阳故宫宫殿建筑群最后形成与清帝东巡之间的关联，沈阳故宫原藏文物的由来，清帝东巡对盛京三陵乃至东北地区的影响，以及清帝东巡等。前者对清帝东巡期间于沈阳故宫的活动、清帝东巡与盛京三陵、清帝东巡对东北地区的影响等问题进行了深入研究与探讨。后者将沈阳故宫置身于一个更宏大的文化背景之中。而清帝东巡除了祭祀祖陵之外，巡察吏治也是一项重要内容。清帝在东巡中对东北吏治的整顿涉及盛京五部官员。刘渝龙、金身佳的《古代帝王巡游记实》(岳麓书社1997年版)、王佩环的《嘉庆东巡得失论》(《社会科学辑刊》1991年第6期)及姜相顺的《乾隆东巡的政治活动与历史作用》(载《满族史论集》，辽宁民族出版社1999年版)均记述了东巡期间清帝对盛京五部官员的怠政、清语生疏、上下包庇、耻于在盛京做官等情况的整治。

有关盛京五部与清关外三陵及祭祀长白山活动的研究。清关外三陵主要指在盛京城的清福陵、清昭陵和在兴京的清永陵。清代设立三陵总理事务大臣，由盛京将军兼任，总管关外三陵相关事务。其下设三陵承办事务衙门，属具体办事机构，负责三陵祭祀和修缮等事务。而承办事务衙门的官员主要由盛京户部、盛京礼部、盛京工部派充。现今关外三陵研究中涉及五部的主要是盛京户部、盛京礼部、盛京工部承办三陵祭祀、修缮等事务的研究。如白洪希的《清陵寝员役制度初探》(《满族研究》2003年第2期)、《清关外三陵管理机构探实》(《满族研究》1997年第4期)，《沈阳福陵志》(辽宁民族出版社2006年版)、《沈阳昭陵志》(辽宁民族出版社2006年版)、《盛京永陵》(沈阳出版社2004年版)都是在谈及三陵的管理机构时提及盛京户、礼、工三部，但是均未对盛京户、礼、工三部具体行使的职能进行论述。王英鹰、张淑芝的《清关外福、昭二陵祭祀与东巡》(《满族研究》1999年第2期)，韩志峰的《永陵大祭考略》(《满族研究》1986年第2期)只针对三陵祭祀之时，盛京户部、礼部、工部的某些职能进行了描述。如，盛京户部、礼部准备祭品，盛京礼部派遣读祝官将祭品送至陵寝，盛京工部负责用药材对祭器进行炸洗等。姜相顺的《乾隆东巡谒祖陵期间在盛京皇宫的增建及悬挂珍藏》(载《满族史论集》，辽宁民族出版社1999年版)，《从满族的文化习俗看沈阳故宫的门神和匾联》(载《满族史论集》，辽宁民族出版社1999年版)及王佩环的《沈阳故宫凤凰楼建筑年代考》(《故宫博物院院刊》1982年第4期)等对盛京皇宫修缮等进行了研究。陶勉的《清代封祭长白山与派员踏查长白山》(《中国边疆史地研究》1996年第3期)一文，在叙述清代封祭长白山的过程时，提到了盛京五部在其中所发挥的作用。如工部负责维修祭殿、礼部负责准备祭品并派遣官员参与祭祀活动，兵部负责向出边门祭山的祭祀人员发放火牌。

有关盛京五部与清代东北边疆少数民族贡赏制度的研究。关嘉禄、佟永功的《清代贡貂与赏乌绫制度的确立及演变》(《历史档案》1986年第3期)一文主要利用辽宁省档案馆藏的《三姓副都统衙门满文档案》对清代贡貂赏乌林(又写作"乌绫")制度进行了说明，其中提到了盛京五部在贡赏过程中所发挥的作用。即，赏乌林时吉林将军需先向盛京礼部发咨文办理手续，然后盛京礼部转发咨文给盛京户部，由盛京户部对手续和赏赐的数量进行复核，再饬交银库发给乌林，最初赏赐的成衣是由盛京工部制作的，盛京户部和盛京礼部还要负责收藏关领乌林的清册。李桂芹的《明清两代对东边北疆的管辖与贡赏联姻制度》(《黑河学刊》1992年第2期)一文，也提出了相同的观点。此外，杨余练、关克笑的《清朝对东北边陲民族的联姻制度》(《黑龙江文物丛刊》1984年第2期)、袁森坡的《康雍乾经营与开发北疆》(中国社会科学出版社1991年版)

及关嘉禄的《里达喀及其进京纳妇浅析》(载《清史满学暨京剧艺术研究·关嘉禄文集》，社会科学文献出版社2012年版) 等文还提到盛京五部负责对远嫁三姓地区的民女进行赏赐，盛京工部提供朝衣、袍、撒袋及犁铧等农具，盛京户部提供马匹。

有关盛京五部与清代东北行政管理体制的研究。针对入关前东北行政管理体制的情况，郑天挺在《牛录·城守官·姓长——东北地方行政机构》(载《清史探微》，北京大学出版社1999年版) 一文中指出，入关前东北地区地方行政单位是牛录，其上设城守官，边疆少数民族地区实行姓长制。对于入关后东北行政管理体制的研究，金毓黻先生最早在其《清代统治东北之二重体系》(载孙进己、冯永谦、冯季昌编《东北历史地理论著汇编》第5册，辽宁社会科学院历史研究所主办，1987年) 中提出清初统治者在东北设立旗署和民署分别管理旗民事务，进而形成旗民二重管理体系。暴景升的《清代中前期东北地区统辖管理体制初探》[《云南师范大学学报》(哲学社会科学版) 2009年第2期] 一文对金先生的二重体系做出了更加细致的解读。他认为东北地区的旗民二重体系在奉天、吉林、黑龙江地区实行方法各不相同。奉天地区由奉天将军和奉天府分别管理旗民事务；吉林地区是吉林将军总管之下实施旗民分治；黑龙江地区则是完全采取八旗制进行管理。任玉雪的《清代东北地方行政制度研究》(博士学位论文，复旦大学，2003年) 则对上述东北地方管理体制由入关前至入关后，直至清末总的发展情况进行了综合研究。作者提出盛京五部在东北地方管理体制中的作用在于制衡盛京将军和奉天府府尹，在将军和府尹分治中，五部不论旗民，只按所管事务来分，将将军和府尹即旗民事务联系在一起。丁海斌的《论清朝陪都盛京的政治制度》[《辽宁大学学报》(哲学社会科学版) 2006年第4期]、孟繁勇的《清代盛京将军与陪都机构权力关系的演变》(《社会科学辑刊》2009年第3期)、张士尊的《清代盛京移民与二元行政管理体制的变迁》(《东北师范大学学报》2004年第4期)等文详细论述了五部在盛京将军和奉天府府尹的权力交叉中对二者的制衡作用,基本上已将这一问题理清。刘文波的《清代东北驻防将军职掌比较研究》[《内蒙古社会科学》(汉文版)2010年第3期]、任玉雪的《从八旗驻防到地方行政制度——以清代盛京八旗驻防制度的嬗变为中心》(《中国历史地理论丛》2007年第3期)对在盛京户部征税和盛京刑部审理旗民交涉事务时,将军和府尹出现权力交叉事例进行了简要说明。此外,刘国辉的《试述清季奉天省官制改革》(《北方文物》2012年第1期)一文主要针对清末废除盛京将军、盛京五部而建立三省的史实进行了阐述,但文中对废除五部的原因未加分析。

盛京五部各部职能的研究。刘佺仕的《清代盛京刑部初探》(硕士学位论文,中央民族大学,2013年)是最早对五部中某一部进行系统专门研究的学位论文。该文历史文化学院对盛京刑部的建立、机构、衙署、管辖范围、职能、改革和裁撤等方面进行了研究,比较全面地勾勒出盛京刑部的概况,但对盛京刑部职能变化缺少动态说明,同时对盛京刑部职官选拔任用及与其他各部门的关系也未曾论及。张莹的《试论清代盛京刑部》(载白文煜主编《清前历史与盛京文化》,辽宁民族出版社2015年版)对清入关前刑部与入关后陪都刑部进行了比较,通过对刑部的设置、职官、职能等的梳理,既厘清了盛京刑部设立之背景,又在此基础上对盛京刑部机构实质进行了探讨。何永智的《清代盛京户部经费来源研究》(《中国经济史研究》2019年第2期)、《清代盛京户部"赴京领饷"制度及其嬗变——兼论东三省俸饷筹措》(《历史教学》2019年第16期)利用中国第一历史档案馆保存的档案文献资料,对盛京户部的经费来源、俸饷筹措等内容进行探讨,有助于理解清代中央财政与东北地方财政的互动关系,亦为考察清廷对东北边疆的经略提供了有益视角。

但文内引证盛京档案资料过少，似乎使得论证难言全面。王依凡《〈黑图档〉所见盛京礼部及相关史料》（《兰台世界》，2020年第11期），王琳《〈黑图档·咸丰朝〉所见盛京工部对宫殿修缮准备工作的分析》（《兰台世界》，2021年第2期），赵彦昌、王依凡《〈黑图档·嘉庆朝〉所见盛京礼部管理皇室档案的职能》（《兰台世界》，2021年第5期），赵彦昌、王依凡《〈黑图档〉所见盛京礼部对礼仪的管理职能》（《兰台世界》，2021年第5期），王依凡、赵彦昌《〈黑图档〉所见盛京礼部祭祀管理的职能》（《兰台世界》，2021年第5期）等，均为辽宁大学档案学专业教授赵彦昌先生与其学生利用辽宁省档案馆新近出版之盛京内务府抄存档案——《黑图档》所作研究之系列成果，对涉及盛京礼部及盛京工部相关职能的档案进行分类与整理，在此基础上对职能履行的程序进行叙述与说明，由此体现出历史档案的实用价值。但若从制度史角度来看，对相关机构职能的形成与演变缺乏动态认识，且盛京五部作为陪都机构，对其职能演变的考察应置于中央国家机关职能调整背景之下，而以上成果对清会典、会典事例及题本、朱批奏折等清中央档案资料缺乏关注。

（二）中国台湾地区研究现状

《东北文献》是中国台湾地区公开发行的一本季刊，该刊致力于通过收集和整理散佚文献对中国东北地区相关问题进行研究，是大陆学者关注台湾有关中国东北问题研究现状不可忽视的资料。陈致平在《中华通史》第10卷《清史后编》（花城出版社2003年版）中认为，盛京五部是清统治者仿照明代两京制，以清入关前盛京六部为基础复设而成的，特点是官少事简，是一个小型的形式上的中央政府。陶希圣的《明清政治制度》（台北：商务印书馆1967年版）简要述及了盛京五部的建置沿革及各部的执掌。古鸿廷的《清代官制研究》（台北：五南图书出版公司1999年版）、杨树藩的

《清代中央政治制度》(台北：商务印书馆1986年版)两书从官制的角度对五部进行了介绍，刘家驹的《清朝初期的八旗圈地》(台北：文史哲出版社1979年版)从经济制度方面对清初东北旗地情况有所涉及，那思陆的《清代中央司法审判制度》(台北：文史哲出版社1992年版)在述及清代的司法制度时对清代中央各部门负责的司法审判内容作了介绍，使我们对清代六部除刑部外其他各部所负责的司法审判有了一定了解，进而为了解盛京五部承担的司法审判职能提供了线索。"中央研究院"近代史研究所的赵中孚先生对清代特别是晚清东北政治制度史的研究比较深入，成果颇多，出版专著《清季中俄东三省界务交涉》(台北："中央研究院"近代史研究所，1999年)，发表《移民与东三省北部的农业开发》(《中央研究院近代史研究所集刊》1972年第3期)、《清末东三省改制的背景》(载中华文化复兴运动推行委员会主编《清季立宪与改制》，台北：商务印书馆1986年版)、《清代东三省的地权关系与封禁政策》(《中央研究院近代史研究所集刊》1987年第10期)等论文。赵先生对清末东三省的改制及伴随改制东北地区在经济、社会方面发生的变化做出了深入细致的研究，在研究中，赵先生赞同金毓黻先生提出的清代东北地区实行旗民双重管理体制的观点。青年学者林士铉的《清季东北移民实边政策之研究》(台北：台湾政治大学历史学系，2001年)，以移民实边为研究对象，在讨论清中期以来清廷对东北边疆政策调整时，对包括盛京五部在内的清代东北边疆政治体制进行了评述与研究。

(三) 海外研究现状

国家清史编纂委员会编写的《1971—2006年美国清史论著目录》(人民出版社2007年版)，分23个专题对美国学者近三十年来清史研究的状况作了梳理和罗列，其中在政治、边疆、民族等专题中列出了一些研究清代东北史及清代政治制度史的论著。19世纪末

20世纪初，英国传教士杜格尔德·克里斯蒂和伊泽·英格利斯以医生身份在中国东北奉天传教，以其亲身经历书写了《奉天三十年（1883—1913）杜格尔德·克里斯蒂的经历与回忆》（张士尊、信丹娜译，湖北人民出版社2007年版），形象地描绘出清末奉天社会历史风貌，为晚清东北地方史及社会史提供有价值的资料。20世纪30年代，美国学者欧文·拉铁摩尔在美国社会科学研究委员会的支持下对东北地区进行了九个月的考察，之后写作了《满洲：冲突的摇篮》[①]。该书开篇先对中国东北地区的民族、历史、文化进行了分析。书中序言部分涉及一些清代东北地区政治管理制度的论述，因为是为之后论述东北地区成为诸多势力角逐之地做铺垫的，因而叙述比较粗浅。20世纪70年代初，美国学者罗伯特·李写作了《清朝历史上的满洲边疆》[②]，其中对清代东北地区的政治制度作了详细的介绍。此书也成为之后美国学者费正清主编的《剑桥中国晚清史（1800—1911）》（中国社会科学院历史研究编译室译，中国社会科学院1983年版）叙述东北内容的主要参考书。罗伯特·李的著作及《剑桥中国晚清史（1800—1911）》在论述东北地区的政治制度时，对盛京五部的介绍仅局限于机构设置和基本职能，并未对此进行深入的分析。美国学者邵丹的《远乡与故土：满洲、东北与满族（1907—1985）》[③]是以中国东北作为研究对象的学术著作，但主要是对民国之后东北现状的研究，而节选该书的前言与部分章节形成的文章《故土与边疆：满洲民族与国家认同里的东北》（载中国社会科学院近代史研究所政治史研究室编《清代满汉关系研究》，社会

---

[①] Owen Lattimore, *Manchuria: Cradle of Conflict*, New York: The Macmillan Company, 1935.

[②] Robert. H. G Lee, *The Manchurian Frontier in Ching History*, Cambridge, MA and London: Harvard University Press, 1970.

[③] Dan Shao, *Remote Homeland, Recoverde Brrderland: Manchus, Manchoukuo, and Manchuria, 1907–1985*, Honolulu: University of Hawaii Press, 2011.

科学文献出版社 2011 年版）则主要对清代东北地区的情况作了阐述，提及一些东北地区政治制度史的内容，但是涉及盛京五部的内容不多。美国学者谢健的《帝国之裘——清朝的山珍、禁地以及自然边疆》（关康译，北京大学出版社 2019 年版）虽言写作主旨是环境史研究，但文中有关清代东北的人参、蘑菇及毛皮等贸易问题的讨论，为研究清代东北经济史相关内容提供参考。

日本学术界研究中国东北史始于 19 世纪末 20 世纪初。甲午战争之后，日本出于侵略中国东北的需要，成立了"满鲜地理历史调查部"，由白鸟库吉负责，他先后邀请箭内亘、池内宏等一批学者加入，开始对中国东北的历史、地理等状况进行研究，之后出版了专著《满洲历史地理》①（东京：丸善株式会社，1940 年），该书奠定了日本史学界研究中国东北史的基础。20 世纪初，日本的南满洲铁道株式会社又组织学者对东北的土地状况进行了调查，之后写作了《满洲旧惯调查报告》（南满铁道会社 1912—1915 年版），该报告对东北地区清代内务府官庄、皇产、一般民地、蒙地及土地的典押等情况进行了论述，该报告中有对盛京户、礼、工部官庄情况的论述，并且将其收集到的相关史料附在书后，为学者进一步研究提供了方便。之后，日本学者村松祐次的《清内务府庄园：关于"内务府造送皇产地亩册"的史料》②、江夏由树的《八旗遗产：清末奉天地方精英的崛起》③，均利用档案资料对盛京庄头地亩及皇产等进行研究。日本学者稻叶延吉（君山）所著的《满洲发达史》（杨成能译，翠文斋书店 1940 年版）对明清东北经济的开发作了总体的叙述，该书在述及东北的交通及封禁时提及盛京五部的某些职能。日本学者

---

① 白鳥庫吉監修：《満洲の歴史地理》，東京：丸善株式会社 1940 年版。
② 村松祐次：《清の内務府荘園：「内務府造送皇産地畝冊」という史料について》，《一橋大学研究年報・経済学研究》，1968 年版。
③ Yoshiki Enatsu, *Banner Legacy: The Rise of the Fengtian Local Elite at the End of the Qing*, Ann Arbor, Michigan, Center for Chinese Studies, The University of Michigan Press, 2004.

园田一龟的《清朝历代皇帝之满洲巡幸》①（1932年奉天图书馆丛刊本）一书对清帝东巡进行了专项论述。该书主要述及了东巡的由来及历代皇帝东巡的经过，其中对乾隆皇帝东巡事迹的叙述最为详尽，乾隆皇帝东巡中对东北吏治的整顿涉及盛京五部官员相关内容。20世纪80年代，日本学者周藤吉之所著的《清代东亚史研究》②（东京：日本学术振兴会1972年版）对清代东北基层村落制有所介绍，进而对东北基层管理制度进行了探讨。"二战"后日本学者无法对中国东北进行的实地调查，此时也重新展开。日本学者细谷良夫编的《中国东北地区的清朝史迹——1986—1990年：科研费成果报告书第3册》③（仙台：梅村坦1991年版）便是此间调查的记录。实地调查的展开，也为此后日本学者对中国东北史的研究奠定基础。与此同时，日本东亚史研究的突出特点之一是跨越一国史范围的海域史研究的兴盛。日本学者松浦章的《康熙盛京海运和朝鲜赈济》（载［日］石桥秀雄编《清代中国的若干问题》，杨宁一、陈涛译，山东画报出版社2011年版）一文，便对康熙年间清廷以海运的方式将山东、天津的粮米运至盛京一事进行了阐述，该文所引用的史料多涉及盛京户部，反映出盛京户部秉承京师户部旨意具体负责接应赈济等事。近期，日本学界对中国社会集团的研究颇为关注，由此研究对象更关注地域社会具体情况，日本学者荒武达朗的《近代满洲的开发与移民》④（东京：汲古书院2011年版）对清代东北移民社会相关问题进行研究，通过对清廷移民政策的探讨对清代东北行政管理体制进行展现。

---

① 園田一龜：《清朝歷代皇帝の滿洲巡幸》，1932年奉天圖書館叢刊本。
② 周藤吉之：《清代東アジア史の研究》，東京：日本学術振興会1972年版。
③ 細谷良夫編：《中国東北地区の清朝史跡——1986～1990年：科研費成果報告書第3冊》，仙台：梅村坦1991年版。
④ 荒武達朗：《近代満洲の開発と移住》，東京：汲古書院2011年版。

### 三 运用史料

本书所利用的新资料主要是中国第一历史档案馆和辽宁省档案馆已刊和未刊的相关档案资料，所选用的基本史料主要是进行清史研究需要利用的常规文献资料，包括通史类、政书类、方志类、传记类和笔记类等史料。

（一）新资料

新资料主要有辽宁省档案馆藏的已出版和未出版的清代奉天地区的档案，中国第一历史档案馆藏的已出版和未出版的有关清代奉天地区事务的题本和奏折，以及中国台湾地区出版的有关清代奉天地区事务的题本和奏折。辽宁省档案馆藏的清代奉天地区的档案主要是：《盛京内务府档》和《黑图档》。在此基础上分类整理出版的档案有：中国边疆史地研究中心、辽宁省档案馆合编的《东北边疆档案选辑（清代·民国）》（1—84册）（广西师范大学出版社2007年版）；辽宁省档案馆编《中国近代社会生活档案（东北卷一）》（共27册）（广西师范大学出版社2005年版）；辽宁省档案馆编《盛京皇庄档案史料选编》（辽海出版社2006年版）；赵焕林主编，辽宁省档案馆编《一宫三陵档案史料选编》（辽海出版社2003年版）；杨丰陌、赵焕林、佟悦主编《盛京皇宫和关外三陵档案》（辽宁民族出版社2003年版）；辽宁省档案馆、辽宁社会科学院历史研究所、沈阳故宫博物院编译《三姓副都统衙门满文档案译编》（辽沈书社1984年版）；关嘉禄、关克笑、沈微、王佩环、佟永功编译《清代三姓副都统衙门满汉文档案选编》（辽宁古籍出版社1996年版）；赵焕林主编，辽宁省档案馆编译《盛京参务档案史料》（辽海出版社2003年版）；杨丰陌、赵焕林主编《兴京旗人档案史料》（辽宁民族出版社2001年版）；季永海、何溥滢译《盛京内务府顺治年间档》（载《清史资料》第2辑，中华书局1981年版）；关嘉禄、王佩环译《黑图档中有关庄园问题的满文档案文件汇编》（载《清史资料》第5辑，中华书局1984年版）；辽宁省档案馆编译《盛京内务府粮庄档案汇编》（上、下）（辽沈书社1993年版）；等等。

辽宁省档案馆藏的《盛京内务府档》及其抄存档案——《黑图档》中，包括盛京五部的相关资料。而《东北边疆档案选辑（清代·民国)》（70—84册）、《中国近代社会生活档案（东北卷一)》正是对《盛京内务府档》《黑图档》的原件进行分类整理后影印出版的资料选辑，两书收入的档案既包括汉文资料也包含满文资料，相关满文资料还配有汉译内容。因为两书取材相同，分类相近，所以收入的资料存在重复的内容。除去重复内容，《东北边疆档案选辑（清代·民国)》（70—84册）所收入的档案中关于盛京户部和盛京刑部的内容最丰富，涉及盛京户部的主要包括盛京户部对奉天地区旗地、钱粮、户籍的管理，对奉天地区户婚田土案件的审理及杂项支给等内容；涉及盛京刑部的主要包括盛京刑部对旗人案件、旗民交涉案件的审理，及秋审、部驳复审等内容。此外，也包括盛京礼部对八旗官学、奉天地区的僧道寺院、坛庙等的管理，盛京兵部对边门、选拔武职官员的管理，盛京工部对下属匠役的管理等。《中国近代社会生活档案（东北卷一)》除去与《东北边疆档案选辑（清代·民国)》收录相同或相近内容外，主要补充了盛京礼部对奉天地区一般礼仪管理的情况，包括：坐班，对每年封印开印的通知，对每年重要节日的要求，接发诏书及发布禁令等。《盛京皇庄档案史料选编》主要反映了盛京户部涉及旗地、词讼及支给等方面的职能。《一宫三陵档案史料选编》和《盛京皇宫和关外三陵档案》两部档案资料都是对盛京皇宫及永陵、福陵、昭陵相关档案的分类整理，但是《盛京皇宫和关外三陵档案》所涉及和收录的档案资料更加全面。该档案主要涉及盛京礼部和盛京工部的相关职能，涉及盛京礼部的内容包括盛京礼部对清帝东巡盛京时相关礼仪的管理，对实录、玉牒、册宝、圣容入盛京时相关礼仪的管理，对陵寝和祠庙祭祀的管理等；涉及盛京工部的内容包括盛京工部对宫殿及陵寝相关工程的营建和维修，对宫殿、陵寝所需相关物品的供给等。《三姓副都统衙门满文档案译编》和《清代三姓副都统衙门满汉文档案选编》两书主要是对三姓地区相关档案的收录和整理，前者只收录了满文档案，而后者则在此基础上又补入了汉文档案。但是三姓地区的事件与盛京五部相关的主要是关领和赏赐乌林，而有关此类事件的记载主要存于满文档案中，所以《三姓副都统衙门满文档案译编》中收录的涉及盛京五部的档案资料更丰富一些。其主要反映了盛京礼部接收吉林将军发来的关领乌林的清单，并将其转与盛京户部，经盛京户部审核后从库中支给一事，前期有些物品还要从盛京工部库中领取，所以还会涉及一些有关盛京工部的事务。《盛京参务档案史料》，主要涉及盛京刑部对偷挖人参案的审理，同时因为该书收集整理了康熙时期的资料，所以能反映出官参局设立之前盛京工部对采捕人参事务的管理情况。

中国第一历史档案馆藏有关清代盛京五部的档案主要分散于内阁档案、军机处档案及宫中各处档案中。内阁档案主要包括内阁题本和史书；军机处档案主要包括军机处录副奏折、随手登记档、上谕档和寄信档；宫中各处档案主要包括硃（朱）批奏折、谕旨及官员履历单片等。针对这些档案一史馆已经整理出版有：《清初内国史院满文档案译编》（光明日报出版社1989年版），《雍正朝内阁六科史书·吏科》（广西师范大学出版社2002年版），《雍正朝内阁六科史书·户科》（广西师范大学出版社2007年版），《乾隆朝军机处随手登记档》（国家图书馆出版社2013年版），《乾隆朝上谕档》（广西师范大学出版社2008年版），《嘉庆道光两朝上谕档》（广西师范大学出版社2000年版），《咸丰朝上谕档》（广西师范大学出版社2008年版），《同治朝上谕档》（广西师范大学出版社2008年版），

《光绪宣统两朝上谕档》（广西师范大学出版社1996年版），《乾隆朝满文寄信档译编》（岳麓书社2011年版），《康熙朝汉文硃批奏折汇编》（档案出版社1984—1985年版），《康熙朝满文朱批奏折全译》（中国社会科学出版社1996年版），《雍正朝汉文硃批奏折汇编》（江苏古籍出版社1991年版），《雍正朝满文朱批奏折全译》（黄山书社1998年版），《雍正朝汉文谕旨汇编》（广西师范大学出版社2008年版），《光绪朝硃批奏折》（中华书局1995年影印版），秦国经主编《清代官员履历档案全编》（华东师范大学出版社1997年版），等等。中国台湾地区也出版了一些能与一史馆出版的档案相补充的档案资料，主要有：张伟仁主编，"中央研究院"历史语言研究所编辑的《明清档案》（台北：联经出版事业公司1986年版）；"故宫博物院"编的《宫中档康熙朝奏折》（台北："故宫博物院"1977年版）、《宫中档雍正朝奏折》（台北："故宫博物院"1979年版），《宫中档乾隆朝奏折》（台北："故宫博物院"1982年版），《宫中档光绪朝奏折》（台北："故宫博物院"1973年版）；等等。台湾出版的《明清档案》补充了未出版的一史馆藏内阁题本的内容，而台北"故宫博物院"出版的《宫中档乾隆朝奏折》又弥补了未出版的一史馆藏乾隆朝硃批奏折的内容。

综合一史馆藏的已出版和未出版的档案资料，再结合中国台湾地区出版的档案资料，可以对有清一代清廷对奉天地区管理情况有所了解，特别是一史馆藏的内阁题本对五部的职能有所展现，录副奏折和宫中档硃批奏折对五部与各衙门的关系有所揭示。《光绪朝硃批奏折》中收录了崇实、赵尔巽围绕奉天地区政治改革所上的一些奏折，利用这些奏折可以了解到盛京五部裁撤的直接原因、裁撤的过程及裁撤后对原机构和人员的处理等内容。

（二）基本史料

通史类的史料主要包括清代历朝起居注、历朝实录、《东华录》

《东华续录》及朝鲜《李朝实录》等。起居注现已出版的有：《康熙起居注》（中华书局1984年版），《清代起居注册——康熙朝》（中华书局、台北联经出版事业公司2009年版），《雍正帝起居注册》（中华书局1993年版），《乾隆帝起居注》（广西师范大学出版社2002年版），《嘉庆帝起居注》（广西师范大学出版社2006年版），《清代起居注册——道光朝》（台北：联经出版事业公司1985年版），《清代起居注册——咸丰朝》（台北：联经出版事业公司1983年版），《清代起居注册——同治朝》（台北：联经出版事业公司1983年版），《清代起居注册——光绪朝》（台北：联经出版事业公司1987年版），《光绪帝起居注》（广西师范大学出版社2007年版），《宣统帝起居注》（广西师范大学出版社2007年版），等等。已出版的实录主要是《清实录》（共60册）（中华书局1985—1987年版），还有《东华录》（齐鲁书社2005年版），《东华录·东华续录》（上海古籍出版社2014年版），《李朝实录》（东京：学习院大学东洋文化研究所1953—1967年版）。起居注、实录及《东华录》中有关盛京五部的内容主要涉及两方面，一是关于五部官制变化的内容，二是关于五部职能变化的内容。关于五部官制的变化主要反映了五部官员的设置、选拔任用及奖惩，关于五部职能的变化则比较零散，只能用于对五部的某项职能进行补充和解释，很难单独运用。《李朝实录》对盛京五部研究最有意义的部分是其对顺治时期东北地区现状的记录。

政书类主要包括大清会典及会典则例、事例，各部则例，清"三通"加《清朝续文献通考》。大清会典及会典则例、事例主要有：（康熙朝）《大清会典》（《近代中国史料丛刊三编》第72辑，台北：文海出版社1992年版），（雍正朝）《大清会典》（《近代中国史料丛刊三编》第77—79辑，台北：文海出版社1994年版），（乾隆朝）《钦定大清会典》（《景印文渊阁四库全书》第619册，台北：

商务印书馆1983年版），《钦定大清会典则例》（《钦定四库全书》，上海古籍出版社1987年版），（嘉庆朝）《钦定大清会典》（《近代中国史料丛刊三编》第64辑，台北：文海出版社1991年版），（嘉庆朝）《钦定大清会典事例》（《近代中国史料丛刊三编》第65—70辑，台北：文海出版社1991—1992年版），《光绪会典》（《近代中国史料丛刊》第13辑，台北：文海出版社1967年版），（光绪朝）《清会典事例》（中华书局1991年版）。各部则例主要有：故宫博物院编的《钦定吏部则例》（《故宫珍本丛刊·清代则例》第282—283册，海南出版社2000年版），《钦定户部则例》（《故宫珍本丛刊·清代则例》第284—286册，海南出版社2000年版），《钦定礼部则例二种》（《故宫珍本丛刊·清代则例》第288—292册，海南出版社2000年版），《钦定中枢政考三种》（《故宫珍本丛刊·清代则例》第324—329册，海南出版社2000年版），《钦定工部则例三种》（《故宫珍本丛刊·清代则例》第294—298册，海南出版社2000年版）。清三通及《清朝续文献通考》主要有：《钦定皇朝通典》（《四库全书》第642—643册，上海古籍出版社1987年版），《钦定皇朝通志》（《四库全书》第644—645册，上海古籍出版社1987年版），《清朝文献通考》（王云五总编：《万有文库第二集·十通》第9种，商务印书馆1936年版），《清朝续文献通考》（王云五总编：《万有文库第二集·十通》第10种，商务印书馆1936年版）。

  大清会典及会典则例、事例中有专门对盛京五部的记载，将不同时期的会典及会典则例、事例所记内容前后相接进行对比分析，恰好反映出五部职能在有清一代的动态发展过程。各部则例中，因为编写则例时主要针对的是京师各部，所以各部则例主要是对京师各部处理全国各项事务进行阐述，涉及盛京五部的内容不多。相比之下对盛京五部的研究最有帮助的是《钦定吏部则例》。因为盛京各部中没有设吏部，所以奉天地区对官员的铨选和处分是由京师吏部来负责的，因而《钦定吏部则例》中所涉及的奉天地区的内容较其他部的则例多，而且《钦定吏部则例》是按照满缺、蒙古缺、汉军缺、汉缺等官缺的设置来分类的，奉天地区的官员大多是满缺，所以有关奉天地区的内容集中于满缺一部分，容易收集。同时奉天地区官员的铨选、处分等内容在实录中大量出现，在五朝大清会典及会典则例、事例中吏部一章同样有所涉及，所以可以利用《钦定吏部则例》与五朝会典及会典则例、事例中所记内容进行互补梳理，然后用实录来解释原因，可将奉天地区官员的铨选和处分内容理清。清三通因其是仿效三通的体例来撰修的，所以对国家典制的述及较粗，涉及五部的内容不多，但是《清朝续文献通考》对五部的研究有一定的价值。其编写的纲目虽仿照《文献通考》，但是其内容是以史抄的方式对清代各种史料中的相关内容进行汇总，其中不乏档案资料，所以该书对研究五部乃至清代典章制度都是很有价值的，其对五部研究的价值便体现在对五部裁撤后机构及人员安置的论述，恰好与《光绪朝硃批奏折》互补。

方志类，主要有《大清一统志》《盛京通志》《奉天通志》《吉林通志》《黑龙江志稿》以及奉天地区的一些县志。《大清一统志》按照修撰时间的不同分别有四个版本，即康熙时期的《大清一统志》，乾隆初年的《大清一统志》，乾隆中期的《大清一统志》及嘉庆时期的《大清一统志》。笔者所利用的主要是《大清一统志》[康熙二十五年（1686）刻本]，《大清一统志》[乾隆八年（1743）刻本]，《大清一统志》[乾隆二十九年（1764）刻本]，穆彰阿等编修的《嘉庆重修一统志》（中华书局1986年版），穆彰阿等编修的《大清一统志》（上海古籍出版社2008年版）等。《大清一统志》对全国范围内各行政区划进行了概况性叙述，因而对每个地区的具体情况阐述的并不多，尽管其中提及了盛京的情况，但很简略。《盛京通志》按照编撰时间的不同主要有四个版本，即康熙《盛京通志》，雍正《盛京通志》，乾隆《盛京通志》和咸丰《盛京通志》。笔者主要利用的是：伊巴汉等编修的《盛京通志》［康熙二十三年（1684）刻本］，王河等编修的《盛京通志》［台北：文海出版社1965年据乾隆元年（1736）刻本影印］，阿桂等编修的《盛京通志》（《景印文渊阁四库全书》第501—503册，台北：商务印书馆1983年版），雷以诚等编修的《盛京通志》［咸丰二年（1852）校补乾隆元年（1736）刻本之重印本］，雍正《盛京通志》，因其编撰于雍正十三年（1735），成书于乾隆元年（1736），而记载内容截止于雍正十三年（1735），所以笔者将其命为雍正《盛京通志》。咸丰《盛京通志》，是对雍正《盛京通志》的补校，经笔者对两书进行核对，发现改动不大，所以咸丰《盛京通志》主要反映的还是雍正十三年（1735）以前盛京统部的状况。康熙《盛京通志》反映了顺治元年（1644）至康熙二十三年（1684）盛京统部的概况，雍正《盛京通志》又将时间延至雍正十三年（1735），而乾隆《盛京通志》再将时间延至乾隆四十九年（1784），所以三个版本的《盛京通志》前后相接，比较具体地展现了顺治年间至乾隆年间盛京统部的概况。《盛京通志》中有关衙署和职官的内容涉及盛京五部，笔者将三个时期通志中有关衙署和职官的内容进行对比，发现盛京五部衙署及职官设置的变化，职官设置的变化，主要反映出五部职官设置的增多，分工更细，机构所管理的事务逐渐增多等情况。这些内容恰好可以与会典及吏部则例中有关五部官员设置的内容相结合，对五部官员的相关问题进行研究。另外，由于清代官方资料对顺治年间清军入关后东北地区的状况记载不多，特别是对行政机构设置的记载更是少之又少，所以康熙《盛京通志》的记述就显得弥足珍贵，笔者通过对该书的仔细阅读，发现该书的相关记载很好地解读了清统治者设立陪都的原因及设立陪都目的的转变，以及随着清军入关盛京原六部迁入京师，而户、礼、工三部留下部分人员配合盛京总管驻防的史实。另外该书也明确给出五部设立的时间，五部相继设立于顺治末康熙初，该书编撰于康熙初年，且编撰者又都是盛京地方大员，有的甚至直接参与各部的设立，所以所述各部设立时间相比其他时期的资料来说更接近事实。《奉天通志》，笔者主要利用的是：王树枏等编的《奉天通志》［民国二十三年（1934）刻本］和金毓黻主编的《奉天通志》（辽海出版社2003年版）。另外还有长顺等主编的《吉林通志》（吉林文史出版社1986年版）和张伯英总纂的《黑龙江志稿》（黑龙江人民出版社1992年版）。两部《奉天通志》均成书于民国，很好地弥补了《盛京通志》的记录仅至乾隆年间的缺陷，金毓黻先生主编的《奉天通志》，采用史抄的形式将涉及奉天地区各方面事务的清代史料进行了分类汇总，利用起来更为方便，该书中大事志主要是对清实录中有关奉天地区各项重要事件的摘录，可以使我们对奉天地区有清一代的历史概况有所了解，职官志中对盛京五部侍郎的记录弥补了《盛京通志》只记到乾隆年间的缺憾，将其扩展至五部裁撤。

传记类，主要利用的有：王锺翰点校的《清史列传》（中华书局1987年版），吴忠匡总校的《满汉名臣传》（黑龙江人民出版社1991年版），钱仪吉编《碑传集》（周骏富辑：《清代传记丛刊》，综录类三，台北：明文书局1986年版），全缪孙编《续碑传集》（周骏富辑：《清代传记丛刊》，综录类四，台北：明文书局1986年版），闵尔昌辑《碑传集补》（周骏富辑：《清代传记丛刊》，综录类五，台北：明文书局1986年版），汪兆镛纂《碑传集三编》（周骏富辑：《清代传记丛刊》，综录类六，台北：明文书局1986年版），李桓编《国朝耆献类征初编》（周骏富辑：《清代传记丛刊》，综录类七，台北：明文书局1986年版），李元度著《国朝先正事略》（周骏富辑：《清代传记丛刊》，综录类八，台北：明文书局1986年版），蔡冠洛著《清代七百名人传》（周骏富辑：《清代传记丛刊》，综录类九，台北：明文书局1986年版），徐世昌著《大清畿辅先哲传》（周骏富辑：《清代传记丛刊》，综录类十一，台北：明文书局1986年版）及《清史稿》（中华书局1977年版）的人物传记部分等。利用这些传记资料主要是对盛京五部侍郎的事迹进行研究，但是经笔者查检之后发现，有清一代盛京五部众多的侍郎，出现在清代传记史料中的不过二十几位，而且在传记中记录了其在侍郎任上之事又很少，所以利用传记资料对盛京五部侍郎事迹的考察，仍较困难。

笔记类，主要利用的是金毓黻主编的《辽海丛书》（全5册）（辽沈书社1985年版），兴振芳主编的《辽海丛书续编》（全5册）（沈阳古籍书店1993年版），王锡祺的《小方壶斋舆地丛钞》[光绪二十三年（1897）上海著易堂铅印本]，《盛京典制备考》[光绪二十五年（1899）上海双顺泰印本]，中央民族大学图书馆藏的《奉使土默特贝勒旗会审老头会日记》，韩国学者林基中主编的《燕行录全集》（全100册）（首尔：东国大学校出版部2001年版），等等。这些史料中，与盛京五部相关的内容主要有两类，一类是有关奉天地区典制的资料，如，《盛京典制备考》《东三省纪略》《盛京通鉴》及《盛京奏议》等；一类是身处奉天地区的一些官员、学者、使臣等对其所见所闻作的记录。这部分资料中，笔者认为值得重视的是中央民族大学图书馆藏的《奉使土默特贝勒旗会审老头会日记》和朝鲜的燕行使者所作的记录。《奉使土默特贝勒旗会审老头会日记》中记载了额勒和布做盛京户部侍郎的见闻，对研究盛京五部的职能及其与盛京其他机关的往来具有重要意义。朝鲜燕行使者的记录特别是那些在顺康时期进入奉天地区燕行使者的见闻，刚好补充了对顺治年间奉天地区社会状况的记载。

**四　框架结构**

本书的正文部分由四章组成。

第一章是对盛京五部的沿革及其所属机构与人员的论述。具体分两节来叙述，第一节讨论了盛京五部的沿革，主要内容包括盛京五部建立的原因、建立的过程、管辖范围及裁撤。第二节讨论了盛京五部所属机构和人员，主要内容包括五部机构发展演变的动态过程，并从品级、俸禄、旗籍、出身、出任、离任等方面对五部侍郎进行探讨，同时也对五部部员的品级、俸禄、铨选及处分情况进行了阐述。由此表明，盛京五部实际上是具有地方机构特色的陪都机构。地方机构特色表现在其伴随着盛京地方社会的发展而设置，并随着盛京地方行政体制的变革而裁撤。而陪都机构身份，又使其可以代替京师六部处理奉天、吉林及黑龙江三地相关事务；且作为中央国家机关，清廷可以通过控制五部来限制盛京将军并制衡奉天府尹，由此实现对奉天地区上层行政机构的管理。

第二、三章是对盛京五部各部职能的论述。因为有清一代，五部所承担的事务繁简不一，盛京户部和盛京刑部职能相对较多，需要处理的事务相对纷杂，所以，将这两部的职能归入一章来论述，其他三部的职能归入下一章论述。盛京户部的职能涉及对官庄、旗地、钱粮、词讼、户籍、杂项支给等事务的处理，盛京刑部的职能涉及对旗民案件、蒙古案件、私刨私贩人参案件、逃人、造买赌具及私入围场等案件的处理，盛京礼部的职能涉及对祭祀、礼仪、官学、宗教及贡使等事务的处理，盛京工部的职能涉及对营造、收支等事务的处理，盛京兵部的职能涉及对点验军器、监射、驿站、东六边门及武职官员选任等事务的处理。清代基本史料中对盛京五部的记录较少，所以，该部分对盛京五部职能的论述主要利用中国第一历史档案馆藏的内阁题本及辽宁省档案馆藏的《盛京内务府档》

等档案资料，重点将对辽宁省档案馆最新出版的盛京内务府档案的抄存档案——《黑图档》加以利用。

  第四章是对盛京五部与清帝及各衙门关系的论述。主要内容包括盛京五部与清帝及盛京内务府的关系，盛京五部与京师六部及盛京五部彼此之间的关系，盛京五部与盛京将军衙门的关系以及盛京五部与奉天府的关系等。盛京五部与清帝及各衙门的关系主要通过盛京五部各部的职能体现出来，所以，这部分的论述将在第二、三章对盛京五部各部职能研究的基础上进行归纳探讨。论述中，涉及清帝对盛京五部侍郎的利用、盛京五部与盛京将军的博弈及盛京五部侍郎对奉天府的兼理等内容，由此，从盛京五部的角度，对盛京地区政治管理制度特别是旗民二重管理体制进行补充。

# 第一章　盛京五部沿革及机构设置

本章主要对盛京五部的沿革、机构及官员进行论述，沿革主要涉及五部建立的原因、设立的过程、管辖范围及裁撤等内容，重点针对学界研究不足及存在分歧的内容进行论述，以期对相关问题的研究有所补充。主要涉及五部机构和职官的演变及侍郎与部员的官制等相关内容，以期由此揭示出五部作为陪都机构的特点，并对有清一代五部官员一直存在的散漫消极行为进行探讨。

## 第一节　盛京五部的沿革

提到清代盛京地区的政治体系，人们所熟知的便是盛京将军衙门和奉天府，以及与两者紧密相关的旗民二重管理体制，而对于与将军衙门和府尹衙门同时存在的盛京五部了解并不多，特别是对盛京五部建立、发展及裁撤等沿革问题的看法存在许多分歧，所以在叙述盛京五部相关内容前首先要对五部建立的原因、建立的过程、管辖范围及裁撤等情况进行简要论述，重点是对学界现今存在分歧的问题进行考证，以使学界对盛京五部的沿革有更加清晰和准确的认识。

## 一　盛京五部建立的原因

顺治元年（1644），清帝迁都北京，辽东大批军民从龙入关，一时间盛京等处人烟稀少，土地荒芜。随着关内抗清势力陆续被剿灭，清廷逐渐实现了对全国的统一。国家政局基本稳定后，清廷便开始对盛京等处进行恢复建设，发布招垦令鼓励关内农民出关开垦，随之盛京等处的人员不断增多，官署处理的日常事务也越来越纷杂，盛京等处原有的机构不能满足社会发展的需要，新机构的设立迫在眉睫。与此同时，迁都后，为了隆重满洲发祥之地，清廷仿效明代两京制将盛京设为陪都，之后为了完善陪都建制又在盛京设立了陪都机构。因此，顺治年间盛京旗民社会发展的需要和陪都体制的创建，便成为盛京五部得以建立的根本原因。

### （一）顺治年间盛京旗民社会的发展

盛京旗人，早在入关前即已在辽东生活，入关之初多数从龙入关，故顺治年间盛京驻防城相比入关之前数量少、分管范围缩减。此时，盛京旗人群体主要是由入关之时留驻辽东的八旗官兵及其家属和留在盛京守护田产之皇室、贵族及一般旗人属人组成。清入关前，后金迁都辽阳城不久，太祖努尔哈齐通过对辽阳周边之鞍山堡、海州、穆家堡、黄泥洼等地进行巡查，开始对已攻占地区设城驻防。[1] 而且，将占领之区划给八旗分管，初"移两黄旗于铁岭，两白旗于安平，两红旗于石城，其阿敏所管两蓝旗分住张义站、靖远堡"[2]。天命后期，太祖也曾率军侵入辽西，攻陷广宁等诸多城池，但最终仍"将广宁一带所服之官民移于河东"[3]。太宗时期，随着八

---

[1]　中国第一历史档案馆、中国社会科学院历史研究所译：《满文老档》，中华书局1990年版，第207页。
[2]　《清太宗实录》卷7，中华书局1985年版，第102页上栏。
[3]　《清太祖武皇帝实录》卷4，潘喆、孙方明、李鸿彬编《清入关前史料选辑》第1辑，中国人民大学出版社1984年版，第374页。

旗军跨过辽河进军辽西，太宗又先后在义州城和都尔鼻城设置驻防，松锦大战后，清军顺利攻占锦州城。崇德三年（1638），"又开盖州至熊耀，新辟边界八十七里，较旧界扩出四十八里"①。东南沿海地区的边界也得到了扩展，"自凤凰城至碱厂，自揽盘至凤凰城，新辟边界较旧界各扩出五十里"②。至此，南部边界扩展到熊耀等地，东南沿海地区也开始设兵驻防。因而，此时清廷已基本实现在辽东各处的建城驻防及划界分管。顺治元年（1644），清军入关，清廷对留守盛京之八旗兵重新调配，③即此时本打算设置盛京、雄耀、锦州、宁远、凤凰城、兴京、义州、新城、牛庄、岫岩、东京、盖州、耀州、海州、鞍山、广城十六处驻防城，但据康熙二十三年（1684）成书之《盛京通志》记载，④二十三年之前盛京地区设有兴京、盖平、牛庄、广宁、山海关、凤凰城、金州、开原、锦州、宁远、中后所、义州十二处驻防，可见，顺治年间清廷在盛京拟设之驻防并未悉数得以兴建。顺治五年（1648），清廷为盛京八旗驻防官兵分给土地，每名给地三十六亩。两黄、两红旗官员庄屯分布于盛京周边，两白、两蓝旗官员庄屯分布于锦州周边，由此推知，此时盛京八旗分管地区主要以盛京与锦州周边为主，相比入关前八旗收管之范围有所缩减。盛京八旗驻防数目不多，收管范围之狭，说明顺治年间只有少数八旗兵丁留驻盛京，多数尽已随同清帝迁居关内。顺治年间，留居盛京之八旗官兵及其家口主要居于驻防城内，按照八旗方位分布，以所在佐领为单位，相聚而居。如，盛京城，天聪八年（1634）在原明沈阳城基础上，由四门十字街扩建为八门井字街，城

---

① 中国第一历史档案馆编译：《清初内国史院满文档案译编》，光明日报出版社1989年版，第297页。
② 中国第一历史档案馆编译：《清初内国史院满文档案译编》，光明日报出版社1989年版，第297页。
③ 《清世祖实录》卷7，中华书局1985年版，第75页上栏。
④ 康熙《盛京通志》卷13，康熙二十三年（1684）刻本，第16页a—b。

区由田字格变为九宫格，中间为宫殿分布，周围八个区域以八座城门为中心分由八旗居住。顺治初年，清军虽悉数入关，但仍有田产、坟茔遗留盛京，故上至皇室八旗王公，下至普通旗人兵丁均留有家人于盛京经营守护。如，盛京粮庄庄头娄大曾言："身等原为开原县太子府所居之庄头孙三所属额丁，迁国之时，将身等兄弟留于此处看守粮窖。康熙十八年，庄头孙三遣其叔孙五欲将身等带至京城，但身等因无力迁徙，故并未迁移。孙三曰：'你等兄弟二人每年送来二十两银。'此后每年由身弟娄二将二十两银送至庄头之兄孙大家。"① 此项人等多居于城外村屯，其中尤以服务于皇家事务的盛京包衣三佐领所属之人较为突出，《铁岭县志》便记载道："世祖诞膺大命，混一区寓。从龙甲士，率入京师。其留业于此者，各旗果户外，千百余家耳。"②

盛京地区的民人群体是随着关内移民不断迁入而逐渐形成的。宣统元年（1909）《新民府志·户口》中提到："旗人曰占山户，言其先从龙入关垦辟其地而占有之也。民人则籍隶山东者为多，言顺治三年移民实边，迁徙至此者也。"③ 这里只是提到民人多认为是顺治三年迁徙至辽东。定宜庄等学者在盖州及辽北进行田野调查时搜集到的家谱、碑文及口述资料也反映出很多盛京包衣三佐领所属之人都认为其先祖是顺治三年迁入辽东。但在正史资料中却不见记载，因而只能作为民间一种说法。但笔者在康熙朝《黑图档》中发现一则记载，康熙二十八年（1689）三月初十日，盛京户部咨询盛京包衣三佐领骡马群牧场如何被旗民人等开垦时，包衣佐领指出："牧场

---

① 《康熙三十四年九月初七日会计司为查报娄大自愿为庄头编庄是否可行事咨盛京佐领》，辽宁省档案馆编《康熙朝黑图档》第6册，线装书局2016年版，第149页。
② 贾弘文修，董国祥纂：《铁岭县志》卷上，金毓黻编《辽海丛书》第2册，辽沈书社1985年版，第740页。
③ 管凤龢编：《新民府志·户口》，《中国方志丛书》第17号，台北：成文出版社1975年版，第13页。

内旗民人等自顺治三年以来,开始建房,开垦土地。今已开垦土地千余亩,十余村落相聚而居。"① 入关前,后金对汉人实行甄别政策后,辽东汉人皆被纳入旗下,再无民人。那么,此处提及的民人,便应该是由他处迁居辽东之移民,由此可说明早在顺治三年已有移民迁居辽东。顺治年间,关内民人迁居辽东即为盛京民人群体形成之始,其中尤以顺治十年(1653)辽东招垦授官令之颁布影响深远。顺治十年,八月十九日清帝下旨:"辽东地方本田地肥沃,百姓富足。今为使辽东等处州县卫所不至荒废,如何安设官民,着各部合议具奏。"② 即此时为了不使辽东等处荒芜废弃,清帝决定在此处安设官民。对此户部尚书车克等人有如下看法:"臣等看得辽东地方田土肥饶,理应安设官民。但臣部详酌有地瘠兼水洼地方居民全愿去者,则府州县皆空;有地方肥饶民恋故土不愿去者,固难若酌量派往。"③ 即各部大臣赞同在辽东安设官民之策,但不主张由官方强制移民,因其可能导致关内州县空虚或激起民怨。为此,九卿会议制定出安设官民的具体方法。④ 第一,设置府县,于辽阳城设辽阳府,下辖辽阳、海城两县。设县之时,百废待兴,如海城县,县令王全忠上任伊始,随即"创设衙署,开拓县基,并修学宫,兴文教,敦风俗,劝农桑"⑤。可见,此时辽东州县官员之职能,主要包括营建衙署、创设机构、促农耕、兴教化。第二,招民开垦,并据招民数量赏给官职。辽东本处及关内之人均可承招,辽东本处之人,如

---

① 《康熙二十八年三月初十日盛京户部为令查明三旗骒马群牧场如何被旗民人等开垦耕种事咨盛京佐领》,辽宁省档案馆编《康熙朝黑图档》第27册,线装书局2016年版,第105页。
② 《户部尚书车克题为辽东田地肥沃请派官民耕种事》,顺治十年九月初三日,中国第一历史档案馆藏,资料号:02—02—006—000399—0042。
③ 《户部尚书车克题为辽东田地肥沃请派官民耕种事》,顺治十年九月初三日,中国第一历史档案馆藏,资料号:02—02—006—000399—0042。
④ 《吏部尚书朱马喇为招民赴辽东开垦事》,顺治十年九月十七日,中国第一历史档案馆藏,资料号:02—01—02—1829—003。
⑤ 金毓黻主编:《奉天通志》卷141,辽海出版社2003年版,第3226页。

"盛京猎户李百总收养山海关内贫民四百余口,上以其尚义可嘉,赏衣服、鞍马,以示奖励"①。关内之人,如"义乌陈达德大孚,与吴赐如诸人结八咏楼社,负诗名。国朝定鼎,辽阳置县,下令能招百人往者官之。大孚应募,率百人者出关而东,授辽阳令。勤垦辟,招商贾,兴文学,卒于官"②。所招之民,多为关内贫苦流民,如辽阳府知府张尚贤上任之时:"新设有司,地方辽阔,多招徕流徙之民,尚贤拊循有道,一二年中遂至殷富。"③ 流徙之民,一方面多以个人或家庭为单位自发迁移,流动较为自由,与官方有组织迁徙相异,不会导致州县皆空的情况;另一方面,流民多因无家可归、贫苦无依而流离失所,自然不会眷恋故土而不忍离去。以上流民所具有之特点,恰好与清廷采取招民开垦之策的初衷相符。另外,此时盛京州县民人内,还包括由关内流放盛京的罪犯,恩赦后改入盛京州县民籍。顺治年间,流放盛京之人集中安插于辽北尚阳堡,汉军正白旗人王克宽曾在尚阳堡任官,"清初,授(王克宽)尚阳堡四品官,凡以罪徙者皆隶焉,克宽,除科派,济贫苦,流移之人咸得其所,及奉天建郡县,流徙者俱赦为民。克宽改授佐领,尤善其职"④。即顺治十年盛京设置州县后,尚阳堡流徙之罪犯皆改入民籍,至顺治十八年(1661),清廷于尚阳堡设佐领,⑤ 将流徙此处之罪犯编设佐领进行管理。招垦之民的安置,《开原县志》记载:"凡招徕新民,户部遣同县官于城中,每丁给地基二绳,约三丈,使民得为园圃,沿街者可为间架,以便商贾。于野每丁给地二十五亩,永为民业。"⑥

---

① 《清世祖实录》卷81,中华书局1985年版,第636页下栏。
② 金毓黻主编:《奉天通志》卷28,辽海出版社2003年版,第549页。
③ 金毓黻主编:《奉天通志》卷141,辽海出版社2003年版,第3226页。
④ 金毓黻主编:《奉天通志》卷141,辽海出版社2003年版,第3226页。
⑤ 《清圣祖实录》卷3,中华书局1985年版,第1册,第74页下栏。
⑥ 刘起凡等修纂:《开原县志》,金毓黻编《辽海丛书》第4册,辽沈书社1985年版,第2473页。

即民人的安置，由盛京户部与本地县官负责，于驻防城内及村屯皆有分布。定居城内者，官方给地建房，或居住，或经商。定居村屯者，官府给地耕种，照开荒之例，给予耕牛。具体分给口粮、牛种数目："每名口给月粮一斗，秋成补还。每地一晌给种六升，每百名给牛二十只。"① 招民开垦授官之策实施至顺治十八年（1661），奉天府府尹张尚贤疏奏盛京形势仍指出，观河东河西之变化，河东之地，盛京、辽阳、海城三处之规模、人口已初具府县之势，其他地区仅盖州、凤凰城、金州、铁岭、抚顺人口集聚，但数量不多，且民人耕作无力，对河东各地之发展助益不大；河西之地，人口稀少，仅主要集中于宁远、锦州、广宁三地。② 由此可见，顺治年间，辽东等处虽实行招民开垦之策，但直至顺治末年，辽东地区人口并未出现大幅增长，土地大片荒芜，仍旧沃野千里，有土无人。

（二）陪都的设立

入关后，清廷将盛京城设为陪都，为了完善陪都建制，陪都机构陆续在盛京城设立，盛京五部作为陪都的部院机构由此产生。因而，陪都的设立便成为盛京五部得以建立的重要前提。对于陪都设立的原因，康熙初年，编修的《盛京通志》开篇便给出了答案，即"京师者，天下之本；陪京者，帝业之基也。周公营洛而王居在镐，有居重驭轻之权焉；光武东都而长安置京兆，有强干弱枝之势焉。国家肇基辽海，京阙之规模已具，世祖定鼎于燕，尊盛京以明大业所之始，近奉山陵，远翊畿辅，鸿图式固，宝历灵长，有光于周汉矣。"③ 即以盛京为陪都的原因在于，一是，"国家肇基辽海"，"尊盛京以明大业所之始"；二是，盛京城"京阙之规模已具"且能够"近奉山陵，远翊畿辅"；三是，前代两京制提供了参考。

---

① 陈梦雷等纂：《古今图书集成·食货典》卷51，中华书局1985年版，第82727页。
② 《清圣祖实录》卷2，中华书局1985年版，第1册，第64页下栏—65页上栏。
③ 康熙《盛京通志》卷1，康熙二十三年（1684）刻本，第18页b。

盛京是清廷的龙兴之地，也是清帝先祖长眠之所，将盛京设为陪都既是为了彰显满洲先祖的功勋、牢记先祖创业的艰辛，也是为了更好地保护清帝的祖陵。入关前太祖太宗两朝在关外的艰苦开创，使得寄身于白山黑水间的女真人，逐渐强大，不断凝聚，建立国家，积蓄实力，入主中原。入关之后，虽坐拥天下，但清帝仍多次回盛京祭祖，告慰祖先并牢记创业之艰辛。清廷在关外的祖陵主要指清永陵、清福陵和清昭陵，都分布在盛京城周边，清永陵埋葬着清太祖努尔哈齐的六世祖、曾祖、祖、父，清福陵是太祖努尔哈齐与孝慈高皇后叶赫那拉氏的陵寝，清昭陵是太宗皇太极与孝端文皇后博尔济吉特氏的陵寝。三座陵寝对于清廷的重要性，在康熙朝编修的《盛京通志》中显露无遗："盛京襟山环海，帝业攸兴，而丛葱之气则实萃于三陵，盖灵祇所以祈佑我国家也。奠鸿图于磐石，衍本支于千亿。"① 也就是说，清廷认为关外三陵是保佑清国国祚绵长、帝业巩固的命脉。因为三陵如此重要，所以要设立专门的机构来管理，且级别要高于地方机关，而类同于中央机关，这样才能保证三陵的日常管理与关内的陵寝同步，而且省时高效。

盛京城具有完备的都城建制，建有坚固的军事防御体系，并且战略地位十分重要。盛京城，即明代的沈阳城，清太祖天命六年（1621），后金军攻陷沈阳城，十年（1625），太祖下令迁都沈阳。天聪八年（1634），清太宗发布上谕改沈阳城名为"天眷盛京"②。至此，沈阳城便有了满语的名字，叫做"mukden"（穆克敦），根据它的满语表意又将其汉译为"盛京"。盛京城，在清军入关之初仅是与兴京、东京一样，作为清廷的留都而存在，但是作为太祖太宗两朝近二十年的都城，自然要比兴京、东京具有更加完善的京城规制，

---

① 康熙《盛京通志》卷3，康熙二十三年（1684）刻本，第23页b。
② 《清太宗实录》卷18，中华书局1985年版，第237页下栏。

具体表现为:"天聪五年(盛京城)因旧城增拓其制,内外砖石高三丈五尺,阔一丈八尺,女墙七尺五寸,周围九里三百三十二步,四面垛口六百五十一,敌楼八座,角楼四座,改旧门为八,东之大东门曰抚近,小东门曰内治,南之大南门曰德盛,小南门曰天祐,西之大西门曰怀远,小西门曰外攘,北之大北门曰福胜,小北门曰地载。池阔十四丈五尺,周围十里二百四步。钟楼一,在福胜门内大街,鼓楼一,在地载门内大街。遂创天坛、太庙,建宫殿,置内阁、六部、都察院、理藩院等衙门,尊文庙,修学宫,设阅武场,而京阙之规模大备。"① 由此可见,盛京城的城防建设是按照京城的标准修建的,建有八座城门,并配有钟楼、鼓楼、学宫及阅武场等。最能体现其都城建置的是,城中建有皇宫,内阁、六部、都察院、理藩院等国家机关的公署及国家仪制场所——天坛、太庙及文庙等。兴京城,"周围五里,四门"②,可见,城防建设一般,而且"盛京为坛、庙、宫殿所在,故先于兴京"③,即相比盛京,兴京的宫殿和官署建置并不完善。东京城,"圣祖始创之地,旧以京名,不得与郡县城池并列,故附于京城之后"④。因为是太祖亲自创建的,并且建立之初就以京城命之,所以将东京城以京城视之,但其本身作为都城的时间短暂,而且京城的规制也不完善,因而不能与盛京城同日而语。所以,兴京、东京与盛京同为清廷在关外的留都,但是有条件成为陪都的只有盛京一个。

入关后,盛京城的驻防级别也要比其他驻防城高,由清初在盛京等处设立的驻防情况可见,"以正黄旗内大臣何洛会为盛京总管,左翼以镶黄旗梅勒章京阿哈尼堪统之,右翼以正红旗梅勒章京硕詹

---

① 康熙《盛京通志》卷1,康熙二十三年(1684)刻本,第19页b—20页a。
② 康熙《盛京通志》卷1,康熙二十三年(1684)刻本,第20页b。
③ 康熙《盛京通志》卷1,康熙二十三年(1684)刻本,第21页a—b。
④ 康熙《盛京通志》卷1,康熙二十三年(1684)刻本,第21页b。

统之，八旗每旗满洲协领一员，章京四员，蒙古、汉军章京各一员，驻防盛京。又以傅喀纳为雄耀城城守官，仍设满洲章京三员，汉军章京一员。以梭木拜为锦州城守官，额蒙格为宁远城城守官，拜楮喀为凤凰城城守官，每城仍各设满洲章京二员，汉军章京一员。胡世塔为兴京城守官，爱汤阿为义州城守官，丹达礼为新城城守官，伊勒慎为牛庄城守官，青善为岫岩城城守官，每城复各设满洲章京一员，汉军章京一员。东京、盖州、耀州、海州、鞍山、广城，每城各设满洲章京一员，汉军章京一员，率兵驻防"①。盛京城的级别最高，设有总管、左右翼梅勒章京、八旗协领及四名满洲章京，蒙古和汉军章京各一名。其次是雄耀城，设有城守官及三员满洲章京、一员汉军章京。第三是锦州城、宁远城、凤凰城，各设城守官一员，两员满洲章京及一员汉军章京。第四是兴京城、义州城、新城、牛庄城及岫岩城，各设城守官一员，每城各设满洲章京一员、汉军章京一员。最低的是东京、盖州、耀州、海州、鞍山、广城等城，无城守官，每城只设满洲章京一员、汉军章京一员。盛京城的驻防级别高，表明该城的军事防御最为坚固。由此可见，盛京城的京城建制规模比较完善，军事防御体系也十分健全，这些优势都为盛京城成为入关后清朝的陪都奠定了基础。

  此外，盛京城的战略地位也十分重要。天命十年（1625），太祖迁都沈阳时，曾对沈阳城的重要地势有所阐释："沈阳四通八达之处，西征大明，从都儿鼻渡辽河，路直且近，北征蒙古，二三日可至。南征朝鲜，自清河路可进。沈阳浑河通苏苏河，于苏苏河源头处伐木，顺流而下，材木不可胜用。出游打猎，山近兽多，且河中之利亦可兼收矣。"② 由此可见，首先，盛京城交通便利，具有"直

---

  ① 《清世祖实录》卷7，中华书局1985年版，第75页上栏。
  ② 《清太祖武皇帝实录》卷4，潘喆、孙方明、李鸿彬编《清入关前史料选辑》第1辑，中国人民大学出版社1984年版，第382页。

且近"的道路通往关内，可以很好地拱卫京城。其次，盛京城作为东北重镇，西北有蒙古，北部有沙俄，东部临近朝鲜，如果在此建立陪都机构，便能够随时处理东北地区的诸多事务，对提高东北地区的驻防能力及保证地区稳定都有帮助。最后，盛京等处自然条件十分优越，土地富饶，森林茂密，自古便是满洲先世采捕渔猎之地，清入关后负责向皇室提供各种贡物，因为是替皇室办差，各相关部门的级别自然不能等同于地方机构，陪都的设立，特别是陪都机构的出现很好地解决了这一问题。

明代的两京制为清设立陪都提供了参考。多京制的设立在中国历史上比比皆是，上古周代设西京镐京、东都洛阳，辽代设有五京，金代也设有五京，但是清代的陪都体制主要借鉴的还是明代的两京制。明代的南京设于国家肇兴之地和祖陵所在地，清代的陪都盛京便是满洲龙兴之地及爱新觉罗家族祖陵所在地。明代的"两京各衙门，官职并置，繁简随宜"①，清代盛京官制便是仿照京师官制而设，盛京五部则是仿效京师六部建立的，不同于明代陪都部院机构之处在于没有设立吏部，且五部的最高长官是侍郎而非尚书，说明清代的陪都部院机构自设立起便低于中央部院机构，由此可见，明代的陪都设置的确为清代陪都的建立提供了参考。由此可见，正是由于清廷将盛京设为陪都，才需要在此建立符合陪都体制的行政机构，进而参考明代陪都官制的设置，创建了盛京五部。

## 二 盛京五部的设立及管辖范围

（一）设立

学界现今对盛京五部设立的研究，主要在两个问题上存在分歧，

---

① 申时行等修，赵用贤等纂：《大明会典》卷2，《续修四库全书》第789册，上海古籍出版社1989年版，第57页。

一是盛京五部的来源，二是盛京五部设立的顺序和时间，以下便结合这两个问题对盛京五部的设立加以说明。

首先是盛京五部的来源问题，杨余练、王革生认为盛京五部源自盛京总管下属的六曹，① 王鸿宾则认为盛京五部源自清入关前盛京的六部，② 笔者认为五部源自清入关前盛京部院机构的说法比较合理。理由是，盛京五部在顺治十五年（1658）后才陆续设立，但早在顺治九年（1652），清廷就曾任命由"鄂泰巴图鲁为盛京礼部理事官"③，"尚吉纳为盛京工部理事官"④。这说明早在五部正式设立之前，各部便已设有官员。康熙初年编修的《盛京通志》中对盛京各部的记载，对此有所提及：

> 户部，天聪六年设。顺治元年迁都，陆续设立郎中及员外各一员，清字笔帖式六员，译字笔帖式一员。大库设立司库二员，乌林人九名。仓上设笔帖式二员，汉军仓官一员。税课司设马法二员，笔帖式二员。凡粮饷事宜，俱案呈镇守盛京昂邦章京。顺治十六年以后始复设侍郎，续添各官。⑤

> 礼部，天聪六年设。顺治元年迁都，俱盛京昂邦章京管理。前后设员外郎二员，读祝官八员，鸣赞官八员，笔帖式三员，司牲官一员。十五年，始设侍郎及添设各官。⑥

> 刑部，天聪六年设。顺治元年迁都后奉裁，皆属奉天昂邦章京及将军管理。康熙三年，复设侍郎及各官。⑦

---

① 杨余练、王革生：《清代东北史》，辽宁教育出版社1991年版。
② 王鸿宾：《沈阳史话》，上海人民出版社1982年版。
③ 《清世祖实录》卷62，中华书局1985年版，第485页上栏。
④ 《清世祖实录》卷64，中华书局1985年版，第500页上栏。
⑤ 康熙《盛京通志》卷14，康熙二十三年（1684）刻本，第19页a。
⑥ 康熙《盛京通志》卷14，康熙二十三年（1684）刻本，第19页b—20页a。
⑦ 康熙《盛京通志》卷14，康熙二十三年（1684）刻本，第20页b。

## 第一章　盛京五部沿革及机构设置

工部，天聪六年设。顺治元年迁都后，皆镇守奉天昂邦章京及将军管理。前后设郎中一员，员外郎一员，笔帖式一员，司库一员，笔帖式一员，乌林人三名，从九品司匠一员，笔帖式一员，监管千丁佐领一员，监管黄瓦厂托沙喇哈番一员，看守大政殿六品官一员。至顺治十六年始设侍郎及以下各官。①

由此可见，盛京户部、盛京礼部及盛京工部在顺治元年迁都后至设立侍郎之前，均陆续设有各级官员。但是，此时设置的官员均由镇守盛京昂邦章京即盛京总管管理，并没有形成独立的部门。而盛京刑部则明确在迁都后裁撤，至复设侍郎前未设官员，所有刑名之事皆由盛京昂邦章京负责。盛京兵部的情况则不见记载。可能由于康熙初年修《盛京通志》之时，盛京兵部还未正式成立，但是并不能表明其在入关之初未设有官员，于是笔者又查阅了雍正末年编修的《盛京通志》，该书有关盛京各部的内容中，出现了对盛京兵部的记载，"康熙三十年设侍郎及郎中、员外郎、主事等官"②。也就是说盛京兵部的各级官员均是康熙三十年所设，在此之前未曾设置。可见，盛京五部在入关之初未正式设立之前，户部、礼部和工部就已相继设置官员，处理盛京等地的事务，而这些官员除了清廷任命外更多的是入关前盛京各部院遗留的官员，由此时三部所设之官可见，户部官员主要处理粮饷之事，礼部官员处理盛京等处的祭祀之事，而工部官员则主要负责维修之事等，这说明之所以户部、礼部及工部在入关之初便设有官员是为了服务于清在关外的一宫三陵及各地的驻防官兵，而兵、刑未设官员，是因为盛京等地军务均由总管管理，无需再设管兵机构，而且盛京等地人口不多且多为旗人，

---

① 康熙《盛京通志》卷14，康熙二十三年（1684）刻本，第21页a。
② 雍正《盛京通志》卷19，台北：文海出版社1965年版，第1册，第728页。

所以可由总管兼理。而对于盛京五部源自盛京总管下属六曹的说法，笔者认为盛京总管下属的六曹与之后设立的八旗驻防机构内的五司相似，清代的八旗旗署衙门中都普遍设有这种专门负责处理日常旗务的机构，例如辽阳城守尉公署内便设有"兵、户、工三司，每司置掌案员、号簿员，贴写无定额。其分任事项，兵司兼礼司亦曰兵科，专掌军政、军饷、丁壮、沿道之防备及八旗考试、传递公文等事；户司亦曰户科，掌八旗户婚、田产、有关抚恤及征收地租等事；工司兼刑司亦曰工科，掌查禁贼盗及城垣、廨舍、桥梁营缮，僧道等事"①。盛京总管后来演变为盛京将军，而此时的六曹应该是之后盛京将军下属五司的前身而非演变为盛京五部。

其次，盛京五部设立的顺序和时间问题。《八旗通志初集》指出："顺治元年，定鼎燕京，盛京官不备设。十四年后，置户、礼、刑、工四部及奉天府等衙门，设侍郎、府尹以下各官。康熙三十年，复置盛京兵部衙门，设侍郎以下等官。"② 可见，《八旗通志初集》并没有提出盛京五部各部具体建立的时间，而对于五部建立的先后顺序似乎认为是户、礼、刑、工、兵依次建立。而昭梿在《啸亭杂录》中却指出："初设户部侍郎一员，继而次第设立礼、兵、刑、工各一员，陪京之制始备。"③ 显然昭梿认为盛京五部设立的顺序是户、礼、兵、刑、工。由此可见，当时的清人已对盛京五部设立的时间和先后顺序存在分歧。盛京五部先后设立于顺治末年至康熙初年，而康熙初年编修的《盛京通志》距离五部设立的时间最近，对五部设立的记载应该更为准确，所以笔者便参考康熙《盛京通志》及《清实录》对盛京五部设立的时间进行探讨。顺治十五年（1658）

---

① 裴焕星等修：《辽阳县志》卷17，民国七年（1928）铅印本，第8页。
② 鄂尔泰等修：《八旗通志初集》卷40，东北师范大学出版社1985年版，第2册，第759页。
③ 昭梿：《啸亭杂录》卷4，中华书局1980年版，第106页。

九月，世祖下令"铸给盛京户、礼、工三部印"①，标志户、礼、工三部已设的官员不再隶属于盛京总管，而是仿效京师各部，组建成为独立的部院机构。虽然机构得以组建，但此时各部的主管并未委任，三部并未设立完成。盛京礼部侍郎"顺治十五年设"②，标志盛京礼部正式设立。盛京户部侍郎，"顺治十六年设"③，盛京工部侍郎"顺治十六年设"④，"以裁缺吏部启心郎费齐为盛京户部侍郎，工部郎中努山为盛京工部侍郎"⑤。所以，顺治十六年（1659），盛京户、工两部正式成立。康熙初年，奉天地区"丁口渐盛，其赋税、刑名、简练士卒等事有饶于昔"⑥，刚刚由盛京总管改称辽东将军的乌库理，由于需要处理的事务纷繁复杂，无力再兼及刑名诉讼之事，同时又伴随盛京户部、礼部及工部的设立，进而上疏清帝，称："先是盛京设户部、礼部、工部侍郎等官，而兵民狱讼悉隶其事于总管，未设刑部，至是乌库理请增设。"⑦康熙二年（1663）十二月，"吏部议覆，辽东将军吴库立（乌库理）疏请添设盛京刑部郎中二员、员外郎六员，应如所请。得旨，如议。仍添设侍郎一员，尔部将应补官员，开列具奏"⑧。可见，乌库理只向皇帝提出设立盛京刑部郎中及员外郎，并未提出设置与盛京户、礼、工三部同规格的部院机构，反而是康熙皇帝，不仅批准了乌库理的提议，还在此基础上提出添设盛京刑部侍郎，使盛京刑部得以建立。康熙三年（1664），正月，"新设盛京刑部侍郎，以内国史院学士祁通格为之"⑨，盛京刑部

---

① 《清世祖实录》卷120，中华书局1985年版，第931页下栏。
② 康熙《盛京通志》卷14，康熙二十三年（1684）刻本，第20页a。
③ 康熙《盛京通志》卷14，康熙二十三年（1684）刻本，第19页a。
④ 康熙《盛京通志》卷14，康熙二十三年（1684）刻本，第21页a。
⑤ 《清世祖实录》卷126，中华书局1985年版，第980页上、下栏。
⑥ 昭梿：《啸亭杂录》卷4，中华书局1980年版，第106页。
⑦ 《钦定八旗通志》卷168，《景印文渊阁四库全书》第667册，台北：商务印书馆1982年版，第29页上栏。
⑧ 《清圣祖实录》卷10，中华书局1985年版，第1册，第165页上栏。
⑨ 《清圣祖实录》卷11，中华书局1985年版，第1册，第167页下栏。

正式成立。康熙三十年（1691），三月，"设盛京兵部衙门侍郎一员，理事官一员，郎中二员，员外郎六员，满字堂主事一员，翻译主事一员，满字笔帖式八员，翻译笔帖式四员"①，盛京兵部正式成立，至此盛京五部全部建立。所以，顺治十五年，盛京礼部建立；顺治十六年，盛京户部和盛京工部建立；康熙三年，盛京刑部建立；康熙三十年，盛京兵部建立，盛京五部设立的顺序为礼、户、工、刑、兵。

（二）管辖范围

对盛京五部管辖范围的探讨，朱诚如认为五部的管辖范围为奉天地区，②董万仑、赵云田、马大正则认为五部的管辖范围经过了一个变化的过程，先是管辖整个东北地区后来缩小为只管理奉天地区，③笔者认为盛京五部的管辖范围与盛京将军的管辖范围一致，主要是在奉天地区，但因其同时具有陪都机构性质，便也可兼管吉林、黑龙江两省事务。

盛京五部的管辖范围主要集中于奉天地区，从盛京五部的官称中可见五部的管辖地区是盛京。在清代文献中，"盛京"一词从所指的地域范围来看，有时指盛京统部，有时指盛京城，而多数情况下指奉天地区。指盛京城时，通常能够根据上下文的内容看出，而容易混淆的是盛京统部和奉天地区两种情况。指盛京统部时，笔者至今只在记录东北三省的地方志——《盛京通志》的书名中发现。乾隆八年（1743）成书的康熙《大清一统志》中将各地方行政区划以"某某统部"称之，进而出现了河南统部、山西统部等，其中，将东北三将军的辖区统称为盛京统部，所以盛京统部所指的范围包括奉天、吉林和黑龙江三地。但是，在各地编修的地方志中，却没有称

---

① 《清圣祖实录》卷150，中华书局1985年版，第2册，第667页下栏—668页上栏。
② 朱诚如：《辽宁通史》，辽宁民族出版社2009年版。
③ 董万仑：《东北史纲要》，黑龙江人民出版社1987年版；赵云田：《中国边疆民族管理机构沿革史》，中国社会科学出版社1993年版；马大正：《中国边疆经略史》，中州古籍出版社2000年版。

《河南统部通志》《山西统部通志》的，而是相应称作《河南通志》《山西通志》，即省略了"统部"二字，康熙二十三年（1684）编修完成的第一部《盛京通志》，其叙述的内容便包括奉天和吉林两个将军辖区（当时黑龙江将军还没有设立），而之后成书于乾隆元年（1736）的《盛京通志》和成书于乾隆四十八年（1783）的《盛京通志》叙述的内容都包括奉天、吉林和黑龙江三个将军辖区，由此可见，《盛京通志》名称中的"盛京"指的是"盛京统部"。也就是说在编修地方志时，各地将"统部"二字去掉了，进而出现了"盛京"代指"盛京统部"的现象，但这只是一种特殊情况，一般情况下很少出现。

"盛京"指代奉天地区的情况，多见于清代文献史料中，但是对奉天地区的表述除了"盛京"外，还可以使用"奉天"，两者本来是不可混用的，但是清代的官员遇到称呼奉天地区时经常将两者混用，乾隆帝就因此斥责过盛京将军弘晌，乾隆帝就此的一番谈话恰好对"盛京"和"奉天"两者的区别进行了解释："奉天陪都重地，历来称为盛京，非各省可比，弘晌等谅所知悉，折内自应称回盛京，方为得体。虽俗语有东三省之说，统言之尚属无碍，乃竟称京为省，则断乎不可。即如顺天府尹，近在京城，遇有奏折，亦只可称为京师，或称为京城，岂能因系府尹所在，亦称京城为省乎？弘晌等何不知检点若此，俱著传旨申饬。"[①] 也就是说"盛京"代表的是"京城"不是"省"，那么，当强调该地区的陪都性质时，要使用"盛京"，而当强调该地区"省"的性质时，不可使用"盛京"，便以"奉天"来代替。这一点可用奉天将军的改称来证明，即乾隆十二年（1747），清廷下令将奉天将军的官称改为"镇守盛京等处将军"，但是在乾隆二十九年（1764）成书的《大清一统志》和乾隆四十八

---

[①] 《清高宗实录》卷1007，中华书局1986年版，第13册，第521页下栏—522页上栏。

年（1783）成书的《盛京通志》中都没有改称盛京将军，仍称奉天将军，在地方志中论及将军的辖区时，是将该地区以"省"来看待，所以称"奉天"不称"盛京"。

盛京五部属于陪都机构，当然要强调该地区的陪都性质，所以五部官称中的"盛京"可以说指的是奉天地区。但实际上，五部公署的匾额上只写有各部的名称，并未题写"盛京"二字，"盛京"的称呼只是为了将其与京师各部相区别而已，而且参照盛京将军官称的表述来看，其全称为"镇守盛京等处将军"，"盛京等处"的说法显然表明此处的"盛京"指的是将军衙署所在地盛京城，也就是说盛京将军的官称是以其官署所在地的地名来命名的，由此推断五部官称中的"盛京"也可能指其衙署所在地盛京城，如果五部官称中的"盛京"指盛京城，那么便不能肯定五部的管辖范围仅限于奉天地区。但是嘉庆七年（1802），嘉庆帝在部署东北三省的巡查工作时的一段话，对五部管辖范围问题给出了明确的解释，嘉庆帝指出："巡视东三省事务，前经议定裁汰御史，五年一次于盛京五部侍郎内奏请简派。今据晋昌奏，巡视盛京业已届期，将五部侍郎衔名，开单请旨。但思吉林、黑龙江两处，非盛京所属，尚可令该侍郎等前往巡视，至盛京系本管地方，亦派令一体查察，究于政体未协。所有此次巡视盛京事务，著派大理寺卿窝星额去，嗣后除吉林、黑龙江届五年期满，仍将该侍郎等奏派外，其盛京一省，届期著该将军奏请，候朕于在京之满汉三四品京堂内简派。"① 嘉庆帝的这段话中，将盛京与吉林、黑龙江并列提出，表明此处的盛京指的是奉天地区，"盛京系本管地方"，也便是说奉天地区是盛京五部的"本管地方"，"吉林、黑龙江两处，非盛京所属"，即吉林、黑龙江两处与奉天地区互不统属，因而，两地也便不在五部的管辖范围之内，进而五部

---

① 《清仁宗实录》卷104，中华书局1986年版，第2册，第395页下栏—396页上栏。

侍郎只可巡查吉林、黑龙江两地。

对于盛京五部管辖范围先为东北地区后缩小为奉天地区的观点，笔者认为，由五部的职能演变来看，某些部的职能前后变化中的确出现了这一情况，如盛京兵部选任武官的职能，在雍正《大清会典》的记载中包括对吉林、黑龙江官员保举的内容，"凡保送官员，雍正四年，复准，盛京易州城内佐领下骁骑校缺出，该将军将汉仗好、能管辖之人，拣选咨送兵部，交与各该旗带领引见补授；其黑龙江、宁古塔管水手六品官缺出，该将军会同坐名保送兵部，带领引见补授"①。清初，吉林、黑龙江等处兵制还未完善，相关事务便由盛京户部兼管，但在之后的历朝会典中，不见盛京兵部处理吉林、黑龙江事务的记载，只记有对奉天地区官兵进行保举的内容。此种情况在五个部的职能变化中并非都存在，有的部职能变化中存在与此相反的情况，如盛京户部最初只负责对奉天地区的土地进行管理，但在光绪朝《清会典事例》中，则记录了盛京户部在同治年间对吉林官庄及黑龙江等处的人丁进行管理的情况，"吉林等处官庄壮丁，于发遣安插旗民人内，拣选充补，发遣为奴人犯，不准充当，按年交纳额粮，五年内能照数全交者，准将伊等未入户之子除出一名，系旗人入旗档，系民人入民籍，又定，黑龙江各城地方发遣人犯，随带子女滋生人丁及另住旗人家奴等，此二项人内拣选壮丁，分派齐齐哈尔等各官庄，每年照例交粮，每官庄设立领催一名管束，余人入于各城官庄册内，以备挑补丁缺"②。官庄、人丁、户籍等紧要之事，盛京五部仍需兼管，这也便是其陪都机构特质之体现。所以，盛京五部的职能在有清一代存在前后变化的情况，但是不代表五部的管辖范围也存在变化，而且这种由大变小的情况显然也不能代表五部各

---

① 雍正朝《大清会典》卷217，《近代中国史料丛刊三编》第79辑，台北：文海出版社1994年版，第14216页。

② 光绪朝《清会典事例》卷289，中华书局1991年版，第4册，第375页上、下栏。

部变化的具体情况。

### 三 盛京五部的裁撤

五部的裁撤作为清末东北政治改革内容之一,在东北政治改革的相关研究成果中多有提及,赵云田①、田志和②、王建中③、郭建平④等先后比较全面地对由崇实、赵尔巽、徐世昌分别主持的清末东北政治改革进行了分析论述,主要述及了三次改革的背景、措施及历史意义,其中对盛京五部被合并及裁撤的过程有所提及。因为是对改革进行的整体研究,所以对仅为其中一个内容的五部裁撤的叙述比较简略,而改革背景的介绍也主要侧重当时整个东北的时代背景,对五部裁撤的具体原因没有详细论述。此外,相关论证缺少档案资料的应用,特别是缺乏对崇实、赵尔巽奏疏的选用,使得所论述的内容比较宏观,一些细节问题没有得到关注和解答。以下便从原因和过程两方面对五部裁撤问题进行具体分析,以期补充学界研究之不足。

(一) 裁撤的原因

雍正年间,清帝在批复盛京兵部侍郎吴尔泰的奏折时提出合并盛京五部:"盛京地方颓败不堪目睹。据言,那里之人无所事事,唯以食祭肉、宴请饮乐为事。诚若无事,何必设那么多部及官员?……盛京各部诚若无事,有应裁撤合并者著马进泰、尔(吴尔泰)等二人商议即奏,此事尔须谨记在心。"⑤可见,当时清帝认为五部应该合

---

① 赵云田:《晚清东北军政管理机构的演变》,《中国边疆史地研究》1992年第4期;《清末新政期间东北边疆的政治改革》,《中国边疆史地研究》2002年第3期。
② 田志和:《论清代东北行政体制的改革》,《东北师大学报》(哲学社会科学版) 1987年第4期。
③ 王建中、贾诚先:《试论东北新政》,《学习与探索》1988年第1期。
④ 郭建平、常江:《清末东三省官制改革及其影响》,《辽宁大学学报》(哲学社会科学版) 1988年第4期。
⑤ 《雍正元年九月二十日盛京兵部侍郎吴尔泰等奏请裁并盛京兵工两部折》,中国第一历史档案馆编译《雍正朝满文朱批奏折全译》上册,黄山书社1998年版,第357—358页。

并的理由是，终日"无所事事"和"颓败不堪目睹"，尽管如此，清帝也只是提出合并，并未提议全部裁撤，说明人少事简、慵懒腐败并不足以使五部全部被裁。同时，盛京作为满洲发祥之地值得重视，应该是贯穿有清一代的使命，是各朝清帝都应该肩负的责任，光绪年间五部被裁撤之时，清朝还没有灭亡，同样需要铭记祖先创业艰辛及肩负保护祖先陵寝的重任，所以，重视满洲发祥之地并不是五部存在的主要原因。笔者认为，保持盛京军事中心的地位及制衡盛京将军和奉天府府尹，才是五部存在的主要原因。到了清末，盛京满洲风俗丧失殆尽，八旗兵战斗力下降，盛京不再是清廷的军事中心，同时，清廷自顾不暇，无力再干预盛京旗民的管理，随着社会的发展，东北旗民分治逐渐走向民治，五部作为陪都机构强调盛京军事中心的地位及限制旗署的作用也便没有了意义，东北改制之时，随着将军和府尹职能的合并，五部成了多余的机构，裁撤也便成为自然之事。

**1. 陪都实际作用的丧失**

清廷早在入关之前便在盛京等处设有八旗兵驻防各城，入关后，虽然大批八旗军民随清帝迁入北京，但是仍留下一些八旗兵驻防盛京等地，这些八旗驻防兵多数都经历过入关前的艰苦作战，保留有满洲特色之骑射功夫和作战能力，这些八旗兵便构成了奉天地方八旗驻防兵的主体，之后盛京八旗兵中又先后补入辽东汉人、在京旗人及新满洲人等，虽说成分逐渐复杂，但是比照入关后关内身处汉文化包围圈中的八旗兵来说，保留有更多满洲风俗。清廷一直对奉天地区保留满洲风俗之事十分重视，究其根源，笔者认为清廷看重的不仅仅是使奉天等处的八旗兵保持国语骑射，更重要的是希望盛京的八旗兵能够保持良好的战斗能力，当关内的八旗兵作战不力时，盛京及吉林、黑龙江的八旗兵能作为一支奇兵，在关键时刻帮助清廷扭转败局。直到咸丰年间，清廷在防御和镇压太平天国运动时，盛京八旗兵仍然在参与作战。咸丰三年（1853），清廷急调盛京八旗兵入京，咸丰帝称"昨有旨调盛京官兵八千名，谅已接奉谕旨矣。朕思兵贵精，不在多。著奕兴认真挑选年力强壮、技艺纯熟者四千名，已可敷用。务期星速启程来京，毋得稍有迟误"①。同年四月，又"调盛京兵一千名，黑龙江兵二千名，前往江南剿贼"②。而到了同治年间，奉天地方马贼猖獗，盛京八旗兵剿捕不力，最后，甚至要从北京调兵入奉协剿，由此，不仅表明盛京兵战斗力的下降，更体现出盛京八旗拱卫京师能力的降低。

面对盛京八旗兵的疲敝，几任盛京将军都尝试着对军政进行整饬。同治六年（1867），盛京将军都兴阿指出："近来奉省军威不振，元气未复，设有梗阻，进止两难，易启游民轻视之心，内地伏莽，乘隙待动，更属堪虞，深恐前后难于兼顾，是以奴才惟以练兵补救元气为急，期望本省声威壮盛。"③ 都兴阿练兵的内容主要是"设捷胜营洋枪步队、刀矛炮队，止齐步伐，训练精详"④，练兵的结果是"民赖以安，盗风因以少息"⑤。但是，到了光绪年间，对奉天地区八旗兵的评价仍然是"奉天旗兵日就懈弛，习气尤重"⑥。可见，盛京的八旗兵虽然经历了几次整饬和训练，只是暂时缓解了颓废之势，并没有从根本上解决战斗力下降的问题，而且随着国家的衰亡及旗人社会的颓废，盛京八旗兵武备废弛的情况无法遏制，再也不可能作为清廷的奇兵，在关键时刻帮助清廷扭转战局了。那么清廷设立陪都并强调其军事职能的做法也就失去了意义，进而陪都

---

① 《清文宗实录》卷87，中华书局1986年版，第2册，第160页下栏—161页上栏。
② 《清文宗实录》卷90，中华书局1986年版，第2册，第219页下栏。
③ 《盛京将军都兴阿奏为遵旨派员查勘盛京私垦边荒合衷商酌竭力通筹事》，同治六年六月初二日，中国第一历史档案馆藏，资料号：04—01—22—0061—001。
④ 缪东霖：《陪京杂述》，《旧闻·送将军》光绪（1875—1908）刻本，第38—39页。
⑤ 缪东霖：《陪京杂述》，《旧闻·送将军》光绪（1875—1908）刻本，第38—39页。
⑥ 《清德宗实录》卷184，中华书局1987年版，第3册，第568页上栏。

体制也便没有存在的必要了。

### 2. 清末奉天地区管理体制的变化

有清一代，奉天地区主要实行旗民分治的二重管理体制，盛京将军与奉天府府尹分掌旗民两署，共同处理奉天地区相关事务。但是，为了保证奉天地区八旗的战斗力，就必须提高旗人的地位，所以，清廷主导了奉天地区二重管理体制的建立，这种明确区分旗民的管理方式，不仅是出于维持奉天地区统治稳固的考虑，更是为了保护本地区旗人的利益，进而防止旗人丧失本民族风俗习惯。所以，即便表面上建立了地位平等的旗民两署，但实际上仍然是抬高旗署的地位而对民署进行限制，在这一过程中，清廷巧妙利用了盛京五部。五部侍郎充作奉天府的兼尹，将已经与旗署并驾齐驱的民署置于五部之下，而五部的职能和地位已经在二重体制的形成中被削弱，明显低于将军。所以，在旗民二重体制形成后，正是由于五部的存在，使得表面上地位平等的旗民两署，实际上仍然是旗署高于民署。同时，盛京五部仍然具有对盛京将军的监督权，此时五部又获得了对民署的管理权，进而使得原本被削弱的权力，又得到了某种程度上的恢复，进而实现了对将军的限制。

但是，这种在奉天地区上层形成的旗民分治，主要是在清廷主导下建立的，并非奉天地区旗民社会发展的结果，其实，伴随着二重体制的建立，奉天地方管理中已实现了由旗民分管到旗民合一统归民管的转变。乾隆二十九年（1764），盛京将军指出："各城应审旗民交涉事件自改令该地方旗民官审理以来，每遇命盗案件虽令审拟送部，但地方旗员原系行伍出身，署中又无案卷可稽，多有不合律例，致令驳覆。"[①] 基于此等情况，乾隆四十四年（1779），清廷

---

① 《钦定大清会典则例》卷139，《钦定四库全书》第382册，上海古籍出版社1987年版，第388页下栏—389页上栏。

下令奉天地方旗民词讼事件，不分旗民，均由州县官处理，进而基层案件的审理出现了旗民合一统归民管的趋势。嘉庆十年（1805），清帝指出："奉天省所属州县，从前只用旗员。原以各该地方旗人生计及一切交涉事件，惟旗员乃能熟悉，嗣因齐民编户渐多，遂参用汉员。今承平日久，闾阎生齿日增，地方事务，较形繁剧。州县为亲民之官，旗员等多有从部院笔帖式等官铨补者，初膺外任，于吏治未经练习，转不足以资治理，著该部即将奉天省所属州县各缺，详细查核。此内附近蒙古边界，必须补用旗员者，计若干缺，其可以专用汉员者，计若干缺，并此后著将各缺专用。"① 之后经大臣议定，辽阳、宁远、复州、海城、盖平、宁海六州县专用汉官。即，在奉天地方案件审理中，不仅出现旗民统归民管的趋势，而且还由归民署管理进一步发展为归民署民官管理。

清末社会动荡不安，清廷自顾不暇，对奉天地区的操控逐渐减弱，那么随着奉天地区社会的发展，以及地方管理中旗民合一统归民管趋势的加强，奉天地区上层管理机构中的二重管理体制最终被废止。二重管理体制的消失，使得在该体制中起到协调作用的五部没有了存在的意义，进而五部也随着二重管理体制的消失而被裁撤。

（二）裁撤的过程

光绪元年（1875），盛京将军崇实在上奏清帝的《变通奉天吏治章程》中，提出变通奉天吏治的具体方案，其中便包括变通五部事权的内容。② 之后，清廷采纳了崇实的建议，盛京户部侍郎不再出任兼尹，并将盛京兵部和盛京刑部划归盛京将军管理，将军同时兼管盛京金银库印钮稽查盛京户部。光绪三十年（1904），清廷下令，"景厚、儒林、钟灵均著来京当差，所有五部事务，著归盛京将军兼管"③。景厚

---

① 《清仁宗实录》卷149，中华书局1986年版，第2册，第1035页下栏—1036页上栏。
② 朱寿朋：《光绪朝东华录》，中华书局1984年版，第113—114页。
③ 《清德宗实录》卷546，中华书局1987年版，第8册，第253页上栏。

时任盛京礼部侍郎，儒林时任盛京刑部侍郎，钟灵时任盛京工部侍郎兼盛京兵部侍郎，当时的将军廷杰兼任盛京户部侍郎，所以除了廷杰外，其他侍郎均被调回京城任职，随后由赵尔巽代替廷杰出任盛京将军，廷杰则奉命前往吉林办差，赵尔巽到任后随即接收了各部侍郎的印钮，"于二十四日接收户部印信暨奉天牛马税务关防，附片陈明在案。兹于七月初二日准，盛京礼部侍郎景厚、刑部侍郎儒林、兼署兵部侍郎工部侍郎钟灵派员齐送四部印钮、文卷前来……"① 至此，盛京五部侍郎被裁撤，五部事权悉归盛京将军管理。

同年，八月，盛京将军赵尔巽又上奏清廷，认为既然五部事权已尽归将军，现今的五部只是徒具名目，虽然历任将军和各部堂官都试图挽救危局，但是"无如积重难返，事权不专，百弊丛生，胥根于此，若仍循旧办理，则奴才今日之兼管与往年崇实之兼管无殊，不予革除，难言整顿"②，进而提出裁撤五部的建议，同时也指出要对五部事务详加清理，户、兵两部所管事项纷杂需要详加查考，礼、工两部所管事项涉及典制、工程需要谨慎筹划，对于部务纷杂的情况则需在裁撤前先进行归并。清廷采纳了赵尔巽的建议，随即对五部部务进行清理，选取文案处官员会同原各部熟悉部务的司员，以则例、档案为依据，对各部事务逐项清理，应当裁撤的裁撤，应当改用的改用，应当合并的合并，同时将制定的方法上奏清帝。对五部的人员也按其员缺，分别留、撤或改用。五部的司员，"曾经京察一等记名者，准其咨部收缺，仍记名请旨简放，愿外用者作为俸满照例截取，愿内用者以原官咨部即选"③。各部的小京官，"礼部之

---

① 《光绪三十一年七月初五日赵尔巽折》，中国第一历史档案馆编《光绪朝硃批奏折》第1辑，中华书局1996年影印版，第457页。
② 《光绪三十一年七月二十四日赵尔巽折》，中国第一历史档案馆编《光绪朝硃批奏折》第1辑，中华书局1996年影印版，第463页。
③ 《光绪三十一年八月分盛京将军赵尔巽片》，中国第一历史档案馆编《光绪朝硃批奏折》第21辑，中华书局1996年影印版，第651页。

读祝官八员、赞礼郎十六员，户部六品官二员，礼部六、七品官各一员，工部四、五、六品官各一员，应改隶三陵总理事务衙门，并归首领衙门兼管。又户、礼、工外郎二十缺，请裁十一留九缺，以现任外郎九人，改隶三陵总理事务衙门之五、六、七品官，作为领催升阶。又户部六品官二缺，作为本属外郎升补专缺。又裁撤户部管理喇嘛丁银委六品官一员，及户、礼、工三部郎中以下各员缺，咨部改用。又户、礼、工四、五、六、七品官属有领催三十五员，应改隶三陵衙门，并守护大臣兼管。又兵部所设驿丞二十九员，改归州县管辖，原设之正、副监督，及兵部郎中以下各缺，一律裁撤。驿巡道请兼按察使衔，承转通省刑名案件，刑部司员概行裁撤，分别咨部改用，下政务处议。寻奏，盛京守护大臣，既兼管三陵承办事务，应即定为三陵承办事务衙门大臣，所请改称首领衙门大臣之处，应毋庸议。户、礼、工部既裁，原设之读祝、赞礼四、五、六、七品等官，均归三陵总理事务衙门管辖，不必更冠以各部旧称，以符名实"①。同时，也由于清理部务的需要，一些本应调用的五部人员，被暂时留在了盛京，待部务清理完成后，才前去赴任。如，"盛京户部郎中锡龄阿，已奉上谕，简放直隶遗缺知府，理应即行赴直。现在裁并五部，虽已就绪，惟户部事务最繁，关系最重，内中如仓库、钱粮各项裁并之后，应需妥筹整顿之处甚多。该员精细干练，熟悉情形，奴才随时随事多所咨询，正资臂助。现在尚有经手事件，合无仰恳天恩，俯准该员暂缓赴直，一俟经手事竣，即行给咨，与理财要政，不无裨益"②。在盛京将军赵尔巽的主持下，五部部务得到了清理，人员得到了安置，至此五部机构顺利裁撤完毕，一切职权尽归将军。

顺治年间，清廷为了对盛京等处进行恢复发展采取了一系列的

---

① 《清德宗实录》卷549，中华书局1987年版，第8册，第293页上、下栏。
② 《光绪三十一年盛京将军赵尔巽片》，中国第一历史档案馆编《光绪朝硃批奏折》第22辑，中华书局1996年版，第134页。

措施，这使得盛京等地的人口增多，事务繁杂，原有的机构负担沉重，同时清廷又将盛京设为陪都，陪都建立后也急需设置相应的机构来完善陪都体制。在这些条件的促使下，盛京五部依次建立，顺治十五年盛京礼部建立，顺治十六年盛京户部和盛京工部建立，康熙三年盛京刑部建立，康熙三十年盛京兵部建立，五部管辖范围以奉天地区为主。光绪年间，盛京满洲风俗丧失殆尽，八旗兵战斗力下降，盛京不再是清廷的军事中心，同时，清廷自顾不暇，无力再干预盛京旗民的管理，随着社会的发展，东北旗民分治逐渐走向民治，五部作为陪都机构强调盛京军事中心地位及限制旗署的作用也便失去了意义，最终被裁撤。

## 第二节 盛京五部的机构和官员

盛京五部的机构主要指五部下属的各司及附属各机构，五部的官员主要指各部的侍郎、各司的司员以及各附属机构的官员，本节便从五部的机构和官员两方面进行论述。对机构的论述主要反映了五部本部及所属各部门职官设置的情况，对官员的论述包括对五部侍郎的品级、俸禄、旗籍、出身、出任、离任等情况的探讨，同时也对五部部员的品级、俸禄、铨选及处分情况进行了阐述。

### 一 盛京五部机构及官员设置

学界对盛京五部机构及官员设置演变的研究，丁海斌、时义[①]、李鹏年[②]、张德泽[③]、刘子扬[④]多据光绪朝《大清会典》对五部机构

---

① 丁海斌、时义：《清代陪都盛京研究》，中国社会科学出版社2007年版。
② 李鹏年等编：《清代中央国家机关概述》，黑龙江人民出版社1988年版。
③ 张德泽编：《清代国家机关考略》，学苑出版社2001年版。
④ 刘子扬编：《清代地方官制考》，紫禁城出版社1988年版。

的设置和各部的职能进行了叙述,但所述只是对相关内容的简单摘抄,在史料基础上补充说明的内容不多,只能反映出五部下设的各个分支机构的设置、人员及执掌的大致情况,缺少对官员旗籍、任职等情况的动态研究,而且由于作者所依据的是清末形成的史料,所以,没能呈现出五部机构设置及其职能在有清一代的发展演变过程。因此,以下便从机构设置的演变及机构所属官员设置的演变两个方面,对五部机构发展演变的情况加以阐述,以期对五部机构动态发展的情况有所揭示。

(一) 盛京户部

康熙初年,盛京户部初建之时,所属的机构主要有:农田司、粮储司、经会司、仓、库、草场及税课司。① 雍正末年,盛京户部下属的仓由康熙初年的三处增加到六处,这六处分别是通济仓、太平仓、新仓、内仓、兴京仓和南馆仓。乾隆元年(1736),盛京户部侍郎官保奏请:"盛京户部所管官屯,请照礼、工二部之例,添设六品官二员专管。令户部堂官会同将军于各该衙门有顶带笔帖式内,拣选四员送部,引见补放。"② 随着管庄六品官的设立,盛京户部所属机构在三司、仓、库、草场及税课司之外,又新增加了官庄治事厅这一机构。乾隆二十九年(1764),南馆仓划归"内务府经理"③。至乾隆中期,盛京户部所属的机构主要有:农田司、粮储司、经会司,通济仓、太平仓、新仓、内仓、兴京仓,金银库,草场,税课司及官庄治事厅。④ 光绪初年,盛京户部所属的机构主要有:农田司、粮储司、经会司,通济仓、太平仓、新仓、内仓、金银库,草

---

① 康熙《盛京通志》卷13,康熙二十三年(1684)刻本,第10页a。
② 《清高宗实录》卷23,中华书局1985年版,第1册,第537页下栏。
③ 乾隆《盛京通志》卷45,《景印文渊阁四库全书》第260册,台北:商务印书馆1983年版,第155页上栏。
④ 乾隆《盛京通志》卷45,《景印文渊阁四库全书》第260册,台北:商务印书馆1983年版,第155页上栏。

场及官庄治事厅。① 由此可见，从乾隆中期到光绪初年，盛京户部所属机构发生变化的地方在于，兴京仓、税课司不再归盛京户部管理。盛京户部所属的税课司早在盛京户部建立之时就已设立，主要负责征收奉天地区牲畜等税，"牲畜等税，每两纳银三分，每年定额三千两，由税课司征收交部，溢额者议叙，缺额者议处，俱由本部咨报户部"②。雍正五年（1727），税课司官员改为由"京城部属内拣选补放"③。嘉庆六年（1801），"命盛京牛马税差，每年简派五部侍郎一员兼管，无庸由京另派司员监督"④。由此可见，嘉庆六年后税课司所掌之事由五部侍郎内任选其一兼管，不再归盛京户部专管。综上所述，盛京户部所属机构中，三司、金银库、草场从部门设立到裁撤变化不大，变化比较频繁的是盛京户部所属的仓，由最初的三处增加到六处，又削减两处，最终只统属四处。盛京户部在发展过程中新增的部门是官庄治事厅，同时在发展中消失的部门是税课司。

盛京户部所属机构中官员的设置，随着时间的推移也相应地发生了一些变化。盛京户部正式设立之前，盛京的户部衙署所属人员有郎中、员外郎、司库、乌林人、仓官、马法及笔帖式等。顺治十六年（1659），增设侍郎。十七年（1660），增设主事。康熙十九年（1680），将马法之一改为管理奉天税务官。至此康熙初年，盛京户部所属人员有侍郎、郎中、员外郎、主事、司库、乌林人、仓官、管理奉天税务官、马法及笔帖式等。⑤ 对比盛京户部正式设立之前增加了侍郎、主事和管理奉天税务官。康熙二十九年（1690），设理事

---

① 崇厚：《盛京典制备考》卷6，光绪二十五年（1899）上海双顺泰印本，第4册，第44页a。
② 康熙朝《大清会典》卷39，《近代中国史料丛刊三编》第72辑，台北：文海出版社1992年版，第1876页。
③ 雍正朝《大清会典》卷215，《近代中国史料丛刊三编》第79辑，台北：文海出版社1994年版，第14126页。
④ 《清仁宗实录》卷82，中华书局1986年版，第2册，第74页下栏。
⑤ 康熙《盛京通志》卷14，康熙二十三年（1684）刻本，第19页a—b。

官一名，康熙四十二年（1703），"设立仓监督一员，专管出入粮石"①。康熙六十年（1721），因"盛京理事官事甚简少，嗣后俱不必再行补授"②，盛京户部理事官随即被裁撤。雍正元年（1723），增设"盛京户部银库掌关防监督一员，由在京部院堂官遴选郎中，出具考语，咨部引见，恭候钦点，管理三年，期满更代"③。雍正四年（1726），经盛京户部侍郎傅鼐奏称："盛京仓储紧要，请添派副监督一员，互相稽察。"④至雍正末年，盛京户部所属职官有侍郎、郎中、员外郎、主事、管理银库郎中、正副仓监督、司库、税课司监督（管理奉天税务官）、笔帖式、仓官、马法、外郎、库使（乌林人）等。⑤对比康熙初年所属各官，新增的是：管理银库郎中，正、副仓监督和外郎。乾隆元年（1736），盛京户部侍郎官保奏请："盛京户部所管官屯，请照礼、工二部之例，添设六品官二员专管。"⑥乾隆三年（1738），经盛京户部侍郎双喜疏请，"添设该部金银库员外郎一员，协同原设郎中办理收放"⑦。至乾隆中期，盛京户部所属的职官有侍郎、郎中、员外郎、主事、管理银库郎中、金银库员外郎、正副仓监督、司库、管庄六品官、笔帖式、仓官、外郎、库使等。⑧新增金银库员外郎、管庄六品官，税课司监督不再归盛京户部管理。嘉庆十九年（1814），又设"委署六品官一员，专办新收喇嘛壮丁事件"⑨。至光绪初年，盛京户部所属的职官有侍郎、郎

---

① 雍正朝《大清会典》卷215，《近代中国史料丛刊三编》第79辑，台北：文海出版社1994年版，第14121页。
② 《清圣祖实录》卷295，中华书局1985年版，第3册，第862页上栏。
③ 光绪朝《清会典事例》卷55，中华书局1991年版，第1册，第699页上、下栏。
④ 《清世宗实录》卷44，中华书局1985年版，第1册，第652页上栏。
⑤ 雍正《盛京通志》卷19，台北：文海出版社1965年版，第1册，第724—726页。
⑥ 《清高宗实录》卷23，中华书局1985年版，第1册，第537页下栏。
⑦ 《清高宗实录》卷81，中华书局1985年版，第2册，第275页下栏。
⑧ 乾隆《盛京通志》卷39，《景印文渊阁四库全书》第260册，台北：商务印书馆1983年版，第67页上、下栏。
⑨ 光绪朝《清会典事例》卷55，中华书局1991年版，第1册，第702页下栏。

中、员外郎、主事、管理银库郎中、金银库员外郎、司库、库使、管庄六品官、管喇嘛丁银委六品官、笔帖式及外郎等。① 新增管喇嘛丁银委六品官，正、副仓监督和仓官不再归盛京户部管理，盛京户部官员设置的数量变化见下表。

表1-1　　　　　　　　盛京户部官员设置数量变化　　　　（单位：员）

| | 建部之前 | 康熙初年 | 雍正末年 | 乾隆中期 | 光绪初年 |
|---|---|---|---|---|---|
| 侍郎 | | 1 | 1 | 1 | 1 |
| 理事官 | | 1 | | | |
| 郎中 | 1 | 2 | 3 | 2 | 3 |
| 员外郎 | 1 | 4 | 12 | 5 | 6 |
| 主事 | | 1 | 2 | 6 | 6 |
| 委署主事 | | | 1 | | |
| 管理金银库郎中 | | | 1 | 5 | 1 |
| 管理金银库员外郎 | | | | 1 | 1 |
| 司库 | 2 | 2 | 2 | 2 | 2 |
| 库使 | 9 | 9 | 8 | 8 | 8 |
| 正仓监督 | | | 1 | 1 | |
| 副仓监督 | | | 1 | 1 | |
| 仓外郎 | | | | 10 | |
| 仓官 | 1 | 1 | 1 | 10 | |
| 税课司监督 | | 1 | 1 | | |
| 马法 | 2 | 1 | 1 | | |
| 管庄六品官 | | | | 2 | 2 |
| 管喇嘛丁银委六品官 | | | | | 1 |
| 外郎 | | | 9 | 9 | 9 |
| 笔帖式 | 11 | 17 | 23 | 23 | 23 |

说明：表1-1至表1-5均据康熙《盛京通志》卷14《职官》、雍正《钦定盛京通志》卷19《职官》、乾隆《钦定盛京通志》卷39《职官》及《盛京典制备考》卷6《五部职官公署事宜》制。

① 崇厚：《盛京典制备考》卷6，光绪二十五年（1899）上海双顺泰印本，第4册，第43页b—44页a。

## （二）盛京刑部

盛京刑部建立之初，所属机构主要有：白旗司、蓝旗司、黄旗司、红旗司以及牢狱。雍正末年，盛京刑部所属的机构在四司和牢狱之外，又增加司狱司公署。① 乾隆三年（1738），盛京刑部侍郎觉罗吴拜上疏，请求将"盛京刑部档房改造参库，凡拿获私参，俱交库收贮，岁底始行解京交纳。请添设司库一员，库使二员"②。因此，至乾隆中期，盛京刑部所属的机构主要有：四司、司狱司、参库（赃罚库）和牢狱。直到光绪初年，盛京刑部所属机构再无增减。但是，值得注意的是，阿桂等编修的《盛京通志》中，将盛京刑部所属的四个司称作"白旗司……蓝旗司……黄旗司……红旗司"③，而在托津等纂的（嘉庆朝）《钦定大清会典》中，则称作"肃纪前司……肃纪左司……肃纪右司……肃纪后司"④。显然司的名称发生了变化，为了说明这一问题，笔者选用辽宁省档案馆藏的两件档案来加以说明。乾隆二十一年（1756）十月二十四日题为"盛京刑部为偷刨人参之额丁丁文学等枷号期满鞭责交旗管束事给盛京内务府咨文"中，开头题为"盛京刑部来文咨盛京总管内务府衙门，为解送事，蓝旗司案呈"⑤，而乾隆二十二年（1757）八月初三题为"盛京刑部为偷刨人参之额丁苏其通等治罪完结交该管官管束事给盛京内务府咨文"中，开头则题"盛京刑部来文咨盛京总管内务府衙门，为解送事，肃纪后

---

① 雍正《盛京通志》卷18，台北：文海出版社1965年版，第1册，第693页。
② 《清高宗实录》卷79，中华书局1985年版，第2册，第243页下栏。
③ 乾隆《盛京通志》卷45，《景印文渊阁四库全书》第260册，台北：商务印书馆1983年版，第155页下栏。
④ 嘉庆朝《钦定大清会典》卷44，《近代中国史料丛刊三编》第64辑，台北：文海出版社1991年版，第2096—2098页。
⑤ 《乾隆二十一年十月二十四日盛京刑部为偷刨人参之额丁丁文学等枷号期满鞭责交旗管束事给盛京内务府咨文》，中国边疆史地研究中心、辽宁省档案馆合编《东北边疆档案选辑（清代·民国）》第70册，广西师范大学出版社2007年版，第72页。

司案呈"①，可见盛京刑部所属司的名称的确发生了变化，而且发生变化的时间多是在乾隆二十一年十月二十四日至二十二年八月初三之间。

盛京刑部所属机构的职官设置，康熙初年，盛京刑部设立之初，主要设有侍郎、郎中、员外郎、主事和笔帖式。康熙二十九年（1690），设理事官一名，六十年（1721），裁撤。雍正十一年（1733），增设委署主事，乾隆八年（1743），裁撤。乾隆三年（1738），建立参库，同时设置司库一名，库使二员。司狱司原设汉司狱一名，乾隆三十七年（1772），经盛京刑部侍郎喀尔崇义奏称："盛京刑部羁禁人犯，约有一百二三十名至四五十名不等，原设汉司狱一员，如遇疾病事故，防范难周，请添员管理。应如所请。添设满司狱一员，协理监务。"② 直到光绪初年，盛京刑部所属机构的职官设置有：侍郎、郎中、员外郎、主事、司库、库使、司狱、笔帖式和外郎。③ 即侍郎、郎中、员外郎、主事是四司的属官，司库和库使是参库的属官，司狱则是司狱司的属官，而笔帖式和外郎在各部门中均有之，盛京刑部官员设置的数量变化见下表。

表1-2　　　　　　　　盛京刑部官员设置数量变化　　　　　　（单位：员）

| | 康熙初年 | 雍正末年 | 乾隆中期 | 光绪初年 |
| --- | --- | --- | --- | --- |
| 侍郎 | 1 | 1 | 1 | 1 |
| 理事官 | 1 | | | |
| 郎中 | 2 | 5 | 4 | 4 |
| 员外郎 | 8 | 14 | 6 | 6 |

---

① 《乾隆二十二年八月初三日盛京刑部为偷刨人参之额丁苏其通等治罪完结交该管官管束事给盛京内务府咨文》，中国边疆史地研究中心、辽宁省档案馆合编《东北边疆档案选辑（清代·民国）》第70册，广西师范大学出版社2007年版，第106页。
② 《清高宗实录》卷932，中华书局1986年版，第12册，第549页上栏。
③ 崇厚：《盛京典制备考》卷6，光绪二十五年（1899）上海双顺泰印本，第4册，第55页b—56页a。

续表

|  | 康熙初年 | 雍正末年 | 乾隆中期 | 光绪初年 |
|---|---|---|---|---|
| 主事 | 2 | 3 | 6 | 6 |
| 蒙古主事 |  |  |  | 2 |
| 委署主事 |  | 4 |  |  |
| 司狱 |  | 1 | 2 | 2 |
| 司库 |  |  | 1 | 1 |
| 库使 |  |  | 1 | 2 |
| 外郎 |  | 2 | 2 | 2 |
| 笔帖式 | 17 | 31 | 30 | 31 |

（三）盛京礼部

康熙初年，盛京礼部建立之初，所属机构主要有左司、右司、果房、冰窖、梨窖、朝鲜使馆、僧箓司和道箓司。① 康熙三十一年（1692），清廷于养息牧地方设立养息牧牧厂，其实早在顺治初年，清廷就在养息牧地方设置了牧群，并任命司牲官等管理，此处的"一应事宜，隶盛京礼部，造册报部，代为题奏"②。至雍正末年，盛京礼部所属的机构对比康熙初年又增加了六品官办事房。③ 乾隆三十年（1765），"养息牧牧群，旧群隶盛京礼部，新群隶将军衙门，嗣后将新、旧两群统归将军衙门管理"④。至此，养息牧牧厂不再隶属盛京礼部。乾隆中期，盛京礼部所属机构又添加千丁司、土地祠等。⑤ 到了光绪初年，六品官办事房、千丁司和土地祠消失，增设管辖千丁处，因此，此时的盛京礼部所属机构变为左司、右司、果房、

---

① 康熙《盛京通志》卷13，康熙二十三年（1684）刻本，第10页a—b。
② 光绪朝《清会典事例》卷522，中华书局1991年版，第6册，第1028页上栏。
③ 雍正《盛京通志》卷18，台北：文海出版社1965年版，第1册，第693页。
④ 光绪朝《清会典事例》卷522，中华书局1991年版，第6册，第1032页下栏。
⑤ 乾隆《盛京通志》卷45，《景印文渊阁四库全书》第260册，台北：商务印书馆1983年版，第155页上栏。

冰窖、梨窖、朝鲜使馆、僧箓司、道箓司、管辖千丁处等。① 综上所述，有清一代盛京礼部所属机构的变化并不大，左、右两司，果房，冰窖，梨窖，朝鲜使馆，僧箓司，道箓司等是盛京礼部的常设机构，没有发生变化，主要的变化是盛京礼部下属六品官设置的改变所引起的机构变化，以及养息牧牧厂所属权的变化。

盛京礼部所属机构中官员的设置，在有清一代也发生了一些变化。首先，在盛京礼部正式设立之前，盛京城的礼部公署中就已设置了一些官员，主要包括员外郎、主事、读祝官、鸣赞官、司牲官和笔帖式。之后，顺治十五年（1658），设侍郎，十七年（1660），设郎中，康熙九年（1670），设管千丁六品官。至此到康熙初年，盛京礼部所属机构的职官主要有：侍郎、郎中、员外郎、主事、读祝官、鸣赞官、司牲官、管千丁六品官和笔帖式。② 对比正式设部之前，增设了侍郎、郎中和管千丁六品官。康熙二十九年（1690），设理事官一名，三十年（1691），盛京官学建立，"交与盛京礼部堂官，不时稽查操演。……满学设满文助教各一员，汉学设通满汉文助教各一员，俱由吏部考授"③。由此，盛京礼部增设助教一官。三十一年（1692），设置养息牧牧厂后，添设正、副总管来负责管理，由盛京礼部统辖。六十年（1721），裁理事官，雍正元年（1723），增设库使，雍正十一年（1733），增设委署主事。至雍正末年，盛京礼部所属机构设置的职官主要有："侍郎一员，郎中二员，员外郎四员，主事一员，委署主事二员，读祝官八员，鸣赞官十六员，司牲官一员，管千丁六品官一员，助教四员，笔帖式十员，医学正科二员，外郎二员，库使八员，养息牧正总管一员、副总管二员，僧箓

---

① 崇厚：《盛京典制备考》卷6，光绪二十五年（1899）上海双顺泰印本，第4册，第49页b—51页a。
② 康熙《盛京通志》卷14，康熙二十三年（1684）刻本，第19页b—20页a。
③ 《清圣祖实录》卷150，中华书局1985年版，第2册，第667页上、下栏。

一员，道篆一员。"① 对比康熙初年所属机构设置的官员，增加了委署主事、助教、医学正科、外郎、库使、养息牧正副总管、僧篆和道篆。乾隆八年（1743），对五部官职设置进行改动时，指出："五部向设委署主事十二员，定例于赞礼郎、笔帖式内简用，三年限满，遇本部主事缺出坐补。今既添设主事，自可无庸再设。"② 进而，委署主事被裁撤。九年（1744），盛京礼部侍郎纳尔泰奏称："盛京礼部所辖壮丁，采买品物，关系陵寝祀典，旧设六品官一员、领催四名管辖，现在丁壮滋生，已有一千三百余名。请添设七品官一员，领催四名。"③ 乾隆十年（1745），盛京官学新增汉教习四员、弓箭教习四员。乾隆三十年（1765），盛京礼部不再管理养息牧牧厂事务，专管牧厂事务的官员也便不再归盛京礼部统辖。至乾隆中期，盛京礼部所属机构的职官有：侍郎、郎中、员外郎、主事、读祝官、鸣赞官、司牲官、管千丁六品官（管人丁六品官）、管人丁七品官、助教、汉教习、弓箭教习、笔帖式、医学正科、外郎、库使、僧篆和道篆等。④ 对比雍正末年所设的职官，变化在于，增设汉教习、弓箭教习和管人丁七品官，裁撤委署主事及养息牧牧厂的官员不再归盛京礼部统辖。到了光绪初年，盛京礼部所属的职官有："侍郎一员，郎中二员，员外郎四员，主事一员，读祝官八员，赞礼郎（鸣赞官）十六员，管人丁六品官一员，管人丁七品官一员，管学助教四员，笔帖式十员，外郎二员，库使八员。"⑤ 对比乾隆中期盛京礼部所属各官，司牲官、汉教习、弓箭教习、医学正科、僧篆和道篆

---

① 雍正《盛京通志》卷19，台北：文海出版社1965年版，第1册，第726—728页。
② 《清高宗实录》卷205，中华书局1985年版，第3册，第642页上栏。
③ 《清高宗实录》卷213，中华书局1985年版，第3册，第735页上栏。
④ 乾隆《盛京通志》卷39，《景印文渊阁四库全书》第260册，台北：商务印书馆1983年版，第67页下栏—68页上栏。
⑤ 崇厚：《盛京典制备考》卷6，光绪二十五年（1899）上海双顺泰印本，第4册，第49页b—50页a。

等消失，盛京礼部官员设置的数量变化见下表。

表1-3　　　　　　盛京礼部官员设置数量变化　　　　　（单位：员）

| | 建部之前 | 康熙初年 | 雍正末年 | 乾隆中期 | 光绪初年 |
|---|---|---|---|---|---|
| 侍郎 | | 1 | 1 | 1 | 1 |
| 理事官 | | 1 | | | |
| 郎中 | | 2 | 2 | 2 | 2 |
| 员外郎 | 2 | 4 | 4 | 4 | 4 |
| 主事 | | 1 | 1 | 1 | 2 |
| 委署主事 | | | 2 | | |
| 读祝官 | 8 | 8 | 8 | 8 | 8 |
| 赞礼郎 | 8 | 16 | 16 | 16 | 16 |
| 司牲官 | 1 | 1 | 1 | 1 | |
| 养息牧正总管 | | | 1 | | |
| 养息牧副总管 | | | 2 | | |
| 管人丁六品官 | | 1 | 1 | 1 | 1 |
| 管人丁七品官 | | | | | 1 |
| 助教 | | | 4 | 4 | 4 |
| 汉教习 | | | | 4 | |
| 弓箭教习 | | | | 4 | |
| 医学正科 | | | 2 | 2 | |
| 僧篆 | | | 1 | 1 | |
| 道篆 | | | 1 | 1 | |
| 库使 | | | 8 | 8 | 8 |
| 外郎 | | | 2 | 2 | 2 |
| 笔帖式 | 3 | 10 | 10 | 10 | 10 |

（四）盛京兵部

盛京兵部设立之初，所属机构主要是左司和右司。雍正十二年（1734），设"盛京五路驿站正、副监督各一员，由盛京五部堂官于郎中、员外郎、主事内公同遴选人明白能管理者各一人，出具考语，题请实授,管理三年"①。随着驿站监督的设立,驿站公署随之成立,由盛京兵部统辖。有清一代,盛京兵部所属机构便只有左司、右司和驿站监督公署三个,并无增减。

那么,盛京兵部所属机构的职官设置,主要指左、右司和驿站监督公署的职官设置。盛京兵部设侍郎一名,左、右司各设有郎中、员外郎、主事若干名,驿站监督公署主要设有驿站监督正、副各一名,驿丞若干名,此外笔帖式和外郎若干名,分设于左、右司和监督公署中,盛京兵部官员设置的数量变化见下表。

表1-4　　　　　　盛京兵部官员设置数量变化　　　　　（单位:员)

| | 雍正末年 | 乾隆中期 | 光绪初年 |
| --- | --- | --- | --- |
| 侍郎 | 1 | 1 | 1 |
| 理事官 | | | |
| 郎中 | 2 | 2 | 2 |
| 员外郎 | 6 | 4 | 4 |
| 主事 | 2 | 4 | 4 |
| 驿站正监督 | 1 | 1 | 1 |
| 驿站副监督 | 1 | 1 | 1 |
| 监督所外郎 | | 2 | |
| 驿丞 | 29 | 29 | 29 |
| 外郎 | 2 | 2 | 4 |
| 笔帖式 | 12 | 12 | 12 |

(五) 盛京工部

盛京工部建立之初,所属机构主要有左司、右司、颜料库、织造库、柴仓以及黄瓦厂。② 至雍正末年,所属机构中,库除了颜料库、织造库之外,又增加了银库、锅库、红土库、熟铁库、火绳库、

---

① 光绪朝《清会典事例》卷55,中华书局1991年版,第1册,第694页上栏。
② 康熙《盛京通志》卷13,康熙二十三年(1684)刻本,第10页b。

## 第一章 盛京五部沿革及机构设置

废铁库及棉麻库。厂除了黄瓦厂之外，又增加了席厂、灰厂、缸厂、炸子厂、铅厂及木炭厂。至乾隆中期，所属机构中，库又增加了纸库和火药库。至此，盛京工部所属机构主要包括：左司、右司、颜料库、织造库、银库、锅库、红土库、熟铁库、火绳库、废铁库、棉麻库、纸库、火药库、柴仓、席厂、灰厂、缸厂、炸子厂、铅厂、木炭厂及黄瓦厂。① 而到了光绪初年，盛京工部所属的机构只剩下左司、右司、颜料库、棉麻库、铁库、火药局及黄瓦厂了。②

盛京工部所属机构的职官设置，要比机构的设置复杂一些。首先，盛京工部正式设立之前，盛京城的工部衙署中，就已设有职官。当时所设的职官主要有郎中、员外郎、司库、乌林人、司匠、监管千丁佐领、监管黄瓦厂托沙喇哈番以及看守大政殿六品官。之后，顺治十六年（1659），设侍郎一名，主事一名，康熙二年（1663），增设监管各项匠役六品官一员。二十九年（1690），设理事官一名，六十年（1621），裁撤理事官。雍正十一年（1733），设委署主事。至雍正末年，盛京工部所属机构的职官设置有：侍郎、郎中、员外郎、主事、委署主事、委官、司库、织造库司匠、管千丁佐领、监管七厂托沙喇哈番、看守大政殿六品官、监管各项匠役六品官、笔帖式、外郎和库使。③ 乾隆八年（1743），裁委署主事，二十九年（1764），"裁汰工部司匠官"④。至乾隆中期，盛京工部所属机构的职官设置主要有：侍郎、郎中、员外郎、主事、司库、管千丁四品官（管千丁佐领）、管理造瓦料五品官（监管七厂托沙喇哈番）、看

---

① 乾隆《盛京通志》卷45，《景印文渊阁四库全书》第260册，台北：商务印书馆1983年版，第155页下栏—156页上栏。
② 崇厚：《盛京典制备考》卷6，光绪二十五年（1899）上海双顺泰印本，第4册，第56页b—57页a。
③ 雍正《盛京通志》卷19，台北：文海出版社1965年版，第1册，第731—734页。
④ 光绪朝《清会典事例》卷55，中华书局1991年版，第1册，第703页上栏。

守大政殿六品官、监管各项匠役六品官、笔帖式、外郎和库使。① 到了光绪初年，盛京工部所属机构的职官设置再无增减，盛京工部官员设置的数量变化见下表。

表1-5　　　　　盛京工部官员设置数量变化　　　　（单位：员）

| | 建部之前 | 康熙初年 | 雍正末年 | 乾隆中期 | 光绪初年 |
|---|---|---|---|---|---|
| 侍郎 | | 1 | 1 | 1 | 1 |
| 理事官 | | 1 | | | |
| 郎中 | 1 | 2 | 3 | 2 | 2 |
| 员外郎 | 1 | 6 | 8 | 4 | 4 |
| 主事 | | 2 | 3 | 4 | 4 |
| 委署主事 | | | 2 | | |
| 司库 | 1 | 2 | 2 | 2 | 2 |
| 库使 | 3 | 7 | 8 | 8 | 8 |
| 司匠 | 1 | 1 | 1 | | |
| 管千丁四品官（管千丁佐领） | 1 | 1 | 1 | 1 | 1 |
| 管理造瓦料五品官（监管七厂托沙喇哈番） | 1 | 1 | 1 | 1 | 1 |
| 看守大政殿六品官 | 1 | 1 | 1 | 1 | 1 |
| 监管各项匠役六品官 | | 1 | 1 | 1 | 1 |
| 外郎 | | | 4 | 4 | 9 |
| 笔帖式 | 3 | 17 | 17 | 17 | 17 |

## 二　盛京五部的官员

现今学术界对盛京五部官员的选任仍缺乏探讨，特别是对五部官员的旗籍、出身、铨选及离职等情况都未有专门且详细的研究。

---

① 乾隆《盛京通志》卷39，《景印文渊阁四库全书》第260册，台北：商务印书馆1983年版，第68页下栏。

下文主要对五部侍郎的品级、俸禄、任期、旗籍、出身、出任、离任等情况进行了论述，同时也对五部部员的品级、俸禄、铨选及处分情况进行了阐述，由此又对五部官员有清一代存在的办事不力及贪腐等问题进行了探讨。

（一）侍郎

清入关后，为了将盛京城变为陪都，清廷仿效京师六部先后设立了盛京五部，即盛京礼部、盛京户部、盛京工部、盛京刑部和盛京兵部，因为盛京等处的职官设置较简，人员较少，所以没有设立专门管理官员选任的吏部，盛京官员的选任仍由京师吏部统管。盛京五个部虽然是仿效京师六部而设，但是各部的最高长官却不像六部一样设尚书来管辖，而是设侍郎来管理，并且也不同于京师六部每部设有左右两位侍郎，五部只设有一名侍郎总管部务。雍正八年（1730），雍正皇帝任命尚崇廙出任盛京五部尚书来总辖五部，但很快五部尚书便被裁撤。可见，盛京五部的最高长官对比京师六部略低，但是盛京五部各部的侍郎对部务实行专管，不同于京师六部各部侍郎分管部务。盛京户部首任侍郎设置于顺治十六年（1659），至光绪三十一年（1905）盛京户部被裁撤，先后设有八十八位侍郎。盛京礼部首任侍郎设置于顺治十五年（1658），至光绪三十一年盛京礼部被裁撤，先后设有七十五位侍郎。盛京兵部首任侍郎设置于康熙三十年（1691），至光绪三十一年盛京兵部被裁撤，先后设有八十五位侍郎。盛京刑部首任侍郎设置于康熙三年（1664），至光绪三十一年盛京刑部被裁撤，先后设有一百零八位侍郎，盛京工部首任侍郎设置于顺治十六年，至光绪三十一年盛京工部被裁撤，先后设有九十九位侍郎，有清一代，五部共设置侍郎四百五十五位。以下便对这四百五十五位侍郎的品级、俸禄、任期、旗籍、出身、出任和离任等情况进行分析。

## 1. 品级和俸禄

盛京五部侍郎，与京师六部的左右侍郎品级相同，国初满洲缺设为二品，汉军缺设为三品，顺治十六年满洲缺、汉军缺均定为三品，康熙六年（1667），满洲缺改为二品，汉军缺仍为三品，九年（1670）满洲缺、汉军缺均定为三品。雍正十三年（1635），改为从二品，后又改为正二品，一直延续至清末，与品级密切相关的则是官员的俸禄。清代官员的俸禄包括正俸和养廉银，正俸主要依品级高低发放，而养廉银则是根据官职的重要程度来拟定。养廉银起初是为了改善地方吏治而为地方官提供的正俸之外的补贴，但随着地方官俸禄的增加，京官俸禄低微的情况随即暴露出来。雍正六年（1728），清廷开始给京官发放恩俸，小京官领取双俸，在京大员领取双俸双米。之后，又从各省上交部院的银两中专门拨出一部分，分给在京部院机构作为养廉银。但是盛京五部虽与京师六部同级，却没有参照京师六部侍郎给予五部侍郎双俸。直到乾隆二十六年（1761），经大学士们提议："盛京五部侍郎，每年支用单俸不敷，请于户、工等部饭银内拨给一千五百两，作为养廉。"① 此后，每年支给养廉银一千五百两，与地方巡抚的俸禄相近。从五部侍郎的俸禄发放可见，虽然五部侍郎按照职官设置来看属京官，但是领取俸禄等级却是参照地方官来给予的。

## 2. 任期

有清一代，盛京五部四百五十五位侍郎在各朝中的任期情况，从一年以下至十年以上分列于表1-6中。由该表所统计的情况看，康熙朝，五部侍郎中只任一年和两年的人数最多，但同时也存在任期高达十年以上之人。雍正、乾隆两朝，任期只有一年的人数最多。嘉庆朝，任期为一年的人数最多，同时已没有任期在十年以上的侍

---

① 《清高宗实录》卷650，中华书局1986年版，第9册，第280页上栏。

郎。道光朝，五部侍郎的任期最短，多数都在一年以下，没有任期在十年以上的侍郎。咸丰朝，五部侍郎的任期略有延长，一年和两年的人数最多，但仍无任期超过十年的侍郎。同治朝，五部侍郎的任期继续保持增长趋势，任期为两年的人数最多。到了光绪朝，任期为四年的人数与任期为一年、两年的人数不相上下，而且已有任期在十年以上的侍郎。由此可见，有清一代各朝五部侍郎的任期多在五年及五年以下，其中在两年及两年以下的人数最多，这表明盛京五部侍郎任期短暂且任免频繁，由统计数据可见，盛京五部侍郎任免的频繁程度从康熙朝开始逐渐增强，到道光、咸丰朝时达到最高，同治朝放缓，光绪朝又基本恢复到康熙时期的状态。这一状况与盛京五部在有清一代进行的改革有关。盛京五部在康熙中期才设置完毕，而此时清廷主要集中精力平定三藩、沙俄及西北准噶尔等势力，对五部的关注不多。雍正时期，雍正皇帝曾对盛京等处进行考察，发现了盛京五部所存在的问题，提出的改革意见虽多，但都未实行，因而这一时期对盛京五部有所改革，但是幅度不大。乾隆时期，清廷针对盛京五部存在的问题出台了一系列的政策，才真正开始对五部进行改革，而之后的嘉、道、咸各时期则是在乾隆朝改革的基础上进行深化和执行，进而将五部的改革推向顶峰，同治之后，清廷内忧外患增多，无暇再顾及五部的问题。光绪初年，因为有崇实、赵尔巽等人提出东北改制，才又重新关注五部存在的一些问题，进而导致五部终被裁撤。

表1-6　　　　　　　　　　五部侍郎任期情况　　　　　　　　（单位：人）

| | 顺治 | 康熙 | 雍正 | 乾隆 | 嘉庆 | 道光 | 咸丰 | 同治 | 光绪 |
|---|---|---|---|---|---|---|---|---|---|
| 一年以下 | | 6 | 2 | 12 | 17 | 39 | 5 | 1 | 5 |
| 一年 | | 10 | 11 | 22 | 19 | 35 | 8 | | 7 |
| 二年 | 1 | 10 | 3 | 17 | 11 | 15 | 8 | 5 | 7 |
| 三年 | | 7 | 4 | 11 | 13 | 12 | 3 | 4 | 5 |

续表

|  | 顺治 | 康熙 | 雍正 | 乾隆 | 嘉庆 | 道光 | 咸丰 | 同治 | 光绪 |
|---|---|---|---|---|---|---|---|---|---|
| 四年 |  | 6 | 4 | 10 | 4 | 6 | 4 | 1 | 7 |
| 五年 |  | 6 |  | 7 | 2 | 1 | 2 |  | 2 |
| 六年 |  | 2 | 1 | 2 | 3 |  |  | 3 | 4 |
| 七年 |  | 3 |  | 2 | 1 | 2 |  | 2 | 1 |
| 八年 | 2 | 2 | 1 | 5 |  | 1 |  |  | 3 |
| 九年 |  | 3 |  | 4 |  |  |  |  | 1 |
| 十年以上 |  | 6 | 1 | 2 |  |  |  |  | 1 |
| 总计 | 3 | 61 | 27 | 94 | 70 | 111 | 30 | 16 | 43 |

说明：表1-6至表1-10均据乾隆《钦定盛京通志》卷40《职官二》、金毓黻主编的《奉天通志·职官》卷133—135、钱实甫编《清代职官年表》制。

### 3. 旗籍和出身

盛京五部侍郎的旗籍情况如表1-7，五部侍郎共有四百五十五人，除去不详旗籍的四十二人，剩下的四百一十三人中，八旗满洲共有三百五十九人，八旗蒙古共有四十二人，八旗汉军共有十二人。由此可见，五部侍郎主要以八旗满洲为主。在八旗满洲的三百五十九人中，为镶黄、正黄、正白上三旗的有一百三十人，为镶白、正红、镶红、正蓝、镶蓝下五旗的有二百二十九人，而且在下五旗中又以地位最低的两蓝旗人数最多，可见五部侍郎的旗籍虽然以八旗满洲为主，但大多数侍郎出自下五旗，甚至是下五旗中地位较低的两蓝旗。

表1-7　　　　　　　　五部侍郎旗籍情况　　　　　（单位：人）

| | 八旗满洲 镶黄旗 | 正黄旗 | 正白旗 | 镶白旗 | 正红旗 | 镶红旗 | 正蓝旗 | 镶蓝旗 | 八旗蒙古 | 八旗汉军 | 不详 |
|---|---|---|---|---|---|---|---|---|---|---|---|
| 盛京户部 | 10 | 5 | 16 | 10 | 5 | 2 | 12 | 13 | 6 | 2 | 7 |
| 盛京礼部 | 6 | 4 | 5 | 5 | 6 | 7 | 12 | 10 | 11 |  | 9 |
| 盛京兵部 | 9 | 5 | 8 | 11 | 3 | 6 | 15 | 11 | 7 | 1 | 9 |
| 盛京刑部 | 14 | 8 | 8 | 11 | 8 | 11 | 17 | 13 | 8 | 5 | 5 |
| 盛京工部 | 13 | 9 | 10 | 7 | 10 | 5 | 9 | 10 | 10 | 4 | 12 |
| 总计 | 52 | 31 | 47 | 44 | 32 | 31 | 65 | 57 | 42 | 12 | 42 |

五部侍郎的出身情况如表1-8，由表可见，五部侍郎的出身主要有七种情况，即宗室、觉罗、进士、举人、生员、荫生、护军。由于统计时，顺治、康熙、雍正三朝侍郎的出身多不见记载，所以仅对乾隆朝之后五部侍郎的出身情况进行了统计。乾隆朝的五部侍郎，以宗室、觉罗及科举出身占多数。嘉庆、道光两朝以科举出身占多数。咸丰、同治、光绪三朝的诸位侍郎均以宗室和科举出身为主。由此可见，乾隆朝之后，五部侍郎的出身主要以宗室、觉罗和科举为主，其中科举出身最多。

表1-8　　　　　　　　　五部侍郎出身情况　　　　　　　　（单位：人）

| | 顺治 | 康熙 | 雍正 | 乾隆 | 嘉庆 | 道光 | 咸丰 | 同治 | 光绪 | 总计 |
|---|---|---|---|---|---|---|---|---|---|---|
| 宗室 | | | | 9 | 3 | 20 | 6 | 9 | 15 | 62 |
| 觉罗 | | 3 | | 5 | 1 | 2 | | | | 11 |
| 进士 | | 1 | 2 | 8 | 28 | 40 | 10 | 4 | 17 | 110 |
| 举人 | | | | | 1 | 3 | 7 | | | 11 |
| 生员 | | | | 1 | 8 | 10 | 1 | | 3 | 23 |
| 荫生 | | | | | | 9 | 1 | | 3 | 13 |
| 护军 | | | | | | 2 | | | | 2 |
| 不详 | 3 | 57 | 25 | 70 | 25 | 23 | 12 | 3 | 5 | 223 |
| 总计 | 3 | 61 | 27 | 94 | 70 | 111 | 30 | 16 | 43 | 455 |

### 4. 出任和离任

根据有清一代四百五十五位侍郎赴任之前的任职情况，对五部侍郎的选任情况进行了整理，如表1-9。清制规定，盛京五部侍郎以开列具题的方式选任，"由内阁学士、翰林院掌院学士、都察院左副都御史、通政使司通政使、大理寺卿、詹事府詹事升任，以上各衙门无人，方以太常寺卿、光禄寺卿、太仆寺卿、通政使司副使、大理寺少卿、詹事府少詹事、太常寺少卿、鸿胪寺卿、太仆寺少卿、内阁满洲蒙古侍读学士、翰林院侍读学士、侍讲学士、国子监祭酒、左右春坊庶子升任"①。表1-9中京官升任一栏，主要统计的就是以这种方式升任五部侍郎的人数。本地官平调主要指五个部之间互调。由表1-9可见，五部侍郎中，由京官升任的人数最多，说明五部侍郎的升任主要是遵循官方的规定来进行的，但同时也可发现五部侍郎的升任也有其他方式的存在，主要有京官的平调、本地官的升任、本地官的平调、授予和兼理等。其中京官的平调和本地官的平调人数较多，说明这两种方式是五部侍郎选任的主要形式。根据各部官员出任情况的统计可见，盛京户部、盛京刑部京官升任和本地官平调的人数最多，盛京礼部、盛京兵部、盛京工部以京官升任、京官平调的人数最多。由此可见，五部侍郎多数是由京官调任的，而且以京官调任的五部侍郎中，升迁的数量大于平调的数量。而由本地官改任的五部侍郎中，五部之间的互调占多数，升任的情况不多。所有五部侍郎中，升任之数与平级调动之数相差不大，说明五部侍郎多数是通过升任和平级调动而出任的。

表1-9　　　　　　　　　五部侍郎出任情况　　　　　　　　（单位：人）

| | 京官升任 | 京官平调 | 本地官升任 | 本地官平调 | 授 | 兼理 | 其他 | 不详 | 总计 |
| --- | --- | --- | --- | --- | --- | --- | --- | --- | --- |
| 盛京户部 | 25 | 10 | 4 | 32 | 8 | 4 | 2 | 3 | 88 |
| 盛京礼部 | 28 | 19 | 1 | 3 | 15 | 5 | | 4 | 75 |
| 盛京兵部 | 45 | 20 | | 7 | 7 | | 1 | 5 | 85 |
| 盛京刑部 | 36 | 17 | 3 | 32 | 13 | 2 | 4 | 1 | 108 |
| 盛京工部 | 49 | 20 | 2 | 5 | 15 | 3 | 4 | 1 | 99 |
| 总计 | 183 | 86 | 10 | 79 | 58 | 14 | 11 | 14 | 455 |

五部侍郎离任的原因主要有15种，即升任本地官、升任京官、平调本地官、平调京官、升任外官、平调外官、降、休、革、召京、

---

① 《钦定吏部则例》卷1，故宫博物院编《故宫珍本丛刊·清代则例》第282册，海南出版社2000年版，第10页下栏—11页上栏。

解、死、免、乞养和不明。由表1-10可见，五部侍郎的离任原因以平级调动最多，其次是降、革、解、免，以升迁方式离职的最少。而以平级调动离职的侍郎中，有的远调外地做官，有的仍留在盛京任官，还有的则调回了京城任官，远调外地和留在盛京的官员数量都少于调回京师的官员数量，说明平级调动离职的侍郎，之后多数都回到了京城任职。此外，除了平级调动和不明原因两种情况外，因被降职而离任的侍郎数量最多，由此表明盛京五部侍郎离任的原因以平级调动和降职为主。

表1-10　　　　　　　　　　五部侍郎离任情况　　　　　　　　（单位：人）

| | 升任本地官 | 升任京官 | 平调本地官 | 平调京官 | 降 | 休 | 革 | 召京 | 解 | 死 | 免 | 乞养 | 不明 | 升外官 | 平调外官 | 总计 |
|---|---|---|---|---|---|---|---|---|---|---|---|---|---|---|---|---|
| 盛京户部 | 2 | 1 | 10 | 28 | 7 | 4 | 7 | 3 | 5 | 1 | 1 | | 15 | | 4 | 88 |
| 盛京礼部 | 1 | 2 | 18 | 19 | 2 | 5 | 3 | 4 | 1 | 3 | 2 | 1 | 14 | | | 75 |
| 盛京兵部 | | 1 | 20 | 24 | 2 | 3 | 4 | 1 | 2 | 2 | 7 | | 18 | | 1 | 85 |
| 盛京刑部 | 1 | 4 | 17 | 46 | 6 | 3 | 4 | 4 | 3 | 3 | 4 | 1 | 6 | 2 | 4 | 108 |
| 盛京工部 | | 4 | 16 | 30 | 8 | 1 | 4 | 7 | 2 | 3 | 5 | 2 | 11 | 1 | 5 | 99 |
| 总计 | 4 | 12 | 81 | 147 | 25 | 16 | 22 | 19 | 13 | 12 | 19 | 4 | 64 | 3 | 14 | 455 |

综上所述，通过对盛京五部侍郎的品级、俸禄、任期、旗籍、出身、出任及离任情况的探讨，对五部侍郎这一群体的特点有所揭示。五部侍郎的级别类同于京师部院，但是却享有地方官的待遇，任期短暂，任免频繁，道咸时期更换的频率达到最高，五部侍郎均由旗人担任，且下五旗居多，乾隆朝之后的官员多是科举出身，五部侍郎多以京官调任，且以升迁和平级调任的情况居多，而离任则

多以平级调动和降级为主。

（二）部员

盛京五部各部的部员，是侍郎之下主要负责部务的应差人员，此处仅从品级、俸禄、铨选及处分等方面对五部部员的具体情况作进一步的分析和论述。

**1. 品级和俸禄**

五部部员的品级随着时间的推移发生了一些变化，具体的变化情况如表1-11。

表1-11　　　　　　　　五部部员品级变化情况

| 官名 | 崇德元年—康熙二十五年（1636—1686） | 康熙二十六年—雍正五年（1687—1727） | 雍正六年—乾隆二十七年（1728—1762） | 乾隆二十八年—嘉庆十七年（1763—1812） | 嘉庆十八年—光绪二十二年（1813—1896） |
|---|---|---|---|---|---|
| 郎中 | 国初为三品，顺治十六年改为五品，十八年改为四品，康熙六年改为三品，九年改为正五品 | 正五品 | 正五品 | 正五品 | 正五品 |
| 员外郎 | 国初四品，顺治十六年改为五品，康熙六年改为四品，九年定为从五品 | 从五品 | 从五品 | 从五品 | 从五品 |
| 主事 | 国初四品，顺治十六年改为六品，康熙六年改为五品，九年定正六品 | 正六品 | 正六品 | 正六品 | 正六品 |
| 管庄六品官 | | | 六品 | 六品 | 六品 |
| 管理大政殿六品官 | | | 六品 | 六品 | 六品 |

续表

| 官名 | 崇德元年—康熙二十五年（1636—1686） | 康熙二十六年—雍正五年（1687—1727） | 雍正六年—乾隆二十七年（1728—1762） | 乾隆二十八年—嘉庆十七年（1763—1812） | 嘉庆十八年—光绪二十二年（1813—1896） |
| --- | --- | --- | --- | --- | --- |
| 司库 | 国初六品，顺治十六年改为七品，康熙六年改为六品，九年定为正七品 | 正七品 | 正七品 | 正七品 | 正七品 |
| 助教 | 从八品 | 从八品 | 乾隆元年改为从七品 | 从七品 | 从七品 |
| 赞礼郎 | 国初四品，顺治十六年改为九品，康熙四年改为六品，六年改为五品，九年改为正九品 | 正九品 | 乾隆元年改为六品顶戴食七品俸 | 六品顶戴食七品俸 | 六品顶戴食七品俸 |
| 读祝官 | 国初五品，康熙九年定为正九品 | 正九品 | 乾隆元年改为六品顶戴食七品俸 | 六品顶戴食七品俸 | 六品顶戴食七品俸 |
| 司狱 | 从九品 | 从九品 | 从九品 | 从九品 | 从九品 |
| 司匠 | 国初七品，康熙九年改为从九品 | 从九品 | 从九品 | 从九品 | 从九品 |
| 库使 | 从九品 | 从九品 | 从九品 | 从九品 | 从九品 |
| 笔帖式 | 七、八、九品 | 七、八、九品 | 七、八、九品 | 七、八、九品 | 七、八、九品 |

说明：据（康熙朝）《大清会典》、（雍正朝）《大清会典》、（乾隆朝）《钦定大清会典》、《钦定大清会典则例》、（嘉庆朝）《钦定大清会典》、（嘉庆朝）《钦定大清会典事例》、《光绪会典》、（光绪朝）《清会典事例》制。

由该表可见，盛京五部的部员中品级最高的是郎中为正五品，最低的是司狱、司匠、库使等为从九品，五部部员的级别主要在正五品至从九品之间，而最高的郎中与其上司正二品的侍郎相差五级。郎中、员外郎、主事等司员，国初所定的品级都比较高，但是经过顺康时期的变动被降低，至康熙中期后基本稳定。相反，助教、读祝官、赞礼郎等官的品级虽然经过顺康时期的变动也有所下降，但是乾隆初年又略微升高，此后保持稳定。五部部员中，级别较低的笔帖式、司狱、司匠、库使等从设置到部门被裁撤，品级几乎没有改变。

五部部员的俸禄主要有：正俸和公费银等。正俸主要按照各官的品级来领取，郎中、员外郎等五品官岁俸为80两银，80斛米；主事等六品官岁俸为60两银，60斛米；司库、助教、读祝官、赞礼郎等七品官岁俸为45两银，45斛米；司狱、司匠、库使等从九品官岁俸为31两银，31斛米。五部部员公费银的情况通过盛京将军那苏图奏请定盛京将军衙门办事官员公费银一事可知一二，"将军衙门办事官员，照盛京五部司员例，管档主事一员，每月给公费银三两；笔帖式十一员，每员月给公费银一两；协领四员，照郎中例，每员月给公费银三两；佐领等官十员，防御四员，照员外郎、主事例，每员月给公费银二两二钱；骁骑校五员，照司务厅例，每员月给银一两五钱，在盛京户部库支领"①。可见，郎中每月公费银三两，员外郎、主事每月公费银二两二钱。到了乾隆二年（1737），五部部员因"所办事件亦不甚多，并非京师部院官员可比，其公费银两，著减半给与"②。

雍正六年（1728），为缓解京官薄俸的情况，雍正皇帝特别为京官发放恩俸，即双俸。五部部员作为陪都官员，本应享有在京部院官员的待遇，但是却没有获得双俸，仍只享有单俸。为此，盛京官员多次向皇帝申请给予双俸，乾隆四年（1739），奉天府府尹吴应枚上奏"盛京五部堂司官，请给与双俸"③，未获批准。乾隆八年（1743），稽察盛京事务陕西道监察御史和其衷又上奏乾隆帝请为盛

---

① 《清高宗实录》卷21，中华书局1985年版，第1册，第504页上栏。
② 《清高宗实录》卷44，中华书局1985年版，第1册，第777页下栏—778页上栏。
③ 《清高宗实录》卷100，中华书局1985年版，第2册，第518页上栏。

京官员加给双俸及公费银，乾隆帝对此言道："盛京官员等，向系如此，而康熙年间在京官员，不肖者或可得贿，而盛京亦无可得也。今京师之加双俸，乃朕之特恩，亦所以禁其贪而养其廉，盛京官员，安可同此，且其事之原简，又无论矣，汝岂不知此，而为是言乎。"①可见，乾隆帝认为盛京官员得到贿赂的情况不多且承担事务简少，非京师部院可比，因此未按照在京官员的待遇为盛京官员发给双俸。嘉庆四年（1799），御史玉庆再次奏请为盛京部员赏给双俸，嘉庆帝认为："诏稽制禄之典，皆系通计岁入定赋，及百官大小职分，酌中立制。其多寡厚薄，俱有一定等差，且行之已百余年。内中应食单俸官员，并非自今伊始。即近因陵寝各员俸入不敷，给予双俸，亦系以银库司员所得养廉过优，匀出增给，乃朕曲加体恤，特旨施恩，原不得援以为例。若俱似此纷纷陈恳，市惠沽名，轻议变更成法，成何政体。"②进而，对玉庆提出了申饬。盛京官员多次要求赏给双俸，表明盛京官员的俸禄不能满足日常开销，而清帝又如此坚持，不愿赏给，正表明了清统治者对盛京部院官员的态度——"所办事件亦不甚多，并非京师部院官员可比"③。

## 2. 铨选

盛京五部是陪都机构，其所属的官员是参照京师各部院官员进行管理的。但是由于管理的需要及五部机构自身的特点，官员的选任经历了一系列变化，而其中最具陪都特色的便是京官和本地官的调配问题，以下便对五部部员选任中京缺与本地缺问题做简要的梳理。

康熙二年（1663），题准盛京各部的郎中、员外郎由盛京应升官中论俸升补，主事则从盛京官中选择补授，可见最初的盛京各部司官均是本地官。雍正五年（1727），雍正皇帝认为五部官员多为本地

---

① 《清高宗实录》卷193，中华书局1985年版，第3册，第480页上、下栏。
② 《清仁宗实录》卷41，中华书局1986年版，第1册，第500页上栏。
③ 《清高宗实录》卷44，中华书局1985年版，第1册，第777页下栏—778页上栏。

官，容易"互相交结，瞻徇情面，欺蔽上司"①，所以下令将五部司员"查明人数，悉行调来，以京员用，其员缺著在京各部堂官拣选办事中等司官，尔部带领引见补用"②。由此，五部司官均由京官出任。乾隆八年（1743），乾隆皇帝指出："今看来盛京官员，俱各勤勉，积习亦改，所有应升之缺，若俱将京城官员补放，有碍伊等升途。嗣后盛京司员，若半将本地应升人员补用，半由京城补放，则于部务有益，而本地人员升途亦无碍。将如何分给伊等额缺，如何升用，及现在官员调用之处，该部详悉议奏。"③ 同年，吏部便制定出了盛京五部司员具体分缺升用的办法，④ 由此，五部郎中十三人中，便有七人为京官，六人为本地官；三十八名员外郎，裁十二人变为司主事，余下二十六人中，有十四人为京官，十二人为本地官；主事二十人中，九人为京官，十一人为本地官，此时的五十九名司员中，三十名为京官，二十九名为本地官，京官与本地官各半，既保证了五部官员不会"瞻徇情面"，又提供了本地官升迁的机会。但是，这种情况并没有持续太久，乾隆十八年（1753），盛京司员的本地员缺与京缺的数量又发生了变化，"盛京户、刑、工三部郎中八缺，著留户部一缺用本处人员，余七缺并员外郎十六缺、主事十七缺，均以京员补用，礼、兵二部郎中四缺、主事五缺均用本处人员，员外郎八缺，著以京员补用兵部一缺，余七缺留用本处人员"⑤。这样，五部司员京官有四十人，本地官只有十六人。京官的数量大大超过了本地官，究其原因，从之后宜兴提出将五部郎中、员外郎京察第一之人调补京官时，乾隆皇帝的态度，"所奏虽觉近理，而亦有所难行。如以盛京生齿日繁，该处文员，升途不无壅滞，现今京城

---

① 《清世宗实录》卷54，中华书局1985年版，第1册，第818页下栏。
② 《清世宗实录》卷54，中华书局1985年版，第1册，第818页下栏。
③ 《清高宗实录》卷201，中华书局1985年版，第3册，第584页上栏。
④ 《清高宗实录》卷205，中华书局1985年版，第3册，第641页下栏—642页上栏。
⑤ 《清高宗实录》卷437，中华书局1986年版，第6册，第695页下栏。

旗下世仆，滋生更为蕃众，若将盛京官员调补，则京员升途，岂不亦虞雍滞乎"①。乾隆皇帝不赞同盛京官调补京缺的原因是，此时京官升迁也很困难，而将京官调补盛京缺是解决京官蕃众的一个重要途径。可见，此时清廷对盛京官员中本地缺与京缺的分配，除了防止盛京官徇私外，更看重的是以此来解决京官升途困难的问题。这种只关注员缺的分配而忽视官员具体职责履行的调配，导致官员"到官后于一切公事，全未熟习，人地生疏，安能资其办理，于部务殊有关系"②。为了缓解京官升迁的压力，便牺牲盛京官升调的机会，这显然表明了清廷重视京官而轻视盛京官的态度，而且这种做法也对五部官员的发展带来了不利的影响。因此到了嘉庆朝，嘉庆帝便提出："按照部务繁简，酌分自京铨补者为若干缺，由本衙门题升者为若干缺。俾五部办事，得有熟手。而陪都僚属，亦可渐就疏通。"③至此，五部司员中京缺和本地缺的分配从追求数量比例的平均演变为按照部务的繁简来划分，从限制甚至是牺牲盛京官的利益演变为关注并协调盛京官的权益。

盛京五部除了司官之外，其他官员中，有些只由本地官出任，如，盛京礼部助教，"由盛京礼部会同盛京兵部将本处笔帖式及举人、贡生、副榜传齐，按缺考取，咨送吏部注册，俟有缺出，挨次拟补，引见补授"④。有些只由京官出任，如，司库，"在京各衙门于京察一等笔帖式内各保送一员，咨送过部，吏部堂官拣选正陪，带领引见升授"⑤。还有一些职官既可以选本地官又可以选京官，如，

---

① 《清高宗实录》卷1303，中华书局1986年版，第17册，第543页下栏。
② 《清仁宗实录》卷149，中华书局1986年版，第2册，第1043页下栏。
③ 《清仁宗实录》卷149，中华书局1986年版，第2册，第1044页上栏。
④ 《钦定吏部则例》卷3，故宫博物院编《故宫珍本丛刊·清代则例》第282册，海南出版社2000年版，第115页上栏。
⑤ 《钦定吏部则例》卷3，故宫博物院编《故宫珍本丛刊·清代则例》第282册，海南出版社2000年版，第117页下栏。

赞礼郎，康熙二年（1663），由盛京有品级的笔帖式内升任，十年（1671），选拔范围扩大到盛京三品、四品官荫监生，可以从荫监生和无品级笔帖式内选择声音洪亮者送部题补。二十二年（1683），规定盛京各笔帖式、监生与在京翰林院孔目及笔帖式、监生一并听礼部选择正陪后，送部题补。

### 3. 处分

盛京五部部员的处分，主要是参照京师部院官来进行的。但是由于五部人少事简，所以在某些处分内容中，仍然存在着一些不同于京师部院官的内容。以下仅从京察、衙门办事限期、离任、告病及回避等方面，对五部部员的处分情况做简单介绍。

盛京五部部员的京察，由五部侍郎进行考核，然后填写评语，"限四月内造册移送吏部、都察院、吏科、京畿道。俟到齐之日，吏部仍会同大学士、都察院、吏科、京畿道考察，分别去留，照在京之例，一体具题造册进呈"①。乾隆五十三年（1788），乾隆皇帝指出："京城各部院官员京察，每部皆有堂官六、七员，共同考核，始列一等。盛京每部止侍郎一人，取舍惟其所专，保无有徇私情弊，此虽定例，究属未能详密。嗣后盛京官员京察时，令将军、副都统暨五部侍郎，会同秉公遴选，拟定等第。"② 至此，五部官员京察时，对其进行考核的除了五部侍郎外又增加了盛京将军和盛京副都统。为了"以昭甄别而示鼓励"③，乾隆十八年（1753），"盛京五部官员俟吏部核题行文到日，盛京兵部会同各部堂官按册以次唱名宣示"④。对五部官员京察卓异者，规定："盛京五部等衙门所属一等

---

① 《钦定吏部处分则例》卷4，故宫博物院编《故宫珍本丛刊·清代则例》第282册，海南出版社2000年版，第353页上栏。
② 《清高宗实录》卷1303，中华书局1986年版，第17册，第543页下栏—544页上栏。
③ 光绪朝《清会典事例》卷79，中华书局1991年版，第2册，第26页上栏。
④ 《钦定吏部处分则例》卷4，故宫博物院编《故宫珍本丛刊·清代则例》第282册，海南出版社2000年版，第353页下栏。

官员，有三年期满，例应以京缺调补者，俟回京之时，带领引见，准其加一级，其非系期满调回者，仍令送部引见。"① 但实际上五部官员即使京察列为一等，调补京官的机会也并不多。直到道光十七年（1837），清帝才下令"著自本年为始，每届京察之年，所有该处五部郎中、员外郎、主事内有连次保举一等者，题覆到日，准其由该将军、副都统、五部侍郎会同拣选二、三员，出具切实考语，专折具奏，并咨送吏部带领引见"②。

五部衙门办事限期，雍正元年（1723），规定"盛京一切事件，均照京城之例，勒限完结"③。但实际上，"五部等衙门办理事件，有遵照在京各衙门期限者，有仍照该处正限、余限者，未经画一"④。而且对比京师六部，盛京五部需要处理的差务不多，就是五部各部之间差务也是繁简不一，户、刑两部处理的差务较繁，礼、兵、工三部处理的差务较简。所以根据五部的具体情况，对各衙门的办事限期又重新作出了规定。即"嗣后礼、兵、工等部照在京衙门酌减五日，定限十五日，户、刑酌减五日，定限二十五日，如有行查会稿，礼、兵、工以三十日，户、刑以四十日为限，其旧定之正限、余限悉除"⑤。乾隆十八年（1753），规定盛京五部司员离任之时，"令接任司员同掌稿笔帖式，将所存稿档逐一清查，其年久微烂者，呈堂办理，倘年不甚久而即多遗失者，查出，将掌稿笔帖式照失窃文书例，罚俸一年，掌印司官照遗失科抄例，罚俸两月"⑥。五部官员的告病开缺，一向不咨报吏部注册，容易存在"容隐废弛之弊"⑦，

---

① 《钦定吏部处分则例》卷4，故宫博物院编《故宫珍本丛刊·清代则例》第282册，海南出版社2000年版，第354页上栏。
② 《清宣宗实录》卷298，中华书局1986年版，第5册，第623页上栏。
③ 光绪朝《清会典事例》卷89，中华书局1991年版，第2册，第152页下栏。
④ 《清高宗实录》卷426，中华书局1986年版，第6册，第578页下栏—579页上栏。
⑤ 《清高宗实录》卷426，中华书局1986年版，第6册，第579页上栏。
⑥ 光绪朝《清会典事例》卷91，中华书局1991年版，第2册，第174页下栏。
⑦ 《清高宗实录》卷446，中华书局1986年版，第6册，第811页下栏。

所以特定"嗣后盛京五部官员，除偶尔患病酌量给假外，其有调理须经数月者，应照在京各部之例，查明患病属实，豫将告假月日，行文盛京兵部，咨部注册，限满未愈，照例取结，移咨盛京兵部，转咨吏部开缺"①。五部官员回避之例，源于嘉庆十二年（1807），成格之族弟清安补盛京礼部员外郎，成格因此请旨回避。嘉庆帝令"清安与盛京别部员外等掣签调补"②，同时指出"嗣后盛京五部官员，有似此应行回避者，即著与别部掣签对调，著为令"③。

综上所述，盛京五部部员的特点是，虽贵为盛京官员，与京师部院官员同属，但实际上却类同地方官领取薪俸，在铨选和处分问题上虽名为参考京师部院官员进行，但却存在着很多对盛京官员的特殊规定，特别是京官和本地官选任问题上表现出清廷对盛京官员的轻视。

（三）五部官员存在的问题

盛京五部官员存在的问题主要表现为两个方面，一是办事不讲规矩且效率低下；二是，贪腐现象严重。五部官员所表现出的这些消极行为，并非到清中后期才出现，即并非国家衰亡、朝廷腐败而造成的连带结果，而是在五部建立之初就已经出现，并且一直持续到五部被裁撤。康熙年间，盛京五部刚刚建立，各部官员在处理部务时便表现出办事不勤、效率低下、不讲规矩的情况，为此康熙帝在接见陛辞的盛京礼部侍郎巴济纳时，便对他叮嘱道："盛京地方甚要，今事务废弛，尔须详查，加意料理。"④ 康熙帝眼中"事务废弛"的表现，根据他对赴奉大臣所下谕旨可见，"朕闻盛京地方，光棍匪人，聚集颇众，互相告讦者甚多……又闻盛京刑部遇讯鞫时，

---

① 《清高宗实录》卷446，中华书局1986年版，第6册，第811页下栏。
② 《清仁宗实录》卷185，中华书局1986年版，第3册，第430页下栏。
③ 《清仁宗实录》卷185，中华书局1986年版，第3册，第430页下栏。
④ 《清圣祖实录》卷258，中华书局1985年版，第3册，第547页下栏。

或别部及旗下各官，皆得杂至并坐，干预所审之事……"① 表明当时盛京部院官员存在审案不公及办事不讲规矩的情况。康熙时期，五部所表现的消极现象以办事不勤、不讲规矩为主，贪腐现象还不太突出。究其原因，此时各部刚刚建立，各项职能都在完善之中，各部人员都在熟悉部务，奉天地区本身又是以八旗驻防制为主要管理方式，八旗制度早自入关前就已在奉天地区推行，相反部院管理方式对于奉天地区来说却成了一个新型管理模式。这种管理模式如何与奉天地区的实际情况相适应，如何与奉天地区原有的制度相匹配，还需要经历一个不断尝试与调整的过程，因而五部官员此时表现出这种混乱及效率低下的行为是可以理解的。雍正年间，五部官员办事不勤、不讲规矩的情况加剧，雍正帝曾指出："迩来盛京诸事隳废，风俗日流日下。朕前祭陵时，见盛京城内，酒肆几及千家，平素但以演戏、饮酒为事，稍有能干者，俱于人参内谋利。官员等亦不以公务为事，衙门内行走者甚少，其聚会往来，不过彼此相请，食祭肉嬉戏而已，司官竟有终年不一至衙门者，堂官亦置若罔闻。坐台之人，看守边口，俱系关东人，伊等虽有押送罪人之差，而当兵者全无当兵之实，为官者亦无为官之道。"② 可见，虽经过康熙时期的宣谕，但到雍正初年，奉天地区的官员仍是"不以公务为事，衙门内行走者甚少"，雍正帝特别指出五部内"司官竟有终年不一至衙门者，堂官亦置若罔闻"，可见上级对下属办事不力的现象不但不制止，反而放纵、包庇。

乾隆时期，五部官员消极行为的表现发生了明显的变化，贪腐问题大量出现，超过此前办事不勤、不讲规制的情况，成为五部官员此时主要的消极表现。这期间，奉天地区便发生了一起重大贪腐

---

① 《清圣祖实录》卷137，中华书局1985年版，第2册，第493页上栏。
② 《清世宗实录》卷31，中华书局1985年版，第1册，第472页上、下栏。

案件，案件涉及盛京户部侍郎及盛京户部所属银库的各司官员，犯案的内容主要是盛京户部所属各司官员监守自盗，并以贿赂的方式使得侍郎充耳不闻、包庇纵容。因该案牵连人员众多，且事关五部侍郎，所以乾隆帝特别由京师派遣金简、福隆安及福康安会审此案。在审理过程中，从银库的账目里发现"四十一年，分三节每节致送喀尔崇义节礼并寿礼各银四十两，其家人每节门包银十两"①，由此，金简等人便开始对时任盛京户部侍郎的喀尔崇义进行调查。"据喀尔崇义供：'我于四十年十月到任后，即系拉萨礼属任正关防，我到库查点，抽盘了两箱，银数无亏，并未彻底平兑。及今年五月内，彝伦原曾回我说旧存款项发放麦价不能盈余的话，我因他说到盈余，是以令其自行酌量办理，未经细究，实在昏聩该死，辜负天恩。至四十一年，分三节及我生日，只记得库官们送过我吃食几色，实不曾见过银两。至上年五月节，因有皇太后大事，我就预先吩咐家人不收礼物是实，至我家人得受门包，我实不知道，只求将我管门家人与库官们质对。'"②可见，喀尔崇义只承认失察之过，对任听家人收受门包的指控予以否认。于是，金简等人又传唤了喀尔崇义的家人，据其家人交代，"四十一年五月节，库上正副关防、司库等亲自送到银四十两，礼单一张，内开：猪、羊、海参、酒、腿等类。烦我代买各物送进，并送我门包十两，我就留下允为代办。我因想主人未必肯受银两，况且库官们原叫我代为买办，单内开的物件又用不了四十两银子，我就照单买备各物，用去银三十两零，赚了九两多银子，将食物送进，主人收受了。后来两节及生日，我都照此办理，每次剩银八九两不等，我主人也请库官们吃过饭，就是答他

---

① 《乾隆四十三年十二月十八日金简等奏报会审盛京银库缺短库项银两案事》，"故宫博物院"编《宫中档乾隆朝奏折》第46辑，台北："故宫博物院"1982年版，第206页下栏。
② 《乾隆四十三年十二月十八日金简等奏报会审盛京银库缺短库项银两案事》，"故宫博物院"编《宫中档乾隆朝奏折》第46辑，台北："故宫博物院"1982年版，第207页上栏。

的意思……"① 由此可见,官员们面对贿赂都很谨慎,因而不会直接收取银两,而是将陋规银转变成礼物收受。而帮助五部官员进行这种转换的便是他们的家人,家人也通过这些转换获得了一些好处,陋规银也便成了所谓的门包银,所以,五部官员是在这样一种貌似年节送礼活动的掩盖下私相授受。对于喀尔崇义的这种行为,金简等人指出:"喀尔崇义身任侍郎,管理库务即系监临之官,虽未自行侵盗,乃到任后并未将库项平兑盈亏,致该库官役侵偷亏短银一万四千两,漫无觉察,复收受该库官员馈送食物,似此玩视钱粮,几于知情故纵。应将喀尔崇义与彝伦等同科死罪,量拟为绞监候,秋后处决,以视惩创。"② 同时,对涉案的其他官员也给予了严惩。金简等人在调查银库亏空案时,也对楼军侵吞银库银两的事件进行了调查,查得:"该库额设楼军三十名,头目刘永锦等六名散丁,田三、九儿等二十四名内除王玉等十名在外看马伺候,从不进库,其余十四名及刘永锦等六名,轮班进库搬抬银箱,帮同平兑,并银匠马朝弼、李永清二名,每逢进库常有窃取锭件之事,二八月领俸放银较多,偷窃尤易。三十八年八月间,有已革楼军杨果中,在库偷窃银两,经库使那亲看破,向分银一两。嗣是那亲每见楼军乘间偷窃,并不声张,而该楼军等明知那亲容忍即酌量分给,习以为常。银匠马朝弼开设钱铺,楼军等所窃银锞,诚恐他处识破,总向马朝弼铺内换钱,马朝弼亦向楼军等索分。"③ 可见,当时户部银库内,除了官员利用职务之便侵吞银两外,负责银库日常事务的楼军也经常监守自盗,监管官员熟视无睹,同流合污,而且所盗之银有一定

---

① 《乾隆四十三年十二月十八日金简等奏报会审盛京银库缺短库项银两案事》,"故宫博物院"编《宫中档乾隆朝奏折》第46辑,台北:"故宫博物院"1982年版,第207页上、下栏。
② 《乾隆四十三年十二月十八日金简等奏报会审盛京银库缺短库项银两案事》,"故宫博物院"编《宫中档乾隆朝奏折》第46辑,台北:"故宫博物院"1982年版,第208页上、下栏。
③ 《乾隆四十三年十二月十八日金简等奏报会审盛京银库缺短库项银两案事》,"故宫博物院"编《宫中档乾隆朝奏折》第46辑,台北:"故宫博物院"1982年版,第204页上、下栏。

的销赃渠道，表明监守自盗已不止一次。总之，这一盛京户部银库的亏空案，最终以盛京户部的最高负责人——盛京户部侍郎及银库的主要负责人银库监督等被处以死刑而告终，该案亏空数额巨大，涉案人员众多，清廷对相关责任人的处理也很严厉。由盛京户部一部所属银库的贪腐问题可见，当时盛京五部官员贪腐严重，上至侍郎下至应差部员都存在贪腐行为，而且他们还根据具体情况设计了一系列的事件来掩饰，手段之多可谓触目惊心，上下包庇，同流合污，似乎已将侵吞国家的钱粮变成了日常生活的一种常态。

综上所述，由盛京五部消极行为可见，康雍时期以办事不勤为主，乾隆朝之后，贪腐问题成为其主要表现形式。究其原因，笔者认为与五部建立之初承应事务简少及盛京官员薪俸不高，特别是乾隆中期一度奉行重视京官而轻视盛京官的政策有关。盛京五部处理的事件，主要有两种，一种是由五部下属各部门来专管的事务，对这类事务五部只进行间接管理，即该事务完成后，盛京五部只负责核查；另一种，是由五部直接负责，但是由于五部属于文职部门，所以承担的日常事务多是转发清廷的命令及查核造册等事，事简且少。雍正帝便曾授意心腹官员对盛京五部的部务进行考察，进而将事简之部合并或裁撤，之后，经吴尔泰与马进泰的调查，指出："盛京兵、工二部确系事少，以奴才等之愚见，将此二部裁撤一部，二部事务一部兼任，或裁工部由兵部兼管，或裁兵部由工部兼任，伏乞圣主明鉴定夺。"① 虽然之后雍正帝并没有对五部进行裁并，但是此事至少说明盛京五部事务简少的情况的确存在，部内日常需要处理的事务不多，由此使得一些官员无所事事，进而导致官员办事不勤，效率低下。乾隆朝之后，盛京五部官员贪腐成风，甚至已经成

---

① 《雍正元年九月二十日盛京兵部侍郎吴尔泰等奏请裁并盛京兵工两部折》，中国第一历史档案馆编译《雍正朝满文朱批奏折全译》上册，黄山书社1998年版，第358页。

为奉天地区吏治的一种常态，由上文对盛京五部侍郎及各部官员相关情况的探讨可见，五部侍郎虽与在京各部侍郎同级，但是俸禄却按照对待地方官员的政策来给予，而且五部侍郎赴任前多属京官，尽管以升迁或平调而入盛京，此后享有较低俸禄，也使其如同降调一般，正是因为这种不公的待遇，使五部侍郎在任上的表现多不尽如人意，多数侍郎以平调或降职而离任。而任免十分频繁，这也使各部侍郎产生了做盛京官朝不保夕之感。盛京礼部侍郎世臣就曾在诗稿中以"霜侵鬓朽叹途穷"[①] 表明自己对出任盛京官后未来仕途的担忧，以"半轮秋月西沈夜，应照长安尔我家"[②] 表明对京师的思念。五部所属官员同样面临薄俸问题，而试图摆脱这种困境的铨选又遭遇清廷的压制，这种情况在乾隆中期表现得最为突出，这也从侧面说明了为什么盛京五部在乾隆时期贪腐问题尤其严重，屡禁不止，而且愈演愈烈。

## 小结

通过对盛京五部的沿革、机构及官员的研究，可以发现，盛京五部实际上是具有陪都机构身份的地方机构。之所以说五部是地方机构，主要有以下几点原因。首先，五部虽然是伴随着陪都的设立而设置的，但是五个部并非同时设立，而是随着盛京地方社会的发展，逐步设置完成；其次，隆重陪都虽然是五部设立的原因，但最终五部是因为盛京无法保持军事中心的地位及盛京地方二重体制而被裁撤；最后，五部机构及官员设置的演变适应了盛京地方社会的发展。具有陪都机构的身份，又使得盛京五部可以代替京师六部处

---

① 《清高宗实录》卷472，中华书局1986年版，第6册，第1111页上栏。
② 《清高宗实录》卷472，中华书局1986年版，第6册，第1111页上栏。

理东北三省的相关事务，更主要的是陪都机构作为中央国家机关，清廷可以直接加以领导，进而通过控制五部来限制盛京将军和制衡奉天府尹。同时，清廷又通过频繁任免五部侍郎及对五部官员升转加以限制，将五部牢牢控制在了股掌之中。

# 第二章　盛京五部的职能（上）

雍正年间，盛京兵部侍郎马进泰曾受命于雍正帝，对五部处理各项事务的情况进行了调查，由此指出："盛京礼部事务虽少，却职掌三陵之祭典，户部则办理钱粮、田庄及支给盛京、宁古塔、黑龙江官兵俸饷等事，刑部有讼诉、贼盗、民案等事，此三部尚有办理之事。又查得，盛京向无兵部，经原任将军、宗室公绰克托奏请，于康熙三十年始设兵部，原将军衙门所掌驿站之事及补放笔帖式外，再无别事。至工部，设立之初竟无大项工程，难修补陵寝及塌毁之城墙、公祠、寺庙等零碎工程，此外再无何事。盛京兵、工二部确系事少。"① 即盛京户部、盛京刑部职能较复杂，盛京礼部、盛京兵部及盛京工部职能相对简单。各部处理事件的繁简程度，也决定了它们在清代奉天地区政治舞台上发挥作用的大小，有清一代，盛京五部职能的发挥便主要以盛京户部处理的钱粮事务和盛京刑部处理的词讼事务为主。由此，笔者便按照职能的繁简程度，对五部分别加以介绍，本章主要介绍盛京户部和盛京刑部的职能，而盛京礼部、盛京工部和盛京兵部的职能将在下一章中具体介绍。因为盛京户部处理的事务众多，所以此处仅选择其主要履行的一些职能加以说明。

---

① 《雍正元年九月二十日盛京兵部侍郎吴尔泰等奏请裁并盛京兵工两部折》，中国第一历史档案馆编译《雍正朝满文朱批奏折全译》上册，黄山书社1998年版，第358页。

现有研究成果对盛京刑部的职能多从法学角度论述而缺乏从历史学角度进行分析，针对这一缺陷，本书对盛京刑部负责处理的各类案件进行解释说明，以此弥补现今学界研究的不足。

## 第一节　盛京户部的职能

关于盛京户部的职能，韦庆远[①]、关嘉禄[②]、丁进军[③]、刁书仁[④]及白文固、解占录[⑤]等对盛京户部征收盛京等地赋税、储运粮米及向奉天地区的官员、僧人发放俸银、俸米等职能进行了研究；关嘉禄[⑥]、张丽梅、丁树毅[⑦]、王佩环[⑧]等则对盛京户部管理官庄、盐庄等职能进行了论述；关嘉禄[⑨]、赖惠敏[⑩]对盛京户部管理奉天地区旗人户口册、比丁册等职能进行了梳理；赵维和[⑪]则对盛京户部审理有关旗地典卖、租种等案件之职能进行了研究。而对于盛京户部之职能，史料则一般概括为"奉天钱粮，赋税，旗地，庄官及棉、靛、盐庄，中江、木、苇诸税皆领之"[⑫]。但实际上，盛京户部的职能并

---

[①] 韦庆远：《清代乾隆时期盛京地区的"生息银两"和官店》，载《明清史辨析》，中国社会科学出版社1989年版。
[②] 关嘉禄：《盛京上三旗包衣佐领述略》，载《清史满学暨京剧艺术研究·关嘉禄文集》，社会科学文献出版社2012年版。
[③] 丁进军：《雍正年间盛京旗地额赋史料》，《历史档案》1987年第1期。
[④] 刁书仁：《略论清代东北与内地的粮米海运贸易》，《清史研究》1993年第4期。
[⑤] 白文固、解占录：《清代喇嘛衣单粮制度探讨》，《中国藏学》2006年第3期。
[⑥] 关嘉禄：《从〈三姓档〉看清代吉林官庄》，载《清史满学暨京剧艺术研究·关嘉禄文集》，科学文献出版社2012年版。
[⑦] 张丽梅、丁树毅：《清代东三省盐务述略》，《吉林师范学院学报》1996年第4期。
[⑧] 王佩环：《清代前期盛京地区官盐生产供销概述》，《盐业史研究》1988年第3期。
[⑨] 关嘉禄：《从〈黑图档〉看康熙朝盛京皇庄的赋役制度》，载《清史满学暨京剧艺术研究·关嘉禄文集》，社会科学文献出版社2012年版；《康熙朝盛京内务府皇庄的管理》，载《清史满学暨京剧艺术研究·关嘉禄文集》，社会科学文献出版社2012年版。
[⑩] 赖惠敏：《从法律看清朝的旗籍政策》，《清史研究》2011年第1期。
[⑪] 赵维和：《清代盛京旗地研究》，《满族研究》1999年第1期。
[⑫] 乾隆《盛京通志》卷39，《景印文渊阁四库全书》第260册，台北：商务印书馆1983年版，第67页上栏。

非一成不变，有清一代经历了一个变化发展的过程。康熙初年，盛京户部的职能包括对官庄的管理，对奉天地区地丁钱粮及各项杂税的征收，对奉天地区土地的管理，对户丁册籍的管理，对田土户婚案的审理，对驿站之管理及杂项支给等。康熙二十八年（1689），辽阳、兴京等地遭受旱灾，粮食供应紧张。康熙皇帝听闻后指出："盛京地方，今年亢旱，米粮不收。闻兵丁见在买米而食，朕心深切轸念。其令户部侍郎阿山，乘驿速往，与盛京各部大臣，公同察明，量其度岁所需，令内务府官往取庄上所有之米散给，俾得均沾实惠。"① 二十九年（1690），奉天地区的官员为防止日后再遇旱灾影响兵丁生计，提出在奉天等地广泛建仓，积蓄米谷。康熙皇帝接受了建议，于是下令："仓粮关系紧要，著盛京户部侍郎稽察收贮米谷，每年仍将出入数目报部。"② 因而，盛京户部便具有了对奉天地区仓储进行稽查的职能。三十年（1691），盛京兵部建立，奉天地区的驿递事务随即由兵部负责，盛京户部不再兼理。六十年（1721），清廷下令命盛京户部"将旧管、新收、开除、实在及各该处额设官兵花名细数，并应支俸饷等项，备造清册，具题查核"③。此后，盛京户部便具有了奏销的职能。乾隆初年，盛京户部管理奉天地区土地的职能发生了变化，由对奉天地区所有土地进行管理变为只对旗地进行管理，盛京户部对民地的管理权划归奉天府所有，同时盛京户部对仓储的管理也发生了变化，变为只负责对旗仓进行管理，将原有对民仓的管理权转交奉天府。之后，盛京户部的职能未有太大改变。纵观有清一代，盛京户部所具有的职能主要包括对官庄、旗地、钱粮、户丁册籍的管理，对田土户婚案件的审理及杂项支给等，

---

① 《清圣祖实录》卷142，中华书局1985年版，第2册，第567页下栏。
② 《清圣祖实录》卷145，中华书局1985年版，第2册，第602页上栏。
③ 雍正朝《大清会典》卷215，《近代中国史料丛刊三编》第79辑，台北：文海出版社1994年版，第14171页。

以下便对盛京户部诸项职能进行具体论述。

## 一　官庄和旗地

### （一）官庄

盛京户部所属的官庄，按照经营作物的不同分为粮庄、盐庄和棉花庄三种。粮庄主要分布在兴京和盛京附近地区，共有一百一十八所，盐庄有三所，棉花庄有五所，官方提供牛只助其耕种。最初，官庄按丁征粮，雍正八年（1730），清廷下令将各官庄编定等次，进而改为按等级征粮。粮庄所征的租赋既有本色银也有折色银，盐庄和棉花庄都只征本色银。粮庄征收的粮米，全部交给盛京户部所属之内仓。盛京户部下设官庄治事厅专门负责对官庄进行管理，治事厅的长官是管庄六品官，六品官之下设有承管领催，承管领催具体负责处理官庄的日常事务。

盛京户部对所属官庄的管理，主要是盛京户部的堂司官要对官庄每年征收的租赋及各庄的官牛负责，赋税缴纳不足、官牛倒毙过多，依据规定要对盛京户部的各级官员进行处罚，如遇官庄的壮丁和牛只不足，盛京户部要及时补充或动用库帑买给。年终奏销之时，盛京户部负责将官庄一年来的各项钱粮的旧管、新收情况，开列实在数目，造详细清册两本，一本奏报，一本移送京师户部。道光二十年（1840）十一月二十二日，署理盛京户部侍郎成刚题报的监收官庄粮石之事便对此有所反映。该题本中记道：

> 署理盛京户部侍郎臣宗室成刚谨题，为监收官庄粮石等项循例具题事。接准户部咨开，本部奏派监收盛京官庄粮石一折，奉旨：本年奉天官庄谷石著派盛京将军耆英会同兵部侍郎成刚监收，钦此。钦遵。咨行前来。臣成刚查得，盛京户部所属棉庄五名，每年额交棉花三千五百斤；盐庄三名，额交盐四万八

千斤，盐丁等额交盐二万斤；粮庄一百十八名，额交粮三万二千三百九十一石，内应交杂项折银粮一万零一百三十七石八斗，应折交黑豆四千八百八十五石二斗。①

即首先指出盛京户部所属的粮、盐、棉花庄按照规定额征的粮、棉、盐数量，以及粮庄应交的折银粮数量。接着又指出：

> 查乾隆三十二年十月，经原任盛京户部侍郎瓦尔达折奏，庄头等每年应交黑豆毋庸运交盛京内仓，就近在牛庄旗仓交纳，由部派员查收，以便起运，以省糜费。等因。奉硃批，著照所奏行，钦此。嗣于乾隆五十五年，经原任侍郎宗室宜兴奏，庄头等每年应交稗石内，除存留备用供应三陵及各处岁需杂项稗五千石外，每年实应交内仓稗一万二千三百六十余石，此内每年应支放各项口粮稗八千一百余石，尚有盈余稗四千二百余石并无用项，请将所余稗石照依定例每石折银二钱二分，每年改交折色稗四千石，一律折征交库。等因。经部议覆，奉旨：依议，钦此。钦遵。知照在案。又嘉庆二十一年正月内，经前任侍郎德文具奏，户部所属兴京、抚顺居住之粮庄二十名领种官地被水冲压，请仿照盛京内务府庄头官地冲压计成免差之例，应免交入仓粮二千四百七十九石、存留内仓兑用粮九百二十石，二共免交粮三千三百九十九石，又免交折征地亩银二十七两零九分二厘八毫二丝二忽。经部议覆，奉旨：依议，钦此。钦遵。知照亦在案。②

---

① 《署理盛京户部侍郎成刚题为监收官庄粮石等项事》，道光二十年十一月二十二日，中国第一历史档案馆藏，资料号：02—01—04—21037—010。
② 《署理盛京户部侍郎成刚题为监收官庄粮石等项事》，道光二十年十一月二十二日，中国第一历史档案馆藏，资料号：02—01—04—21037—010。

即盛京户部所属官庄征收的粮石,在规定的额征数量基础上,又发生了一些变化。乾隆三十二年(1767)规定应交的黑豆就近交于牛庄旗仓,五十五年(1790),规定每年交内仓盈余稗改交折色稗四千石,入库收纳。嘉庆二十一年(1816),规定兴京、抚顺被水冲压之粮庄官地免交入仓粮二千四百七十九石、存留内仓兑用粮九百二十石及折征银二十七两零九分二厘八毫二丝二忽。最后,结合现今情况对应征粮石的情况进行统计后,指出:

> 以上应交本色粮石及粮折银两并折征地亩银两、棉花盐斤等项经钦差将军臣耆英与臣成刚公同监视收入金银库、内仓恭折具奏外,臣部仍应照例将本年存留官庄内仓供应三陵祭祀需用各项物件、折用粮石数目俟辛丑年奏销时,另行造报。除将道光十九年十月初一日起至二十年九月底止折粮用过实数造具细册并现在实收粮石及粮折银两、棉花盐斤等项并折征银地亩银两数目造具各册,一并送部查核外,臣未敢擅便,谨题请旨。①

由此可见,盛京户部所属官庄一年应交的本色粮石、棉花、盐斤及粮、地亩折色银,由皇帝钦派的钦差会同盛京户部侍郎来监收,对实收、存留及实入仓库的情况要依例执行,之后本色物入盛京户部所属内仓,折色银入盛京户部所属金银库,最后盛京户部要将上一年折粮用过的实数及本年实收的本色、折色粮石情况分别造册,一方面向皇帝奏报,一方面上报京师户部查核。

此外,遇旱涝灾害时,盛京户部要选派司员或笔帖式到官庄进行现场勘察,将受灾情况上报,以便清廷酌情减免赋税。乾隆三

---

① 《署理盛京户部侍郎成刚题为监收官庄粮石等项事》,道光二十年十一月二十二日,中国第一历史档案馆藏,资料号:02—01—04—21037—010。

## 第二章 盛京五部的职能（上）

十一年（1766）十一月十七日，盛京户部侍郎瓦尔达便上报了盛京所属开原等地官庄田禾遭受旱、水、霜等灾害后，盛京户部进行勘察题报的情况。题报中，盛京户部侍郎瓦尔达首先介绍了事件的起因：

> 盛京户部侍郎臣瓦尔达谨题，为请旨事。先经臣部具奏，乾隆三十一年八月二十二日，据臣部所属管庄官二格、萨哈布等报称，所管庄头共一百二十六家，其名下地亩俱坐落盛京、开原、广宁、牛庄、盖州、辽阳、兴京等七处界内。本年五、六月间，雨水愆期，所种旱田间被亢旱及至七月初四、初六等日得雨之后连次大雨，洼下田禾被水浸泡而高处赶种晚田未经结实，八月二十日复被严霜。等情。呈报前来。①

盛京户部所属官庄出现灾情后，首先由管庄官负责向盛京户部呈报。接到管庄官的呈报后，盛京户部侍郎令管庄官对受灾情况进行核查：

> 臣随派管庄官二格、萨哈布等前赴各该处将是否成灾确查呈报。去后兹于九月二十六日覆称，遵札分途前至各处庄地详加查勘，除未至成灾处所毋庸开报外，所有盛京、广宁及开原界内之铁岭、兴京界内之抚顺等处，庄头名下地亩田禾被旱、被水、被霜间成偏灾属实。等情前来。②

---

① 《盛京户部侍郎瓦尔达题报乾隆三十一年盛京所属开原等地官庄田禾被旱、水、霜成灾分数应行赈恤蠲缓事》，乾隆三十一年十一月十七日，中国第一历史档案馆藏，资料号：02—01—04—15792—002。

② 《盛京户部侍郎瓦尔达题报乾隆三十一年盛京所属开原等地官庄田禾被旱、水、霜成灾分数应行赈恤蠲缓事》，乾隆三十一年十一月十七日，中国第一历史档案馆藏，资料号：02—01—04—15792—002。

通过管庄官亲自前往各受灾地区现场勘察后，确认受灾情况属实。受灾一事得到确认后，盛京户部侍郎便安排对受灾情况进行具体核查以便按例赈恤蠲免：

> 臣一面饬令该管庄官会同界官将被灾分数查明结报，一面行文盛京将军衙门转饬该界地方官会同查办。应俟该管庄官会同地方官确查被灾分数结报到日，将应行赈恤蠲缓之处，臣仰体皇仁，另行详细分晰具题外，所有该管庄官等现在查报庄头地亩内间成偏灾情形，理合先行奏报。等因。于本年九月二十八日恭折具奏，奉旨：知道了。钦此。钦遵到部。①

对地方旗地的查勘需要盛京户部官员会同地方官来进行，对于管庄官，盛京户部侍郎可以直接命令，而对于地方城守尉、协领及界官，盛京户部侍郎需要转咨盛京将军衙门令其会同办理。同时，在令官员对受灾情况具体勘察时，盛京户部还要将受灾一事上奏清帝。管庄官会同地方官对受灾地亩核查的情况如下：

> 兹据臣部管庄官二格、萨哈布等呈报，遵札会同盛京将军衙门派出各界官员将盛京户部所属庄头等被灾地亩逐细详查，有成灾五分至八、九分不等官庄李明学等八十三座，其余官庄四十三座，虽未成灾，收成实属欠薄，俱经会同各该城城守尉、协领等查明成灾地亩份数、应赈口数并收成歉薄份数，造具灾分册档，加具并无捏控、冒滥、遗漏印结，呈报前来。臣瓦尔达随将管庄官二格、萨哈布等会同各该界官结报册造数目，详

---

① 《盛京户部侍郎瓦尔达题报乾隆三十一年盛京所属开原等地官庄田禾被旱、水、霜成灾分数应行赈恤蠲缓事》，乾隆三十一年十一月十七日，中国第一历史档案馆藏，资料号：02—01—04—15792—002。

## 第二章 盛京五部的职能（上）

细复加查核，均属无异。①

核查内容包括受灾地亩的份数、应该赈济的人口数及收成欠薄份数等，管庄官与地方官查核后，还要将具体情况造册并加"无捏控、冒滥、遗漏"的印结，一并上交盛京户部。盛京户部侍郎接到受灾情况的结报后，需对统计内容进行核查，确定无误后，据此拟定赈恤蠲免数目。盛京户部根据相关规定结合此次受灾情况制定赈恤蠲免数目后，要将具体情况造具册档报至京师户部查核，同时具题向清帝请旨定议。

承管领催之下设庄头具体负责处理庄内日常事务。庄头的职能，从康熙十五年（1676）盛京包衣佐领富贵呈报革退庄头萨哈连的缘由中，可见一斑："萨哈连自补放庄头以来，每年报粮时既不能报粮，又不能喂养牧群，催征各项杂差时亦不能完纳，倒毙之乳牛皮及筋亦未交纳，相应革退其庄头之职。"② 即庄头具有报粮、喂养牧群、催征杂差等职能。庄头与庄内额丁的关系方面，粮庄群体是庄头与庄丁为了承应耕地纳粮差务而结成的生产组织，因而，庄头对庄丁的管理主要体现在应差方面。但在实际庄内生产中，庄头、庄丁的私属人等也都参与其中，存在庄头的兄弟或私属充当庄丁的庄头亲丁，庄头对亲丁的管理，除了应差外，还涉及人身及家产财物。其他庄丁人身及家财皆有各自属管之人，与本庄庄头无关。如，康熙四十三年（1704）七月初三日，盛京刑部处理包衣旗人刘彪家人西儿逃走一案内："管理盛京内务掌关防佐领来文咨盛京刑部，由你

---

① 《盛京户部侍郎瓦尔达题报乾隆三十一年盛京所属开原等地官庄田禾被旱、水、霜成灾分数应行赈恤蠲缓事》，乾隆三十一年十一月十七日，中国第一历史档案馆藏，资料号：02—01—04—15792—002。
② 《康熙十五年二月十三日盛京佐领福贵等为遵文查报革斥之庄头萨哈连未完各项差事之情形事呈总管内务府》，辽宁省档案馆编《康熙朝黑图档》第12册，线装书局2016年版，第256—257页。

部来文内,为查问事。审问由将军衙门执送之逃人西儿,答曰,身在城北道义屯居住,正黄旗包衣萨钦佐领下刘彪之家人。本年五月内,身去庄上锄地。法司将我以逃人抓住询问时,身因害怕胡乱说是逃,实并无逃出之事,等语。为此询问主刘彪:西儿去庄上锄地为何不知,诚若逃走,为何不呈逃档,等语。"① 刘彪不知西儿前往庄上锄地,可见刘彪并非此庄庄头,说明西儿在主家之外的皇庄内应差。西儿并非以逃人身份入庄,又说明当时皇庄庄丁内存在庄头亲丁之外与庄头并无人身所属关系之人。

(二) 旗地

盛京户部对奉天地区旗地的管理主要有三个内容,即清查、分拨和买卖。盛京户部对旗地的清查,顺治年间,为了恢复盛京等处的农业生产,实施了招民开垦的政策。随着招垦令下达,关内汉人陆续迁入盛京等地。起初为了鼓励汉人迁入,对其选择居处和开垦土地限制很小,进而造成旗民杂居、土地归属不清等情况,为了解决这一问题,清廷试图令盛京户部官员对盛京土地进行全面清查,但又害怕因此破坏了汉民农业生产的积极性,康熙十七年(1678),奉天府府尹金鼐上疏言道:"辽东生聚未众,且旗民错处,今欲清丈隐地,必同盛京户部履亩逐一查看,万一奉行稍有不善,必致民人惊扰。伏乞轸念穷黎,不拘年限,听民自首,令地方官每年清查,无论多寡,随查随报,庶几国赋日增,人民渐集。"② 即提出以民人自首为主、地方官清查为辅的方法代替全面清查。但之后发生了三藩叛乱,清廷重心转向平叛,同时奉天周边的蒙古布尔尼也趁机发动叛乱,妄图攻占盛京城,一时奉天地区进入战备状态。叛乱解除后,包括奉天在内的东北地区又投入与沙俄作战中。这一系列的突

---

① 《康熙四十三年七月初三日盛京佐领为旗人刘彪家人之西儿实系前去耕地并非逃走事咨盛京刑部》,辽宁省档案馆编《康熙朝黑图档》第47册,线装书局2016年版,第89—90页。
② 《清圣祖实录》卷71,中华书局1985年版,第1册,第913页上栏。

发事件，中断了奉天地区对旗民土地进行清丈划界的工作。康熙二十八年（1689），盛京土地的清丈工作才重新开始，清廷下令："奉天等处旗民田地，所立界限不明。著将各部贤能司官具题差往，会同盛京户部侍郎及该府尹，将旗民田地并牧厂逐一确察，各立界限。"① 进而，盛京户部会同奉天府开始对奉天地区土地界限进行厘定。雍正四年（1726），清廷又以"盛京旗地，自康熙三十二年起，输草豆以来，未经查丈，档册舛错，旗民彼此争告，经年不绝"② 为由，由京城指派查丈地亩大臣前往盛京会同将军、府尹、盛京户部侍郎一起对盛京各处地亩进行清查。同时对盛京各处旗人的名姓、居所、隶属等情况也进行了核对。这次清丈之后，所形成的土地册盛京户部保存一本，成为之后查丈土地的主要依据。

具体清丈土地的过程如下。清丈之前，各管官将所属之人姓名、居址及属官情况，造册送将军及盛京户部，据康熙三十二年，盛京户部为丈地事发给盛京包衣三佐领的公文内令："庄头及文武执事人将所种地亩主人名字记在木桩之上，立于地亩间，火速宣谕各管属官员，以备京城大臣到来丈量。"③ 即还需将书有主人名字之木桩或木牌，立于地亩之上。据雍正十一年（1733），壮丁金邦禄妄控苏弘印占地一案可窥见具体查丈地亩的经过，壮丁金邦禄指出：

> 雍正四年丈地之时，不意雷承恩陡起鲸吞之心，将此地俱写在伊雷姓名下，小人情急于雍正五年控告在内务府，差拨什库佟振元将小人带到户部。蒙行文到盖州，查明陈册。青石岭

---

① 雍正朝《大清会典》卷215，《近代中国史料丛刊三编》第79辑，台北：文海出版社1994年版，第14133页。
② 雍正朝《大清会典》卷215，《近代中国史料丛刊三编》第79辑，台北：文海出版社1994年版，第14137页。
③ 《康熙三十二年正月二十二日盛京户部为丈量地亩事咨盛京佐领》，辽宁省档案馆编《康熙朝黑图档》第28册，线装书局2016年版，第73页。

有金先德地四十九晌并无雷姓之地，据当回复钦差阿大人，转行文到盖州拨给我地十二块，小人本身耕种。因丈地大人回京之后，不意恶棍倚仗财势买通掌档人刘文俊，将地亩小票盗于雷、苏二棍，又将红册金先德之名改作雷姓名下，竟自硬占耕种，等情。本部札行盖州章京将被告雷承恩、苏弘印、屯守堡、左右邻、掌档人刘文俊，再将三十二年陈册，丈地官、断案阿大人令将地亩断给金邦禄行文，一并解送本部，等因。去后据盖州掌印章京雅桑阿等呈称，查得被告雷承恩已病故，青石岭铺屯守堡兵杨进忠已经出征，左邻无人居住。再，丈地官齐克特、断案阿大人令将地亩拨给金邦禄行文详细确查，并无阿大人咨文，只有丈地官齐克特断给金邦禄地亩原字一张。即将被告苏弘印、雷承恩之子雷斌、方长李新民、牌头于德荣、右邻陈五、经手册档人刘文俊、康熙三十二年陈册一本、丈地官齐克特原字一张、先署印章京德性格所存文底一并连人呈送解部，等情。①

参与丈地官员包括京城而来钦差大人、本处驻防章京、专门负责丈地事务郎中及记录册档的经手册档人。钦差大人将实际地亩情况与册档进行核对，丈放红册地，由经手册档人记入档册，同时将查丈后确定的地亩段数及四至写成票据，交由土地主人收存。丈地之时若遇争地之事，不仅钦差大人可以裁断，丈地郎中也可断给，但需上报本处驻防章京复核。丈放土地之后，盛京户部对旗地的清查工作，以处理旗人的滋生地亩入册问题为主，"正白旗佐领海升等为壮丁黄智等请将红册地边滋生地亩请入册纳粮事呈文"中，对盛

---

① 《雍正十一年十一月二十七日盛京户部为壮丁金邦禄妄控苏弘印占地其治罪事咨盛京内务府》，辽宁省档案馆编《雍正朝黑图档》第16册，线装书局2016年版，第26页。

## 第二章 盛京五部的职能（上）

京户部处理旗人滋生地亩入册问题有所反映，该呈文中记道：

> 正白旗佐领海升等呈，为出首红册地边滋生地亩入册纳粮事。据骁骑校阿林保等呈称，据壮丁黄智、黄文玉、黄美等呈称，情因辽阳厢白旗界平顶甫即三家子村西北有小的黄智领名下入内仓纳粮红册地四百五十亩，小的等于五十年间在地边滋生地约有二百三十五亩，又于五十一年在地边滋生地约有二百一十亩，小的黄智名下滋生地一百五十亩，黄文玉名下滋生地一百四十五亩，黄美名下滋生地一百五十亩。今小的等情愿首出，入内仓纳粮，不敢隐匿，伏祈转呈查丈，实为德便。等因。呈递前来。卷查壮丁黄智等从前并无报过滋生地亩，今黄智名下滋生地一百五十亩，黄文玉名下滋生地一百四十五亩，黄美名下滋生地一百五十亩，随验得仓发印领亦未过红册之数，实系私产，应伊呈报首出纳粮，与新定例载均属相符，理合转呈。等情。据此相应呈堂咨行盛京户部查照办理可也。等情。据此，为此合咨。①

清廷鼓励旗人对所属土地中的滋生地亩进行上报，首次上报的不追究私垦地亩的责任。由该呈文可见，有滋生地亩的旗人首先要向管官上报，管官会对上报的地亩进行清查，清查主要是查阅记录滋生地亩的卷册，对上报人是否首次上报进行核实，再检验仓发印领并与红册相对照，证明该滋生地亩是私产，之后对查验结果出具印结，再上报至盛京户部，盛京户部将管官上报的情况与户部库内所存的档册进行核对，相互吻合后，方能允许该滋生地亩入册纳粮，

---

① 《乾隆五十二年六月正白旗佐领海升等为壮丁黄智等请将红册地边滋生地亩请入册纳粮事呈文》，中国边疆史地研究中心、辽宁省档案馆合编《东北边疆档案选辑（清代·民国）》第72册，广西师范大学出版社2007年版，第1—2页。

同时不追究上报人私垦土地之罪。

盛京户部对旗地的分拨，是盛京户部最初也是最基本的职能。顺治年间，盛京户部建立之后，对于奉天地区土地进行管理的主要内容就是拨地。起初是为该处的官兵分拨屯地和园地，招垦令下发后，又开始为出关开垦的汉民分配土地，康熙初年，新满洲迁入盛京时，又奉命为其分拨土地等。对于旗地的分拨，清廷规定："旗丁开垦地亩，令该管官出具保结，呈报盛京户部，将垦过亩数于年终汇报户部察核。"① 但实际分拨中，盛京户部又是如何管理的呢？以下用一则档案资料来具体说明。一则名为"盛京总管内务府为准线丁四达子祖父陶永智名下之地分割纳粮等事咨盛京户部"的公文记载道：

> 盛京总管内务府为咨覆事。厢黄旗牛录处案呈：据署骁骑校事务顶带领催丰伸等呈称，由堂抄出，准盛京户部咨开，农田司案呈，嘉庆四年二月十九日，准盛京总管内务府咨，据署厢黄旗骁骑校事务顶带领催丰伸等呈，据本旗线丁四达子呈称，身祖陶永智名下坐落盛京厢白旗界二台子处入内仓纳粮红册地四百九十亩，身等分居各爨，恐将纳粮不齐，今由此地内拨出地一百二十八亩五分注入堂弟陶国尊名下纳粮，又拨出地一百二十二亩五分注入堂侄陶大小子名下纳粮，下剩地二百三十九亩仍在陶永智名下纳粮。等情。该管官查明所分地数与印领相符，族中并无争竞，取具分更地领、呈词，加结呈报，转咨前来。相应行文盛京总管内务府转饬该管官将四达子等所分地亩是否当差官地之处详细确查，声明加结呈报咨覆，以凭核办可

---

① 《钦定大清会典则例》卷139，《钦定四库全书》第382册，上海古籍出版社1987年版，第367页上栏。

## 第二章 盛京五部的职能（上）

也。等因。传抄前来。随将四达子当传到案，讯据伊呈称，情因身祖陶永智名下红册地实系祖遗之产，并非当差官地是实，理合保结呈明，伏祈核转施行。等情。据此，相应加具印结一纸，呈堂咨覆盛京户部可也。须至咨者，右咨盛京户部。①

由此可见，盛京户部处理旗地分拨时，首先要由旗人提出申请报至该管官处，管官要对所报地数及坐落地址与管官保存的纳粮执照进行核对，同时要调查所报分地之人家族内部及外部是否有人提出异议，同时还要调查所分之地是否官地，因为根据清廷的规定，旗人是不可分拨典卖官地的。管官将以上各项情况进行核实后出具印结，连同分更地领、申请分拨人的呈词一同送至盛京户部查核。盛京户部官员首先要对管官转送来的各项凭据进行查验，发现有遗漏之处要咨管官将手续补齐。手续齐全之后，盛京户部才会对各项凭据所记内容与本部所存档册进行核对，相互吻合，即准分拨。

盛京户部对于旗地典卖的管理，也可通过一则档案资料来加以说明。题为"盛京将军衙门为准线丁韩昌将祖遗红册地价卖线丁杨义美名下纳粮事咨盛京内务府"的公文中记载道：

盛京等处将军衙门为咨行事。左户司案呈，嘉庆六年十二月十九日，准盛京户部咨开，为咨行事。农田司案呈，嘉庆六年十二月二十一日，准盛京总管内务府咨，据正黄旗骁骑校石雄呈称，据本旗线丁韩昌呈称，身曾祖韩应乾名下坐落铁岭正蓝旗界固山额正堡，即丁家房身处内仓粮红册地一百九十九亩内，拨出地一百八十亩，接价钱五千七百吊，卖与本旗线丁杨

---

① 《嘉庆四年三月二十九日盛京总管内务府为准线丁四达子祖父陶永智名下之地分割纳粮等事咨盛京户部》，辽宁省档案馆编《盛京皇庄档案史料选编》，辽海出版社 2006 年版，第 37—38 页。

义美名下纳粮。等情。该管官查明出卖地数与印领相符，族中并无争竞，并非当差官地，取具买卖两造词，加结报咨前来。查韩昌卖地一案，既据该管官查明，结报前来，自应准其更名。相应札行内仓监督等，照依所卖地数勾销，注入买主名下纳粮，并行文盛京将军衙门转饬该尉，将卖地文契钤印，给买主收执。饬令该界官俟年……入过地总册内，报部查核可也。须至咨者。等因。准此，相应札行开原城守尉，转饬该界官遵照办理造报外，并咨行盛京总管内务府衙门转饬该管官，文到即将买地人传唤，持契前赴该处，照例钤印可也。等情。据此，为此合咨。①

由此可见，盛京户部对旗地典卖事件的处理与分拨土地相类似，即首先由卖地人提出申请，上报管官。该管官要将所卖地亩数目及地址与该衙门保存的土地印领进行核对，同时查核该地是否官差地，并调查卖地人家族中是否有人提出异议，以上各项情况均核实无误后，出具保结，与买卖双方造词一起，送部查核。盛京户部接到申请后，先查验手续是否齐全，之后由档房将管官所提供的保结与库存档册进行核查，无误即准更名典卖。据此公文，还可看出盛京户部下令准许典卖后还有具体安排，即发文给盛京户部下属的内仓监督，令其将已典卖之地的纳粮数从卖主名下勾去而转入买主名下。同时，由于盛京户部与各地城守尉并无所属关系，所以要转咨盛京将军衙门，咨请将军令城守尉将地契交给买主，同时将已买之地记入买主所在地界的纳粮册中，年终统一上报盛京户部，盛京户部据此对部存纳粮总册进行更改。后来，随着旗地典卖事件的多发，盛

---

① 《嘉庆七年正月初九日盛京将军衙门为准线丁韩昌将祖遗红册地价卖线丁杨义美名下纳粮事咨盛京内务府》，辽宁省档案馆编《盛京皇庄档案史料选编》，辽海出版社2006年版，第105—106页。

京户部处理该项事件的方法也在不断变化。到了嘉庆末期,盛京户部对旗地典卖要求具备的手续中又多了一项,即要求买卖双方的管官出具买卖双方银两、地数收领清楚的保结。嘉庆二十四年(1819)盛京户部便对盛京内务府上报的典卖旗地的申请提出:"查张明彩卖地并分更地亩一案,虽据该管官查明加结连印领呈报前来,惟查地亩价银两造有无收领清楚,文内又据声明,碍难据准。相应行文盛京内务府转饬厢黄旗佐领恒森,即将张明彩、张明聪等传案,依本部指驳情节详细询明,录供报部,以便核准。"① 此时盛京户部对典卖旗地的手续又增加了要求保结双方收领清楚一项。

盛京户部对盛京旗地的管理,主要是掌握着奉天地区的旗地总册,并对奉天地区的旗地变更提出具体要求,无论是清丈、分拨还是典卖,申请者的管官都要按照盛京户部提出的具体要求进行查验,然后将查验的结果出具保结送至盛京户部,盛京户部将其与部存总册进行核对,确定无误后,才准变动。同时盛京户部还要通过盛京将军衙门转咨地方城守尉相配合,对地方的旗地总册进行更改,年终之时,盛京户部汇总一年的旗地变更事件,统一对部存总册进行更改。

## 二 钱粮

(一)地丁钱粮

清初为旗民拨地时,为民人拨地是为了获取税收,为旗人拨地是为了维持旗人生计,同为拨地,实则一取一给。所以,清初盛京户部对奉天地区地丁钱粮的征收,实际上只是征收民地的赋税。最初征税方式是由各州县官将各地税赋上交奉天、锦州两府,然后由两府上交盛京户部。后来,旗地也开始缴纳赋税,盛京户部将民地

---

① 《嘉庆二十四年四月十四日盛京户部为园丁张明聪接买张得富名下红册地事咨盛京内务府》,辽宁省档案馆编《盛京皇庄档案史料选编》,辽海出版社2006年版,第238页。

管理权转交给奉天府后，便只负责征收奉天旗地的地丁钱粮。

盛京户部对旗地地丁钱粮的管理，主要是对每年按界征收租粮情况进行考成。起初盛京户部只负责考成奏销红册旗地的钱粮，乾隆三十三年（1768），"准户部咨称，盛京户部为钱粮总汇之区，该处红册旗地向系盛京户部造报考成奏销，此项旗人余地租钱亦应归并户部造报奏销，以归划一"①，由此，盛京户部继盛京将军衙门之后对旗人余地进行考成奏销。嘉庆年间，因无考成盛京地方官对各城官兵随缺地租并未尽力催缴，盛京将军富俊便提议："嗣后除自行耕种者毋庸议外，所有交旗民地方官招佃取租者，照依旧有余地分别佃户系旗人责成界官承催，系民人责成民员承催，一律造报考成，咨送盛京户部、奉天府府尹查核，十月内通完者照例议叙，如催追不完附题参处以专责成而免拖欠。经户部议覆，准行。等因。"② 此后，盛京户部又承担起对盛京旗人随缺地亩进行考成的任务。

盛京户部对旗地进行考成时，先由地方旗官征收该处旗地的地丁钱粮，最初旗地的税收由所在州县代征，但由于旗民分管，旗人多不配合，民官也不尽力，粮租的征缴经常延误，拖欠情况难以厘清。乾隆二年（1737），旗地的租银便改为按照所在地界进行征收。③ 盛京各处粮租的具体征收办法是："先将本界内何人地亩及承种各姓名，逐一稽察明白。其应征银米等项，如业户在本界居住者，向业户催纳，业户住居别界，即于承种之人名下催追，准于业户租息内扣除，遇有典卖更易均就近呈报，立案更名。不行呈报者，照例惩治。"④ 此后，

---

① 《署理盛京户部侍郎文兴题为盛京光绪二十二年份余地租银钱文考成事》，光绪二十三年六月十七日，中国第一历史档案馆藏，资料号：02—01—04—22645—022。

② 《署理盛京户部侍郎文兴题为盛京光绪二十二年份随缺地亩租银考成事》，光绪二十三年六月十七日，中国第一历史档案馆藏，资料号：02—01—04—22645—020。

③ 《署理盛京户部侍郎文兴题为盛京光绪二十二年份旗地粮租考成事》，光绪二十三年六月十七日，中国第一历史档案馆藏，资料号：02—01—04—22645—021。

④ 《钦定大清会典则例》卷139，《钦定四库全书》第382册，上海古籍出版社1987年版，第368页上、下栏。

各地旗官将该地一年额征、续征、新征的租银以及拖欠的租银分别造具已收完和未收完之清册，上交盛京户部，盛京本城一年应征、应缓、应免之租银则由盛京户部负责造册，盛京户部将各地实收租银与本部库存清册中所记的应征之数进行核对，之后汇总造具清册上交京师户部查核。嘉庆三年（1798），盛京户部侍郎禄康便对这一程序有所提及：

> 嘉庆二年分考成之期，据盛京、兴京、辽阳、开原、牛庄、盖州、熊岳、金州、复州、岫岩、凤凰城、锦州、宁远、广宁、义州等各城各界官员等造报已完未完考成奏销及广宁拖欠已完未完考成清册前来，除盛京内仓、兴京仓奏销照例另行具题外，臣部谨将盛京、兴京考成及辽阳、开原、牛庄、盖州、熊岳、金州、复州、岫岩、凤凰城、锦州、宁远、广宁、义州等十三城考成奏销，按册核对所有各仓管、收、除、在数目，均属相符，理合缮造黄册，恭呈御览，并汇造嘉庆二年应征地亩已完未完考成奏销册及嘉庆二年带征乾隆六十年分地亩考成奏销册并乾隆六十年、嘉庆元年等二年拖欠已完未完考成册，分晰送部查核，理合具题，伏祈皇上睿鉴。①

盛京户部题报嘉庆二年旗地考成情况时，先由盛京所属十三城旗官造报已完未完考成奏销册，盛京户部将其"按册核对所有各仓管、收、除、在数目"，查核无误后，造黄册上呈清帝，同时将相关清册送交京师户部查核。此外，针对未完地租，盛京户部要对负责承催和督催的官员进行题参，并令其对未完之项继续催追，直到全

---

① 《盛京户部侍郎禄康题报嘉庆二年份盛京各城旗地考成事》，嘉庆三年十一月二十七日，中国第一历史档案馆藏，资料号：02—01—04—18097—006。

部完成后再造册向盛京户部汇报。嘉庆二十五年（1820），盛京户部侍郎明兴阿在题报嘉庆二十四年盛京各属余地租银钱文时，便指出："……再查广宁正白第一旗升科租银考成、开原属法库升科并伍田租银考成，叠经严催均未送部，甚属玩愒，臣部仍严饬催征解交，另案办理，除将各该处送到考成册内注有已完未完之承、督催各官职名应听户部查议外，至未经造报考成册之承、督催各官职名，无凭造送，应另案饬取，送部查议。"① 盛京户部主要根据考成册上注的承、督催官员职名进行问责，对于考成册上未记录的官员则归入其他案件进行查议。

（二）旗仓

盛京户部所管理的旗仓既包括坐落在盛京城的内仓和通济仓等，也包括分布于各驻防城内的旗仓。光绪年间，盛京户部侍郎良弼就任之初便对盛京城及各驻防城的旗仓进行了盘查，之后从他陆续给清帝上奏的题本中，可对盛京户部管理奉天地区旗仓的情况有所了解。

> 窃臣于到任后例应将所属本城内仓及通济各仓盘查具题，今据臣部所属内仓监督等造具旧管、新收、开除、实在四柱清册前来，臣复率领司员亲赴各仓，照依该仓册报数目盘查。应存米豆、稗石、草束、盐斤等项数目相符，臣循照向例具题，仍俟逐层详细查核再行具奏。除将查过米豆、稗草、盐斤等项造具细册咨送户部查核外，理合缮写四柱黄册恭呈御览，伏乞皇上圣鉴，敕部核覆施行。为此谨题请旨。②

---

① 《盛京户部侍郎明兴阿题报嘉庆二十四年盛京各属余地租银钱文考成事》，嘉庆二十五年十二月十五日，中国第一历史档案馆藏，资料号：02—01—04—19966—031。
② 《盛京户部侍郎良弼题为盘查内仓及通济各仓粮石事》，光绪二十一年七月初二日，中国第一历史档案馆藏，资料号：02—01—04—22611—025。

> 将臣部所属兴京等十四城旗仓存贮米豆、草束、盐斤等项有无缺空、霉变、挪移等弊查明……随将各该员等呈递四柱册档，饬司核对与部存册档仓存米豆、草束、盐斤等项数目相符，臣仍随时细察，如有亏挪等弊，即行参办，除将查过兴京等七城仓存贮米豆、草束、盐斤等项造具细册咨送户部查核外，理合缮写四柱黄册，恭呈御览，伏乞皇上圣鉴，敕部核复施行。为此谨题请旨。①

由以上两件题本的记载可见，盛京户部无论是对该部直属的内仓、通济仓等，还是对各驻防城的旗仓的管理都包括，第一，需要保证各仓所存的四柱清册上记录的仓粮细数与各仓实际所存之数相符；第二，需要对各仓所存之物有无亏空、霉变及挪移的情况进行监督。

此外，盛京户部还需要对各地上交的入仓之粮不足的情况进行催追：

> 内仓监督敬顺等呈称，职等查得广宁并所属白旗堡等处界内应入内仓纳粮地亩，自乾隆四十二年起至五十一年止，共拖欠额征米地六十万零四十余亩，据系历年陆续拖欠，虽经节次呈请饬催，而各该欠户因循耽延，迄今所欠地米仍系颗粒未交，但查地米一项仍系按年额征存仓储备，若任年年积欠，实于仓储攸关，职等既经奉委管理仓务，碍难任听拖欠以至仓储悬空，将各处所欠地亩开写界址、年份、地数粘单于二月二十九日呈催在案，迄今并未交纳，理合将各界所欠地亩造具花名清册七本，钤用关防，再行呈请大部，伏乞转行将军衙门严饬该佐领，

---

① 《盛京户部侍郎良弼题为盘查牛庄等城存贮仓粮无亏事》，光绪二十一年七月初二日，中国第一历史档案馆藏，资料号：02—01—04—22611—024。

该处作速按名催追完纳,以免空悬仓储。等情。①

内仓监督发现拖欠粮米之事时,先口头"呈请饬催",如果欠户还不按数交纳,再正式填写粘单,"各处所欠地亩开写界址、年分、地数"报至欠户的管官呈催,欠户如若还不将所欠粮米如数缴纳,内仓监督就要详细整理出拖欠粮米地亩的情况,钤印关防,上报盛京户部,由盛京户部进行催追。盛京户部接到内仓监督的奏报,对此事的处理是:

> 据此查广宁、白旗堡等界内有应入内仓地亩,拖欠历年米石,曾经该监督等每年叠次承催,俱经本部行文盛京将军衙门严饬各该界催令各纳户作速赴仓交纳以完欠项。等因在案。今该监督等造册承催,前项未完地亩仍有六十万零四十余亩,显系各该界官并不实力催征以致拖欠,实属怠玩,相应将原册七本咨行盛京将军衙门,希为转行各该处,并严饬各该佐领查照册造人名、地数,催令各纳户作速赴仓交纳,以免欠项可也。②

因为盛京户部与各地旗官并无隶属关系,所以盛京户部接到内仓监督催追粮米的请求后,需要转咨盛京将军衙门,要求盛京将军衙门申饬拖欠米粮之人的管官,并要求该管官对所欠钱粮进行催追,遇抗延不行完纳者,也由该管官将欠户人等拿送衙门,依照定例查办。可见,在整个催追过程中,盛京户部主要负责接收下属的请求

---

① 《乾隆五十三年五月暂署佐领事务堂主事缪国政等为正黄旗蔡立柱等拖欠地粮催其入仓纳粮事呈文》,中国边疆史地研究中心、辽宁省档案馆合编《东北边疆档案选辑(清代·民国)》第72册,广西师范大学出版社2007年版,第47—48页。
② 《乾隆五十三年五月暂署佐领事务堂主事缪国政等为正黄旗蔡立柱等拖欠地粮催其入仓纳粮事呈文》,中国边疆史地研究中心、辽宁省档案馆合编《东北边疆档案选辑(清代·民国)》第72册,广西师范大学出版社2007年版,第48—49页。

并转咨将军衙门来具体办理，对催追事件只具有督促和转咨的职能，具体的追缴及对抗顽者的惩治都由将军衙门和地方官来完成。

（三）税银及金银库

盛京户部征收的税银，主要包括杂税、当税及中江税。杂税，盛京城的杂税主要指牛马等牲畜税，该税初由盛京户部所属税课司征收，雍正五年（1727），"奉天牛马税差于京城部属内拣选补放，务令该员尽收尽解，如有将税银征多报少及侵蚀入已情弊，该侍郎即行指名题参，交部议处"①。至嘉庆六年（1801），又改为"盛京牛马税差，每年简派五部侍郎一员兼管，无庸由京另派司员监督"②。奉天地区各驻防城的杂税，主要有："牛马羊豕税，斗秤牙行税，船筏税，中店税，海鲜税，香蘑税，鱼网亮税。"③ 其中，中店税只在开原城征收，海鲜税只在金州城征收，香蘑税只在兴京城征收。乾隆八年（1743），经盛京户部侍郎双喜具题，确定了盛京所属开原等十三城一年杂税银两及盛京、锦州十四城当铺税银额征数目，"经户部覆准，将收得前项杂税银五千一百零四两五分零定为额数，交与各该城城守尉等征收，其各城每年所得杂税盈余银两，仍于岁底据实奏闻，至现在当铺征收税银一千六百九十五两亦交与城守尉等照数征收，嗣后若有关闭，据实报部，每年各照实数征收，亦于年底造册送部查核"④。之后，盛京户部征收的杂税银又陆续发生了一些变化，乾隆十二年（1747），经盛京户部侍郎蕴著奏请裁减了凤凰、岫岩两城的渔船票，二十七年（1762），又裁减了金州城的渔船票，

---

① 雍正朝《大清会典》卷215，《近代中国史料丛刊三编》第79辑，台北：文海出版社1994年版，第14126页。

② 《清仁宗实录》卷83，中华书局1986年版，第2册，第74页下栏。

③ 嘉庆朝《钦定大清会典》卷18，《近代中国史料丛刊三编》第64辑，台北：文海出版社1991年版，第888页。

④ 《盛京户部侍郎良弼题报盛京各城光绪二十二年四月至二十三年四月一年内征收杂税银两数目册》，光绪二十三年十一月十七日，中国第一历史档案馆藏，资料号：02—01—04—22653—030。

三十五年（1770），在盛京将军恒鲁的建议下盛京等处添设斗秤帖张银，咸丰七年（1857），削减兴京香蘑帖税银。盛京户部对杂税及当税的管理，各驻防城的杂税由各城的城守尉负责征收，年底之时汇总上报盛京户部查核。盛京城的当税由盛京户部征收，各驻防城的当税由各城守尉征缴。光绪年间，盛京户部侍郎良弼题报的征收杂税、当税一事便记道：

> 所有各城征收杂税银钱一年两季解交臣部存库备用……未报收存库，殊属完惧，臣部仍严行催追并饬取各该员职名送部查议。至盛京等十六城当铺，除预交二十年税银并现年短征未交外，其余当铺并新开、新闭领交帖张一年所收税银均已随时交库，并无缺绌。其金州下腾空闻渔票一百二十二张，俟募妥人顶补输税之日，即行归入题报。兴京香蘑帖一张，臣部仍严饬该协领不时招募以待充补，有人再行报部征税。除将当税并山茧税银钱数目俟该尉等各造报总册到日，另行汇造清册报部查核外，理合遵例具题，伏乞皇上圣鉴，敕部复议施行。为此谨题请旨。①

杂税银每年分两季收入盛京户部所属金银库备用，当铺征收的帖张税亦交入金银库收藏。盛京户部对地方官上交的杂税、当税档册要进行查核，无误后，一面具题上呈清帝，一面汇造清册报京师户部查核。对于短征未交的税银，盛京户部要负责向承、督催官进行催追，对于无人缴纳的税银，盛京户部要督促地方官尽力招募相关人员认缴。

---

① 《盛京户部侍郎良弼题报盛京各城光绪二十二年四月至二十三年四月一年内征收杂税银两数目事》，光绪二十三年十一月十七日，中国第一历史档案馆藏，资料号：02—01—04—22653—030。

## 第二章　盛京五部的职能（上）

中朝边境贸易中的中江税务，主要是对"牛皮、尾、绸布、纸张之属"①进行征税，清廷专门设立中江税务监督联合凤凰城城守尉、边门章京一起征收，"凤凰城、中江税务向来俱系城守尉等官管理，但此处系外国交易之地，关系紧要，现今盛京五部司官俱系朕拣选补用之员，嗣后着盛京五部堂官于五部司官内拣选奏闻派出，管理一年更换。钦此。钦遵。相应行令盛京户部，嗣后中江税务监督一年差期将满之日，盛京户部照例拣选，保举具题"②。虽然中江税务监督从五部司官中选拔，并非出自盛京户部，但是选出的候选人要经过盛京户部的二次拣选，并由盛京户部将最终确定的候选人向皇帝保举题奏。同时该监督卸任之时，盛京户部还要根据新任监督对出任前中江税务情况的考察，特别是账目细数的汇总与凤凰城城守尉、边门章京汇报的情况及提供的账目进行核对，进而对前任监督作出考评，上报京师户部。乾隆五十四年（1789），盛京户部侍郎宜兴题报的中江税务监督那山任内征收税银数目一事，便对此有所反映：

> 盛京户部侍郎臣宗室宜兴谨题，为题明中江税差一年征收银两数目事。臣查中江税银前于乾隆十二年五月二十六日经户部议准以正税银二千七百四十五两、火耗银五百四十九两，二项共银三千二百九十四两，作为一年四次贸易之定额。如四次之外有多来贸易次数，令其尽收尽解并令该城守尉等严查，将贸易货物造册呈报臣部查核。其该员一年任内经费银二百两，即于火耗项下动支。等因。知照臣部遵行在案。兹于乾隆五十

---

① 嘉庆朝《钦定大清会典》卷18，《近代中国史料丛刊三编》第64辑，台北：文海出版社1991年版，第890页。
② 《盛京户部侍郎双喜题为拣选喜岱拟正同泰拟陪请补凤凰城中江税务监督缺事》，乾隆三年十月初九日，中国第一历史档案馆藏，资料号：02—01—04—13033—029。

三年十二月二十八日据中江税务监督礼部员外郎那山之子瑚图礼呈称，身父那山于本年十二月二十七日病故，理合声明呈报。等情。……随将该监督征收数目与该城守尉及凤凰城边门章京各册报交易货物详加核对，均属相符。复札令新任监督兵部员外郎衡山据实查报，去后今据呈称遵将病故礼部员外郎那山任内征收税册细加查核，并无征多报少、侵蚀入己、额外需索、苦累商民情弊是实。等情。具结呈报前来。①

由宜兴题报的内容可见，首先，盛京户部下属的中江税差负责征收的中江税主要指中江一年四次贸易所得的正税银和火耗银。其次，除每年四次贸易外，可以进行额外贸易，中江税差每年的经费银在火耗银内动支。最后，盛京户部每年要对税差一年征收的税银数目进行考成，先将税差上交的征收数目与凤凰城城守尉及边门章京册报的交易货物数目进行核对，然后由接任税差对前任征收的税册进行查核，主要考察前任税差是否有"征多报少、侵蚀入己、额外需索、苦累商民"等情况，之后再由盛京户部核查，上呈京师户部。

以上三种税务之管理，虽然都与盛京户部有关，但从征收这一角度来看，似乎只有盛京城当税由盛京户部具体负责，而对其他税款盛京户部只是间接管理而已。但是，这几项税款征收后都毫无例外地储存到盛京户部所属之金银库中，"以充俸廉，以供廪给"②。盛京户部所属金银库，所储之物除了金银外，还有缎匹、绸绢、硼砂、牛角、篦梳、扇线、带丝针、黄白蜡、水银、银砾、茶叶、呈

---

① 《盛京户部侍郎宜兴题报中江税务监督那山任内征收税银数目事》，乾隆五十四年四月十二日，中国第一历史档案馆藏，资料号：02—01—04—17536—008。
② 《光绪会典》卷25，《近代中国史料丛刊》第13辑，台北：文海出版社1967年版，第124页。

文纸等物。金银库所藏之金银主要来自之前所述的各项税款，物品主要来自京师户部及盛京工部的供给，对于一些比较特殊的物品盛京户部还需出动库帑来采买。库内设有专门负责进行采买的贸易人，"遇库内缺用物件，令其采买，多者，令其变价"①。而这些金银的主要支出则是用来供给盛京等处官员的俸饷、养廉银及杂项支给等。盛京户部对金银库的管理，可从下文得见：

> 窃臣良弼于光绪二十一年四月二十七日到任，例应将金银库所存金银、缎布等物盘查具题。当经札据金银库署掌关防郎中觉罗绰普等，将各款金、银、缎、布等物，自光绪二十一年正月初一日起至四月底止，造具旧管、新收、开除、实在四柱清册，呈报前来。臣良弼率领司员等将库内现存金、银、缎、布等物逐一盘查，俱与册开数目相符，并无亏、缺、挪、移等弊，除造具清册送部查核外，谨将查过库内现存金、银、缎、布等物细数缮造黄册，恭呈御览，伏乞皇上圣鉴，敕部核复施行。为此谨题请旨。②

盛京户部对其所属金银库的管理，主要是要保证库中所存各项物品的实际数量与记载该库旧管新收等情况的四柱清册一一对应，无亏空、挪移等情况。平时也要对库内进出的金银及各项物品情况进行监督，定期将金银库的情况向清帝及京师户部题报。

（四）钱粮支出

盛京户部的钱粮支出，主要包括提供俸饷、借给、赏给以及一

---

① 康熙朝《大清会典》卷39，《近代中国史料丛刊三编》第72辑，台北：文海出版社1992年版，第1893页。

② 《盛京户部侍郎良弼题为到任盘查金银库所存金银缎匹等物无亏事》，光绪二十一年七月初二日，中国第一历史档案馆藏，资料号：02—01—04—22603—041。

些临时性支出等。盛京户部发放俸饷的对象主要有两个：一是奉天地区大小衙门的官员，二是奉天、吉林、黑龙江三地的八旗官兵。奉天地区各衙门官员的俸饷及养廉银等均由盛京户部负责发放，并且这部分俸饷主要来自盛京户部所属的仓、库。对于东三省八旗官兵的俸饷，盛京户部最初只负责分给，饷银由京师户部提供。同治四年（1865），东三省的兵饷，"除应领制钱一千八百串，仍由盛京户部金银库拨给外，通共实应拨银二十九万四千九百三十四两零，拟拨长芦丙寅年应征盐课银十四万四千九百三十四两零，山东地丁项下未解咸丰十一年京饷银五万两，山东盐课项下未解咸丰十年京饷银五万两，直隶丙寅年旗租银五万两。以充东三省丙寅年俸饷之需。等语。著刘长佑、阎敬铭遵照指拨银数，悉心筹画，迅速解赴盛京户部交纳"①。此时东三省兵饷来源发生了变化，由于京师户部入不敷出，三省的兵饷不再由京师户部支出而改为由盛京户部支出一部分，由各省交给京师户部的税课银中补给另一部分，这些用来补给东三省兵饷的税课银甚至无需再解往京师，直接按期送至盛京户部交纳。

借给、赏给也是盛京户部库存银米的一项重要支出。盛京户部最初动用库存银米进行借给的对象主要是一些生活贫苦的兵丁，并非所有八旗官兵。康熙三十二年（1693），"题准，将给驿站人丁娶妇及存库银共一万三千八百七十两零，再增银二万六千一百二十九两，借放生息。所得利银，给驿站人等娶妻，其余量给兵丁射把。……三十六年，题准，兵丁弓马娴熟，停其射把。所得利银，将有妻无业之穷兵，查明给银四十两，无妻穷兵，给六十两"②。康熙年间盛京户部开始利用库存银进行借给生息，借给的对象主要是驿站人丁及穷苦士兵。三十七年（1698），又定"题准，奉天兵丁

---

① 《清穆宗实录》卷160，中华书局1987年版，第4册，第706页上栏。
② 雍正朝《大清会典》卷215，《近代中国史料丛刊三编》第79辑，台北：文海出版社1994年版，第14164—14165页。

遇有婚丧等事，动用盛京户部银十二万两，照京师公库之例，借放生息"①。此时，借给的对象便扩展为所有的"奉天兵丁"了，但是借给银必须用于兵丁的婚丧之事。雍正二年（1724），又规定，"康熙三十二年，题增银二万两，以二分起利，每年利银九千六百两，除给赏外，余银六百两，归衙门使用。今于来年停其二分起利，照京师八旗按月滋生一分。凡五品以下穷苦官兵人等，婚事赏银十两，丧事二十两；领催、前锋，婚事赏银八两，丧事赏银十六两；披甲，婚事赏银六两，丧事赏银十二两；驿站人等，婚事赏银四两，丧事八两。余剩银存库，俟动用之处报部"②。可见，此时开始以滋生银两赏给兵丁婚丧事银。盛京户部所属之仓，储备的米豆每年也定期借给盛京官兵。雍正三年（1725），规定盛京"存仓米豆，明年为始，于青黄不接之时，照定例十分之三，酌量借给。不愿借者，听其自便。如三分之内，有借给余剩米豆，照时价粜卖，秋收后买补还仓"③。盛京户部所属之仓，每年要将所存米豆的十分之三出陈易新，先将这三分米豆让八旗官兵借用，如果没有借用的或借给后仍有剩余，再将这些剩余的米豆按市价卖出，所得银两上交盛京户部存库备用，而官兵所借之仓粮要定期归还，否则再发放俸饷时从其俸银中折价扣补。

除了提供俸饷、借给、赏给之外，盛京户部所存之银米还要提供一些临时的支出。如，奉天等处出现各种灾害，导致银米供应不足时，盛京户部要动用仓库所存银米进行赈济。嘉庆二十二年（1817），盛京等地出现灾情，盛京将军富俊上奏的"赈恤米石酌请

---

① 雍正朝《大清会典》卷215，《近代中国史料丛刊三编》第79辑，台北：文海出版社1994年版，第14165—14166页。
② 雍正朝《大清会典》卷215，《近代中国史料丛刊三编》第79辑，台北：文海出版社1994年版，第14166—14167页。
③ 雍正朝《大清会典》卷215，《近代中国史料丛刊三编》第79辑，台北：文海出版社1994年版，第14117—14118页。

变通"一折中，便说道："盛京、复州等处被灾旗民应领续赈米石，据该将军等查明仓贮不敷。若由邻邑改拨，转运需时。著照所请，准其一半照银米兼赈例折给银两，一半照依高粱米价折给银两，听民自买杂粮食用，所需银两，即由盛京户部银库动用。"①东三省的八旗官兵，遇战事准备出征或远赴其他地区当差时，行军需要准备的银两大部分要由盛京户部支出。乾隆十九年（1754），黑龙江地区的八旗兵行军作战，所需军费"约计用银六十六万四千两，除现存储备银二十万两，额尔登额解来银二十万两，尚不敷银二十六万四千两，请由盛京户部拨给支放"②。盛京的宫殿、陵寝及城垣有所损坏之时，也要由盛京户部动帑来维修。道光元年（1821），盛京将军提出对盛京昭陵的月牙城进行维修，道光帝便指出："昭陵月牙城，切近地宫，关系紧要。现据该将军等勘明墙身劈闪处所，亟应修理完整，以昭慎重。著钦天监即行选择吉日，知照该将军等，饬令承修官何藩等，按照勘定丈尺，作速敬谨兴工。所需工料银两，准其由盛京户部银库动支给领。"③另外，安置迁入盛京定居之人的支出，也由盛京户部负责提供。乾隆四十三年（1778），从北京移驻闲散宗室一百余户于盛京，"分为四屯，给屋一千八间，地四百四十三顷。每屯驻宗室章京一员，闲散三十户。建屋木料，由辽阳、宁远等处运买。砖瓦缺少，户给瓦屋三间，余盖平棚，垦田一犁三牛，兵为耕种，一切需费，先由盛京户部支领"④。

### 三 户籍、杂项支给及词讼

（一）户籍及杂项支给

康熙朝的《大清会典》中，便已出现盛京户部对奉天地区人丁、

---

① 《清仁宗实录》卷335，中华书局1986年版，第5册，第423页下栏。
② 《清高宗实录》卷471，中华书局1986年版，第6册，第1092页上栏。
③ 《清宣宗实录》卷13，中华书局1986年版，第1册，第258页上、下栏。
④ 《清高宗实录》卷1052，中华书局1986年版，第14册，第59页上、下栏。

户口进行管理的记载:"凡编丁,奉天所属人丁,照户部移文,每三年编审一次。"① 记载盛京内务府各项事务的《黑图档》中,也对盛京户部管理户丁事务做了记录:"康熙五年,户部为查丁事奏准颁布之告示中载:已咨行盛京、宁古塔、江宁等处,须照旧查点,缮明各家满洲、蒙古、旧尼堪、投充尼堪之丁数,并将差点之佐领、骁骑校、小领催等人名一并保结,限九月十日以前全部收齐造册。等因。具奏。奉旨:依议。钦此。钦遵。嗣后盛京三佐领之比丁档册,请令辛达里等照比丁之年户部奏准颁行之告示,于限期内解送盛京户部。"② 可见,盛京户部对奉天地区户丁事务的管理,早在其建部之初就已开始。盛京户部对户丁事务管理,在"盛京户部为催造比丁册并派承办人核对事给盛京内务府咨文"中有记:

> 除将送到印、白各册,业经核对清楚,将印册储库备查,其白册钤用本部印信咨送户部外,相应咨复盛京将军衙门查照,希将满、蒙各佐领以及清河等十边门等处未经送到之册,立即饬催赶造送部,务于送册时,各差妥人赴部核对,以免往返咨催。③

由此可见,盛京户部对奉天等处户丁事务的管理,主要是对户口、比丁册的管理。盛京户部定期要求奉天地区各地的管官将其所管人丁的户口、比丁册进行汇总,赶造两份,一份加盖印信称为印

---

① 康熙朝《大清会典》卷39,《近代中国史料丛刊三编》第72辑,台北:文海出版社1992年版,第1876页。
② 关嘉禄、王佩环译:《黑图档中有关庄园问题的满文档案文件汇编》,载《清史资料》第5辑,中华书局1984年版,第25页。
③ 《嘉庆二十一年十月二十五日盛京户部为催造比丁册并派承办人核对事给盛京内务府咨文》,中国边疆史地研究中心、辽宁省档案馆合编《东北边疆档案选辑(清代·民国)》第74册,广西师范大学出版社2007年版,第413—416页。

册，一份不盖印信称为白册，一同送至盛京户部，经盛京户部档房官员审核后，将印册收入盛京户部所属库内保存，备随时查检，白册则需要加盖盛京户部的官印，转送京师户部审核备查，而转送之前还要求各地承办户口丁册的官员到盛京户部对该册档进行二次核对，之后再行转送。奉天地区户口、比丁等事务的调查、统计和造册，是由各管官来完成的，盛京户部主要负责汇总、审核、收存及转送，同时对各地管官的造册情况进行监督，对拖延贻误的官员，要咨报盛京将军进行申饬。

  盛京户部所提供的杂项支给包括对盛京等处大小衙门及衙门中人员的支给，对关外一宫三陵的支给，对盛京等地寺庙的支给，对来盛京和由盛京前往他处办差之人的支给以及对贡使的支给等。盛京将军、盛京五部及各驻防城城守尉等衙门所需用的心红纸、灯油、木棉等物，均由各衙门合计后发文给盛京户部领用，在各衙门中当差的听事人、守仓人、巡库兵、匠役、厨役、饲牲人丁等每月所需的盐斤、衣物等也都由盛京户部负责供给。关外一宫三陵日常所需的纸张、灯油、木棉等定期发文至盛京户部领取。盛京户部对盛京等地寺庙的支给，包括对寺院僧道的支给和寺庙日常所需的供给。僧道所需的衣服，每月所需的米、盐、茶，寺院每年需用的香灯银、诵经银都由盛京礼部定期汇总后发文至盛京户部，由盛京户部给发。对于一些盛京户部库中不存之物，例如喇嘛每年需用的貂皮帽及格隆需用的狐皮帽，盛京户部则需动库帑买给。对办差之人的支给，盛京户部提供支给的办差人主要有三种，一是由京师往盛京办差之人，二是由盛京往京师办差之人，三是由盛京往吉林、黑龙江等处办差之人。由京师往盛京办差之人，主要有来围猎的侍卫、来收桦皮的协领及来采蜜的领催等，这些人所需的银米、马所需的草豆都由其隶属衙门发文给盛京户部，由盛京户部给发。由盛京往京师办差之人，多为盛京内务府定期派往京师向总管内务府解送物品之人，

## 第二章　盛京五部的职能（上）

"佐领岳宁等为催长金玉音等赴京解送各色鱼请发给粮草单事呈文"记载了盛京户部对该项人等支给的情况。

> 佐领岳宁等呈，为咨取粮草单事。据都虞司催长金玉音等呈称，查得今岁前往都京送各色鱼去之催长金玉音，跟役一名，甲丁二名，骑马四匹，驮马一匹，三旗网户头目郭毅、张自用、黄文俊，网户十二名，共人十九名，骑马十九匹，驮马四匹。伊等人食口米、喂马草束，咨部照例给发外，再将伊等持去沿路支领人食口米、喂马草束之票，照例于文到日，即便换给回票之处，呈请咨行盛京户部可。等情。据此，为此上呈。①

盛京户部主要为入京办差之人及其马匹提供口米和草豆，同时还要为其提供沿路支领口粮和草豆的粮草单，以便供给其沿路所需。由盛京往吉林、黑龙江等处办差之人，包括盛京将军派往吉林采买黑狐皮、貂皮之人，盛京户部主要根据盛京将军的来文为这些人的马匹提供草豆等。对贡使的支给，到盛京的贡使主要指朝鲜的贡使和三姓地区来贡貂的使者。朝鲜使者前往北京朝贡而途经盛京时，盛京户部照例要为使者及其马匹提供口粮和草豆。同时，每年还有一些前往中朝边境进行贸易的朝鲜官员和商人，盛京户部同样需要为他们提供供给。对官员的供给由盛京户部给发，对商人的供给主要由凤凰城城守尉等出仓米提供，如不敷应用，再由盛京户部拨给。对三姓贡貂使者的供给，"每日给谷米、烧酒、盐、粘米豆，马每匹料二升、谷二升、草二束。不限日期，喂至马肥，回时给行粮并粘

---

① 《乾隆五十九年十一月佐领岳宁等为催长金玉音等赴京解送各色鱼请发给粮草单事呈文》，中国边疆史地研究中心、辽宁省档案馆合编《东北边疆档案选辑（清代·民国）》第72册，广西师范大学出版社2007年版，第170—171页。

米豆、盐。……礼部送到虎尔哈等所贡貂皮、库尔喀等所贡江獭皮，派出官员送至户部，其额外江獭皮，折作头等，每头等给青布二匹，护送兵役车行文奉天将军、装皮器用物件行文工部支取。赏给进贡貂皮、江獭人衣服，需用缎绸布缨带帕棉花绿斜皮线梳篦扇等物，俱照该部来文给发"①。

（二）词讼

盛京户部具有审理词讼案件的职能，但盛京等处的案件审理主要由盛京刑部来负责，那么，两部负责审理的案件有怎样的不同之处呢？第一，两部处理的案件性质不同。康熙朝《大清会典》指出盛京户部主要负责处理"家产承嗣、主仆田地、牲畜践食田禾"②等案件，嘉庆朝《钦定大清会典》指出盛京户部主要负责处理"悔婚、遗漏户口"③等案件。从辽宁省档案馆藏《盛京内务府档》中记载的盛京户部审理的案件来看，盛京户部以处理田土、户婚等民事案件为主，而盛京刑部负责处理的案件则以命盗等刑事案件为主。第二，两者审理案件的依据不同。盛京刑部因其处理的多是触犯刑律的案件，所以主要依据《大清律例》等律条来审理。盛京户部因其审理的多是田土、户婚等案件，所以主要依据盛京户部保存的户丁总册及土地总册来审理。盛京户部处理案件的具体情况，以下举例说明。

如，雍正十一年（1733），盛京包衣三佐领所属庄头田玉控告民人王朝卿一案。④ 田玉虽为包衣旗人，但并未首先将此事告至包衣三

---

① 康熙朝《大清会典》卷39，《近代中国史料丛刊三编》第72辑，台北：文海出版社1992年版，第1891—1893页。

② 康熙朝《大清会典》卷39，《近代中国史料丛刊三编》第72辑，台北：文海出版社1992年版，第1876—1877页。

③ 嘉庆朝《钦定大清会典》卷18，《近代中国史料丛刊三编》第64辑，台北：文海出版社1991年版，第895页。

④ 《雍正十一年十一月十二盛京户部为将庄头田玉与民人王朝卿所争地亩交刘世杰耕种事咨盛京内务府》，辽宁省档案馆编《雍正朝黑图档》第16册，线装书局2016年版，第6—7页。

佐领而是呈控城守尉衙门，城守尉衙门虽经审断，但事后王朝卿仍对田玉收获之粮进行抢夺，随之田玉便将其告至盛京户部。随即盛京户部派遣官员会同当地知县一同前往张良堡查看指出："田贵指报地亩段落四至与红册均不相符，若不逐段丈量，难以为凭。况此项地亩于雍正四年经钦差大人丈量，地段坐落红册炳据。丈量红册内并无子荒字样，俱系熟地，似亦毋庸另行查丈。"① 田玉则不服判决再次上告，请求逐段查丈，盛京户部便派部员会同地方旗民官及包衣三佐领官员再次查丈。由此案可见，一方面，遇土地四至与田亩清册记载不符之时，需要重新丈量，表明土地的四至清册是审理田土之争的主要依据；另一方面，作为原告管官的盛京包衣三佐领官员并未对案件审理产生实质性影响。究其原因，可从施惠仲与鄞富土地之争一案中了解大概。案内盛京内务府便指出："查此事有碍官产，本衙门并无地亩四至红档，而旗人等系何年月日官要随缺地亩是否有无之处均无案可稽，碍难办理，相应将原告庄头施惠仲等原控呈一纸，及挈出租契文约一纸，并将原告庄头施惠仲及壮丁施杰、被告鄞富等呈请一并咨送盛京户部，审讯断理可也。"② 盛京内务府衙门由于"无地亩四至红档"对包衣人等之田土案件便"无案可稽，碍难办理"。而盛京等地田亩的详细册档都保存在盛京户部所属之库中，这也便是田土案件要由盛京户部来审理的主要原因。

档案中还记载了盛京户部利用户丁册审理悔婚案件的情形：首先，盛京户部要按例询问案情："内务府镶黄旗管下十家保呈控金老屋等捏称民人李姓为旗人定伊孙女为婚一案，经本部据供审明十家保系内务府线丁，向不知伊等女子不得许给民间之例，于乾隆四十

---

① 《雍正十一年十一月十二日盛京户部为将庄头田玉与民人王朝卿所争地亩交刘世杰耕种事咨盛京内务府》，辽宁省档案馆编《雍正朝黑图档》第16册，线装书局2016年版，第7页。
② 《乾隆四十八年八月佐领依博英额等为庄头施惠仲控告壮丁鄞富盗典红册官地事呈文》，中国边疆史地研究中心、辽宁省档案馆合编《东北边疆档案选辑（清代·民国）》第71册，广西师范大学出版社2007年版，第268—269页。

年十月间，凭金老屋作媒将孙女许给李秀为妻，已经接收聘礼。嗣于十一月间，因有百总传谕内务府女子不准许给民间，十家保遵谕将所收李姓聘礼缎布、首饰送至金老屋家，告知前情，令其转还李姓。讵李秀等以伊等女子多有许于民人，不允退还。十家保恐贻后累，是以呈控。"① 此案是一件悔婚案，原告十家保以旗民不婚为由，状告媒人金老屋谎称民人李秀为旗人而骗婚一事，同时想借此与李秀解除婚约。盛京户部认为证明十家保所言属实的关键在于明确其身份，只有证明十家保系旗人出身，才能依据旗民不婚的规定允许其与李秀解除婚约，于是盛京户部要求十家保的管官提供他的身份证明，随后盛京内务府对十家保的身份解释道："壮丁十家保系康熙年间旗下另记档案，与正项人丁一体充当交纳蘑菇、线等差，并非民人投充当差。又查，雍正年间拣选秀女时，伊等女子为正项人丁女子一体拣选。"② 因为盛京户部认为十家保的身份核定是本案的关键，所以特别对盛京内务府提供的十家保的身份证明进行了重点查核，经过与其部存人丁户口册进行核对后，盛京户部指出："查另记档案一项人丁始至雍正年间，来咨所称十家保康熙年作为另记档案，自必有案可稽，乃并未详细声明，谨指称伊等女子于雍正年间与正项人丁女子一拣选秀女，仍系含混，且本部所查者十家保是否另户、正身，伊等女子即或入拣选秀女，亦不得作为正身旗人。"③ 即盛京户部核对人丁户口册发现，另记档案人丁从

---

① 《乾隆四十一年十月厢黄旗佐领双全为额丁十家保不愿将孙女聘于民人李秀为妻事呈文》，中国边疆史地研究中心、辽宁省档案馆合编《东北边疆档案选辑（清代·民国）》第71册，广西师范大学出版社2007年版，第10—11页。

② 《乾隆四十一年十月厢黄旗佐领双全为额丁十家保不愿将孙女聘于民人李秀为妻事呈文》，中国边疆史地研究中心、辽宁省档案馆合编《东北边疆档案选辑（清代·民国）》第71册，广西师范大学出版社2007年版，第12页。

③ 《乾隆四十一年十月厢黄旗佐领双全为额丁十家保不愿将孙女聘于民人李秀为妻事呈文》，中国边疆史地研究中心、辽宁省档案馆合编《东北边疆档案选辑（清代·民国）》第71册，广西师范大学出版社2007年版，第12—13页。

雍正年间才有记载，而十家保一家却为康熙年间的另记档案，显然与例不合，同时十家保的管官仅以十家保家的女子与正项人丁女子一起选秀女便证明十家保是旗人，也属含混不清，所以，盛京户部又将此案发回盛京内务府，令十家保的管官详细调查后再上报盛京户部。

## 第二节　盛京刑部的职能

康熙三年（1664）盛京刑部设立后，奉天地区刑名案件皆由其负责审理，涉案对象不分旗民，军罪以下案件盛京刑部可自行结案，死罪以上案件需京师刑部复审后方可执行。乾隆六年（1741），盛京刑部改为只负责审理旗民交涉案件及命盗重案，而赌博、斗殴等轻案则由地方旗民官会同办理，之后报部查核。十三年（1748），盛京刑部对旗民交涉案件的审理需会同奉天府府尹来进行。二十九年（1764），盛京刑部将量刑为徒罪的案件转交地方旗民官，同时盛京刑部也不再负责处理奉天地区的全部命盗重案，仅负责处理旗人命盗重案。盛京刑部建部之初，秋审与各省秋审不同，可直接上报京师刑部，无需本地官员复审。乾隆八年（1743），改为每年秋审之前，盛京刑部侍郎要会同盛京户、礼、兵、工四部侍郎对本部及奉天府审理的重案进行复审，然后再上报京师刑部及九卿科道查核。盛京刑部陆续获有新职能，康熙十一年（1672），盛京刑部继奉天将军获得了审理奉天地区逃人案件的权力，雍正初年，盛京刑部可对缉捕逃人之事进行监督，至乾隆三年（1738），盛京刑部最终获得缉捕逃人之权力；乾隆三年，盛京刑部负责处理边外蒙古事件；八年（1743），增设处理造卖赌具职能；乾隆三十九年（1774），私入围场案件的处理也由盛京刑部负责。学界现今虽然存在以盛京刑部为研究对象较为全面的研究，但相关职能的叙述却未体现出动态变化的过程。① 以下便结合相关档案，对盛京刑部处理旗民案件、逃人案件、造卖赌具案件、蒙古案件、私入围场及私刨私贩人参等案件进行论述。

## 一 旗民案件

乾隆二十九年（1764）之后，盛京刑部负责审理旗民案件的类型基本稳定。盛京刑部主要负责处理旗人命盗重案和旗民交涉案件，其中，旗民交涉案件还需会同奉天府府尹来审理。以下便结合乾隆二十九年之后，盛京刑部审理旗人命盗重案和旗民交涉案件的相关案例，对盛京刑部处理旗民案件的情况进行讨论。

嘉庆六年（1801）六月十二日"盛京刑部为将捉奸殴死淫妇之旗人何生交旗管束事给盛京内务府咨文"中，记载了旗人何二因撞见儿媳顾氏与邻居费三通奸而伙同堂兄何清将顾氏吊打而死一案。该案的案犯何二为"内务府厢黄旗八十四佐领下线丁"②，被害人顾氏其父顾二为"内务府正黄旗强谦佐领下人"③，即顾氏也应为内务府佐领下人，因而，该案为旗人之间的命盗重案。何二发现顾氏伤重而亡后，一面请堂兄何清通知顾氏的父亲顾二，一面叫其子何通有告知守堡，守堡随即便上报承德县。乾隆四十四年（1779）后，地方案件不论旗民都由州县官处理，道光帝曾指出，"奉天省所属州县，自乾隆四十四年，经刑部议定，凡遇旗民词讼事件，悉归州县审理，迄今四十余年，毫无窒碍"④，便是明证。该案中承德县接到

---

① 刘仝仕：《清代盛京刑部初探》，硕士学位论文，中央民族大学，2013年。
② 《嘉庆六年六月十二日盛京刑部为将捉奸殴死淫妇之旗人何生交旗管束事给盛京内务府咨文》，中国边疆史地研究中心、辽宁省档案馆合编《东北边疆档案选辑（清代·民国）》第73册，广西师范大学出版社2007年版，第63页。
③ 《嘉庆六年六月十二日盛京刑部为将捉奸殴死淫妇之旗人何生交旗管束事给盛京内务府咨文》，中国边疆史地研究中心、辽宁省档案馆合编《东北边疆档案选辑（清代·民国）》第73册，广西师范大学出版社2007年版，第71页。
④ 《清宣宗实录》卷19，中华书局1986年版，第1册，第349页上、下栏。

报案后，随即派人对被害人尸身进行检验，同时对涉案人员讯供，因该案属人命重案，按例州县只可略具案情，无权审断，需要报至上级机关，又由于该案涉案双方均属旗人，按例由盛京刑部专管，随即承德县将案情及人犯转送至盛京刑部。盛京刑部接案后，又对承德县略具案情提出了要求："据此当经咨提尸亲顾二质讯，并严缉逸犯费三，务获送部。"① 但是，因为承德县隶属奉天府，所以，盛京刑部不能直接命令承德县办差，需要咨会奉天府，由奉天府将盛京刑部的命令转咨承德县，承德县回复道："去后并于五月二十九日准奉天府府尹衙门咨据承德县申称，费三脱逃无踪，无凭弋获，将顾二传送到部。"② 随后，盛京刑部对该案的处理是：

> 据此复提各犯质讯，供复如初，案无遁饰。查例载，本夫本妇之父母如有捉奸杀死奸夫奸妇者，其应拟罪名为妻，嘉庆二年五月间，过门童养甫经两月悉与本夫同科。又例载，本夫登时奸所获奸，将奸妇杀死，奸夫当时脱逃，本夫杖八十。又例载，妻骂夫之父母而殴杀之勿论各等语。今审得……报验，讯详，供认前情不讳。查该犯系本夫之父例应与本夫捉奸无异，虽非登时杀死究有奸所获奸，自应照例拟杖，但顾氏系犯奸之妇，又詈骂本夫之父，已得应死之罪，合依妻妾骂夫之父母而殴杀勿论律，勿论。何清系听从绑缚，何生既照例勿论，何清亦应予免议。顾二审系无干，先经省释。应将何二即何生、何

---

① 《嘉庆六年六月十二日盛京刑部为将捉奸殴死淫妇之旗人何生交旗管束事给盛京内务府咨文》，中国边疆史地研究中心、辽宁省档案馆合编《东北边疆档案选辑（清代·民国）》第73册，广西师范大学出版社2007年版，第70页。
② 《嘉庆六年六月十二日盛京刑部为将捉奸殴死淫妇之旗人何生交旗管束事给盛京内务府咨文》，中国边疆史地研究中心、辽宁省档案馆合编《东北边疆档案选辑（清代·民国）》第73册，广西师范大学出版社2007年版，第70—71页。

清一并咨送盛京内务府交旗管束,逸犯费三虽弋获无踪,未便任其漏网,应行文盛京将军、奉天府府尹等衙门,各饬所属,一体严缉,务获送部,另结可也。①

盛京刑部在量刑时,首先,对案情、案犯的口供及尸检进行核对分析;其次,列举律条的相关规定;最后,酌情定罪。因为该案属旗人重案,无需奉天府参与会审,同时盛京刑部虽根据大清律例对案犯进行了判处,但是因为案犯为旗人,所以还要将案犯转交所在旗的管官按照旗内的规定进行管束。该案中,尽管盛京刑部判处何二(即何生)无罪,但是因为何二是旗人,所以还要转交所在旗的管官,按照旗内规定治罪。

嘉庆元年(1796)正月二十三日,档案记录了内务府包衣管下家奴李三儿误伤广宁县民人李大屋致死一案,②该案涉案双方分属旗民而且又为命盗重案,该案的审理过程展现了盛京刑部处理旗民交涉案件的情况。该案的嫌犯李三儿系"内务府厢黄旗包衣管下园丁汪国章家奴",死者李大屋系"广宁县民人",即此案是旗人误伤民人致死案。案发后,首先由守堡上报给广宁县知县,因属命盗重案,知县只具有"验讯录供"的权力,又因为此案为旗民交涉案件,所以之后知县便将其转交给盛京刑部审理。盛京刑部"随会同严审",会同之人应该是奉天府相关官员,雍正十三年(1735),清廷下令奉天地区的旗民交涉案件由盛京刑部侍郎和奉天府尹共同负责,而具体对案件进行审理时,奉天府府尹宋筠曾指出:"奉属事关旗民例送

---

① 《嘉庆六年六月十二日盛京刑部为将捉奸殴死淫妇之旗人何生交旗管束事给盛京内务府咨文》,中国边疆史地研究中心、辽宁省档案馆合编《东北边疆档案选辑(清代·民国)》第73册,广西师范大学出版社2007年版,第74—81页。

② 《嘉庆元年正月二十三日盛京刑部为将杀人之家奴交与其主严加管束并追缴埋葬银两事给盛京内务府咨文》,中国边疆史地研究中心、辽宁省档案馆合编《东北边疆档案选辑(清代·民国)》第72册,广西师范大学出版社2007年版,第204—208页。

盛京刑部审结，虽名为司员同民员承审，实皆司员主稿。"① 清廷虽然要求奉天府协同盛京刑部处理盛京等处的旗民交涉案件，但对盛京刑部的限制作用并不大。该案经过严审后，仍由盛京刑部按律为罪犯量刑。由以上两个案例可见，盛京刑部负责审理的旗人命盗重案和旗民交涉案，都是先由地方州县负责查验和略具案情，然后上报盛京刑部审理，盛京刑部主要是对案犯的口供及尸检情况进行核实，然后依据大清律例对案犯量刑，区别之处在于，对旗民交涉案的审理，盛京刑部还要会同奉天府一同进行，但实际上仍由盛京刑部主稿，奉天府的决断权不大。

盛京刑部虽然主要负责对旗人命盗重案及旗民交涉案件进行审理，但是对州县官负责审理的一般案件中涉及旗人之事，也具有查核和量刑的权力。"厢黄旗佐领八十四等为将窃犯聂登豹销除旗档事呈文"便反映出盛京刑部对一般案件中涉及旗人之事进行查核的情况：

> 厢黄旗佐领八十四等呈，为咨覆事。据署理骁骑校事务顶带领催丰伸等呈称，由堂抄出，准盛京刑部为咨行事，肃纪左司案呈，嘉庆五年正月二十五日，准奉天府府尹衙门咨，据铁岭县知县德春详报，贼犯田玉伙同旗人聂登豹行窃事主董添文等家衣物、驴头一案册开……查聂登豹系内务府岳宁佐领下正身旗人，例应销除旗档，收入民籍，伏候刑部核示，另行造册请咨盛京内务府衙门，将该犯聂登豹销除旗档，收入民籍，同民人田玉各照拟杖责、刺臂发落交保严加管束，赃给主领，取领附卷。是否允协，理合照俱供册，呈请刑部查核示遵。等情。转咨到部。查旗人犯窃例应销除旗档，归入民籍办理。今该县

---

① 《雍正十三年六月二十日奉天府府尹宋筠奏报奉属审讯犯人徒事刑求殊乖体制各情折》，中国第一历史档案馆编《雍正朝汉文硃批奏折汇编》第28册，江苏古籍出版社1991年版，第629页。

既称贼犯聂登豹系盛京内务府岳宁佐领下人，例应销除旗档，除行文盛京内务府转饬销除聂登豹本身旗籍，径行咨覆奉天府府尹衙门外，相应咨造奉天府府尹衙门饬知铁岭县，将贼犯田玉伙同聂登豹行窃事主董添文等家衣物、驴头均应如该县所拟完结可也。等因。传抄前来。查得该犯聂登豹系厢黄旗所属之人，今将聂登豹销除旗档之处理合呈明，伏祈核转施行。等情。据此相应呈堂知照奉天府府尹衙门可也，为此具呈。①

铁岭县在处理这起窃盗案时，案犯聂登豹系旗人，对其量刑，铁岭县需"伏候刑部核示"，而且因为铁岭县与盛京刑部无隶属关系，所以，要先上报其上级机关奉天府，然后由奉天府将该案转咨盛京刑部。该案中，盛京刑部一方面对铁岭县为旗人犯窃案的量刑进行了复核，另一方面也对铁岭县处理该案的整体过程进行了审核，之后咨盛京内务府将案犯聂登豹销除旗档，同时由内务府将盛京刑部的处理意见咨奉天府转饬铁岭县完结。

尽管盛京刑部在处理盛京等处案件时，有一定的权力，但是仍要受到京师刑部的制约。上文提到的内务府包衣管下家奴李三儿误伤广宁县民人李大屋致死一案，盛京刑部量刑后随即便上交京师刑部查核。但是此案有一特殊之处，即死者李大屋年长被告李三儿四岁以上，而且李大屋又属恃强凌弱，李三儿对李大屋只是误伤。这种情况下发生的命案在律条中没有特殊规定，但在以往案件中存在减轻处罚的先例。所以针对这一情况，盛京刑部无法决断，只能"援照丁乞三仔之例附疏声明"②，

---

① 《嘉庆五年二月厢黄旗佐领八十四等为将窃犯聂登豹销除旗档事呈文》，中国边疆史地研究中心、辽宁省档案馆合编：《东北边疆档案选辑（清代·民国）》第73册，广西师范大学出版社2007年版，第4—7页。

② 《嘉庆元年正月二十三日盛京刑部为将杀人之家奴交与其主严加管束并追缴埋葬银两事给盛京内务府咨文》，中国边疆史地研究中心、辽宁省档案馆合编《东北边疆档案选辑（清代·民国）》第72册，广西师范大学出版社2007年版，第208页。

由京师刑部对附疏声明情况进行查核认定：

> 查雍正十年臣部议覆江西巡抚谢旻题丁乞三仔殴伤丁狗子身死一案，奉旨：丁乞三仔年仅十四，与丁狗子一处挑土，丁狗子欺其年幼，令其挑运重筐，又持土坯掷打，丁乞三仔拾土回掷适中丁狗子小腹殒命，丁乞三仔情有可原，着从宽照例减等发落，仍勒追埋葬银两给付死者之家。钦此。又例载，十五岁以下被长欺侮殴死人命之案，确查死者年岁长于凶犯四岁以上而又理屈逞凶者，方准援照丁乞三仔之例，声请恭候钦定。等语。此案李三儿年甫十四，已死李大屡年已十九，长于凶犯五岁。死者将小钱抵欠，不允更换，反将该犯揪扭，本属理曲恃强。该犯被推跌落沟内，死者随势仆跌碰伤，适毙，是伤由自碰……实属情有可原，核与援案声请之例相符，应照例声明，恭候钦定，倘蒙圣恩准其减等，臣部行文该侍郎等，将李三儿杖一百、流三千里，该犯年未及岁，照例收赎，仍在该犯名下勒追埋葬银两给付死者之家。①

京师刑部将该案与丁乞三仔案的案情进行了核对，认定两案案情相近，可以如附疏声明所言参照丁乞三仔案量刑，京师刑部审核通过后，还要上报清帝，请求决断。清帝下旨后，再由京师刑部咨覆盛京刑部执行。京师刑部如果对盛京刑部案件处理的情况存在疑问，可以要求盛京刑部重新调查后给出合理解释。例如，题为"盛京刑部为淫犯旗女梅七狗案在恩旨之前毋庸追缴赎罪银事给盛京内务府咨文"的档案中便反映出京师刑部对盛京刑部进行部驳的情况：

---

① 《嘉庆元年正月二十三日盛京刑部为将杀人之家奴交与其主严加管束并追缴埋葬银两事给盛京内务府咨文》，中国边疆史地研究中心、辽宁省档案馆合编《东北边疆档案选辑（清代·民国）》第72册，广西师范大学出版社2007年版，第210—213页。

据此邵添志等均应如该侍郎所咨完结，查该犯等事犯在本年四月二十二日钦奉清理庶狱恩旨以前，邵添志所拟军应减为杖一百、徒三年，并免刺字。梅七狗所拟徒罪应为杖一百的决发落，毋庸着追收赎银两，仍令照例汇题。再查奸生男女例应责付奸夫收养，今梅七狗与邵添志奸生之子有无责付奸夫收养，作何办理之处，咨内并未叙明，应令该侍郎查明，照例办理。等因前来。准此遵照部文，除将拟军减为杖一百、徒三年并免刺字之邵添志，开写该犯年貌、疤痣、箕斗，咨送奉天府府尹衙门定地充徒，至配所折责四十板，并梅七狗奸生之女已死应毋庸议外，查拟徒减为杖一百之梅七狗，供系内务府正白旗管下壮丁梅朝亮之女，相应咨送盛京内务府转交该旗照拟发落，交伊父梅朝亮收领，此案应照例汇题可也。①

京师刑部重点对盛京刑部量刑情况进行考查，盛京刑部的量刑只是作为参考，京师刑部可以根据相关律条对案犯的量刑进行修改，该案中京师刑部便对盛京刑部为案犯邵添志和梅七狗的量刑进行了减刑处理。此外，京师刑部也要求盛京刑部上报案情要详细规范，此案中京师刑部便提出，"再查奸生男女例应责付奸夫收养，今梅七狗与邵添志奸生之子有无责付奸夫收养，作何办理之处，咨内并未叙明，应令该侍郎查明，照例办理"，盛京刑部进而根据京师刑部的要求对案件的情况又做了进一步的说明，即"梅七狗奸生之女已死应毋庸议"，同时遵照京师刑部的批复，重新为案犯进行了量刑。

盛京刑部直接负责审理的旗人命盗重案和旗民交涉案件，都是

---

① 《嘉庆二年七月初五日盛京刑部为淫犯旗女梅七狗案在恩旨之前毋庸追缴赎罪银事给盛京内务府咨文》，中国边疆史地研究中心、辽宁省档案馆合编《东北边疆档案选辑（清代·民国）》第72册，广西师范大学出版社2007年版，第402—405页。

先由地方州县负责查验和略具案情，然后上报盛京刑部审理，盛京刑部主要是对案犯的口供及尸检情况进行核实，然后依据大清律例对案犯量刑。旗民交涉案虽然由盛京刑部和奉天府共同审理，实际上由盛京刑部主稿，奉天府的决断权不大。此外，盛京刑部虽然主要负责处理旗人命盗重案，但是对地方州县官处理的一般案件中涉及旗人的事件也具有查核权。同时，盛京刑部量刑后的案件，依例还要上报京师刑部查核，京师刑部不仅查验案情，遇到盛京刑部处理不清之处，还会要求盛京刑部重新调查上报。

## 二 逃人案与造卖赌具案

### （一）逃人案

学界关于逃人的研究，有杨学琛[①]、孟昭信[②]最早对逃人法的内容、目的及变化进行考察，徐凯[③]则重点对顺康时期逃人问题变化所引起逃人法的更定进行详述。可见，学界更侧重逃人法相关内容研究，对入关后盛京逃人情况论说不多。从康雍两朝《黑图档》所载十六件逃人案件[④]的呈报时间来看，仅有五件发案于康熙朝，其余皆于雍正朝，即雍正朝的逃人案件较多。从逃人身份来看，正身旗人、庄下壮丁及家奴皆有出逃者，其中，家奴出逃的情况较为突出。从出逃次数来看，十六件案件内四件为二次出逃，多数为初次逃出。出逃的方式，除了步行外，据以上案情陈述内容来看，逃人多搭乘陌生人的车辆外逃，既节省体力，又掩人耳目。逃人逃出后，除原

---

[①] 杨学琛：《关于清初的"逃人法"——兼论满族阶级斗争的特点和作用》，《历史研究》1979年第10期。
[②] 孟昭信：《清初"逃人法"试探》，《河北大学学报》1981年第2期。
[③] 徐凯：《清初逃人事件述略》，《北京大学学报》（哲学社会科学版）1983年第2期。
[④] 辽宁省档案馆编：《康熙朝黑图档》，线装书局2016年版，第27册，第56页；第28册，第5、9、195页；第30册，第375页。辽宁省档案馆编：《雍正朝黑图档》，线装书局2016年版，第2册，第100—101页；第4册，第52—54页；第7册，第107—108、220—221、164页；第14册，第75、217—218、121页；第18册，第87页；第21册，第62—63页。

本关内之人返回关内外，多由盛京向北逃出至开原，或出威远堡至吉林及黑龙江等处。因而，康熙三十三年（1694）清廷曾下令："凡盛京、宁古塔、黑龙江将军及边汛等官，各于所属内缉拿逃人，务期必获。如彼处土著之人，将逃人隐匿不行举出，经旁人出首拿获者，将隐匿之人，照窝逃例，分别治罪。再沿边地方总兵官，责令所辖守口官弁，将出边之人严加盘查。若将逃人疏忽放出者，将守口之官弁兵丁，照地方及地方官失于察例究处，故纵者从重论。"①强调将军等地方官对缉捕逃人负责，并特别指出守边口官兵需对往来边口之人进行严查，严防逃人流出，即已明确此时边口地方是逃人出入的重点地区。而由以上案件可见，逃人出逃后，多至各地以佣工、做小买卖为生，既可暂时补充生活来源，又可随时流窜，逃避追捕。从已知出逃缘由的八件案件来看，外出超限三件、发遣两件、家贫不能度日两件及逃脱被贩卖一件。正身旗人常因家贫不能度日而出逃，发遣之人则以不适应发遣地生活而逃回。家奴出逃之缘由虽多未明确指出，但据以上案件内容可推测，应与主奴矛盾有关。

  盛京刑部对逃人案件的审理主要依据逃亡次数的不同来定罪，"逃走三次例应发遣者，照例发西安、荆州等处，给驻防兵丁为奴。系另户发遣当差"②。各旗有人逃亡时，管官要及时到盛京刑部记逃人档，逃人回旗后，管官还要到盛京刑部圈销逃人档，盛京刑部定期要将逃档及缉捕逃人的情况造册，上交京师刑部备查和议叙。"佐领延福等为木丁于四儿等人俱系初次外逃事呈文"和"盛京刑部为壮丁站住等初次逃走事在恩诏前免其枷杖交旗管束事给盛京内务府呈文"分别记载了盛京刑部记逃人档和销逃人档的情况，由此使我

---

  ① 光绪《大清会典事例》卷858，中华书局1990年版，第15727页。
  ② 嘉庆朝《钦定大清会典事例》卷660，《近代中国史料丛刊三编》第69辑，台北：文海出版社1992年版，第4371页。

## 第二章 盛京五部的职能（上）

们对盛京刑部管理逃人的具体情况有所了解。

"佐领延福等为木丁于四等人俱系初次外逃事呈文"中记：

> 佐领延福等呈，为登记逃案事。据管理三旗内管领事务内管领金特赫等呈称，据本属正白旗吉善内管领下族长木丁小头李天贵呈称，身户内属下木丁于四儿年三十岁，身中，面赤，无须；二傻子年五十五岁，身中，面紫，微须。此二人于本年四月十五日在小的跟前告假两月，出外庸工。身边并无带去有刃之物，至假满之日，并无回家。小的随遍处寻找，并无踪迹，亦不知去向，显系逃走，只得呈报。案下恩准，转行存记逃案，实为德便。等情。据此，查得木丁于四儿、二傻子等二人俱系初次逃走之处，相应呈请咨行盛京刑部登记逃案可也。等情。据此，为此上呈。①

盛京刑部所记逃档的内容包括逃人的年龄、外貌、逃走的原因及逃走时有无携带刃物等，同时管官还要查明该逃人是否初次逃走等，将这些内容都调查清楚后，方准至盛京刑部报逃档。"盛京刑部为壮丁站住初次逃走事在恩诏前免其枷杖交旗管束事给盛京内务府咨文"中记：

> 盛京内务府咨送销逃之壮丁站住一犯到部，随讯据，站住供：小的是内务府厢黄旗八十四佐领下交线差壮丁，年二十七岁，在城西油葫芦驼子居住。家有母亲、哥哥，还有女人，别无亲人。小的于本年三月初八日出外卖工，多日未回。近因无

---

① 《嘉庆四年七月佐领延福等为木丁于四儿等人俱系初次外逃事呈文》，中国边疆史地研究中心、辽宁省档案馆合编《东北边疆档案选辑（清代·民国）》第72册，广西师范大学出版社2007年版，第481—482页。

有工作自行回家,听说管主报了逃,小的就自行投到本管处,把小的送到部里销逃来了。小的在外并没为匪,亦无一定住处,初次逃走是实。等供。据此随查阅本部本年逃档,内与该犯所供逃走年月相符。查例载,凡各省驻防兵丁闲散人等初次逃走者,无论被获、自回俱枷号一个月、鞭一百。等语。今审得壮丁站住实系初次逃走,研讯在外并无为匪情事,应将该犯照初次逃走例拟枷号一个月、鞭一百。但该犯逃走,在本年三月十二日清理庶狱恩旨以前,所得枷责之罪悉予宽免,圈销逃档咨送盛京内务府,饬交该旗严加管束可也。①

逃人如果是被缉捕归案,自然要按律治罪,如果是自回,管官则须带其到盛京刑部圈销逃档。圈销逃档之前先要核对该逃人所供逃走的年月是否与逃档所记相符,进而确定其逃走的时间,之后要断定其是否初次逃亡,以此确定惩处的内容,同时还要证明其在逃期间并未做有其他犯法之事,当然如果在量刑之时恰巧遇上恩诏,还可以相应减轻刑罚。

(二)造卖赌具案

康熙初年,盛京旗人已表现出渐染汉俗之情况,奉天将军便指出:"满洲、蒙古、汉军等,不行骑射,渐染汉俗。满洲,不讲满洲语;蒙古、汉军,亦不习满洲语。沉迷演奏三弦、琵琶等乐器。唱戏,入馆观戏。相约入铺子吃饭,饮酒。衣、帽、靴等服饰样式各异,不合满洲之俗,反有汉人之式。"② 由此也存在盛京人等聚众赌博之情况。如雍正九年(1731),奉天将军衙门在盛京城关厢拿获押

---

① 《嘉庆三年四月十三日盛京刑部为壮丁站住初次逃走事在恩诏前免其枷杖交旗管束事给盛京内务府咨文》,中国边疆史地研究中心、辽宁省档案馆合编《东北边疆档案选辑(清代·民国)》第72册,广西师范大学出版社2007年版,第422—424页。
② 《康熙二十七年六月二十六日奉天将军衙门为令各属查禁满洲蒙古汉军旗人渐习汉俗事咨盛京佐领》,辽宁省档案馆编《康熙朝黑图档》第27册,线装书局2016年版,第45—46页。

宝赌钱之陈五一伙六人，据六人对各自身份的陈述："陈五供我系正黄旗包衣莫立器佐领下拔什库马尔泰家人，我于六月初三日在西关边门外塔北坟圈内做宝，同于铁匠、董自华、杨二、常三、柏通义等五人玩钱，本日就被备役拿获是实等语。讯据常三供我系正白旗包衣那善佐领下壮丁，据董自华供我系正黄旗汉军李奉祖佐领下闲散，据柏通义供我系镶白旗汉军六各佐领下闲散，据于铁匠供我系永平府迁安县民，据杨二供我系承德县民。"① 不同身份之人皆可相聚而赌，可见此时赌博风气之盛。

为了禁赌，盛京刑部严查造卖赌具一事。题为"档案房为将失察旗人造卖骰子之该管官董浚免予调用罚俸一年事呈文"的档案反映出盛京刑部审理造卖赌具案的情况，盛京刑部受理此案后，随即对该案中一些申报不清之处提出了疑问："到臣衙门查造骰之那金泰系何项人役，如何犯案治罪，文内并未声明，其该管官是否内管领，抑系关防所属之人亦未分晰，且应议之族长、领催职名又未开送。"② 即需要明确案犯的出身、犯案动机和经过，同时也要了解案犯管官的身份、职名等情况。之后，盛京刑部了解到："那金泰系京城内务府正黄旗四达塞佐领下闲散，现属昭陵关防所管，本处并无专管之佐领、领催，该犯因贫难起意，做成骰子二十三个得东钱一千八百文，卖过骰子八个，事犯被获，经盛京刑部将那金泰照旗人造卖骰子为首例，发极边烟瘴充军在案。"③ 即此案中案犯那金泰为内务府佐领下闲散，因生活贫苦而犯罪，盛京刑部便据此以旗人造卖赌具

---

① 《雍正九年七月二十日盛京刑部为催请解送押宝赌钱之陈五等人事咨盛京内务府》，辽宁省档案馆编《雍正朝黑图档》第14册，线装书局2016年版，第77页。
② 《乾隆四十九年三月档案房为将失察旗人造卖骰子之该管官董浚免予调用罚俸一年事呈文》，中国边疆史地研究中心、辽宁省档案馆合编《东北边疆档案选辑（清代·民国）》第71册，广西师范大学出版社2007年版，第346页。
③ 《乾隆四十九年三月档案房为将失察旗人造卖骰子之该管官董浚免予调用罚俸一年事呈文》，中国边疆史地研究中心、辽宁省档案馆合编《东北边疆档案选辑（清代·民国）》第71册，广西师范大学出版社2007年版，第347页。

为首例为其量刑，发配至烟瘴之地，充军服役。而盛京刑部审理旗人造卖赌具案的一个特点便是不但要审判案犯，还要追究案犯的管官、兼辖官及族长的失查之责，"查副关防董浚系管理三旗佐领下人丁之员，云骑尉月明系那金泰之族长，乃平素并未严加查管，以致那金泰造买赌具均属不合应，将尚膳正兼副关防董浚、云骑尉月明均照失查私造赌具，内务府衙门在案，其咨覆公文饬交经历司递送，现有该经历司收到回帖，可凭讫赌具降二级调用例，各降二级调用，掌关防拉隆阿系兼辖之员乃查管未周，亦有不合应，将掌关防兼骑都尉又一云骑尉拉隆阿照失查私造赌具降二级留任例，降二级留任"①。该案最后还对案犯那金泰所在佐领的管官董浚、族长月明，以平时对那金泰监管不严为名，"照失查私造赌具"罪实行了降级处分，同时对兼辖官拉隆阿以"查管未周"为名，"照失查私造赌具"罪降二级留任。

## 三　蒙古案件

盛京刑部对蒙古案件的处理，大致可分为两类情况，一是涉案的蒙古人隶属边外蒙古旗下，但是案发地点在奉天所属临近柳条边的县城内。盛京刑部对这类案件的处理，通常是参照处理奉天地区旗民交涉案件的方式来进行的。盛京刑部侍郎吴拜上疏乾隆帝的题本中就对盛京刑部处理此类案件的过程进行了阐述。该案系民人张维永在奉天所属锦县境内将蒙古土默特奈曼王旗下之人二及兔踢伤身死一事，"乾隆四年十月初六日据本城保正石可琢地方史尚智呈称，切有直隶临榆县民张维永自称在义州城布铺生理，赴锦城要账于本月初六日在本城西街遇见蒙古二及兔，因为要账将二及兔打伤

---

① 《乾隆四十九年三月档案房为将失察旗人造卖骰子之该管官董浚免予调用罚俸一年事呈文》，中国边疆史地研究中心、辽宁省档案馆合编《东北边疆档案选辑（清代·民国）》第71册，广西师范大学出版社2007年版，第348—349页。

身死，事关人命理合报明验视施行"①。该案首先由锦县知县接报，"随即带领吏仵亲诣本城西街已死蒙古二及兔停尸处所，会同正红旗佐领额图浑，将尸移放平明地面，如法相验。据旗、民仵作宁福、姜隆当场唱报验得……验毕，职等亲验无异，当场填注图格，取具旗、民仵作不致隐漏伤痕甘结附卷，除将凶犯张维永羁禁另行会审致死确情定拟招解外，所有会验过二及兔被张维永磞踢伤重身死缘由，拟合填图详报查核"②。锦县知县立刻亲率旗、民仵作到案发地会同当地旗官验尸，旗、民仵作当场一同唱喝所验结果，知县再亲验无异后，"当场填注图格，取俱旗、民仵作不致隐漏伤痕甘结"。此案为事关人命的重案，锦县知县对该案初步询问后，即上报锦州府知府，锦州府知府上报奉天府府尹，奉天府府尹随即转发命令，令锦州府转饬锦县知县"会同旗员研审张维永踢死二及兔实情，按律妥拟招解，仍将会审日期，先行报查，并候移咨盛京刑部，缴格存送"③。奉天府府尹也需要将此案通知盛京将军衙门，由盛京将军衙门咨锦州副都统令锦州城守尉"作速会同该县将张维永踢死二及兔确情，按限研审，定拟报部，以便复审，核拟具题"④。同时该案系边外蒙古平民死在边内之事，该蒙古平民的管官、兼辖官及亲属都可亲自或派人来验尸听审，同时对审判过程进行监督，之后向所在旗汇

---

① 《盛京刑部侍郎吴拜题为会审锦县民人张维永因索欠未得伤毙蒙古二及兔一案依律拟绞监候请留养事》，乾隆五年四月二十六日，中国第一历史档案馆藏，资料号：02—01—07—04443—008。

② 《盛京刑部侍郎吴拜题为会审锦县民人张维永因索欠未得伤毙蒙古二及兔一案依律拟绞监候请留养事》，乾隆五年四月二十六日，中国第一历史档案馆藏，资料号：02—01—07—04443—008。

③ 《盛京刑部侍郎吴拜题为会审锦县民人张维永因索欠未得伤毙蒙古二及兔一案依律拟绞监候请留养事》，乾隆五年四月二十六日，中国第一历史档案馆藏，资料号：02—01—07—04443—008。

④ 《盛京刑部侍郎吴拜题为会审锦县民人张维永因索欠未得伤毙蒙古二及兔一案依律拟绞监候请留养事》，乾隆五年四月二十六日，中国第一历史档案馆藏，资料号：02—01—07—04443—008。

报。"二及兔死在锦州，今差大赖章京同二及兔主人丫头乃的侄儿花子并奈曼王差的苏木得章京、二及兔的哥哥乌林几，前赴锦州府知府衙门。叫乌林几并苏木得章京开棺看看二及兔如何死的……备文咨覆土默特处，以便转咨。"① 地方旗民官会审后，随即将此案转交盛京刑部复审。

> 到部，随于本年二月三十日行文奉天府尹衙门咨取会官，去后，嗣于三月初三日准奉天府尹衙门咨，送会官到部，随会讯张维永，与锦州城守尉、锦县所取原供无异，……并供出伊父张甲第，年逾七十，仅生一子，再无次丁，随经查，临榆县覆称，张维永父年七十一岁，再无次丁，委系独子。等情。并取具地邻、族长、保甲甘结，加具印结，一并详送到部，臣等复审无异。查律内，斗殴杀人者，不问手足他物金刃并绞监候，又名例内开，凡犯死罪非常赦所不原而祖父母、父母老疾，应侍家无以次成丁者，开具所犯罪名并应侍缘由奏闻，取自上裁。等语。张维永踢伤致死蒙古二及兔情由适与留养之例相符，应如该地方官所拟，将所犯罪名并应侍缘由奏闻，取自上裁。②

盛京刑部接案后，先咨奉天府，请其派员到部会审。当奉天府所派的会审官员抵部后，盛京刑部便依例对该案进行复审。首先对案犯进行严审，并与之前地方官所收录的供词进行核对，之后对量

---

① 《盛京刑部侍郎吴拜题为会审锦县民人张维永因索欠未得伤毙蒙古二及兔一案依律拟绞监候请留养事》，乾隆五年四月二十六日，中国第一历史档案馆藏，资料号：02—01—07—04443—008。

② 《盛京刑部侍郎吴拜题为会审锦县民人张维永因索欠未得伤毙蒙古二及兔一案依律拟绞监候请留养事》，乾隆五年四月二十六日，中国第一历史档案馆藏，资料号：02—01—07—04443—008。

刑的情况进行审核，尤其是对一些依例减等的情况，所需要的各种凭据必须检查齐全，方可上报皇帝请旨。需要注意的是，由于该案案发于乾隆五年，此时奉天地方案件照例由地方旗民官共同负责验尸及初审，乾隆四十四年之后，该类案件便改为由州县民官负责查验和略具案情，上报盛京刑部，再由盛京刑部会同奉天府进行查核。由此可见，盛京刑部对此类案件的审理与处理旗民交涉案件相似，特殊之处在于涉案蒙民的管官、兼辖官及亲属都可以对尸检和审讯过程进行监督，此后还要对所在旗进行汇报。

  盛京刑部处理的第二类蒙古案件，便是在柳条边外蒙古各旗所属地区发生的刑名案件。盛京刑部侍郎崇禄上疏题本中对盛京刑部处理这类案件的具体情况有所反映。盛京刑部侍郎崇禄首先指出，"盛京刑部侍郎臣崇禄等谨题，为报明事。嘉庆十四年六月二十一日，准科尔沁札萨克多罗郡王旗咨，报台吉那木色累殴伤台吉色楞扎布身死，咨请委员验讯"①。由此可见，本案是一起发生在边外蒙古科尔沁札萨克多罗郡王旗的命案，边外蒙古地区发生刑名案件后，各蒙古王旗需要直接向盛京刑部咨报。盛京刑部接收案件后，再咨奉天府尹衙门令临近案发地点的州县官协助办理。崇禄接着指出："臣部随于六月二十五日出具蒙古路引，咨送奉天府府尹衙门转饬所属附近州县，前赴该处验讯，明确录供，解部审拟。"② 因为，"查人命重案全以尸伤为凭，非检验明确，碍难定拟"③，所以盛京刑部

---

① 《盛京刑部侍郎崇禄题为审理蒙古台吉那木色累因牛践禾稼起衅致毙服叔色楞扎布一案依律拟斩立决请旨事》，嘉庆十四年十一月初十日，中国第一历史档案馆藏，资料号：02—01—07—09374—007。

② 《盛京刑部侍郎崇禄题为审理蒙古台吉那木色累因牛践禾稼起衅致毙服叔色楞扎布一案依律拟斩立决请旨事》，嘉庆十四年十一月初十日，中国第一历史档案馆藏，资料号：02—01—07—09374—007。

③ 《盛京刑部侍郎崇禄题为审理蒙古台吉那木色累因牛践禾稼起衅致毙服叔色楞扎布一案依律拟斩立决请旨事》，嘉庆十四年十一月初十日，中国第一历史档案馆藏，资料号：02—01—07—09374—007。

先要进行验尸收集物证，这时盛京刑部便咨奉天府尹衙门派临近案发地的昌图厅理事通判前往查验。又因"尸骨系在该旗界内地方"①，即案发于边外蒙古地区，所以盛京刑部要为前往取证的官员发放蒙古路引，"相应将蒙古路引一纸咨送奉天府府尹衙门饬委附近州县前赴该处，将已死色楞扎布尸伤逐一如法检验，明确填注尸格，录取妥供造册，连凶犯招解送部，以凭定拟，仍将蒙古路引送部销毁，并知照索特诺木多布翟王旗，听候检验可也"②。理事通判到达案发地后，会同当地扎萨克的官员一起对尸身进行检验，"勘毕，饬令舁尸出棺移放平明地面，面对众去衣，如法相验。据仵作侯得名当地高声喝报，验得已死色楞扎布……委系生前与人争斗挣跌后身死是实。等语。验毕卑职复加亲验无异，当场填注尸格，取俱仵作不致增减、隐漏、捏饰甘结附卷"③，填注尸格之后对所有涉案人员进行录供，最后将尸格、口供及凶犯一同交予盛京刑部。接下来，盛京刑部要对州县官上交的物证及供词进行审核，发现有异议之处，发回地方，由州县官再度查验：

> 据此当将已死色楞扎布尸躯饬用原棺盛验封固交管，除将案内人等交与图萨拉克气三音额勒吉保候提质外，理合将奉委验讯遇缘由，填格录供，备造供册，并奉发蒙古路引一纸连案犯那木色累一并具文呈送刑部收审施行。等因。到部，当经臣

---

① 《盛京刑部侍郎崇禄题为审理蒙古台吉那木色累因牛践禾稼起衅致毙服叔色楞扎布一案依律拟斩立决请旨事》，嘉庆十四年十一月初十日，中国第一历史档案馆藏，资料号：02—01—07—09374—007。

② 《盛京刑部侍郎崇禄题为审理蒙古台吉那木色累因牛践禾稼起衅致毙服叔色楞扎布一案依律拟斩立决请旨事》，嘉庆十四年十一月初十日，中国第一历史档案馆藏，资料号：02—01—07—09374—007。

③ 《盛京刑部侍郎崇禄题为审理蒙古台吉那木色累因牛践禾稼起衅致毙服叔色楞扎布一案依律拟斩立决请旨事》，嘉庆十四年十一月初十日，中国第一历史档案馆藏，资料号：02—01—07—09374—007。

部查核,该厅原详供册内称该台吉那木色累与已死台吉色楞扎布系属共曾祖小功叔侄,该厅仅据该犯供词并未查取宗图核对,事关服制,罪名出入,若不行查明确,碍难定拟,再该厅原详内并未声叙承审限期,系属遗漏,随行文科尔沁郡王旗查明台吉那木色累与已死台吉色楞扎布等是否共曾祖小功叔侄,绘画宗图一纸,送部核拟具题外,并行府转饬昌图厅,速将该厅承审此案限期,扣明报部,以便叙入本内咨部查核。等情。去后兹于十月十三日准科尔沁郡王旗咨送台吉那木色累等宗图一纸,并声明台吉那木色累与已死台吉色楞扎布系属同曾祖堂叔侄。等情。到部,臣部核与该犯等所供均属相符,勿庸冗叙,惟该厅尚未申覆,未便具案,又待除将案犯到官起限日期先行咨报刑部暨理藩院。①

该案中,盛京刑部便对案犯与死者的关系提出异议,指明理事通判所言的双方为小功叔侄的情况缺乏理据,要求出示宗图为证。经盛京刑部对地方州县官收集的物证及供词审核无异,便开始对案犯进行严审,同时将案件的起限时间上报京师刑部和理藩院,以便部院对其审讯过程进行监督。盛京刑部处理的蒙古案件,主要有两种类型,一种是涉案的蒙古人隶属边外蒙古旗下,但是案发地点在奉天所属临近柳条边县城内;另一种是,在柳条边外蒙古各旗所属地区发生的刑名案件。对前者案件的处理,盛京刑部主要参照处理旗民交涉案件的程序来进行,对后者案件的处理,首先,由盛京刑部直接接受报案;然后,由盛京刑部咨奉天府尹衙门选派临近案发地点的州县官前往边外蒙古地区会同当地扎萨克官员查验及略具案

---

① 《盛京刑部侍郎崇禄题为审理蒙古台吉那木色累因牛践禾稼起衅致毙服叔色楞扎布一案依律拟斩立决请旨事》,嘉庆十四年十一月初十日,中国第一历史档案馆藏,资料号:02—01—07—09374—007。

情，之后上报盛京刑部，盛京刑部复审后，不仅要上报京师刑部，还要报送理藩院审核。

## 四　私入围场与私刨私贩人参案件

### （一）私入围场案

盛京刑部在审理私入围场案之前，先由围场管官将捕获的人犯转送至部，而捕获时所获该犯所带的物品则赏给捕获之人。到部之后，盛京刑部进行审讯，之后根据具体情节量刑。旗民人等入围场后所犯之事不同，决定了量刑的轻重不尽相同，通常盛京刑部对旗民人等私入围场偷挖山货、偷伐柴枝等案的审理较轻，而对惊扰、偷捕牲畜等案的量刑较重，其中偷盗未成，照偷盗已成减等处理。同时，同类案件的量刑也随着时间的推移发生了一些变化，以下结合几则档案加以说明。

私入围场偷挖山货、偷伐柴枝等案中，乾隆三十九年（1774）规定，"其私入采取蘑菇、砍伐木植者，拟以满徒，分别旗民办理"①。此后则改为"偷采菜蔬、蘑菇及割草或砍取柴枝者，分别次数，枷号发落"②。嘉庆四年（1799）七月初六日档案记载道："盛京刑部为咨送事。肃纪后司案呈，先准盛京将军衙门咨，据巡荒梅伦阿里松阿协同威远堡边门领催崔国均等，拿获私入围场采取黑菜之李得生、李得禄、方永国等三犯到部，当经审拟，咨达刑部。嗣准部覆，将该三犯均照旗人拟徒折枷例，枷号四十日、鞭一百，于五月二十四日枷号在案，兹于七月初四日枷号期满。查方永国系内务府厢黄旗管下交蜂蜜壮丁，相应将该犯鞭一百，咨送盛京内务府，

---

① 嘉庆朝《钦定大清会典事例》卷660，《近代中国史料丛刊三编》第69辑，台北：文海出版社1992年版，第4376页。
② 嘉庆朝《钦定大清会典事例》卷660，《近代中国史料丛刊三编》第69辑，台北：文海出版社1992年版，第4377页。

转饬该旗，严加管束可也"①。可见，此时盛京刑部对私入围场采菜的旗人，按照"旗人拟徒折枷例"枷号并鞭责。而嘉庆七年（1802）六月初十日档案记载道："盛京刑部为咨送事。肃纪后司案呈，先准盛京将军衙门咨送，私入围场砍伐烧柴之宋永禄、刘文通等二犯到部。当经本部审明，将宋永禄照砍伐烧柴未得为首例，拟枷号二十日，刘文通照为从例，拟枷号十日，时值热审，各减一等，均于本月初五日枷号在案。今于初十日刘文通枷号期满，查刘文通供，系内务府交银差壮丁，相应将该犯先行咨送内务府，严加管束可也。"② 此时盛京刑部对私入围场砍伐烧柴之旗人的量刑已变为枷号，而非之前的拟徒折枷。

私入围场惊扰、偷捕牲畜等案中，乾隆三十九年（1774）规定："盛京围场内有私入打枪放狗惊散牲畜者，不论次数，系旗人发各省驻防当差，家奴发遣为奴，民人发附近充军。"③ 而嘉庆二十五年（1820）题为"盛京刑部为将私入围场放枪之壮丁白明义枷号刺字并销除旗档事给盛京内务府咨文"的档案则记载道：盛京内务府正黄旗下壮丁白明义，因为终日没有营生，便携带鸟枪、锅米等物，由威远堡界出柳条边，偷溜入围场，在博尔豁围内放枪欲打狍鹿，还未打到便被必拉巡荒梅伦克兴额协同威远堡边门巡边领催马彬等带领的巡边兵抓获，随即被转送至盛京刑部。盛京刑部对其的处理是，"将白明义照私入围场偷打牲畜未得为首例，拟杖一百，枷号一个月，时值热审，减等发落，先行饬令该旗，将该犯已身旗档销除，

---

① 《嘉庆四年七月初六日盛京刑部为私入围场采菜之壮丁方永国枷号期满鞭责交旗管束事给盛京内务府咨文》，中国边疆史地研究中心、辽宁省档案馆合编《东北边疆档案选辑（清代·民国）》第72册，广西师范大学出版社2007年版，第479—480页。

② 《嘉庆七年六月初十日盛京刑部为私入围场砍柴之壮丁刘文通枷号期满交旗管束事给盛京内务府咨文》，中国边疆史地研究中心、辽宁省档案馆合编《东北边疆档案选辑（清代·民国）》第73册，广西师范大学出版社2007年版，第167—168页。

③ 嘉庆朝《钦定大清会典事例》卷660，《近代中国史料丛刊三编》第69辑，台北：文海出版社1992年版，第4376页。

俟该犯枷号满日,于右面刺'私入围场'字样,折责咨送奉天府尹衙门,收入民籍安插,至所获锅米等物,既经声明,照例奖赏,应毋庸议,送到鸟枪一杆,付库入官。查此案系该梅伦协同威远堡边门领催拿获,其失察偷越罪名应免置议可也。"[1] 可见,此时对私入围场放枪、偷打牲畜之人的量刑除枷号并杖责外,还要在右面刺字,旗人随即销除旗档。此外,由以上档案资料的内容可见,盛京刑部在量刑的同时,还要给处理案件过程中涉及的部门如犯人所在旗及奉天府尹衙门等发咨文,要求各部门协同办理,最后对缴获之物按律处理,对捕获的兵丁按律奖赏。盛京刑部对逃人案的处理主要表现在记逃档和圈销逃档两方面;对造卖赌具案的处理除了对案犯进行惩处外,也要严惩案犯的管官、兼辖官及族长的失查之责;对私入围场案的处理,主要根据所犯之事不同,决定量刑的轻重,同时,同类案件的量刑也随着时间的推移发生了一定的改变。

(二) 私刨私贩人参案件

盛京刑部对私刨私贩人参案件的处理,最初只是负责将将军、边门等衙门抓捕的人犯进行汇总,转解至京师,具体审理由京师刑部负责。康熙二十九年(1690)四月十二日题为"奉天将军衙门为请查拿偷挖人参之方四事咨盛京包衣佐领等"的档案便记录了这一情况:

> 镇守奉天等处将军衙门咨管理盛京内务佐领等。准盛京刑部咨开,准刑部来文内开:杜大案内共犯偷挖人参之方四请解送本部。等因曾咨行贵部在案。今准贵部来文内开,咨文镶蓝旗佐领满丕缉拿方四送来。今准协领满丕保结前来,称锦树屯

---

[1] 《嘉庆二十五年四月二十七日盛京刑部为将私入围场放枪之壮丁白明义枷号刺字并销除旗档事给盛京内务府咨文》,中国边疆史地研究中心、辽宁省档案馆合编《东北边疆档案选辑(清代·民国)》第75册,广西师范大学出版社2007年版,第113—114页。

并无本属之人。查得，因方四乃为偷挖人参案内人犯，不能立即结案，相应仍咨文盛京刑部，务必严查解送本部。等因。相应咨文，请遍行晓谕贵属各官，将住锦树屯方四严查解送本部，以便转送刑部可也。为此咨行。等因。相应至贵属所管各村屯包衣佐领等，查拿住锦树屯之方四，若无则将没有之处造具所属职名保结送来。为此咨行。①

此时奉天地区私刨人参等案的处理，是由将军下属的各佐领负责缉拿，然后转送盛京刑部，盛京刑部再解送至京师刑部进行审理。但是到了雍正年间，这类案件的处理方式发生了变化。雍正二年（1724），雍正皇帝下令：

> 禁止私刨人参，旧例不论已得、未得，俱解送刑部，往返拖累，故于盛京刑部监禁，每年差官前往审理。朕思伊等俱系图利穷民，春夏时被获，监至九月、十月方得审结，延挨月日，身受寒暑，多致疾病死亡，甚属可悯。宁古塔有将军、办事御史，盛京有将军、刑部并副都御史永福，嗣后将各地方所获者，即行审理，作速完结，年底汇齐，具本启奏。②

对于私刨人参案，此后由盛京刑部转送京师刑部审理变为人犯在盛京监禁，由京师刑部专门派人到盛京来审理。后来，又改为由捕获之地的官员即行审理，无需再由京师刑部派专人负责。奉天地区则由盛京将军、盛京刑部及御史等负责，吉林地区则由宁古塔将军及御史负责。奉天地区具体负责审理的部门根据私刨人参数量的

---

① 《康熙二十九年四月十二日奉天将军衙门为请查拿偷挖人参之方四事咨盛京包衣佐领等》，赵焕林主编，辽宁省档案馆编译《盛京参务档案史料》，辽海出版社2003年版，第52页。
② 《清世宗实录》卷18，中华书局1985年版，第1册，第302页上、下栏。

不同，又有所区分。主要规定为"偷采人参十两以下者，解送盛京刑部审理。在十两以上及偷采未得者，由将军会本部侍郎及管辖威远堡六边侍郎、府尹审拟"①。

乾隆元年（1736）九月初八题为"盛京刑部为审理偷刨人参犯徐五一案事咨盛京内务府"的一则档案对盛京刑部处理偷刨人参案的情况有所反映：

> 盛京刑部为咨送事。黄旗清吏司案呈，准奉天将军衙门拿送偷刨人参之徐五一案到部，本部随讯据徐五供，我系包衣厢黄旗打蜂蜜壮丁。等语。将徐五本部照例治罪外，相应将徐五咨送内务府，转交该旗严加管束可也。为此合咨。②

该案中由奉天将军衙门负责抓捕偷刨人参之犯，之后交由盛京刑部来审理。盛京刑部对人犯进行审理时，主要是确定其身份和归属，之后按律量刑。治罪完结后，如果人犯是旗人则交给其管官，严加管束。如果是民人，据乾隆二年（1737）三月二十七日档案记载：

> 盛京刑部为咨送事。白旗清吏司案呈，乾隆二年三月二十六日，准宁古塔将军咨称，拿获未及偷刨人参之把头山海卫右所老城内南街居住民王三，为从之奉天正红旗康亲王包衣赵大鼻子管下壮丁闫三，奉天正黄旗包衣八各佐领下闲散杨二。本衙门照例治罪完结外，将王三等三人递解前去。到日希贵部将把头王三有无妻室之处行查该处，转送户部入官。为从之闫三、

---

① 《钦定大清会典则例》卷139，《钦定四库全书》第382册，上海古籍出版社1987年版，第389页下栏—390上栏。
② 《乾隆元年九月初八日盛京刑部为审理偷刨人参犯徐五一案事咨盛京内务府》，赵焕林主编，辽宁省档案馆编译《盛京参务档案史料》，辽海出版社2003年版，第123—124页。

## 第二章 盛京五部的职能（上）

杨二交伊等该管处严加管束，不许出境。等因前来。除将旗人闫三咨送奉天将军、杨二咨送盛京内务府交各该管处收管外，并将王三先行咨送盛京户部入官，俟查明有无妻室另行补咨外，应咨奉天府转行直督檄饬山海卫，查明王三如有妻室即行解部转送入官，如无妻室取俱同族邻里甘结加具印结送部可也。①

盛京刑部将治罪完结后的民人王三送盛京户部入官，同时咨奉天府转行直隶总督，令其命山海卫调查王三是否有妻室，如果有需要一同解送盛京户部入官，如果没有需要出具邻里证明的加印甘结送至盛京刑部，即对待民人偷参者以律治罪之后要将案犯连同妻室一同入官。同时，从该档案中，我们还可以发现吉林地方偷刨人参案的处理有时也需与盛京刑部相配合。根据雍正年间的规定，吉林地区的偷刨人参案吉林将军和御史审理，当吉林将军审理的案件中有来自奉天地区的人犯时，依然先由将军进行审讯和量刑，只是待治罪完结将人犯移送给管官时，吉林将军并不是直接将人犯移送盛京将军、府尹或盛京内务府衙门，而是将人犯统一送至盛京刑部，然后由盛京刑部根据人犯的隶属转送至该管官，旗人严加管束，民人入官为奴。

乾隆二年（1737），清廷认为奉天等处偷刨人参案的审理存在包庇错判的情况，随即下令"嗣后奉天拿送偷采人参之犯，不论已得未得、十两上下及私贩者，皆交盛京刑部会同将军、管辖威远堡六边侍郎②、府尹照例分别审理"③。乾隆四年（1739）七月十八日的

---

① 《乾隆二年三月二十七日盛京刑部为送拿获未及偷刨人参之把头王三、闫三、杨二事咨盛京内务府衙门》，赵焕林主编，辽宁省档案馆编译《盛京参务档案史料》，辽海出版社2003年版，第133页。

② 威远堡等六边门事务通常由盛京兵部侍郎兼理，所以此处所称的管辖威远堡六边侍郎是指盛京兵部侍郎。

③ 《钦定大清会典则例》卷139，《钦定四库全书》第382册，上海古籍出版社1987年版，第390页上栏。

题为"盛京刑部为审理靳三等人偷刨人参一案咨盛京内务府"的档案对此时偷刨人参案的处理情况有所反映：

> 盛京刑部为咨提事。黄旗清吏司案呈，先据霭阳边门章京六格等拿送靳三等三十九名偷刨人参一案到部，经本部会同盛京兵部、奉天将军、府尹衙门审明照例定拟，于乾隆三年十二月十三日具题……兹于乾隆四年七月十五日，准刑部将此案咨覆前来。准此，除将现在仓禁人犯即行枷号外，除行文奉天将军衙门将靳三、小三格、王成名、王成德、小六儿、小五子等迅速送部发落外，相应行文盛京内务府将二小子速行送部补枷。等情。据此，相应移咨贵衙门，烦为查照施行可也。①

此时对奉天地区偷刨人参案的审理，是由盛京刑部侍郎会同盛京兵部侍郎、奉天将军及奉天府尹共同来进行的，并共同对案件依律量刑。但这种会同办案的情况仅在审案阶段，之后的上报及执行仍专门由盛京刑部负责。该案会审结束后，即由盛京刑部向京师刑部上报查核，京师刑部核准后，盛京刑部便按照之前的定拟执行。该案中因几名人犯患病，盛京刑部便暂时允许其由各管官保释，但当刑部批复下达后，盛京刑部则按律要求各管官将人犯陆续送回盛京刑部来治罪。盛京刑部对私刨私贩人参案件的处理经历了一个发展变化的过程。康熙年间，盛京刑部对该类案件只具有汇总上报的职责，并无审理权。雍正年间，盛京刑部获得了审理权，但是只能单独审理偷采人参十两以下的案件，十两以上及偷采未得的案件要会同盛京将军、兼理威远堡六边门事务的盛京兵部侍郎及奉天府府

---

① 《乾隆四年七月十八日盛京刑部为审理靳三等人偷刨人参一案咨盛京内务府》，赵焕林主编，辽宁省档案馆编译《盛京参务档案史料》，辽海出版社2003年版，第149—150页。

尹共同审理。乾隆二年，又改为所有私刨私贩人参案件具由盛京刑部会同盛京将军、盛京兵部侍郎及奉天府府尹一同审理。盛京刑部对私刨私贩人参案件的审理，重在确定人犯的身份，然后依律量刑，审理完结后，将人犯转交其管官，旗人严加管束，民人入官为奴，最后上报京师刑部查核。

## 小结

盛京户部和盛京刑部是盛京五部中，职能最多也最复杂的两个部门，也是盛京五部在盛京等处最为重要的两个部门。上文对两个部门主要职能进行了叙述，此外，两个部门还具有一些特殊的职能，如两个部门会配合奉天地区其他部门共同完成一些事务，奉天地区粮食的海运，主要由盛京将军和奉天府府尹负责，但是盛京户部也需对该项事务进行监督。盛京刑部除了处理奉天地区旗民案件之外，对于奉天地区官员的渎职、贪腐等案件也会配合将军或府尹来处理。同时，两个部门在特殊时期也会被临时赋予一些职能，如嘉庆年间将大批宗室移居盛京，对宗室的管理本由宗人府来负责，但此时对于移居盛京的这批宗室则改为由盛京户部和盛京刑部来负责管理。道光年间，盛京等地邪教、匪患猖獗，对于这些涉案人员的审理也都由盛京刑部来负责。当然还有一些是对边境事件的处理，如盛京户部对中江等贸易的监督，盛京刑部对越边事件的审理等。

# 第三章　盛京五部的职能（下）

本章主要介绍的是盛京礼部、盛京工部及盛京兵部的职能。盛京户部、盛京刑部的职能体现陪都特色之余，地方管理的色彩也同样浓厚。相比之下，盛京礼部、盛京工部与盛京兵部的职能则以体现陪都机构特色为主，盛京礼部、盛京工部的职能主要围绕一宫三陵展开，而盛京兵部的职能则以监督、限制盛京将军为主，以下便对三部的各项职能分别加以叙述。

## 第一节　盛京礼部的职能

盛京礼部是盛京五部中成立最早的衙署，设立该部的目的是负责关外三陵的祭祀。随着盛京社会不断发展，盛京礼部也逐渐开始对本地的仪制、宗教、学校及往来朝贡使臣进行管理。有清一代，盛京礼部承应的差务比较稳定，变化不大，学界对盛京礼部职能相关研究包括姜相顺、佟悦[1]对盛京礼部负责奉天地区的典制朝仪，特别是盛京礼部主持盛京皇宫"坐班"仪式情况的研究。王燕杰[2]、杨军[3]、赵

---

[1] 姜相顺、佟悦：《盛京皇宫》，紫禁城出版社1987年版。
[2] 王燕杰：《试析乾隆二十九年的盛京会审——兼论盛京会审与凤凰城会审的差异》，《社会科学辑刊》2011年第4期。
[3] 杨军：《清代中期边境贸易中的"揽头"》，《清史研究》2010年第1期。

兴元①、闫雨婷②、张士尊③、李善洪④等均对盛京礼部代行京师礼部的职能，负责处理中朝贸易交涉事件、监督收税、代表清廷向朝鲜发放咨文及招待朝鲜使臣等职能进行了论述。而有关盛京礼部对盛京等地祭祀、宗教、八旗官学等事务的管理，学界则较少关注。以下便结合相关档案，对盛京礼部诸项职能进行详细论述。

## 一 祭祀

（一）关外三陵的祭祀

盛京礼部所负责的祭祀，主要是对关外三陵的祭祀和对盛京等处坛庙的祭祀。关外三陵的祭祀，指对兴京的永陵、盛京的福陵和昭陵的祭祀。祭祀主要包括每年清明、孟秋望、冬至、岁暮四大祭，以及每月朔、望祭和每年太祖、太宗忌辰或当朝皇帝万寿圣节举行的祭祀。每遇祭祀之时，盛京礼部首先要向奉天地区大小衙门发公文知会举行祭祀的时间，如嘉庆四年（1799）九月二十六日盛京礼部便向盛京内务府发公文称："档案房案呈，照得，每年十月初一日永陵、福陵、昭陵赞祭，久经遵照在案。今本年十月初一日应行赞祭之处，相应知会盛京内务府衙门可也。"⑤ 其次，盛京礼部要对各衙门参与祭祀人员进行安排，如嘉庆五年（1800）三月初六日，档案房转送盛京礼部清明两陵大祭抬桌官员衔名一事的公文，记载了清明节盛京礼部令盛京各衙门派出充任福、昭两陵祭祀所用抬桌人

---

① 赵兴元：《清代中朝之间的边市贸易及影响》，《北华大学学报》（社会科学版）2006年第3期。
② 闫雨婷：《清帝东巡盛京与清鲜关系》，硕士学位论文，山东大学，2013年。
③ 张士尊：《清代中江贸易和中江税收》，《商业研究》2010年第6期。
④ 李善洪：《清代朝鲜对华外交文书的传送》，《历史档案》2009年第3期。
⑤ 《盛京内务府档》嘉庆四年九月二十六日，辽宁省档案馆藏，资料号：26661（因《盛京内务府档》《黑图档》档案为辽宁省档案馆所存目录为伪满时期编制，其中所列各卷档案的标题多有错误，所以，本书注释时统一略去标题，只标注文献类别形成时间、藏所及资料号或册页，下同）。

员，具体要求是："自主事以下，库使、外郎以上官员，各衙门按应派数目，造送旗佐、衔名清册，于三月初二日以内咨送本部，以便分派两陵。已经派出人员出派之后倘另有差遣、患病更替者，务须按名补送。"①三陵祭祀时，主持礼仪活动的是盛京礼部所属读祝官和赞礼郎。赞礼郎平时在盛京礼部公署内演礼，乾隆八年（1743）为了确保祭祀活动更加符合礼制，清廷敕盛京礼部"令赞礼郎等每月齐集衙门数次，照陵寝大小祭祀礼演赞"②。此外，遇福、昭两陵大祭时盛京礼部侍郎或司员还要前往陵寝监督演练，因永陵路途遥远，盛京礼部侍郎每年仅前往一次监督演礼，读祝官、赞礼郎演礼时，盛京礼部还要选派郎中、员外郎视牲并带领演练。

三陵祭祀所用的祭品也由盛京礼部负责准备。祭品主要来自盛京礼部所属官庄及牧厂。盛京礼部所属官庄，主要由田庄、果园、瓜菜园、鱼泡等组成。田庄主要供给三陵祭祀所需黄米、小米、大麦、小麦、高粱、黄豆、绿豆、小豆、芝麻、苏子等。盛京礼部所属瓜果蔬菜园："三块石园荐樱桃，邢镇、抚屯供杏子，辽阳外园出梨、内园出蒲桃，繁盛堡、石桥、千山三园并纳花红，安平园出栗子，羊拉峪、火连寨并出酸梨，南塔园、山旺芬园各献瓜。"③鱼泡主要提供祭祀所需的鲜活鲫鱼、鲤鱼等。盛京礼部所属的养息牧牧厂主要以饲养牛、羊为主，三陵"祭前十日，送至陵所取乳"④，而用作牺牲的牛、羊主要由盛京户部出库帑买给。乾隆三十年（1765），该牧厂改由盛京将军负责。盛京礼部所属黑牛馆主要为三

---

① 《嘉庆五年三月初六日档案房为造送清明两陵大祭抬桌官员衔名事呈请转咨盛京礼部》，杨丰陌、赵焕林、佟悦主编《盛京皇宫和关外三陵档案》，辽宁民族出版社2003年版，第238页。
② 《清高宗实录》卷204，中华书局1985年版，第3册，第634页上栏。
③ 乾隆《钦定盛京通志》卷39，《景印文渊阁四库全书》第260册，台北：商务印书馆1983年版，第67页下栏。
④ 《钦定大清会典则例》卷139，《钦定四库全书》第382册，上海古籍出版社1987年版，第375页下栏。

陵祭祀提供黑牛，之后该馆改由盛京内务府所属。自隶属关系改变后，遇三陵祭祀之时，盛京礼部若获取牛乳和黑牛需要向盛京内务府知会获取。如，光绪二十五年（1899）六月二十一日盛京礼部为福陵、昭陵七月十五日大祭应用牛羊事给盛京内务府发咨文称："盛京礼部为知照事。左司案呈，恭查，本年七月十五日福陵大祭应用黑牛二条，备用黑牛一条，羊四只，太妃园寝祭祀应用羊三只。昭陵大祭应用黑牛二条，备用黑牛一条，羊四只，贵妃园寝祭祀应用羊二只，定例于七月十三日恭送，相应知照盛京内务府预先拣选，务于是日恭送。"① 盛京礼部还有一些专门为供给陵寝祭祀而进行采捕的壮丁，采蜜壮丁负责供蜜、捕雉壮丁负责供生雉、捕鱼壮丁负责供鱼等。三陵祭祀所需物品中，遇有盛京礼部无法供给的还需由盛京户部及京师户部供给。盛京户部主要供给祭祀所需玉堂米、稗米、白盐、黑盐、蕨菜、木耳、蘑菇、鸡蛋、鸭蛋、鹅蛋、高丽纸及呈文纸等。京师户部则主要供给三陵祭祀所需而盛京等处所无的瓜果、茶、糖等，乾隆十八年（1753），清廷下令："盛京三陵所用果品，如干枣、干葡萄、荔枝、龙眼、核桃、冰糖、橘饼、柿饼、门冬、青梅、白糖等，皆盛京可以和买之物，不必远行运送，即交盛京礼部自行买备，惟苹果、柿、梨、茶、盐及大缠八宝糖等，系盛京所无之物，应照旧自京送往，其买备应用价值，就近在盛京户部支领，至用过果品斤数，按时价详造清册咨送户部察核奏销。"② 此后由京师送至盛京以备三陵祭祀之物，如果盛京礼部可以采买则由其自行采买，采买不到再由京师送至。所以，盛京礼部对三陵祭祀所需物品的提供，主要依靠本部供给买补，本部无法获得的物品

---

① 《光绪二十五年六月二十一日盛京礼部为请恭送福昭两陵七月十五日大祭应用牛羊事咨盛京内务府》，杨丰陌、赵焕林、佟悦主编《盛京皇宫和关外三陵档案》，辽宁民族出版社2003年版，第245页。
② 《钦定大清会典则例》卷139，《钦定四库全书》第382册，上海古籍出版社1987年版，第377页上、下栏。

则由盛京户部和京师户部供给。

盛京礼部负责三陵祭祀，除每年例行祭祀外，还包括清帝东巡对三陵的祭祀。因为由皇帝主祭，盛京礼部对祭品、器物等的准备更加谨慎，乾隆十九年（1754），乾隆皇帝就曾指出："此次盛京礼部豫备一切祭器，俱甚潦草，且多错误。朕亲诣尚且如此，寻常祭祀，尚可问乎。陵寝事宜，所关甚重，世臣系专司大员，且系满洲世仆，并不竭尽诚敬，草率办理，殊失满洲臣仆敬事之意，非寻常过失可比。世臣著革职，发往黑龙江。"① 盛京礼部侍郎世臣，便因为祭器安排潦草、有错误而被降职发遣。盛京礼部除了准备祭祀器物外，还要将京师礼部下发的祭祀仪注转咨盛京大小衙门，一体遵行。如，嘉庆十年（1805）八月二十一日盛京礼部便将礼部奏准皇上恭谒福陵仪注一折抄送给盛京内务府："盛京礼部为咨行事。会办处案呈，本年八月二十日戌刻，准行在礼部咨开，本部具奏，本月二十日皇上恭谒福陵仪注奏闻一折，于嘉庆十年八月十九日具奏。相应抄录原奏移咨盛京礼部。等因前来。相应抄录原咨粘单咨行盛京内务府可也。"② 按照京师礼部制定的祭祀仪制，完成三陵祭祀后，还要颁布诏书诏告天下谒祖陵礼成，而诏告东三省的诏书即由盛京礼部负责誊黄颁发。如，嘉庆十年（1805）十二月十八日盛京礼部为皇上恭谒祖陵礼成事发咨文给盛京内务府："盛京礼部为知照事。档房案呈，准礼部咨开，仪制司案，恭照本年皇上恭谒祖陵礼成，颁诏布告天下，除盛京、东三省业由盛京礼部誊黄颁发外，所有在京各衙门、八旗、各省督抚、将军、提镇、口外蒙古等处应颁诏书，本部业经誊黄颁发在案。相应行文各衙门遵查诏内开列条款，有应办事件即行办理。等因前来。相应知照盛京内务府可也。"③

---

① 《清高宗实录》卷472，中华书局1986年版，第6册，第1109页上栏。
② 《盛京内务府档》，嘉庆十年八月二十一日，辽宁省档案馆藏，资料号：27159。
③ 《盛京内务府档》，嘉庆十年十二月十八日，辽宁省档案馆藏，资料号：26803。

## （二）盛京等处坛庙的祭祀

盛京礼部对盛京等处坛庙的祭祀，包括对太庙、堂子及祠庙的祭祀。清帝东巡时，对盛京太庙的祭祀由盛京礼部负责。清帝祭祀太庙之前，盛京礼部要按照礼制准备好祭祀所需的器物，嘉庆十年（1805）三月初二日盛京礼部便为找寻清帝祭太庙所用的香炉和烛台事给盛京内务府咨文询问："今查，本年皇上至盛京太庙行礼应用香炉、烛台一分，上届因一时造办不及，将北镇庙香炉、烛台暂为挪用，其造办完竣后系何处收明存贮之处，相应行文盛京内务府，希为查明咨覆可也。"① 同时还要将京师礼部下发的祭祀仪节抄录，转发盛京各衙门一体遵行。如，乾隆四十八年（1783）九月初九日盛京礼部即将京师礼部下发的祭祀仪节抄录并咨盛京内务府："盛京礼部为知照事。档房案呈，本年九月初四日，准礼部咨开，祠祭司案呈，本部具奏，皇上至盛京诣册宝案前行礼仪节一折，于乾隆四十八年七月二十八日发报具奏，二十九日奉旨：知道了。钦此。相应抄录原奏移咨各衙门一体遵照。等因前来。相应抄录原咨粘单知照盛京总管内务府衙门可也。须至咨者，右咨盛京总管内务府衙门。"②

盛京礼部对盛京堂子的管理始于乾隆四十八年（1783）。乾隆四十八年九月十一日，佐领依博英额等为选派人员会同办理祭祀堂子安放摆设一事给盛京礼部的公文中对盛京礼部管理堂子的情况进行了说明：

  佐领依博英额等呈为咨覆事。准盛京礼部咨开，右司案呈，本年九月初五日，准礼部咨开，准盛京礼部咨称，本年八月十二日，准礼部咨开，京师堂子系本部管理，八旗共设看守官八

---

① 《盛京内务府档》，嘉庆十年三月初二日，辽宁省档案馆藏，资料号：27143。
② 《盛京内务府档》，乾隆四十八年九月初九日，辽宁省档案馆藏，资料号：18629。

员办理一切祭祀等事，内务府派拨上三旗包衣苏拉十二名打扫，每年遇有修理、糊饰等项，行文工部查明估办。今盛京新建堂子，自应照京城之例由盛京礼部收管，其打扫人役由盛京内务府酌量派拨，每年一切修理、糊饰等项报明盛京工部确查估办。……盛京堂子内应用祭器并陈设什物等项，既据内务府咨称蠓子、香牒由内务府办造送往，其余各件已经该将军备办。等语。相应咨覆盛京礼部查照。至祭祀时系何衙门承办摆设之处，应查本部前咨，由盛京礼部会同盛京内务府官员承办。其铺设棕毡、安插朝灯等项，由盛京工部派员办理。相应一并咨覆盛京礼部查照办理。①

由此可知，依京师堂子管理之例，盛京堂子由盛京礼部主管，打扫由盛京内务府负责，维修由盛京工部负责，堂子所用的祭器及陈设等物品除了蠓子、香牒由盛京内务府供给外，其余皆由盛京将军供给，盛京礼部查验。遇堂子祭祀之时，承办摆设之事由盛京礼部和盛京内务府共同负责，具体陈设之事由盛京工部委派官员完成，相关事项最终仍由盛京礼部一体查照办理。光绪二十七年（1901）二月二十九日，盛京礼部为了选派看守堂子之人一事给盛京内务府的公文中，对盛京礼部管理堂子的情况又做了补充："盛京礼部为咨行事。右司案呈，恭查，堂子系崇祀重地，宫门外设有堆房，由将军衙门派官一员带兵十名值班驻守，十日一换，宫门内系由内务府派来苏拉十二名，经管殿门封锁打扫院宇之差，均归本部右司管理，每届十日派员前往查验一次，最为严禁，历经如斯办理。"② 也就是说，盛京堂子具体由盛京礼部所属右司负责管理，平时该司每十日

---

① 《盛京内务府档》，乾隆四十八年九月十一日，辽宁省档案馆藏，资料号：1540。
② 《盛京内务府档》，光绪二十七年二月二十九日，辽宁省档案馆藏，资料号：36495。

派专员到堂子查验，主要检查看守的情况及殿门封闭和院落打扫的情况，如果发现官员办事不力，盛京礼部便转咨承办官员严查。如，嘉庆九年（1804）六月初十日盛京礼部便为打扫堂子的苏拉王宽甚属懒猾应行革退一事咨盛京内务府："盛京礼部为知会事。右司案呈，查得，打扫堂子系盛京内务府拨派苏拉十二名轮班当差，惟有王宽素行甚属懒猾，自本年三月间屡次差传至今并未到部，似此懒猾之人实难应役，相应咨行盛京内务府，希将王宽斥革，另传妥人一名，速急咨送本部，以便应役可也。"[1] 清帝东巡盛京举行堂子祭祀时，因为堂子祭属皇家祭祀，一应祭祀活动都由内务府来负责执行，盛京礼部只负责准备和摆设祭器、祭品等。嘉庆十年（1805）闰六月二十四日盛京礼部为清帝东巡祭祀堂子预备所需器物一事给盛京内务府的公文中，对盛京礼部预备堂子祭器物情况有所反映：

> 本年圣驾东巡，所有堂子内祭祀一切什物等项，业经照依册载开写粘单，会咨盛京工部估办修理在案。其册内无载之神树、纸钱、黄绒绳、他尔哈绸条、香烛、凉席等项，此次应由何衙门备办无案可稽，是以本司于二月二十四日移付会办处，转行咨请部示，俟部覆到日，以便遵办。迄今四月余，节次咨催，尚未示覆。随询据由京来省办理祭祀章程明祥告称，堂子祭祀所需神树、纸钱、黄绒绳、他尔哈绸条、香烛等项向由内务府备办，黄烛、彩画、凉席等项俱由礼部行文照例咨取备办。等语。恭维圣驾幸临在迩，若不预为筹办，俟部覆到日，再行咨办，恐临期赶办不及，难免贻误。今堂子内朝灯需用每支重四两黄烛八十支；由大殿至南亭子铺设彩画、凉席等项虽未接准部覆，似应照依前项行修什物先行移咨盛京工部预为备办成

---

[1] 《盛京内务府档》，嘉庆九年六月初十日，辽宁省档案馆藏，资料号：27134。

造,完竣即交贵部出派委官恒魁收领;其所需棕毯亦希饬令该员量明丈尺酌夺块数,前赴銮驾库领取,以备临期敬谨安插铺设;至神树等项,应先行移咨盛京内务府照例预为备办,俟部覆到日,再行知照,相应移付会办处查照转行外,并希径行饬知銮驾库官员,将堂子所需棕毯照数发给工部委员,以备铺设可也。等因前来。除札饬管理銮驾库官员外,并咨行盛京内务府查照可也。①

堂子祭祀之前,盛京礼部先将册籍所载祭祀时使用的器物与堂子内现存器物进行核对,损坏的器物咨盛京工部维修,之后,对需要补充的器物查明承办机构进行催办。该案中盛京礼部核对册籍后便发现堂子祭祀中需用的神树、纸钱、黄绒绳、他尔哈绸条、香烛以及凉席等物便不知由何衙门供给,盛京礼部询问会办处也无回复,自京师来盛京办理祭祀事务的明祥告知由内务府负责,因而向盛京内务府催办。新造器物咨盛京工部依规制成造,该案中堂子内黄烛及殿内铺设的彩画、凉席等便由盛京工部负责成造,关领器物则盛京礼部咨盛京内务府等衙门送至堂子。可见,盛京礼部在堂子祭祀前器物准备过程中主要是承担督促与调配职责。

盛京礼部负责祭祀的祠庙主要指盛京都城隍庙、长白山神庙及盛京贤王祠等。盛京都城隍庙的祭祀由盛京礼部负责,每年遇万寿节及孟秋时,盛京礼部要从侍郎、郎中、员外郎中选择一人来担任主祭,仪式由本部读祝官和赞礼郎主持。贤王祠和长白山神庙祭祀盛京礼部只是协助完成。盛京贤王祠,原为雍正九年(1731)所建之怡贤亲王祠,乾隆十九年(1754),将通达郡王、武功郡王、慧哲郡王、宣献郡王、礼烈亲王、饶馀亲王、郑献亲王、颖毅亲王移入,

---

① 《盛京内务府档》,嘉庆十年闰六月二十四日,辽宁省档案馆藏,资料号:27148。

进而改名贤王祠,后又将睿忠亲王、豫通亲王、武肃亲王、克勤郡王移入。每年春秋两季祭祀盛京贤王祠仪制由京师礼部发给,参照北京贤良祠祭祀进行,由奉天府府尹主祭,主持仪式的读祝官和赞礼郎由盛京礼部选派。长白山神庙因远在吉林,所以由吉林将军负责,每年春秋两季从吉林将军、副都统、协领中选择一人主祭,而主持仪式的读祝官、赞礼郎则由盛京礼部负责派遣。道光元年(1821),盛京礼部侍郎昇寅便为盛京礼部派往吉林致祭长白山的官员申请使用驿站马匹事,给道光帝上疏:"向来派员告祭长白山,执事人员,俱准驰驿。其每年春秋二季致祭,由盛京派往执事人员,则系自备马匹,长途跋涉,易形疲乏。著加恩嗣后由盛京派往吉林之读祝官一员,典仪官一员,对引官一员,准其照告祭之例,往返一体驰驿,并准每员随带跟役一名,由盛京兵部填给火牌,沿途更替,以示体恤。"①

## 二 礼仪

盛京礼部对礼仪的管理,主要包括两方面:一是执行京师礼部下发各地的礼仪规定;二是负责制定、颁布及实施奉天本地相关礼仪规定。盛京礼部负责执行的由京师礼部下发的全国性礼仪规定,主要分两种情况:一是执行每年常规性的礼仪规定,如传达京师礼部制定的各级衙署每年封印、开印的时间,遇元旦、万寿节、千秋节、浴佛节以及太祖、太宗忌辰时,京师礼部照例将节日期间应遵循各项规定上疏皇帝,待皇帝批复后,将这一规定传抄各地执行,盛京等处则由盛京礼部负责将这些规定转咨盛京大小衙门,并对执行情况进行监督。另一种情况,是偶遇一些重要事件,如皇帝大婚、国丧、日月食等,事关仪制,京师礼部也要依例制定应遵循仪制,

---

① 《清宣宗实录》卷23,中华书局1986年版,第1册,第425页上栏。

皇帝批准后下发全国，盛京礼部负责转发盛京大小衙门一体遵行。此种情况中，与盛京关系密切的便是实录、玉牒、册宝等恭修完毕后敬谨收藏一事。依清制，实录、玉牒、册宝等除了收藏在京师外，还要抄录一份收藏于盛京。遇移送盛京收藏之时，各项礼仪的执行便由盛京礼部全权负责。乾隆三十三年（1768）十一月十八日盛京礼部给盛京内务府的公文中有记：

> 盛京礼部为知会事。档房案呈，谨遵奏准仪注内开，玉牒经过之地方，文武官员俱穿朝服出郭跪迎跪送。至奉天城外，该将军预派旗员官兵扫除警跸，届时该将军、五部侍郎、府尹等率领有顶戴官员以上俱朝服出郭跪迎，盛京工部预备彩亭，更换行驾，奉天府尹预备鼓乐，并派官二员导引至崇政殿内陈设，行三跪九叩礼。届尊藏吉期，盛京礼部前引彩亭至敬典阁前，送往之王公大臣官员及该将军以下等官各于亭前行一跪三叩头礼，提调、纂修等官率同盛京五部司官恭捧玉牒至敬典阁格子内敬谨尊藏毕，各行三跪九叩头礼，礼毕各退。等语。查，山海关外沿途大小文武官员俱各遵仪注迎接外，至盛京城内，文武大小官员应援照乾隆二十五年之例，将军、副都统、五部侍郎、府尹、府丞及承祭宗室并总管、副总管等率领有顶戴文武官员，于玉牒到郭外彩棚之日，俱穿朝服齐集郭外，跪迎恭送玉牒至实胜寺彩棚内陈设。至更换行驾恭送至崇政殿之日，文武大小官员及承祭宗室并总管、副总管仍俱朝服，在实胜寺彩棚东边跪候恭送至崇政殿内一同行礼。至钦天监选定吉期另行知会，仍俱朝服至崇政殿前恭候，一同尊藏行礼。相应预行知会盛京内务府衙门可也。①

---

① 《盛京内务府档》，乾隆三十三年十一月十八日，辽宁省档案馆藏，资料号：9405。

在恭迎玉牒等入盛京时，盛京礼部知会盛京各衙门的礼制规定分两个部分，一是山海关外沿途大小官员迎送玉牒等的规定，二是盛京大小官员迎接玉牒等的礼制规定。前者由京师礼部制定，盛京礼部负责转发各衙门，后者则由盛京礼部参考以往规定颁布并知会盛京大小衙门一体遵行。其中，具体恭藏日期由钦天监拟定，盛京礼部再知会各衙门。同年十一月二十七日，盛京礼部即将恭藏玉牒的吉期知会盛京内务府："今钦天监选择十二月初一日吉期尊藏，除本部派员前引彩亭恭送至敬典阁外，其恭捧玉牒至敬典阁格子内安奉，所需文武官员理合再行知会盛京内务府衙门多派官员，仍俱朝服于十二月初一日黎明齐集崇政殿前，恭候捧抬玉牒可也。"① 该公文中，盛京礼部还提到恭捧玉牒所需文武官员一事，这也是盛京礼部在处理实录、玉牒、册宝等入盛京时需处理之事，即对整个仪式过程中各项事务所需人员的调配。嘉庆五年（1800）十月十九日的档案中对此有所反映：

  除预备彩亭，更换行驾，预备鼓乐抬夫，派员引导之处，应听盛京工部、奉天府尹衙门查照预备外，所有恭捧箱匣入殿尊藏之宗室官员、文武官员，自应遵照恭捧玉尊藏之例，预行酌定委派，以备临期应用。恭查，玉册、玉宝十箱，每箱匣子二个，共匣子二十个，每一匣需用正捧宗室官一员，扶捧官二员，共计需用正捧宗室官员二十员，扶捧官四十员，相应预期行盛京将军衙门，转行委派宗室官二十员，备用宗室官八员，俱备朝服至期听候恭捧。至需用文武扶捧官六十四员，备用官十员，本部照依各衙门官数多寡，酌定派委数目分晰开单，预期移咨盛京将军衙门，户、兵、刑、工四部、内务府、奉天府

---

① 《盛京内务府档》，乾隆三十三年十一月二十七日，辽宁省档案馆藏，资料号：9406。

府尹衙门，各照单开官数预行派定并传谕俱备朝服，听候扶捧，免致临期贻误。①

恭捧玉牒入藏的官员主要分两种，一种是正捧官，一种是扶捧官，正捧官由宗室官担任，扶捧官由盛京将军衙门、盛京五部、盛京内务府及奉天府府尹衙门选派的文武官员担任。盛京礼部结合恭藏玉牒的箱匣数量具体分配宗室官及一般旗官，然后按数咨盛京各衙门选派，其中宗室官由盛京将军衙门选派，一般旗官则由各衙门依照本署官员多寡酌量委派，而且各衙门在选派官员时还要相应确定预备官员，以备替补更换，最后各衙门将选派官员的名单上交盛京礼部查核。

盛京礼部负责制定、颁布及实施奉天本地相关礼仪，主要包括，组织盛京朝仪，发布禁令，制定诸如奉天地区大小官员每年更换凉帽、暖帽的时间等仪制。组织盛京朝仪，主要指盛京礼部负责主持盛京官员每月在盛京皇宫大政殿前的坐班活动。康熙四年（1665），奉天府府尹佟弘器上疏康熙帝言道："盛京文武官员，每月逢五日期，应各穿朝服齐集大政殿坐班。遇万寿、元旦等节，奉天、锦州二府属州县俱应照直隶各省州县例，各设龙亭仪仗，官员穿朝服行礼。"② 此后，每月逢五日盛京官员的坐班仪式便成定制。乾隆二十年（1755），盛京礼部侍郎卞塔海上疏乾隆帝言："盛京大政殿每月逢五朝期，请照京城例，各衙门先将职名造册咨送，至期核对，如无故不到及越次失仪者纠参。"③ 由此说明，举行坐班仪式之前，盛京各衙门先要将参加仪式官员的名职造册，然后送交盛京礼部备查，礼部官员会在举行仪式当日将名册与实到人员进行核对，如发现有

---

① 《盛京内务府档》，嘉庆五年十月十九日，辽宁省档案馆藏，资料号：26689。
② 《清圣祖实录》卷17，中华书局1985年版，第1册，第254页下栏—255页上栏。
③ 《清高宗实录》卷498，中华书局1986年版，第7册，第271页上栏。

无故不到者，要依例治罪。坐班仪式除了逢五日进行外，遇重要节日也会举行，只是举行之前盛京礼部要事先发文知会各衙门："每年八月十三日太上皇万寿庆典，定例大臣以下有顶戴官员，七日内每天两次齐集大清门坐班，七日不理刑名，十三日早大臣以下有顶戴官员均着朝服到大政殿赞礼在案。相应于本年八月初十、十二、十三、十四、十五、十六、十七共七天，大人、官员俱穿蟒袍补褂，齐集大清门坐班，十三日早晨均着朝服到大政殿叩头。相应呈请咨行盛京内务府衙门可也。"[①] 朝鲜燕行使者至盛京时，曾参与了一次盛京官员为庆祝皇帝万寿而在大政殿举行的唱赞仪式，并对当时的情景作了生动的记录："从德盛门入，北行出礼部诸衙门之上，西折向文德坊入，坐道旁尘炕甚陋窄，吾辈则无可坐处，皆侍立炕下，门外太平车连续过去，大官则皆于车前列羊角灯一只，灯上书官衔矣。天大亮，始入，坐殿前东边阁内，仲兄与大有初以不著冠带阻当末后，仅得随入，俄而各衙门官会于御路，西边北向行三拜九叩头礼。如我国引仪者四人，序立殿阶，高声唱胪而皆用清语，礼毕，令我人行礼而亦如前仪。"[②] 遇清帝东巡盛京时，在祭关外三陵告成后，皇帝按例要在盛京皇宫大政殿前接受百官的朝贺并举行筵宴犒赏群臣。京师礼部按例拟定朝贺及筵宴仪制，上呈皇帝御览，得到允许后即将该仪制抄发盛京礼部转咨盛京大小衙门官员知之。因为朝贺和筵宴均有皇帝在场，所以举行仪式前的演礼及正式的仪式活动都由京师礼部主持，盛京礼部只是协助而已。盛京礼部除了对盛京朝仪进行管理外，对盛京等处礼制的管理主要体现在据奉天地区具体情况制定本处一般仪制。如，制定盛京等地大小官员每年根据

---

[①]《嘉庆三年七月二十二日盛京礼部为太上皇万寿庆典大臣官员自八月初十日至十七日穿蟒袍补褂齐集大清门坐班等事咨盛京内务府》，杨丰陌、赵焕林、佟悦主编《盛京皇宫和关外三陵档案》，辽宁民族出版社2003年版，第20页。

[②] 李宜万：《农隐入沈记》，[韩] 林基中主编《燕行录全集》第30册，首尔：东国大学校出版部2001年版，第160—161页。

季节更换凉暖帽及朝服的具体时间,嘉庆二年(1797)三月二十四日盛京礼部便为带凉帽穿夹服事给盛京内务府发咨文:"查得每年三月初五日、十五日或二十五日戴凉帽、穿夹朝服。等因。咨行在案。今本部酌定节气,定于本年四月初五日起,戴凉帽、穿夹朝服之处,相应行文盛京内务府可也。"① 盛京礼部每年五、六月间还要根据奉天地区的具体情况发布一些禁令,如嘉庆三年(1798)四月二十二日盛京礼部即知会盛京内务府:"本年五月二十四日小暑定例,自此日起至六月二十六日立秋止,不伐青木、不焚纸钱、不化尸骸之处,相应知会盛京内务府,凡有应行之处查照转行可也。"②

### 三 宗教

盛京礼部对于奉天地区宗教事务的管理,通过一则档案的记载来说明,乾隆四十三年(1778)四月初一日,乾隆皇帝下旨,欲在盛京城建一座满洲喇嘛庙,命盛京将军弘晌进行筹备。弘晌随即发咨文给盛京各衙门开始筹办,首先便咨盛京礼部:"将所有住喇嘛的庙宇名字,每座庙宇内佛堂有多少间,喇嘛住房有多少间,礼敬何等佛,庙内供器等物,领钱粮的喇嘛有多少,无钱粮的喇嘛有多少,每年领何项公物,逐项不漏查明,速速造册,送至本衙门查办。"③ 此处盛京将军令盛京礼部筹办诸事,恰好反映出盛京礼部管理奉天地区宗教事务所涉内容,主要包括庙宇管理、供器管理以及僧道管理等。

---

① 《嘉庆二年三月二十四日定于四月初五日起带凉帽穿夹朝服》,辽宁省档案馆编《中国近代社会生活档案(东北卷一)》第1册,广西师范大学出版社2005年版,第352—353页。
② 《嘉庆三年四月二十二日自小暑至立秋不伐青木不焚纸钱不化尸骸》,辽宁省档案馆编《中国近代社会生活档案(东北卷一)》第1册,广西师范大学出版社2005年版,第64页。
③ 《乾隆四十三年四月佐领三福等为造送奉旨挑取愿充喇嘛之闲散幼丁旗佐花名册事呈文》,中国边疆史地研究中心、辽宁省档案馆合编《东北边疆档案选辑(清代·民国)》第71册,广西师范大学出版社2007年版,第58—59页。

庙宇管理，包括将盛京等处各寺庙的名称，建有的佛堂、僧房及主供之佛的情况登记造册备查。对寺庙殿宇定期要维护和修缮，如嘉庆二十五年（1820），"修盛京东塔永光寺、西塔延寿寺，从盛京礼部侍郎昇寅请也"①。而具体对寺庙的修缮工程则由盛京礼部咨盛京工部来完成，如，"兴京各寺庙及钟鼓楼、冰窖、收贮果品楼等处遇有倒塌，行文工部修造"②。寺庙所属的田产由盛京户部来管理，但寺庙所属壮丁则由盛京礼部负责管理，如嘉庆九年（1804）三月初一日档案中有记："据园丁高孔义呈控，东塔达喇嘛管下壮丁杜玉、杜四将伊看管城东五里桥子官果园内树木偷锯一案到部，当经本部咨提杜玉等去后，嗣于二月二十二日准盛京礼部将杜玉、杜四咨送前来，随讯据……应将杜玉、杜四照窃盗赃一两以上杖七十律加二等，各拟杖九十，系喇嘛管下壮丁鞭九十，咨送盛京礼部饬交喇嘛管束。"③由此可见，寺庙所属的壮丁获罪时，由盛京礼部负责将其转送至盛京刑部进行审讯量刑，待盛京刑部治罪完结后，再移送盛京礼部转交所属之达喇嘛严加管束。到了同治十二年（1873），清廷下令："盛京各庙壮丁，均归盛京户部收管，定额五百四十一户。照奉天府民丁之例，输纳丁银，统计每岁额征之数，按四分之三，由库动项，给各庙一岁讽经之用。"④即盛京各寺庙所属壮丁由归盛京礼部管理均改归盛京户部收管。

供器管理，包括对供器的维修及供给。盛京各处寺庙所用供器，如有损坏，各寺庙当家按例上报至专管奉天地区僧道事务的僧箓司

---

① 《清宣宗实录》卷2，中华书局1986年版，第1册，第99页下栏—100页上栏。
② 康熙朝《大清会典》卷80，《近代中国史料丛刊三编》第72辑，台北：文海出版社1992年版，第4006—4007页。
③ 《嘉庆九年三月初一日盛京刑部为将偷砍果园树木之壮丁杜玉等送交东塔达喇嘛严加管束事给盛京内务府咨文》，中国边疆史地研究中心、辽宁省档案馆合编《东北边疆档案选辑（清代·民国）》第73册，广西师范大学出版社2007年版，第215—223页。
④ 光绪朝《清会典事例》卷289，中华书局1991年版，第4册，第375页上栏。

与道箓司，然后由僧箓司与道箓司向盛京礼部呈报，盛京礼部转咨盛京工部进行维修。对寺庙供器的供给，则由僧箓司与道箓司统计后，上报盛京礼部，盛京礼部转咨盛京户部、盛京工部供给，如："例给实胜寺，香烛银七十九两一钱七分五厘，诵经银三百十两，茶二百斤。嘛哈噶喇庙，香烛银四十九两四钱八分五厘，诵经银一百二十两，茶六十斤。四塔寺，共香烛银一百九十七两九钱四分，茶六百斤。又永宁寺、实胜寺、嘛哈噶喇庙、四塔寺及景祐宫、地藏寺等处，祭祀所用米、豆、面、白盐、黑盐、芝麻、蔬菜、鸢、鸡、果品、纸张等物，均由部移盛京户部给发。兴京显祐宫，岁用香三十二束。地藏寺，用香九十六束，移盛京户部给发。盛京教场、关帝庙，用香六十束，移盛京户部给发。元旦供祭黄蜡等类，移盛京工部分给。"① 可见，盛京礼部主要向兴京、盛京两地寺庙提供所需用品，主要包括香烛银、诵经银、茶、香、蜡等日常用品及米、面、盐、豆、蔬菜、水果、纸张等祭祀用品，除黄蜡由盛京工部提供外，其他物品均由盛京户部给发。

  僧道管理，包括稽查僧道的收录和供给僧道日常用品等。康熙四年（1665），清廷便对盛京等处收录僧道人数做出规定："其前代敕建寺庙，各设僧道十名。私建大寺庙，各设僧道八名。次等寺庙，各设僧道六名。小寺庙，各设僧道四名。最小寺庙，各设僧道二名。"② 而嘉庆九年（1804），则发生了盛京道箓司的道箓李义兴私自收录道丁的事件，致使一些流民和逃人得以隐匿躲避差徭。于是嘉庆帝下旨，按照道丁花名册对在册道丁进行清查，"如果实系住庙及服役道丁，自当分隶各城寺观，换给盛京礼部执照，以归核实。

---

  ① 光绪朝《清会典事例》卷523，中华书局1991年版，第6册，第1040页下栏—1041页上栏。
  ② 光绪朝《清会典事例》卷523，中华书局1991年版，第6册，第1037页下栏。

其无著之丁，即应编入丁册，令其充当陵寝祭祀等项差使"①。并且，规定此后盛京真实住庙服役之僧道丁不再由僧箓司与道箓司颁给执照，而由盛京礼部负责颁给，管辖约束之事仍由僧箓司与道箓司负责，盛京礼部稽察。僧道日常所需的供给主要由盛京礼部按例定期汇总后，咨盛京户部给发，包括："兴京显祐宫道士，岁给衣服。地藏寺僧，岁给衣服。每月米一斗，盐一斤。盛京景祐宫道士，岁给衣服，每名岁给盐二十斤。永宁寺喇嘛、班第，岁给衣服。实胜寺、嘛哈噶喇庙、四塔寺喇嘛，三岁给衣服。格隆、班第，二岁给衣服。喇嘛，岁给貂皮帽。格隆，岁给狐皮帽。辽阳大安、龙泉二寺僧，二岁给衣服，每寺岁给米五石。莲花寺僧，三岁给衣服，每名岁给盐十斤。永宁寺喇嘛移内务府取给，余移盛京户部，动帑市买支给。"② 盛京礼部负责供给的僧道主要出自兴京的显祐宫、地藏寺，盛京的景祐宫、永宁寺、实胜寺、嘛哈噶喇庙、东塔、西塔、南塔和北塔，辽阳的大安寺、龙泉寺及莲花寺等。需要向以上各寺庙中僧道提供的物品主要有衣帽、米、盐等。其中，向永宁寺喇嘛提供的物品由内务府供给，其余均由盛京礼部咨盛京户部，由盛京户部动库帑买给。

## 四　官学与贡使

康熙十年（1671），礼科给事中博尔济上疏康熙帝提出："盛京府州县，俱设立学校，考取士子。盛京左右两翼亦应各设官学，酌选俊秀幼童，设立满汉官，教习满汉书、马步箭。"③ 九卿等议复认为盛京本是满洲发祥之地，士子的选取应参照京师进行，所以通过了博尔济建议，随后，盛京八旗官学正式建立。盛京八旗官学左右

---

① 光绪朝《清会典事例》卷523，中华书局1991年版，第6册，第1037页下栏。
② 光绪朝《清会典事例》卷523，中华书局1991年版，第6册，第1041页下栏—1042页上栏。
③ 《清圣祖实录》卷150，中华书局1985年版，第2册，第667页上栏。

两翼各设两处，分满学与汉学两种，满学教满文及习马步箭，汉学教读满汉文及习马步箭，满学设满文助教一名，汉学设满汉文助教各一名，各旗挑选十名幼童入官学读书，盛京礼部负责对官学进行监督稽查，官学的学舍则由盛京工部拨给。盛京礼部对官学的管理包括对八旗助教的考选和对官学生的稽查。乾隆八年（1743），规定："盛京礼部助教四员，均归本处人员考试补授。遇员缺，由盛京礼、兵二部会同考试。将各部等处笔帖式及本处举人、贡生、副榜、传齐考取，咨部引见补授。"① 嘉庆十一年（1806），又定考取助教的试题由皇帝钦定，然后由吏部用驿马送至盛京。另外，助教如在任期内才学兼优，盛京礼部侍郎可出具考语，保题到部以备升转。盛京八旗官学生，由所在旗拣选后，送至官学读书，盛京礼部虽无选任权，但对选入官学的官学生却有稽查权。助教平时要定期对官学生进行考试，发现懒惰、不可造就之人要及时向盛京礼部呈报，经盛京礼部核实后对其进行惩处。如乾隆五十六年（1791）六月，"厢黄旗佐领文兴等为革退不求上进之官学生拴住等另行挑选事呈文"中指出："厢黄旗佐领文兴等呈，为咨送事。据署理骁骑校事务掌稿笔帖式张斌、内管领金特赫等呈称，准档案房札开，准盛京礼部咨开，为咨行事，档案房案呈，本年四月二十八日，据左翼助教官图翰等呈，为革退官学生，职等查得，内务府厢黄旗官学生拴住、正白旗官学生庄守先等，二人质本庸愚，读书数年，毫无长进，近复极其懒怠，动即称病，履行传唤，不肯入学，似此难于成就之人，理合呈请将拴住、庄守先等二生革退，另行挑选，伏乞案下恩准施行。等情。据此，相应行文盛京内务府衙门，转饬该旗另行拣选堪以造就之官学生，咨送本部，以便札学，令其读书可也。等因。奉札前来。随将拴住、庄守先等二人之缺，今挑放苏拉井国本、得宁

---

① 光绪朝《清会典事例》卷53，中华书局1991年版，第1册，第677页下栏。

之处，理合呈明，伏祈核转施行。等情。据此，相应呈堂咨送盛京礼部读书可也。"① 由该呈文可见，助教官负责对官学生平时的表现进行考查，发现如拴住、庄守先这等不求上进、懒散懈怠、不愿读书的"难于成就之人"时，即向盛京礼部汇报，申请将其革退。盛京礼部核实后，随即将此等官学生送交其所在旗，并令其管官再挑选适合之人送至礼部补缺读书。盛京礼部对于慵懒之官学生会及时革退，对于家庭贫困无法读书的官学生也会酌情允许其回旗当差。如嘉庆十三年（1808）三月初二日，"盛京礼部为家贫不能读书之官学生刘长卿所出之缺另选事给盛京内务府咨文"中指出："盛京礼部为移咨事。档房案呈，本年二月二十八日据左翼助教官图箕呈称，职据内务府厢黄旗皂住佐领下官学生刘长卿怀他在学呈称家贫无力，实在不能在学读书，情愿退归本旗当差。等情。据此，职查该生实系家道赤贫，不能上进，理合呈请衙门，以便转咨施行。等情。据此，相应移咨盛京内务府，转饬该旗拣选堪以造就之官学生，咨送本部，以便札学，令其读书可也。"② 对于贫困无力读书之官学生，首先，由本人向助教官提出回旗当差的申请，助教官核实后，再向盛京礼部禀明，盛京礼部依例将其移送所在旗，并要求所在旗管官再选拔适合之人，送至盛京礼部，拟补该官学生之缺。

盛京礼部负责接待的贡使，主要是来自虎尔哈、库尔喀、费雅喀及赫哲等三姓部落的贡貂使者以及来自朝鲜的燕行使者等。三姓部落的贡貂使者，最初是前往北京交纳貂皮，顺治十五年（1658），清廷便对"库尔喀部落塔尔善等贡貂裘花黑狐皮、使犬国头目替尔

---

① 《乾隆五十六年六月厢黄旗佐领文兴等为革退不求上进之官学生拴住等另行挑选事呈文》，中国边疆史地研究中心、辽宁省档案馆合编《东北边疆档案选辑（清代·民国）》第72册，广西师范大学出版社2007年版，第115—116页。

② 《嘉庆十三年三月初二日盛京礼部为家贫不能读书之官学生刘长卿所出之缺另选事给盛京内务府咨文》，中国边疆史地研究中心、辽宁省档案馆合编《东北边疆档案选辑（清代·民国）》第73册，广西师范大学出版社2007年版，第424—425页。

库等贡花黑狐皮并赏赉如例"①。但是由于道路遥远,奔波劳苦,之后改在宁古塔交纳,或改在盛京贡赏。盛京礼部便负责对入盛京贡貂的三姓使者进行接待和回赐,康熙朝《大清会典》中便记道:"黑真、费雅喀、虎尔哈等部落,进贡貂皮,(盛京礼部)照宁古塔将军收送,验数交送户部。其应赏之物,据将军来文,行文户、工二部支给。"②即盛京礼部对三姓使者所贡的皮张,依宁古塔将军验收成例收纳,然后转交盛京户部,派人解送京师,多余皮张折赏。同时,要对前来贡貂之人进行回赐,回赐之物以衣与布为主,因盛京礼部并无仓储之责,所以为贡使回赐各项物品均由盛京礼部转咨盛京户、工两部,由仓、库中领取给发。此外,盛京礼部还为贡使供给每日所需粮食及酒、盐等,如有额驸等贵宾前来还要额外供给柴、炭、秋秸、席子等物,贡使所乘之马每日也要按例给予草豆。盛京礼部对贡貂使者的供给不仅限于在盛京,贡使返程所需的行粮同样由盛京礼部供给。有清一代,朝鲜作为藩属国,每年都要按例入京师朝贡。奉天地区也是朝鲜贡使入京的必经之路,对于来访的朝鲜使臣,盛京礼部除了负责接待外,还负责接收朝鲜使臣递交的咨文及会同盛京户部查收部分所贡之物。盛京礼部所属朝鲜使馆坐落于盛京城德盛门内,原为入关前在盛京作人质的朝鲜世子所居的世子馆,此时是负责接待朝鲜使臣的衙门,朝鲜贡使途经盛京时即在此处停歇。贡使每日所需米、盐,马匹每日所需草豆等物皆由盛京礼部咨盛京户部支取。至于盛京礼部接收朝鲜使臣递交咨文的过程,朝鲜燕行使者的日记中有所记载:

    初二日辛酉晴,朝起吃饭,随使臣行次后入内治门,少折

---

① 《清世祖实录》卷114,中华书局1985年版,第894页上栏。
② 康熙朝《大清会典》卷80,《近代中国史料丛刊三编》第72辑,台北:文海出版社1992年版,第4008页。

而南行，两旁各衙门都是黑恭广扇门，门外设行马，东边第二府即礼部也。使臣正官皆下马步入，历二重门开一大厅，厅中放桌子，上罩黄锦袱，礼部诸官列立，右旁上首者年可六十许，戴珊瑚顶子，长须大耳，颇颀然有贵气，问是礼部侍郎，皇帝近族云。使臣正官皆具帽带，华人亦公服，所谓公服，帽有丝缨，项挂念珠，云有被肩之服，而恨未详察也。大厅金字匾"典重明禋"四字，云是今皇帝御笔。遂出表咨文置于桌子上，使臣行三抨九叩头礼。所谓抨者，跪坐也。所谓叩头者，头至地而复起也。礼毕即出。①

盛京礼部接收咨文后，相应转交京师礼部，由京师礼部上交清帝。朝鲜使臣携带的贡物，虽然是到北京交纳，但是因其所贡之物中有盛京三陵祭祀必备之物，与其再经京师礼部转发，不如使臣途经盛京时直接留取，所以清廷规定：盛京户部事先将"朝鲜国进贡岁额内，高丽纸、绵绸布、糯米，计陵上需用多寡，移咨礼部存留，并开数移咨内务府"②。之后，盛京礼部按数会同盛京户部官员一同验看收取。朝鲜燕行使者的日记中，对验收的情况有一段生动的描述：

> 方物岁币到此尽交付清人，车载以去。其中细木、纸、米除出若干，纳于此处，余着戎服与金柳、两裨往看其库。在行宫南小巷中，去察院不远，外有一大门，门内以砖筑台，高三丈许，库在其上。南面只有上下级，余皆如削。译官领方物积

---

① 李宜万：《农隐入沈记》，[韩] 林基中主编《燕行录全集》第30册，首尔：东国大学校出版部2001年版，第130—131页。
② 康熙朝《大清会典》卷39，《近代中国史料丛刊三编》第72辑，台北：文海出版社1992年版，第1894—1895页。

至台下，俄而户部郎中来，始纳方物。余随而上，砌高可二丈许，以砖为级，尽砌而门在焉，门左右有炕，入门又有砖级，其高亦丈许，上有门，左右炕之制如下门，门之内始为庭，东西六丈许，南北倍之。东西皆有屋，即方物所储之库也。北边又有一层，台上有三间屋，此金银所藏处，而空无所存，皆输送宁古塔也。置方物于西庭，一胡坐于阶头，手持文书只照视物件，而并不阅视好恶，亦不计数，直纳库中。户部郎中二人①，但坐门内东炕，无所监视，其简易如此。余同诸裨坐西炕，与郎中两胡东西相望，而视若不见。余先归，金柳在后，略有问答。②

首先，朝鲜使者留在盛京的贡物有"细木、纸、米"等，与上文指出的"朝鲜国进贡岁额内，高丽纸、绵绸布、糯米，计陵上需用多寡，移咨礼部存留"相映衬。其次，该史料对盛京户部所属金银库进行了描述，金银库在盛京皇宫南小巷中，高三丈的砖台之上修筑，入内有上下门，入上门后有东西两屋，即为储备物品之库房。最后，对盛京礼部会同盛京户部接收贡物的过程进行了描述，按例应由一位官员负责对入库的贡物进行查验和记录，两部的郎中负责监督，但实际情况是，负责检验和记录贡物的官员只是坐在金银库的台阶上手拿文书对照物品，并不检验物品好坏，也不查点数量，便将贡物全部收入库中，而且盛京户部和盛京礼部的郎中也不监视，都坐在屋内东炕上等候，盛京官员对所司事务的消极懈怠甚至引发了朝鲜使者的感叹。

综上所述，盛京礼部的主要职能是对盛京的祭祀、礼仪、宗教、

---

① 该处出现的官员一为户部官员，另一位应为盛京礼部所派出的会同查验的官员。
② 金昌业：《老稼斋燕行日记》，[韩]林基中主编《燕行录全集》第32册，首尔：东国大学校出版部2001年版，第410—411页。

官学及贡使等事务进行管理，对祭祀的管理主要是对关外三陵和盛京等处坛庙祭祀的管理；对礼仪的管理主要是执行京师礼部下发到各地的仪制及制定奉天本地礼仪；对宗教的管理，主要是对盛京各僧道寺院的管理，具体管理由僧箓司与道箓司负责，盛京礼部主要是对僧道诸项事务进行稽查；对官学的管理主要对盛京八旗官学助教的选拔和对盛京八旗官学生的监督；对贡使的管理，主要是对三姓和朝鲜使者的管理，但之后随着三姓贡貂之地发生变化，三姓使者无需再入盛京贡貂，所以盛京礼部负责接待的使者便主要以朝鲜使者为主，主要负责对朝鲜使者的接待，对朝鲜使臣所呈咨文及相关贡物的接收。

## 第二节　盛京工部的职能

盛京工部，主要负责盛京等处工程营造事务，兼及稽查采伐和供给。学界有关盛京工部职能的研究包括，关嘉禄[①]、姜相顺[②]及王佩环[③]等对盛京工部修缮盛京皇宫之职能的研究，张士尊[④]、张文涛[⑤]对盛京工部管理盛京苇塘和山场之职能的论述。笔者结合相关档案资料，从营造、收支两方面对盛京工部的诸项职能进行详细解读。

### 一　营造

盛京的营造事务繁多，并非所有工程都由盛京工部负责。盛京

---

[①] 关嘉禄：《盛京内务府和陪都宫殿》，载《清史满学暨京剧艺术研究·关嘉禄文集》，社会科学文献出版社2012年版。
[②] 姜相顺：《乾隆东巡谒祖陵期间在盛京皇宫的增建及悬挂珍藏》《从满族的文化习俗看沈阳故宫的门神和匾联》，载《满族史论集》，辽宁民族出版社1999年版。
[③] 王佩环：《沈阳故宫凤凰楼建筑年代考》，《故宫博物院院刊》1982年第4期。
[④] 张士尊：《清代盛京苇税研究》，《鞍山师范学院学报》2011年第3期。
[⑤] 张文涛：《清代东北地区林业管理的变化及其影响》，《北京林业大学学报》（社会科学版）2010年第2期。

工部作为陪都机构有其专门服务的对象。盛京工部具体营造时，虽然对象不同，但是营造的流程大同小异。在营造过程中，盛京工部所属各类匠役发挥了重要作用。所以，对盛京工部营造职能的叙述，主要从营造对象、营造流程及盛京工部所属匠役三方面加以说明。

（一）对象

盛京工部营造对象包括，城垣、宫殿、陵寝、坛庙、公廨、仓廒、兵丁住房及船只等。盛京工部负责营建的城垣，包括盛京城垣、兴京城垣、东京城垣及奉天各属城垣。因盛京城为陪都重地，而且工程兴修又涉及风水问题，所以最初盛京城垣的兴修主要由京师工部来负责，康熙四十九年（1710）："谕，盛京城垣工程，著遣在京工部堂官一人，率领司官前往坚固修理。"[1] 之后，改为由盛京工部承修，盛京将军、盛京副都统、奉天府府尹中选出一员监修。但遇重大工程时，清廷还是会选派京官前来督修，如乾隆五十六年（1791）重修盛京城城楼及城边土墙时，清帝便指出："此项工程，尚属紧要，倘修理不善，则钱粮靡费矣。该处官员，未必深晓工程。著交管理工程之大臣等，由谙练司员内派一员，前往盛京会同修理，务期坚固。"[2]

盛京工部负责营建的宫殿，主要指盛京皇宫，该处的维修本由内务府负责，但内务府所存供营造使用的物料有限，且所属工匠技艺无法承应大型维修工程所需。康熙十一年（1672），清廷下旨："嗣后盛京宫殿有应修之处，内务府会同工部择吉修理。"[3] 即宫殿内出现小修小补的问题，盛京内务府人员发现后自行处理，如需物料或工匠可咨盛京工部供给，遇到需要大修的工程时，还要咨盛京礼部料估承修。

---

[1] 光绪朝《清会典事例》卷958，中华书局1991年版，第10册，第939页下栏。
[2] 光绪朝《清会典事例》卷958，中华书局1991年版，第10册，第940页上、下栏。
[3] 光绪朝《清会典事例》卷958，中华书局1991年版，第10册，第943页上栏。

盛京工部负责营建的陵寝，包括兴京的永陵，盛京的福陵、昭陵、寿康太妃园寝及懿靖大贵妃园寝等。对盛京陵寝的修造，清廷最初规定："三陵遇有应修处所，照掌关防官来文，盛京工部侍郎会同掌关防官验视。移文工部选择吉期，预备千丁及需用物料兴修，如不敷，估计应用钱粮，移文工部给发。"[1] 陵寝的修造与宫殿类似，即小修小补的问题由该处管官自行处理，遇需大修的工程时则咨盛京工部承修。因陵寝看重风水，所以修造事务在风水方面需考虑的问题颇多，如，盛京工部在决定兴修之前，要由钦天监选择吉日；所需物料有专门的来源，"国初定，恭修永陵于东一里外取土，西南七里外烧砖，西南四百里外烧石灰，小石采于张家口，碑石、龙跌石取于盛京香炉山。……恭修福陵，于西五里外取土，西南二十里外烧砖，正南百里外烧石灰，大石采于易州南山，小石采于香炉山流泉湖屯，碑石、龙跌石自顺天府运送。……恭修昭陵，于西四里外取土，南八里外烧砖，南百里外烧石灰，大石采于易州南山，小石采于梨花峪、香炉山、瓢杓屯、流泉湖屯，碑石、龙跌石自顺天府运送"[2]。清帝对盛京陵寝的修造也倍加重视，遇陵寝需要大修之时，还要从京师派官员来盛京监修，有时甚至选派王公重臣至盛京亲自主持，如雍正年间，福陵维修之时，雍正帝便派平郡王福彭前往盛京，会同盛京将军与盛京工部一同兴修。乾隆皇帝还下令："著盛京将军会同盛京工部侍郎随时省视，遇有应办工程，即奏明动项兴修，毋致再有敧损。嗣后每阅二年，著军机大臣提奏，请旨简派宗室、王、贝勒、贝子、公暨大学士、六部尚书等数人，前赴盛京查看一次，如陵寝宫殿各处工程，有敧损不行修理者，即行参奏，惟该将军、侍郎是问。"[3]

---

[1] 光绪朝《清会典事例》卷959，中华书局1991年版，第10册，第953页上、下栏。
[2] 光绪朝《清会典事例》卷959，中华书局1991年版，第10册，第953页上栏。
[3] 光绪朝《清会典事例》卷960，中华书局1991年版，第10册，第960页上、下栏。

盛京工部负责营建的坛庙，主要是天坛、地坛、社稷坛、先农坛、太庙、堂子、实胜寺、万寿寺、舍利寺、东塔寺、西塔寺、南塔寺、北塔寺、长宁寺、地藏寺、景祐宫、显祐宫、先师庙、关帝庙、都城隍庙、浑河神庙、辽河神庙、北镇庙、贤王祠及长白山望祭殿等。坛庙需大修之时，先由管官咨行盛京礼部，盛京礼部转咨盛京工部勘估承修。道光五年（1825），富俊上奏："请将长白山望祭殿等工，就近委员勘办一折。吉林地方，春秋致祭长白山神，建设享殿，向由盛京工部派员估修，徒滋跋涉，仍不能工归实用。著照所请，此次应修望祭殿工程，估需银一百九两零，即动支正项银两，由该将军派员敬谨修理，仍另缮估册，咨报工部查核。嗣后望祭殿工程，即由吉林就近勘估，奏咨办理，著为令。"① 此后，盛京工部负责处理的坛庙营造事务便以奉天地区为主。

盛京工部负责营建的公廨，主要是盛京将军公署、盛京户部公署、盛京礼部公署、盛京兵部公署、盛京刑部公署、盛京工部公署、盛京内务府公署、黑牛馆、乳牛馆、左、右翼官学、宗室觉罗学、校场、演武厅等。盛京工部负责营建的仓廒，包括通济仓、太平仓、新仓、内仓及兴京、辽阳、开原、牛庄、盖州、熊岳、复州、凤凰城、金州、岫岩、锦州、宁远、广宁、义州等处旗仓。旗仓，建立之初主要由盛京户部负责估修，乾隆三十五年（1770），随着兴京旗仓参照辽阳等十三城旗仓例由盛京工部估修，盛京工部便承担起对奉天地区所有旗仓估修的责任。盛京工部对公廨和仓廒的维修，需选派官员会同该管官一同进行，"凡部院衙门、银药库、册籍库、制造库、柴厂墙垣倒塌，随时修葺，用过钱粮，年终报部。凡修盖内府仓及各房屋所需砖瓦，照咨文买给"②。

---

① 《清宣宗实录》卷83，中华书局1986年版，第2册，第344页上、下栏。
② 康熙朝《大清会典》卷141，《近代中国史料丛刊三编》第72辑，台北：文海出版社1992年版，第7008页。

盛京兵丁住房于乾隆三十五年（1770）兴建，兵丁可以自由选择居住与否，多余住房变价出租。乾隆三十八年（1773）规定："盛京各城官房，遇有应修之处，交盛京工部估计。所需工料，造册咨送将军衙门，盛京工部派员会同该旗佐领监修。工竣入于岁修案内咨报工部，至前项官房租钱，仍由盛京工部核算。"① 即将盛京官房的估修权交给了盛京工部，乾隆四十九年（1784），又改为维修官房的费用在十两以下的由兵丁自行修理，花费在十两以上的由所在旗上报盛京工部，动用房租银修理。

之初，盛京工部曾负责对奉天地区的船政进行管理。康熙二十二年（1683），康熙皇帝"特命大臣相视河道，于开城邓子村、易屯门及易屯口等处设仓。每岁农隙之时，运米贮于开城仓内，春秋二季以舟运至邓子村仓交卸，自邓子村陆运百里至易屯门仓，由易屯河舟运出易屯口直达混同江，自是转运不劳，饱腾有藉"②。于是便在辽河、易屯河及混同江上设置了众多运粮船，辽河运粮船便由盛京工部管理。但康熙三十年（1691），清廷将辽河上的运粮船拆毁变价，至康熙五十三年（1714），奉天地区在金州旅顺口设立水师营，隶属奉天将军，这样奉天地区的船政便由将军管理。盛京工部只负责对辽河、浑河、长兴岛、拉木伦、清河、柴河、叶河等处的船只进行岁时修理。

（二）流程

盛京工部承担修造任务的对象虽多，但就修造过程来看，则大同小异。以下便以辽宁省档案馆藏乾隆四十五年（1780）七月二十日工部为维修清宁宫一事给盛京内务府的公文为例对盛京工部营造流程加以说明。

---

① 光绪朝《清会典事例》卷961，中华书局1991年版，第10册，第970页下栏。
② 康熙朝《大清会典》卷141，《近代中国史料丛刊三编》第72辑，台北：文海出版社1992年版，第7009页。

首先，负责盛京皇宫日常事务的盛京内务府发现皇宫有应修之处，发咨文给盛京工部告知皇宫应修之处的情况，"准盛京总管内务府咨称，清宁宫头停渗漏，油画糙旧爆落，永福宫脊檩渗漏，椽望糟朽，东所东西值房渗漏，椽望亦间有糟朽，东值房檐柱糟朽，西所东西值房渗漏，椽望亦间有糟朽，咨行修理"①。盛京工部接到咨文后，要对咨文中提到的情况进行查验，此处因系皇宫之事，所以盛京工部侍郎亲自率本部司员前往查勘，"（盛京工部侍郎郎德）即率领司员亲往查勘无异"②，确定与咨文所述无异。

其次，盛京工部派官员对该项工程进行料估。料估的内容，主要是核算该项工程需用的工价银和物料银。康熙六年（1667），规定："盛京一应修理工程，工价银五十两以上、物料银二百两以上者，由该处料估具奏。盛京工部差官核估，会同该处官员监修。"③即工料银在二百五十两以上的工程，由该处负责料估，盛京工部对料估结果进行核估，并修造时一同监修。但雍正十三年（1735），则改为"凡物料银二百两、工价银五十两以上者，具令各该处题准后，即派能员会同盛京工部派出之员料估，照例核给钱粮，令其一同监修"④。即工料银在二百五十两以上的工程由该处与盛京工部一同料估，一同监修。乾隆二十四年（1759），又规定："盛京修理陵寝、宫殿各工，如遇大修，用银在一千两以上，先行专折奏闻。"⑤ 该处工程经"委主事德庆详细估计照例核算，共估需工料银贰千贰百拾捌两伍钱贰分柒厘。"⑥即料估后的工料银在两千两以上，因而在兴修之前要先上奏清帝。为了不使修造前例行的各种手续耽误修造，

---

① 《盛京内务府档》，乾隆四十五年七月二十日，辽宁省档案馆藏，资料号：7913。
② 《盛京内务府档》，乾隆四十五年七月二十日，辽宁省档案馆藏，资料号：7913。
③ 光绪朝《清会典事例》卷962，中华书局1991年版，第10册，第973页下栏。
④ 光绪朝《清会典事例》卷962，中华书局1991年版，第10册，第973页下栏。
⑤ 光绪朝《清会典事例》卷962，中华书局1991年版，第10册，第974页上栏。
⑥ 《盛京内务府档》，乾隆四十五年七月二十日，辽宁省档案馆藏，资料号：7913。

盛京工部会"一面具奏,一面将估计清册送部查核"①,待准许兴修的谕旨下发后,便开始"动支盛京工部库贮银两,发给拣派承修之员"②准备修造。

再次,修造的日期要由钦天监选定。该案中,便经钦天监择吉后,"饬令明岁春融敬谨兴修"③。乾隆四十三年(1778)四月十八日盛京工部给盛京内务府的公文中对此有所展现:"右清吏司案呈,准盛京总管内务府咨修,清宁宫炕灶烟洞年久,俱因潮湿,砖块碱烂,烟洞堵塞,再碾磨房年久有应修之处,俟修理时另选地方安放,修完照旧安放,相应将清宁宫炕灶烟洞安放碾磨之处,预为照例咨行内务府衙门转行钦天监衙门择选吉日,咨覆到日再移咨盛京工部,照依选择吉期修造安放。等因。移咨本衙门敬谨选得,本年四月十一辛丑日卯时,二十庚戌日巳时,二十五乙卯日卯时动土安放大吉。相应移咨贵部查照修理。等因。相应移咨盛京工部照依钦天监拣选吉日,定于何日之处预为知会本衙门可也。等因。除札派六品官刘志德,遵照钦天监择定日期内选于二十日如式动土兴修外,相应将本部定于二十日动土兴修之处,知照盛京总管内务府可也。"④即清宁宫遇应修之事,盛京内务府便咨行总管内务府转咨钦天监选择适合动工的吉日,钦天监选定了两个吉日,之后通过总管内务府衙门告知盛京内务府,盛京内务府移咨盛京工部,最终由盛京工部从钦天监给出的两个吉日中作出选择,将结果告知盛京内务府。由此可见,选定动工吉日时,由该处管官咨钦天监选日,然后再将选出的吉日咨会盛京工部,由盛京工部从中选定,最后通知管官一同监修。

复次,选定吉日后,即可按日开工修造。最后待修造完工后,

---

① 《盛京内务府档》,乾隆四十五年七月二十日,辽宁省档案馆藏,资料号:7913。
② 《盛京内务府档》,乾隆四十五年七月二十日,辽宁省档案馆藏,资料号:7913。
③ 《盛京内务府档》,乾隆四十五年七月二十日,辽宁省档案馆藏,资料号:7913。
④ 《盛京内务府档》,乾隆四十三年四月十八日,辽宁省档案馆藏,资料号:10918。

还要进行查验。查验的内容有二，一是工程的修造是否与计划相符以及是否坚固；二是工期是否超限。乾隆三十六年（1771）十二月二十日，盛京工部为查验文德坊、武功坊的修理情况是否与原估做法相符一事给盛京内务府的咨文中对盛京工部查验工程情况作了介绍："盛京工部为咨行事。右清吏司案呈，据司库伍尔太呈报，查验委官五达修文德、武功二坊，栅栏挡众木并仓后东西北三面栅栏台墙等工，原估系添换档子上下枋、戗、木栏门腰梃、趄子等件修理，职遵札携带原估册前往详细查验，所修工程俱与原估做法坚固修理相符，并无虚捏隐漏情弊，理合加结呈递。等情。查，前项工程既据该员确查与原估修理相符，出具工程坚固印结呈递，相应知照盛京内务府可也。"① 查验官由盛京工部派出，主要对工程修造是否与原估做法相符，是否坚固，有无虚捏隐漏情况等查核。之后查验官还要根据查验情况出具保结，呈送盛京工部，盛京工部知照该处管官。此外，对于工程限期，乾隆五年（1740），清廷规定："盛京一切大小工程，应照工程定限。凡需用物料工价银二百两以内，定限一月；五百两以内，定限两月；一千两至二千两以内，定限三月；三千两至五千两以内，定限四月；如五千两以外，再有多估至三千两以上者，按计所估数目，每银三千两，准展限一月，俱令按限如式完工，即行呈报查验。"② 盛京工部则依照规定对工程的期限进行查验，对不能依定限完工者，"盛京工部按照时地分别钱粮，勒限催修"③。查验工作完成后，整个修造差务完结，但是每项工程通常会有三年的保固期，如果在保固期内该项工程再次发生毁坏，要对承修官员追责，一般是要求承修官员照估赔修。上文所述乾隆四十五

---

① 《盛京内务府档》，乾隆三十六年十二月二十日，辽宁省档案馆藏，资料号：10870。
② 光绪朝《清会典事例》卷962，中华书局1991年版，第10册，第973页下栏—974上栏。
③ 光绪朝《清会典事例》卷962，中华书局1991年版，第10册，第974页上栏。

年的工程中，所修宫殿工程便是之前承修未过三年保固期又遇损坏之事，所以，重新维修前便勒令之前的承修官按例进行赔修。

综上所述，盛京工部进行营造的过程共分五步：第一，现场查勘，明确任务；第二，料估工料银，同时上疏皇帝请旨并上报京师工部查核；第三，钦天监选定修造吉日；第四，按时动工修建；第五，工程完毕后，派员查验，出具保结，知照管官。

（三）匠役

明代，女真社会中就已出现以从事手工业生产为生的匠役，朝鲜使臣曾见女真部落里有："甲匠十六名，箭匠五十余名，弓匠三十余名，冶匠十五名。"[①] 当时女真社会战争频仍，为了满足征战所需，匠役多以造铠甲、弓箭等军器为生。清入关后，匠役种类增多，八旗各佐领下有专门制造军器的匠役，内务府有服务于皇家各项事务的匠役，工部之匠役则专门承应各项营造差务等。"顺治元年定，各监局、内监匠役，均隶工部。十一年，交内监局管理。十八年，裁内监局，除各项内监匠役，内务府存留外，其余工匠仍隶工部。"[②] 入关之时，大批人员迁往京师，关外盛京等处"广漠无际，人鸟俱绝"[③]，致使清初盛京匠役人手不足，差役繁重，康熙四年（1665）二月二十六日，染貂皮匠朱星石等呈请减免差务的文书中对康熙初年盛京染貂皮匠应差情况有如下介绍："身等太宗、世祖皇帝时期以来仅以染皮张为业，未曾承担其他差务，如此身等染皮匠已十分愁苦。每年春秋两季各种皮张送到盛京以后，要花一到三个月印染，晚上也不得休息。男子要入山砍柴、烧锅，女子则要煮水、缝皮张，男子得空还要入山寻找不常在一处的星木之根皮。饥寒交迫，春秋

---

① ［日］旗田巍等：《明代满蒙史料·李朝实录抄》第13册，台北：文海出版社1975年版，第41页。
② 光绪朝《清会典事例》卷952，中华书局1991年版，第9册，第16635页上栏。
③ 谈迁：《北游录》，《纪邮下》，中华书局2006年版，第104页。

两季所得土地也无法耕种，愁苦至极。今又一男丁增加纺线五斤四两之差，实无暇承担此差，且其他匠役承差皆有帮衬，既有帮丁且有钱粮。身等染皮之人，要小心烧锅，倘若疏忽将锅烧坏变形，皆要赔补。愁苦劳累，又无饭食钱粮。"① 朱星石等染貂皮匠，入关前已承担染皮差务，入关后仍留居盛京应差。由其应差情况看，盛京匠役所承之差，以其本业为主，很少承担杂项赋役；所应之差，家内男女皆有分工。究其原因，据朱星石等人所说，此时差务烦琐复杂，人手不足，甚至将不同职业之匠役相互调补，如康熙十四年（1675）十月十六日，盛京包衣佐领鄂博依便发文书给总管内务府请求将捕蜜之人马克图改补砍箭杆木匠之差。② 匠役从事差务时间短，技艺不甚娴熟，因此，此处朱星石家口全都参与仍无暇另顾他业。应差之外，朱星石等人指出"春秋两季所得土地也无法耕种"，即此时匠役各户领有官给土地，平日可通过耕种土地补充衣食所需。但此时由于差务繁忙，匠役人等无暇耕种土地。包衣匠役应差所需器具，并非自己预备而是由总管内务府供给，因而，染皮匠染皮烧锅时若将锅烧坏还需赔补。诸如此类繁重差役致使匠役人等钱粮不足，生计维艰。但是为了保证对宫殿、陵寝及时维护，清廷便从关内雇佣或招募匠役到盛京定居，雍正帝曾指出，"匠役不可无师，应雇民间巧匠，令其教习。两翼各派副都统一员总辖。除两翼现管之参领二员外，各旗派章京一员、骁骑校二员，令其专管。此次所派大臣官员，限以二年。务令匠役手艺俱成。然后一年一换，每年四季，武备院派官稽查。年终，武备院会同都统等详加稽查。如教至二年，

---

① 《康熙四年二月二十六日总管内务府为盛京染貂皮匠人朱星石等呈请免去纺线之差一事已议准事咨盛京掌关防佐领辛达里等》，辽宁省档案馆编《康熙朝黑图档》第1册，线装书局2016年版，第206—208页。

② 《康熙四年二月二十六日盛京佐领鄂博依等为砍箭杆木匠辛达里请将蜜丁马克图拨归管理以完各项差务可否照准事呈总管内务府》，辽宁省档案馆编《康熙朝黑图档》第12册，线装书局2016年版，第205—206页。

仍有不能制造者,将该管官员奏,如管教优者,官员给予记录于应升之处录用"①。清初,为了能够吸引关内匠役到盛京定居,清廷给予匠役优厚的待遇。清廷为盛京各处匠役提供廪给规定:"匠役自京师差来者,每名月给小米一斗、盐一斤八两、谷米一斗二升、豆一斗。又每十名,给卤水盐三斤。回时计抵山海关日期,日给米半升。在盛京者,每名月给小米一斗、盐一斤,据各衙门来文支给。"②除支给米盐外,由关内雇募发往盛京匠役,"除每名月给家口银三两,每口月给米一升外,到日仍支官粮"③。盛京户部、盛京工部所属匠役,每年供给衣服,"凡部拨木匠、铁匠、油匠、画匠、镟匠、瓦匠、鏾匠、裁缝等匠,每名每月给银五钱,如工多日促,酌量雇募,用过钱粮,年终报部"④。盛京各部匠役,每月官给米盐外,还可获银五钱。而关内雇募匠役,每月除官给米盐之外,相比各部匠役,又多得米一升。随着关内匠役在盛京定居,盛京所获匠人逐渐增多。

  盛京工部匠役由盛京工部所属管千丁四品官、管理造瓦料五品官及监管各项匠役六品官具体管理。隶属于四品官的匠役有窑匠和瓦匠。隶属于五品官的匠役有黄瓦窑匠、塑匠、砖瓦匠、铅匠、木匠、铁匠、席匠及灰匠。隶属于六品官的匠役有瓦匠、石匠、铁匠、木匠、油漆匠、画匠、裁缝匠、绳匠、褡材匠、裱匠、雕銮匠、锁头匠、筛罗匠、铲头匠、染匠、铜匠、鼓匠、植匠、缝皮匠、扎皮匠、熟羊皮匠、熏底皮匠、锡匠、拧丝匠、镀匠、锞子匠、染纸匠及花瓶匠。对这些匠役,清廷按例提供米、盐及衣物等生活必需品。

---

  ① 光绪朝《清会典事例》卷1121,中华书局1991年版,第11册,第18267页下栏。
  ② 康熙朝《大清会典》卷39,《近代中国史料丛刊三编》第72辑,台北:文海出版社1992年版,第1888—1889页。
  ③ 康熙朝《大清会典》卷141,《近代中国史料丛刊三编》第72辑,台北:文海出版社1992年版,第7022页。
  ④ 康熙朝《大清会典》卷141,《近代中国史料丛刊三编》第72辑,台北:文海出版社1992年版,第7023页。

"四品官管下,永陵窑匠六名,瓦匠四名,每年自二月初一日起至九月初一日止,各给口粮米二十四石三斗八合,盐六十八斤十二两。永陵木匠四名,铁匠二名,每名岁给四十日口粮,米二石八斗三升二合,盐八斤,三年给皮衣二领。五品官管下,黄瓦厂匠十七名,每名岁给朝鲜贡布三匹,木棉二斤。四两六品官管下,匠一百七十三名,每名岁给银六两,米三石五斗四升,稗视米数,每月给盐五斤。"① 对匠役的管理,以"正白旗佐领福申等为将新挑花匠潘重阳解送盛京工部事呈文"来说明:

> 正白旗佐领福申等呈,为咨送事。据骁骑校井起敏等呈称,准盛京工部咨开,右清吏司案呈,据署六品官事务外郎吕玑呈称,切职据花儿匠王范呈称,切身原系内务府正白旗人,于乾隆十六年间充当工部花儿匠差事,至今多年,并未误公。现今染患腿疾,步履维艰,不能应差,伏乞恩准告退,实为德便。等情。职查花儿匠王范腿疾是实,理合呈明转咨盛京总管内务府,另行拨给花儿匠一名,咨送本部应役。等情。据此相应移咨盛京总管内务府,照例拨给花儿匠一名,咨送本部以便应役可也。等因前来。即将在部已退花儿匠王范之缺补放本旗壮丁潘重阳,理合呈请咨送,盛京工部应役可也。等情。据此,为此具呈。②

盛京工部所属匠役,遇事不能应差时,先上报管官,由管官对所报情况进行核实,查证属实后,上报盛京工部,由盛京工部移咨

---

① 光绪朝《清会典事例》卷961,中华书局1991年版,第10册,第971页上、下栏。
② 《乾隆四十五年八月正白旗佐领福申等为将新挑花匠潘重阳解送盛京工部事呈文》,中国边疆史地研究中心、辽宁省档案馆合编《东北边疆档案选辑(清代·民国)》第71册,广西师范大学出版社2007年版,第159—160页。

该匠人所在旗管官，挑补他人补缺。由于匠人的技艺多系家传，所以盛京工部中，有些匠人告退后会专门选取其家族成员补缺，有的官缺甚至就指定由某一家族世承，如盛京工部所属管理烧造瓦料的五品官，便指定由侯姓家族世承，遇有缺出，即从该家族中选取熟悉釉水、懂得烧造之人拟补。除了匠人，盛京工部所属还有大量壮丁。壮丁主要负责砍伐树木，烧造、运送砖瓦、石灰，割草，藏冰，运送各衙门由盛京工部领取之物，进而也便相应成为瓦丁、运料丁、运灰丁、木植丁等。可见，与匠人出卖技艺相比，壮丁主要以出卖劳力为主。另外，匠人可享用国家供给的米、盐、衣服等物品，而壮丁则要承担赋役，如盛京工部所属千丁每年需要向国家交纳六十万砖瓦土坯，之后因砖瓦土坯存储过多，又改为缴纳瓦土折征银，"每方砖折银一分，条砖折一厘六毫，瓦折七毫，勾头滴水折六厘，土坯折五毫，合计一年折银五百八十四两，令各丁于八月内交纳。如逾限不完，将该管四品官参处，千丁等照例惩责"[①]。盛京工部所属匠人与千丁待遇不同，展现了他们身份与地位的不同。

## 二 收支

收支，是指收入和支出两个方面。盛京工部的收入主要来自木税和苇税，支出则主要用于营建工程及为盛京各项事务提供所需物品。

（一）收入

盛京工部的收入主要来自其所属采木山场征收的木税及苇塘征收的苇税。盛京工部建立之初，便具有对采捕山场进行管理的职能。采捕山场，按照用途分为人参山、围猎山和采捕山三种，八旗各有定界。盛京工部对于采捕山场的管理，首先要对入山之人晓谕规定，

---

① 光绪朝《清会典事例》卷961，中华书局1991年版，第10册，第972页上栏。

规定包括，入山人数不能超过限额，按时启程，按时入边以及入山场后的具体要求等。① 晓谕规定后，盛京工部要为入山之人发放出边执照。同时，入山所需的采捕、围猎工具也由盛京工部供给，主要包括："内府围猎人员，所骑内厩马匹，喂养槽、锅、掀以及将军衙门围猎需用铁串、木掀、筐、木笼、车辆等件，照来文造给。其制账房、口袋需用布匹、棉线、黄麻、苘麻，于该部移取。其木笼，动支钱粮制给，用过数目报部。凡乌喇采捕处所烹煎鲟鳇鱼，需用锅、勺、笊篱等物，本部办买。布、盐、绳、麻等物于该部支取。其芦席，官丁取办，驿站牛车运送，用过钱粮，本部报销。"② 而入山之人按期归来后，要将所获之物秤验数目，登记造册，上报盛京工部。后来，盛京将军衙门下设官参局，专门负责盛京等处的参务，盛京等处的围猎及采捕便逐渐转为盛京将军和盛京内务府负责，盛京工部的职能便由对采捕山场的管理变为只对采木山场进行管理，而管理的主要内容便是征收木税。盛京工部所属采木山场主要分布在兴京、开原、凤凰城、岫岩、辽阳等地共计二十二处。最初盛京工部对采伐木植的管理，主要是要求采伐木植之人进山时要由官员带领，人畜数量及采伐处所由府尹造册报至盛京工部，同时由管官对此进行稽查。而对采伐木植开始收税，始于康熙五十九年（1720）。该年，清廷下令："口内马前寨等处木植甚多，部给木商头领十人执照，准其在口内砍木纳税。"③ 乾隆二十一年（1756），清廷下发征收木税的具体规定："于造报人夫山场册内，将每票一张，该商共砍木植若干，交过抽分税银若干，并木植长圆尺寸，逐一查明，造册送部。至各商交回旧票，自二十二年起，一并按年汇

---

① 《康熙八年六月十九日盛京工部为请晓谕挖人参规定事咨盛京包衣佐领等》，赵焕林主编、辽宁省档案馆编译《盛京参务档案史料》，辽海出版社2003年版，第4页。
② 康熙朝《大清会典》卷141，《近代中国史料丛刊三编》第72辑，台北：文海出版社1992年版，第7021—7022页。
③ 光绪朝《清会典事例》卷962，中华书局1991年版，第10册，第974页下栏。

总转送工部查核。"① 即要将持票入山之人，采伐木植的数量、尺寸及按数缴纳的税银数等查明造册，送至盛京工部备案，并于年终之时上交京师工部查核。二十四年（1759），兴京的梨树沟、小夹河、那尔哗，开原的英额河喇子大石头四处由台丁承领，其他山场由商人承领。盛京工部对木税的征收主要内容为盛京工部会同盛京将军为承领采伐木植的商人或台丁发给砍木照票，商人十八张，台丁四张。盛京工部对所砍之木植每十五根抽分一根，折征银各处不尽相同，待缴纳完木税后，商人和台丁要在九月前将照票交回，换取新票，而旧票则于年终交京师工部存查。

除了管理采木山场征收木税外，盛京工部的另一项收入便是对所属苇塘征收苇税。盛京工部所属苇塘，主要分布于牛庄三道潮沟等地方，共有五十九处。雍正五年（1727），规定盛京工部所属苇塘苇税的征收，以二八抽分，所产芦苇给割苇人八分，交官两分。交官的芦苇中还要拨出一部分，分给各处用于编织苇席，其余芦苇则变价折银，入盛京工部库中储存。之后，又由于"割苇人交银不便"②，所以照盛京户部征收奉天牛马税之例，"以小数钱六千文，合制钱一千文，折银一两。至所征钱文，除易银交纳正税外，仍将余银开除杂费、官役租房、心红纸张等费，一并于年终奏销册内，据实声明，以备查核"③。乾隆五十九年（1794），因钱价下降，苇税由征钱改为征银，到了嘉庆十年（1805），钱价恢复稳定后，苇税又改回征钱交纳。盛京工部征收苇税的具体情况，以下结合中国第一历史档案馆藏"题报乾隆三十一年八月征收苇税银数事"的题本来加以说明。

---

① 光绪朝《清会典事例》卷962，中华书局1991年版，第10册，第975页上栏。
② 光绪朝《清会典事例》卷962，中华书局1991年版，第10册，第978页上栏。
③ 光绪朝《清会典事例》卷962，中华书局1991年版，第10册，第978页上栏。

臣（雅德（时为盛京工部侍郎——引者注））查得征收苇税一案，于乾隆三十一年八月内札派委官楠泰、四品官素兰泰前往牛庄，征收苇税。去后今据该员等呈称，共收割芦苇一百八十万七千五百七十七束七分五厘，照例二八抽分，苇束三十六万一千五百一十五束五分五厘，除照例拨给五品官侯瓒供应一年三陵及各处编织席片苇束三万八百四十束外，计剩苇束三十三万六百七十五束五分五厘，照例每束变价银五厘共计银一千六百五十三两三钱七分八厘，实系尽收尽解，并无征多报少情弊，出具印结，呈递前来。①

即首先要选派部员到牛庄会同当地官员一同征收，该员要将割取芦苇的数目、官收芦苇的数目及实取芦苇变价银的数目核对清楚，明白造册，出具保结。

该员等将所征小数钱九千九百二十吊零二百七十文自牛庄运至盛京，照例每小数钱六千文折银一两，照依时价易银交纳正税外，余剩小数钱一千零八吊五百七十文合银一百八十七两一钱二分，遵照原奏定例，作为官役租赁房屋以及心红纸张等费之用，应将用过数目造具细册，并该员等所具印结送部查核外，理合具题，伏乞皇上睿鉴，敕部核覆施行。谨题请旨。②

之后该员要将按例征收的苇税小数钱带回盛京，至盛京后再将小数钱换成银两，将银两、芦苇数目档册及保结一同交给盛京工部。

---

① 《盛京工部侍郎兼管奉天府府尹事务雅德题报乾隆三十一年八月征收苇税银数事》，乾隆三十二年六月二十八日，中国第一历史档案馆藏，资料号：02—01—04—15909—011。
② 《盛京工部侍郎兼管奉天府府尹事务雅德题报乾隆三十一年八月征收苇税银数事》，乾隆三十二年六月二十八日，中国第一历史档案馆藏，资料号：02—01—04—15909—011。

盛京工部将上缴的税银留出正项银两入库，并入该年奏销册报销。余剩银两留做支付官役饷银、租赁房屋及购买心红纸张等。所有收支的档册均要上缴京师工部查核，同时上奏皇帝知之。

（二）支出

盛京工部支出的来源，主要有三种方式，一是由盛京工部所属之库、厂供给；二是由京师工部供给；三是由盛京工部出帑银买给，其中以本部所属之库、厂供给为主。盛京工部所属之库种类众多，包括颜料库、织造库、银库、锅库、红土库、熟铁库、火绳库、废铁库、棉麻库、纸库、火药库等。库储之物与库名相应，如颜料库，主要负责为三陵所需纸张染色，供给祭祀之用，"每年三陵供备需用扎佛都高丽纸及黄色、红色、花色纸张，寿康太妃、懿靖大贵妃园寝需用金银锞子，本部专设颜料库染造，由右司核办。岁用黄丹五十七斤有奇，白矾八十四斤有奇，苏木二百二斤有奇，槐子一百六十一斤有奇"[①]。银库，是储存盛京工部金银的场所，库存银主要来自京师工部支给的工料银。每年盛京工部会将本年用于兴修工程的工料银咨报京师工部，京师工部查核无误后按数转咨京师户部拨给，用于盛京工部营造之需。除了工料银之外，银库的金银储备还来自盛京工部每年征收的木税、苇税、壮丁上交的砖瓦土坯折征银及缴获的偷砍木植变价银等。火药库，盛京工部所属的火药库最初需要为奉天、吉林、黑龙江三省提供所需火药，之后吉林自行制造，黑龙江因与吉林临近，曾由吉林供应黑龙江所需火药，但又因其制造原料有限，甚至所需磺、铅等原料，还要从盛京工部获取，后仍由盛京工部所属火药库承担奉天及黑龙江火药供应。乾隆四十五年（1780），盛京工部侍郎德福有关盛京配造火药之事的奏文说明了该

---

① 嘉庆朝《钦定大清会典》卷48，《近代中国史料丛刊三编》第64辑，台北：文海出版社1991年版，第2300页。

事:"查盛京每年应用火药、烘药一万二千余斤,黑龙江每年应用一万余斤。向例,黑龙江需用火药,自盛京动用驿车,由吉林递送。今吉林既自配造,似可就近运往。但吉林所出之硝,不敷两省之用,且磺、铅等项仍由盛京采办,不如将黑龙江火药归并盛京配造,照例解往。至盛京工部现贮火药三万一千五百余斤,除盛京、黑龙江二处,本年应用,尚属有余,惟查盛京炮位八门,应备存火药一万二千余斤,烘药一百二十斤。此内尚短火药三千六百余斤,烘药一百一十余斤。今于本年春季添造足数外,仍配造二年火药贮库,嗣后按年配造,出陈易新,则常有二年火药备用。"① 同时,可见盛京工部火药库内按例要储备两年所用的火药备用,配造则按年进行,每年都需出陈易新。

盛京工部所供之物,除了来自所属之库外,还有一些来自盛京工部所属各厂,包括秫秸厂、席厂、灰厂、缸厂、炸子厂、铅厂、木炭厂及黄瓦厂等。秫秸厂,主要负责发给柴薪,每年厂监督都要从盛京工部库内领银采买,然后按数发放,年终之时汇造清册,报部查核报销。主要供给陵寝、奉天文武官员、匠役、显祐宫道士、犯人、流民、三姓及朝鲜使臣等日常生活所需,同时也为三陵供祭的牛羊及各驿站马匹提供草料,为苫盖各衙门库、仓及黑牛馆的墙垣提供物料。铅厂,铅是制造火药的必备之物,对其采取和铸造都由铅厂负责。盛京工部有专门采铅之所,康熙四十九年(1710),盛京工部侍郎席尔图便因为将采铅之地于锦州与辽阳州之间频繁更改而受议处。② 铅采完后要经过铸造方可应用,道光二十二年(1842),由于盛京工部存备支放铅子不足,便需要迅速铸造补充:"盛京工部库贮铅子,经将军衙门咨取防堵及运送黑龙江等处用过

---

① 《清高宗实录》卷1105,中华书局1986年版,第14册,第790页下栏—791页上栏。
② 《清圣祖实录》卷241,中华书局1985年版,第3册,第401页下栏。

外，现在所存不敷支放。若俟题请铸造，未免有稽时日，著该侍郎即行派员采买黑铅六万斤，尽数铸造。所需铅价、工价，准其在盛京户部库贮银两项下动支，并著该侍郎督率铸造之员，核实办理，务使帑归实用，不准稍有浮冒。"① 即由盛京工部侍郎派员采买黑铅进行铸造补充，并对整个铸造过程进行监督，采买黑铅的铅钱及铸造过程的工钱均由盛京户部库银支出。黄瓦厂，主要负责烧制预备陵寝所用的黄瓦，其窑址在牛庄析木城，所用的土石皆从窑址附近获取。因其所产物品主要为陵寝服务，所以清廷特别设置五品官专管黄瓦烧造，该官专由掌握烧制黄瓦技艺的侯姓一族世承。

  盛京工部具体对奉天地区各项事务的支出，主要有三陵、宫殿、受敕封的寺庙、长白山望祭殿等处需用的桌围、花瓶、香炉、烛台、凉棚、账房、门帘、包袱、锁匙等项，都由该管衙门开列数目，报至盛京工部给发。三陵祭祀之时，所需各项祭器、金银、硼砂、绢布及黄蜡、酥油、银硃、棉花、高丽纸、糯米等也都由盛京工部负责提供，陵寝、宫殿、受敕封的寺庙内进行油漆绘画时，所需的桐油、绵、绢等物由盛京工部提供，同时盛京工部还要派专人负责监视作画。乾隆年间，绘画时结网用的铜丝也由盛京工部给发。奉天地区各衙门盛装关防的印匣、锁匙等也由盛京工部制造给发，各衙门所需的笔墨等物由盛京工部动帑买给，八旗官军所需用来装送的木柜由盛京工部制造并发给，修盖内府仓廒需用的砖瓦，由该管官咨盛京工部给发。升授盛京的官员到任后，若无官房可拨，盛京工部照例按照每间给银三十两。吉林乌喇造船所需橹牙，黑龙江造船所需条铁、麻绳、川麻等物都由盛京工部供给。对三姓贡貂之人赏赐的莽缎、彭缎、妆缎、帽缎、丝绸、绵绸、毛青布、高丽布、棉花绒线、线缨、镀银等物，均由盛京礼部咨盛京工部发给。迁入盛

---

① 《清宣宗实录》卷367，中华书局1986年版，第6册，第607页下栏。

京的新满洲日常生活所需的柴薪、锅、缸、碗、席、犁头、铧、刀等物,及建造住房需用的钱粮都于盛京工部领取。

综上所述,盛京工部的职能主要有营造和收支两种,营造主要承担盛京等处大型工程的修造,对象不同,但流程相似,盛京工部下属的匠役在各种营造工作中发挥了重要作用。盛京工部的收入主要来自采木山场的木税和苇塘的苇税,支出主要用于营建工程和为盛京各项事务供给所需物品。

## 第三节 盛京兵部的职能

盛京兵部是五部中建立最晚的一个,因盛京等处本是以八旗驻防制进行管理的,所以该处长官——盛京将军,既主政务又主军务,那么为何又要在此基础上设立专管军务的盛京兵部呢?主要目的是以此来监督和限制将军,这一点由盛京兵部的职能可见一斑。盛京兵部建立之初,管理东路边门,与将军管理西路边门相对,进而分化了将军的权力;监督奉天军事操练,从而限制了将军军事主导权。除此之外,盛京兵部也具有一些常规职能,如管理驿站、选任武职、管理逃人等。盛京兵部所具有的这些职能随着时间的推移也发生了一些变化,东路边门后来仍归盛京将军兼管,又在边外安设卡伦,由各地方城守尉派军士巡边。盛京兵部监督奉天军务由军事操练改为对军器的点验及对八旗官兵马步箭的监射。对于驿站的管理,雍正十二年(1734),清廷设立驿站正、副监督,隶属于盛京兵部,专管奉天驿站事务。光绪二年(1876),清廷令地方州县兼辖驿站事务,驿丞上报驿站事务时,除了造册送至监督衙门外,还要拟一份送至地方州县,并由州县官上报驿巡道。选任武职范围,雍正年间,由原来整个东三省改为仅奉天地区。同治元年(1862),大凌河牧厂的翼领牧长由盛京兵部负责引见补放,十三年(1874),规定该处的副牧长及牧副直接由盛京兵部验放，不必再入京引见。对逃人的审理，改为由盛京刑部负责，盛京兵部不再兼理。但是，纵观有清一代盛京兵部职能的发挥，可见其承担的主要职能包括：点验军器，监射及对奉天驿站、边门及武职官员选任的管理等。而其中学界较为关注的则为盛京兵部对奉天地区东六边门及驿站的管理，如杨树森①、孟宪振、任世铎②、姜涛③、宫宏祥④、丛佩远⑤等人均有所论述，而对点验军器、监射及武职官员选任等职能则较少论及。由此，笔者便据相关史料，特别是满文档案资料对盛京兵部所涉诸项职能进行详细论述。

## 一　点验军器和监射

点验军器，盛京八旗驻防官兵的军器，每年都要由该管协领、城守尉等检验一次，确保军器整洁，以备修治和查验。每隔三年盛京兵部要对军器点验一次，遇点验之年，盛京兵部侍郎带领所属部员及家丁、书役等前往奉天各驻防城，对各城八旗官兵的盔甲、兵器等进行查验，目的是使军器"齐整洁美，以显军威。倘查验时，仍有糟锈残缺，即行参劾，依照耽搁兵器法律，著将官兵分别议罪，仍修治齐全"⑥。道光八年（1828），因盛京刑部侍郎到各城点验军器，"需费较繁，究属虚应故事，有损无益"⑦，所以清廷下令停止盛京兵部查验军器之事，改为由各驻防城的城守尉将每年查验的情况造册上报至将军衙门，由盛京将军转咨盛京兵部存查，同时将军

---

① 杨树森：《清代柳条边》，辽宁人民出版社1978年版。
② 孟宪振、任世铎：《康熙年间吉林至瑷珲间的驿站》，《历史档案》1982年第3期。
③ 姜涛：《清代吉林乌拉通往瑷珲驿站设置变迁考》，《北方文物》1986年第3期。
④ 宫宏祥：《论清代驿站的组织与管理》，《太原大学学报》2003年第3期。
⑤ 丛佩远：《清代东北的驿路交通》，《北方文物》1985年第1期。
⑥ 《雍正九年八月二十四日盛京兵部侍郎永福奏请定期查验兵丁盔甲兵器折》，中国第一历史档案馆编译《雍正朝满文朱批奏折全译》下册，黄山书社1998年版，第2056页。
⑦ 《清宣宗实录》卷149，中华书局1986年版，第3册，第287页下栏。

还要不定期地派出官员到各城密查，以便对上报的军器情况进行核实。十九年（1839），定由盛京将军、五部侍郎及副都统中请旨拣选一员，每三年一次前往各城查验军器，二十二年（1842），又改为遇三年一次查验军器时，将各城军器调至盛京城，由将军、五部侍郎及副都统一同检验。同治二年（1863），定"盛京官兵军器，简派大员就近点验，其兴京、金州、锦州所属地方，责成该副都统点验，仍由将军衙门汇总，咨送兵部查核"①。

监射，盛京八旗官兵、五部官员、笔帖式及外郎等每年分两季，春季于正月二十日至三月二十日，秋季从七月十六日至九月十六日举行会射。盛京兵部按例要派出官员对实到官兵进行点卯，对盛京官兵参与会射的情况进行监督。同时，盛京兵部侍郎也要会同盛京将军等官对官兵马步箭、着甲四次射马步箭及火器兵放枪等情况进行监督。雍正五年（1727）十二月二十一日盛京兵部侍郎永福给雍正帝上的奏折中，对其查看的盛京官兵会射情况进行了介绍："看得火器兵于平坦地方举盾牌排纛旗，击鼓放枪，其前进收退，远看虽威武，但因放枪不齐整，将军伊礼布停其列队放枪，而靠近以五人为一列阵，相继放枪，看得：前进、放枪、装火药，不甚爽利，点火总灭。火药制造甚粗，且潮湿而结团。看得合格仅十分之二、三。管辖火器营之协领博罗等如同影子在此站立，竟不能指教，故将军伊礼布指责协领、章京等，令其好生训练。除此未再查看。……谨请圣主明鉴，降旨将军大臣等，由八旗满洲、汉军佐领、防御、骁骑校内，选贤能擅长军务之人，不另行差遣，专职管理教习放枪。选精通技艺之协领二人，诚心办理事务。如此，官员责有攸归，兵丁不敢懈弛，专心勤学。"② 由此可见，盛京兵部侍郎对会射的监督，

---

① 光绪朝《清会典事例》卷722，中华书局1991年版，第8册，第960页下栏。
② 《雍正五年十二月二十一日盛京兵部侍郎永福奏报查看官兵操练马步箭等情折》，中国第一历史档案馆编译《雍正朝满文朱批奏折全译》下册，黄山书社1998年版，第1549页。

包括查看士兵的操练是否整齐，动作是否娴熟，武器是否精良以及所属长官对士兵的训练是否合格等。显然盛京兵部侍郎永福在这次监射中发现了一些问题，随即提出建议上报皇帝，但是雍正帝给他的批复是："尔应查之事奏朕何用？即使并非为尔之职责，同驻一城之同寅大臣亦应规谏。若规谏而不听，则应上奏。"① 说明盛京兵部履行监射职能时，不仅要对盛京八旗武备情况进行检验，还有责任将所发现问题向将军提出，若将军置之不理，盛京兵部侍郎可直接上奏皇帝，即对盛京将军亦有监督权。

## 二 驿站的管理

奉天地区共有驿站二十九处，每处各设驿丞一名，"夫驿丞者，乃专管驿站之官员，虽为职小，但职任饲养驿马，积贮草料，供应来往官员等事，动辄至关钱粮"②。驿丞之上设有专管奉天地区驿站事务的驿站正、副监督，而驿站监督则隶属于盛京兵部，所以盛京兵部主要是通过驿站监督对奉天各处驿站进行监督管理。每当自京官补任的盛京兵部侍郎出山海关后，都会例行对沿途各驿站进行巡查，盛京兵部侍郎成刚于道光十九年（1839）二月二十八日上的奏折中有记："为奏巡查驿站完结事。奏称：奴才宗室成刚谨奏，为循例巡查驿站完结事奏闻，奴才承蒙圣主恩典任盛京兵部侍郎，从京城起程出山海关，按例对沙河等十二处驿站之马匹、钱粮详查，又将奴才到职接任日之事一并奏闻，圣主明鉴，今奴才又对盛京附近各驿站详查，钱粮并无缺减，马匹膘尚可，余下远地之懿路等十六处驿站，奴才按例派出官员逐次详查，钱粮全无缺减，马匹膘尚可，

---

① 《雍正五年十二月二十一日盛京兵部侍郎永福奏报查看官兵操练马步箭等情折》，中国第一历史档案馆编译《雍正朝满文朱批奏折全译》下册，黄山书社1998年版，第1549页。
② 《雍正三年正月十二日监察御史唐吉纳奏陈盛京所属驿站改派笔帖式管理等事折》，中国第一历史档案馆编译《雍正朝满文朱批奏折全译》上册，黄山书社1998年版，第1035页。

各自出具甘结呈来。奴才随后严饬晓谕驿丞，此后对马匹要加意喂养，以期一律肥壮，无误差使。此外，奴才仍不时留心严密查察，断不敢懈怠。为此奴才循例将巡查驿站完结事恭谨奏闻。"① 即盛京兵部侍郎对驿站巡查主要是看驿站钱粮是否缺减，驿站的马匹是否膘肥壮健，同时对驿丞的工作进行督促，并随时对驿站各项事务进行查验。

由此可见，盛京兵部对驿站的管理主要关注的是钱粮、马匹之事。对钱粮的管理，起初是由驿丞统计后上报给驿站监督，监督核准后钤印上报盛京兵部，盛京兵部随即转给盛京户部照数给发，盛京兵部对钱粮之事的干预不多。直到雍正元年（1723），陕西道监察御史赫德布巡查驿站时，发现驿马羸弱，空食国帑，随即上奏雍正帝建议："凡领各项钱粮，宜由户、兵二部堂官公同亲临监督领取，交付监督、驿丞等预先掺拌草豆精心喂养。"② 即之后盛京兵部侍郎要对驿站钱粮的领取和交付进行监督。除此之外，盛京兵部还负责驿站钱粮的奏销。档案中有记："盛京兵部侍郎臣宗室禄康谨题，为题销事，该臣看得兵部所属二十九驿，一年用过各项钱粮，例应按年题销。兹据管理盛京等处驿站正监督员外郎锡福、副监督郎中丰绅，将乾隆六十年一年各驿买补马匹、雇觅车辆、折给车价、应付公费用过银两数目分造细册，呈请题销前来。"③ 由此可见，盛京兵部每年负责题销的驿站支出银两，包括买补马匹银、折给车价银、雇车银以及公费银等。题销之时，首先由驿站的正、副监督将一年来奉天各处驿站用过的银两数目汇总造册送至盛京兵部，盛京兵部

---

① 《奏例查盛京所属驿站情形折》，道光十九年二月二十八日，中国第一历史档案馆藏，资料号：03—0203—4195—058。
② 《雍正元年七月十七日监察御史赫德布奏报盛京驿马草豆由户兵堂官监办事折》，中国第一历史档案馆编译《雍正朝满文朱批奏折全译》上册，黄山书社1998年版，第242页。
③ 《盛京兵部侍郎禄康题为奏销乾隆六十年盛京兵部所属各驿用过各项钱粮数目事》，嘉庆元年五月二十七日，中国第一历史档案馆藏，资料号：02—01—04—18011—001。

要对上报的数目进行查核,并根据上一年奏销钱粮的数目确定下一年应领钱粮的数目;买补马匹银的查核,需要先行将奉天各处驿站所有之额设马、实倒马及买补马数进行核对,然后扣存倒马皮张变价银及签扣草料银解交盛京户部;折车、雇车银要与各衙门咨取车辆的文移及车票内所列的车辆数目进行核对;公费银则与驰驿官兵及贡使的勘合、火牌等进行核对;查核无误后,由盛京兵部将清册转送兵部、兵科查验,同时上奏皇帝,请求按数报销。① 驿站每年还要为驰驿人员提供米、盐、灯油等物,要为经过驿站的使臣提供米、肉等,为驿马及来往人员的马匹提供草豆等。驿站粮储的供应,之初由驿丞自行筹备,康熙三十二年(1693),"题准,关外驿站,旧设管站官员驿丞料理,嗣后交予州县应付"②。即改由附近州县交付。五十五年(1716),为州县应差之人"拨给驿站地方空地令伊等自行捐盖房屋居住,再拨给空甸十五晌,令伊等垦种"③。除了依靠自身耕种外,驿站的马匹还可领取马乾银,当遭遇灾害,驿丁的红册地减产,草豆价格昂贵之时,马乾银便不敷应用,盛京兵部便负责上奏皇帝请求从盛京户部银库中借支。

  盛京兵部对马匹的管理,平日由驿丞负责掺拌草豆,喂养驿马。由副都统负责对驿马进行定期巡查,发现因喂养不善,导致马匹瘦弱之事,要咨报盛京兵部,将失职之官参奏治罪。盛京兵部不仅对驿马进行管理,对奉天地区各衙门及官兵的马匹也具有管理之责,发生马匹丢失事件要及时向盛京兵部呈报,盛京兵部负责为丢失马匹登记注册。例如乾隆五十年(1785)二月,镶黄旗佐领吉祥等为

---

① 《盛京兵部侍郎禄康题为奏销乾隆六十年盛京兵部所属各驿用过各项钱粮数目事》,嘉庆元年五月二十七日,中国第一历史档案馆藏,资料号:02—01—04—18011—001。
② 雍正朝《大清会典》卷217,《近代中国史料丛刊三编》第79辑,台北:文海出版社1994年版,第14233页。
③ 雍正朝《大清会典》卷217,《近代中国史料丛刊三编》第79辑,台北:文海出版社1994年版,第14234页。

骑兵章得荣丢失马匹事呈报盛京兵部："为登记失马册档事。据署理骁骑校事务催长张自然等呈称，据本旗兵章得荣呈称，切身于本年二月初四日接当将军门班，所骑八岁玉眼分鬃青骟马一匹，连鞍鞘俱全，拴在门首木桩，溜缰脱跑，遍处寻找数日，杳无音信，为此叩恳恩准转行注册，实为德便。等情。据此相应呈请咨行盛京兵部注册可也。等情。据此，为此具呈。"[1]

盛京兵部对驿站的管理除了钱粮和马匹外，还对来往于奉天各驿站的乘驿人员所持的勘合、火牌、火票及兵票等凭证进行管理。奉天各驿站中的驰驿人员，根据往来的方向可以分成四类：一是往来于奉天本省各地方；二是往来于奉天与京师之间；三是往来于奉天与吉林、黑龙江之间；四是往来于京师与吉林、黑龙江之间。往来于奉天各地方需要乘驿的官员，由本衙门出具公文咨盛京兵部，由盛京兵部提供勘合或火牌，需要派兵护送的，盛京兵部还要出具兵票，由盛京将军派兵护送，如果是派送公文则出具火票；往来于奉天与北京之间的乘驿人员，来自北京则由京师兵部负责给予凭证，到奉天后上交盛京兵部，年终汇总上交京师兵部，查核奏销，返回时由盛京兵部给予凭证；由奉天去往吉林、黑龙江地区的乘驿人员，由所在衙门出具公文咨盛京兵部，盛京兵部给予乘驿的凭证；由北京去往吉林、黑龙江而途经奉天的乘驿人员，由京师兵部给予乘驿凭证，但至奉天时要将凭证上交盛京兵部，由盛京兵部再颁发新的乘驿凭证而前往吉林、黑龙江地区；而由吉林、黑龙江去往奉天或北京的乘驿人员，则由吉林将军或黑龙江将军给予乘驿凭证，至奉天换由盛京将军派兵护送时，要由盛京兵部出具兵票。[2]

---

[1] 《乾隆五十年二月厢黄旗佐领吉祥等为旗兵章得荣丢失马匹事呈文》，中国边疆史地研究中心、辽宁省档案馆合编《东北边疆档案选辑（清代·民国）》第71册，广西师范大学出版社2007年版，第438—439页。

[2] 光绪朝《钦定大清会典事例》卷722，《续修四库全书》第808册，上海古籍出版社1987年版，第961—966页。

### 三 东六边门的管理

奉天地区的威远堡、英额、旺清、碱厂、叆阳、凤凰城东六边门的事务，由总管六边门事务衙门来管理，而该衙门的长官由盛京兵部侍郎来兼任，所以，处理六边门的事务便成了盛京兵部的职能之一。盛京兵部对边门的管理，包括查禁缉捕及发放出入边的门单。查禁缉捕是指对来往边门之人进行盘查及在边门附近进行巡查，北面防止不法之人私挖或私带人参入边，南面防止朝鲜国人私自入边。各边门的章京和兵丁，虽由盛京将军选派，但执行边门各项事务时由盛京兵部统一指挥。雍正七年（1729）十一月初八日盛京兵部侍郎永福向雍正帝奏报的拿获偷挖人参人犯一事的奏折中，对盛京兵部的该项职能进行了描述：

> 窃臣前曾牌令威远堡等六边门官员内开：兹值秋收，持官票采参之人及打牲之人即将入边。借此之机，不肖之人夹带私参入边，亦未可料。自开原以北双龙台始，至英额边门之阿鲁河、噶斯沟、爱哈河皆为私参入边之地，巡查一事不可松懈。尔等六边门之员，务须选派领催、披甲，对各属边门日夜严查，将缉获之人犯、私参解送本衙门。等情。遍行在案。咨威远堡等六边门官员追踪踩迹，将偷挖人参之孙四等一百一十人、人参二十一两二钱、生参一百三支、参须十两二钱、铅一百四十斤、鸟枪铁子二百斤、米七石三斗、炒面二斗、马十一匹、骡子一头拿获解送前来。……臣拟与奉天将军衙门、盛京刑部、府尹会审，照例了结，年终汇奏。臣属下官兵缉获之人参六十八两七钱、参须二十四两四钱、生参一百三支及参膏一并缴送将军衙门，统交内务府。所获鸟枪一支、铅一百四十斤、鸟枪

铁子二百斤入官交付该处，所获马匹、米等物照例奖给兵丁。①

可见，遇采参旺季之时，盛京兵部侍郎要晓谕六边门章京加强盘查，特别是对夹带私参入边多发地区的巡查。边门官员多采用踩迹追踪的方法缉捕偷挖人参之犯，并将捕获人犯、缴获的偷挖之物及人犯随身携带的米、面、马匹、鸟枪等物统一送至盛京兵部衙门，盛京兵部侍郎将会同将军、盛京刑部及奉天府尹审理，缴获的人参等物送将军衙门转交内务府查收，人犯携带的鸟枪、铅、铁入官，而米、面、马匹等物则照例赏给缉捕有功的边门官兵。

盛京兵部为进出东六边门之人发放门单，主要有两种情况：一是，奉天各衙门派出官员前往吉林、黑龙江地区，由各所属衙门出具公文咨盛京兵部，由部给发门单，边门章京验放出边；二是，由京师前往吉林、黑龙江地区，过东六边门时，由山海关副都统出具公文咨盛京兵部，盛京兵部据该公文发放门单，边门章京查验放行。辽宁省档案馆藏档案中，对盛京内务府下属打牲人丁向盛京兵部领取出边门单的情况进行了说明：

> 都虞司案呈，为关领出边公文事。委催长马尔吉等呈称，本司所属居王多罗树之三旗打牲人等，赴打冬围之朱轩达四十七等三塔坦人三十名，伊等亲随子弟四十五人，随从二十人，车六十辆，赶车人六十名，总共有人一百五十五名，按每人每天食仓米八合三勺计算，一百五十五人需食仓米一石二斗八升六合五勺，往返四十天，共需仓米五十一石四斗六升，拉车的牛六十条，骑的马一百六十五匹，三旗线枪三十支。伊等十月

---

① 《雍正七年十一月初八日盛京兵部侍郎永福奏报拿获偷挖人参各犯折》，中国第一历史档案馆编译《雍正朝满文朱批奏折全译》下册，黄山书社1998年版，第1870页。

十三日出威远堡边门，沿大路照引前往克尔苏费雅塔拉库等河以北地方打牲。十一月二十二日进边，祈请照咨行盛京兵部，除发给出边公文外，并请知照总管威远堡等六边事务衙门可也。等因呈讫，理合除咨行盛京兵部外，并各照总管六边门事务衙门可也。为此上呈。①

呈请出关公文之时，要相应告知所办事务、出关的人数、人员各自的身份，该案便系盛京内务府下属打牲人丁前往克尔苏费雅塔拉库等河以北地方打牲，出关打牲之人包括朱轩达、打牲人、亲随子弟、随从、车夫等。呈文中还要明确诸人所携带之物，该案中打牲人便携带了干粮、车辆、拉车的牛及备骑乘的马等物，同时也要声明打牲地点及去回日期等。盛京兵部除了按例发给门单外，还要转咨总管威远堡等六边门事务衙门知之。

### 四 奉天地区武职官员的选任

盛京兵部选任的奉天地区官员主要包括驿官、大凌河牧长、仓官及笔帖式等。驿站监督年满后，由盛京兵部会同盛京户部进行考核，如在任内没有浮冒钱粮，没有废弛驿务即可由两部保题到京，以待升用。同治元年（1862）之后，盛京兵部具有将大凌河两翼领长带领引见的职责，十三年（1874），盛京兵部可对大凌河副牧长直接验放，无需引见入京。对仓官的管理，主要是挑选适合的笔帖式补放。而对盛京笔帖式的考选，才是盛京兵部主要负责的官员升补之事。以下以盛京兵部侍郎永福上奏题本为例，对盛京兵部考选笔帖式的情况加以说明。"盛京兵部等部衙门侍郎臣永福等谨题，为钦

---

① 《乾隆二十三年十月都虞司为造送冬围打牲人马口米数目及领取出边公文事呈文》，中国边疆史地研究中心、辽宁省档案馆合编《东北边疆档案选辑（清代·民国）》第70册，广西师范大学出版社2007年版，第128—130页。

奉上谕事。准吏部咨开，据盛京兵部咨称，查得奉天将军衙门、盛京五部额设满洲、蒙古、汉军笔帖式共一百零四员，锦州、熊岳副都统衙门随印笔帖式四员，内有奉天将军衙门笔帖式两缺，盛京户、刑二部笔帖式七缺，福陵总管笔帖式一缺，昭陵关防笔帖式一缺，此十一缺本旗并无取中人员，应遵旨咨请试题。"①即奉天地区各衙门的笔帖式出缺，但本旗又没有适合补授之人时，便需要进行考选。考选的程序参照京师各衙门考选笔帖式的程序来进行，"再考试在京之各部衙门现任笔帖式，照例移揭内阁酌定试题一道，密封送部考试，遵行各在案。相应照例移揭内阁于新到通本内酌量考试盛京候补人等初试、复试题目二道，考试盛京现任笔帖式题目一道，密封送部，本部转行兵部，速送盛京兵部，以便考试"②。即考题由内阁拟出，密封送至吏部，吏部将其转送至京师兵部，由京师兵部再转送至盛京兵部。盛京兵部具体负责组织盛京笔帖式的考选工作，首先，"所有现任笔帖式共三十七员并将军衙门咨送监视马步箭合式之八旗候补贡监生员、官学生、义学生并三年限满之库使及从前考试离任库使共一百零一十五名，臣等即行齐集于本月初五日在大法寺公同将考试现任笔帖式题目、候补人等初次考试题目翻译，派出官兵严加看守考试，于候补人员内翻译稍顺者拣取三十一本，按照字号出示晓谕"③。即将应试人员齐集某地进行考试，由将军、副都统、五部侍郎共同验看骑射然后考试翻译，之后共同阅卷，现任笔帖式只参加这一次考试，而候补人等则需通过这次考试筛选出翻译稍顺者参加下一次的复试。之后，"于本月初十日将考试人等齐集臣部，

---

① 《盛京兵部侍郎永福题为本年考过各衙门笔帖式等第事》，乾隆三年十一月十七日，中国第一历史档案馆藏，资料号：02—01—03—03541—007。
② 《盛京兵部侍郎永福题为本年考过各衙门笔帖式等第事》，乾隆三年十一月十七日，中国第一历史档案馆藏，资料号：02—01—03—03541—007。
③ 《盛京兵部侍郎永福题为本年考过各衙门笔帖式等第事》，乾隆三年十一月十七日，中国第一历史档案馆藏，资料号：02—01—03—03541—007。

共同将复试题目翻译，派出官兵严加看守考试。臣等公同将现任笔帖式试卷、候补人等初次试卷、复试试卷详加对阅，将现任笔帖式试卷内略晓翻译者捡取一等四本、二等五本、三等二十六本，候补人员试卷内粗知翻译前后相符者捡取一等三卷并复试卷共六本、二等九卷并复试卷共十八本、三等十九卷并复试卷其三十八本，谨封恭呈御览。再将考试现任笔帖式原题一道、候补人等初试复试原题二道及现任笔帖式翻译不好不合式试卷二本、候补人等翻译不好不合式未完篇试卷八十四本，一并封送吏部查核"①。即由盛京兵部选定复试日期，在本部举行复试，同样由将军、副都统及五部侍郎来阅卷，之后将现任笔帖式中略懂翻译者、候补人员中粗通翻译及能保证前后对译相符者的试卷分作三等，密封上呈皇帝御览，再将考试现任笔帖式、候补人等的题目以及考试现任笔帖式、候补人等中翻译不好、不合程式及未完篇的试卷一同转交京师吏部查核。

除了拣选笔帖式，盛京兵部对奉天地区旗员捐纳贡监之事也具有监督管理的职责。旗员如想捐纳贡监生，先向管官提出，然后"由该管官保送将军衙门，咨送户部，俟部覆到日，饬取该生等旗佐年貌册结，咨送盛京兵部复核"②。至于盛京兵部进行复核的情况，通过盛京兵部给盛京内务府的一份有关捐监的咨文可见："盛京兵部为知照事。右司案呈，本年五月初七日，准户部为咨请事，捐纳房案呈，准盛京兵部咨称，准盛京内务府咨，据贡生福隆阿呈称，生于嘉庆二十一年在旗报捐监生，彼时在部具呈捐纳贡生只领库收执照，国子监发给贡照一纸，并无另有监照。等因。查贡生福隆阿由监生加捐贡生系属一时当即领得部发库收执照一纸，国子监贡照一纸，此外并无另有监照，今准到部咨追缴，该生部给监照，其部给

---

① 《盛京兵部侍郎永福题为本年考过各衙门笔帖式等第事》，乾隆三年十一月十七日，中国第一历史档案馆藏，资料号：02—01—03—03541—007。
② 光绪朝《清会典事例》卷722，中华书局1991年版，第8册，第961页上栏。

监照是否即系原领库收执照,本部无凭查核,相应咨请户部,示复再行核办。等因前来。查福隆阿报捐贡生,本部检查原捐底册内系由俊秀捐监同日加捐贡生并未另给监照,相应咨覆盛京兵部可也。等因前来。相应将由监生加捐贡生福隆阿并无另有发给监照之处,知照盛京内务府衙门查照可也。"① 捐纳贡监一事,上报户部后,户部会照例出具库收执照,国子监会出具贡监执照,之后转至盛京兵部复核时,盛京兵部除了要核对申请人的旗佐、年貌外,还要对之前各项程序中所得的执照进行检验,发现有遗漏之处还要转咨相关衙门进行询问,核查无误后,方准发给管官执行。

此外,奉天地区官员遇各项处分事件,管官不知援引何例进行处理时,由盛京兵部将具体规定知照管官遵行,如,嘉庆元年(1796)正月二十二日盛京兵部将处理旗人丁忧事件的规定知照盛京内务府:"盛京兵部为知照事。档房案呈,乾隆六十年十二月二十八日,准吏部咨开,稽勋司案呈,所有本部酌议承重丁忧章程一案,除载入例册外,相应通行查照于应行知照之处,自行知照可也。等因前来。相应抄录粘单,知内务府衙门查照可也。"②

综上所述,盛京兵部的职能主要有:点验军器、监射及对奉天地区驿站、边门及武职官员选任的管理等。盛京兵部借用点验军器和监射的职能实现了对盛京将军军事领导权的限制。盛京兵部对奉天地区驿站的管理主要关注的是驿站钱粮和马匹之事,另外还要对来往于奉天各驿站的乘驿人员所持的勘合、火牌、火票及兵票等凭证进行管理。对边门的管理主要指查禁缉捕及发放出入边的门单。

---

① 《嘉庆二十三年五月十六日盛京兵部为贡生福隆阿系由监生加捐贡生并无另发监照事给盛京内务府咨文》,中国边疆史地研究中心、辽宁省档案馆合编《东北边疆档案选辑(清代·民国)》第 75 册,广西师范大学出版社 2007 年版,第 9—12 页。

② 《嘉庆元年正月二十二日盛京兵部为祖母病故文举人佛尼勒丁忧事给盛京内务府咨文》,中国边疆史地研究中心、辽宁省档案馆合编《东北边疆档案选辑(清代·民国)》第 72 册,广西师范大学出版社 2007 年版,第 198—199 页。

对武职官员的选任主要包括对驿官、大凌河牧长、仓官及笔帖式的选任，其中尤以对笔帖式的选任最为突出。此外，盛京兵部对奉天地区旗员捐纳贡监之事也具有监督管理的职责。

## 小结

本章所述的盛京礼、工、兵部从职能的行使上看，具有一个特点。盛京礼部的职能涉及祭祀、礼仪、僧道事务、官学及贡使。其中僧道事务是由隶属于盛京礼部的僧箓司和道箓司来具体负责，官学由八旗官学助教负责，贡使由盛京礼部所属的朝鲜使馆来负责。每个具体负责的机构有各自管理的程式，盛京礼部对其的管理主要是监督与查核，所以在盛京礼部涉及的职能中只有对祭祀和礼仪的管理，是由盛京礼部侍郎带领各司司员直接进行的，而对僧道事务、官学及贡使的管理都是依靠所属各部门进行的间接管理。即盛京礼部日常需要处理的事务主要是管理祭祀和礼仪。盛京兵部与盛京礼部相类似，其所涉及的职能有点验军器、监射、管理驿站、东六边门及官员的选任。其中，对驿站的管理由所属驿站监督公署来具体负责，东六边门的管理由总管威远堡等六边门事务衙门管理，盛京兵部对奉天地区的驿站及东六边门的管理，以监督和巡查为主。只有点验军器、监射及选补官员是由盛京兵部直接完成的。由此可见，盛京礼部、盛京兵部平时需要处理的事务并不多，而且也不复杂，的确是人少事简。但是，盛京工部职能的行使却不同于礼、兵两部，盛京工部所具有的营造及收支等职能，都是由盛京工部侍郎或委派所属司员带领部员、匠役及壮丁完成的，所涉及的职能多数由本部直接负责完成，间接管理的事务很少。盛京五部本是文职部门，以文案工作为主也属正常，但盛京工部与其他四部明显不同之处就在于，其承担的实际工作远多过文案工作。

# 第四章　盛京五部与清帝及各衙门之间的关系

盛京五部作为清代的国家机关，受命于清帝，与京师六部往来密切。同时，作为陪都机构，五部行使职能时又需要与盛京将军衙门、奉天府府尹衙门及盛京内务府相配合，所以，五部与奉天地区各权力机构之间的联系也十分紧密。盛京五部作为一个整体，在履行陪都机构的各项职能时，五个部彼此之间也存在着一种若即若离的关系。这一系列的关系，对有清一代盛京五部职能的发挥产生了一定的影响。学界对五部与清帝及京师六部的关系关注不多，对其与盛京将军及奉天府府尹关系的研究则主要体现在对奉天地区旗民二重管理体制的研究中。任玉雪[1]认为，盛京五部是处理旗民之间事务的机构，在东北地方管理体制中的作用在于制衡盛京将军和奉天府府尹，在将军和府尹分治中，五部依事而分，不论旗民，同时又将旗民事务联系在一起。孟繁勇[2]、张士尊[3]均对五部在盛京将军和奉天府府尹权力交叉中的制衡作用进行了详尽论述，而针对盛京五部与盛京将军、奉天府府尹权力交叉的具体事例很少述及。由此，

---

[1] 任玉雪：《再论清代东北的旗民管理体制》，《学术界》2010年第3期。
[2] 孟繁勇：《清代盛京将军与陪都机构权力关系的演变》，《社会科学辑刊》2009年第3期。
[3] 张士尊：《清代盛京移民与二元行政管理体制的变迁》，《东北师范大学学报》2004年第4期。

以下本书便对盛京五部与清帝及京师六部的关系进行系统梳理，特别对盛京五部在旗民二重管理体制中所发挥的协调将军与府尹作用之事例进行详细阐述。

## 第一节　盛京五部与清帝及盛京内务府的关系

盛京五部作为中央国家机关由清帝直接领导，因而在诸多关系中，盛京五部首先涉及的便是与清帝的关系。同时，盛京内务府既作为服务于皇家事务的专设衙署隶属清帝，又是盛京地方一级行政单位，如此盛京五部与盛京内务府也关系紧密，以下便首先对盛京五部与清帝及盛京内务府的关系加以阐述。

### 一　与清帝的关系

盛京五部从顺治末年至康熙中期陆续设立，职能的履行主要从康熙朝开始。康熙帝认为盛京等处"人民淳朴，狱讼事简，无甚难理"[1]，因而在东巡盛京时，告诫包括五部官员在内的盛京各级官员，此时的主要任务是"抚戢军民，爱养招徕。满汉人民，悉赖农业，须多方劝谕，开垦耕种。俾各遂生计，以副朕眷念发祥重地之意"[2]。可见，康熙帝认为此时盛京官员需要尤为重视奉天农业经济的发展，其他事项相对简要，容易处理。而盛京各部中，除盛京户部能够直接参与奉天农业经济恢复发展外，其他各部需处理的事务都属于"无甚难理"的范畴，所以，康熙帝便赋予盛京各部另一职能，即表面上以陪都机构的身份教化臣民，保持发祥重地的淳朴民风，实际上以中央国家机关的身份代替清帝监督盛京官员履行职能。盛京各

---

[1]《清圣祖实录》卷36，中华书局1985年版，第1册，第492页上、下栏。
[2]《清圣祖实录》卷36，中华书局1985年版，第1册，第492页下栏。

部侍郎赴任之前，循例要入宫陛辞，此时皇帝往往对官员有所嘱托。康熙四十五年（1706），盛京户部侍郎董国礼、工部侍郎席尔图陛辞之时，康熙帝便嘱托道："前因盛京衙门事务每至迟误，是以朕自京选择大臣补授。今闻官员办事不勤，尔等可往严察，使朝参习射诸凡公事及围猎，不得有误，倘或不严，朕有所闻，尔等亦不能免罪。"① 盛京礼部侍郎巴济纳陛辞之时，康熙帝言道："盛京地方甚要，今事务废弛，尔须详查，加意料理。"② 五部建立初期，清帝主要利用五部作为中央国家机关的身份来对奉天地方官员进行监督。

到了雍正朝，雍正帝继续沿用康熙帝的方法利用盛京五部来监督奉天地方官员，同时由于排除异己的需要，雍正帝对五部侍郎监督、限制盛京将军等奉天上层官员的诸多做法给予支持，使得五部侍郎对将军等官员的监督权得以扩大。雍正帝在清除允禩势力时，将其党羽鄂伦岱和阿尔松阿先后遣送至盛京思过，后又以二人"仍怙恶不悛，大干国纪"③ 为由，将二人于盛京斩首。在历数二人罪状时，雍正帝提到，鄂伦岱曾"与阿灵阿、苏努等，结为党羽，保举阿其那，欲图大位，扰乱国家。前者审讯阿其那之太监时，供出阿灵阿、鄂伦岱为党羽之首，显干灭族之罪，举国皆知"④。雍正帝这一段话中，不仅指出鄂伦岱、阿尔松阿之罪，更重要的是，他还指出时任盛京将军的苏努同这二人一样也是允禩党羽，而早在鄂伦岱与阿尔松阿在盛京被处斩前，雍正帝已着手惩治苏努。雍正三年（1725），雍正帝发布上谕指出："盛京风俗，甚属不堪。俱因苏努为将军八年，俯徇无知小人之心，沽取虚名，私恩小惠，逞其机诈，惟利是图，毫无裨益地方军民之处，风俗由是大坏。非有为国家实

---

① 《清圣祖实录》卷224，中华书局1985年版，第3册，第257页下栏。
② 《清圣祖实录》卷258，中华书局1985年版，第3册，第547页下栏。
③ 《清世宗实录》卷44，中华书局1985年版，第1册，第644页上栏。
④ 《清世宗实录》卷44，中华书局1985年版，第1册，第648页上栏。

心效力之大臣尽心竭诚，大加整理，不能挽回风俗。著都察院左都御史尹泰，以原品往盛京署礼部侍郎兼理府尹事。"①雍正帝的这则上谕说明的内容有二，其一，由于苏努的失职使得盛京风俗大坏，苏努犯有失查之罪；其二，针对奉天地区的现状，最好的处理方法就是选派"为国家实心效力之大臣"对奉天地区的风俗进行整顿。接下来，雍正帝所采取的措施正是围绕这两方面展开的。雍正五年（1727），雍正帝发布上谕："顷据噶尔弼奏称，盛京城内，所有驻防兵丁六千名，节年俱各搬移城外，或百里或五六十里居住。等语。夫以驻防地方之兵丁，而听其散处僻远，有此理乎。皆由苏努肆意扰乱国政，嵩祝、唐保住甘为苏努犬马，曲意效尤，所以二十年来，流弊一至于此，伊等之罪，至为深重。盛京乃太祖、太宗开基之地，逼近福陵、昭陵，关系甚钜。著将苏努家产，交与嵩祝、唐保住查明，再将伊等所有赀财，俱带往盛京，以为兵丁搬移入城之费，如有应交与都统之处，即著交与都统，令伊等效力赎罪。六千名兵丁纵不能尽行移入，但移二三千名，伊等之罪，亦可少轻，若不悉心效力，定将伊二人从重治罪。"② 由此可知，雍正帝针对苏努失职、贪污等行为对其进行惩处，而对其属下各员如嵩祝、唐保住等则令其效力赎罪。但是，当循例由嵩祝和唐保住这些苏努的党羽出任盛京将军时，雍正帝自然表现为诸多不信任，对这些人进行严格监督便成为雍正帝能够采用的最好办法，那么代替雍正帝来执行监督任务的便是其所谓的"为国家实心效力之大臣"，实际上是雍正帝挑选的亲信大臣，其中表现最突出的两位是盛京刑部侍郎武格和盛京兵部侍郎永福。武格出任盛京刑部侍郎后，对盛京将军家人的犯罪进行了严厉打击，武格先后对将军俄莫洛、噶尔弼家人的犯罪行为进

---

① 《清世宗实录》卷32，中华书局1985年版，第1册，第494页下栏。
② 《清世宗实录》卷52，中华书局1985年版，第1册，第786页上、下栏。

行了惩处，雍正帝对此给予了肯定和支持，雍正帝在对武格奏报惩处噶尔弼家人开铁矿一折批示中指出："甚为可嘉。著凡事要如此果断。为国家尽忠竭力时，丝毫无妨。此朕可担保，天理亦如此。……欲正盛京恶习，若能痛击郭二等奸棍，有面子，能鼓动人，独裁专断者，则习气方获正之。若能访实似此者，著即密奏以闻，朕有处理办法。"① 盛京兵部侍郎永福到任奉天时，起初出任副都御史兼管威远堡等六边门事务，主要任务就是对盛京将军等奉天官员进行监督，由于其依仗雍正帝的支持，加之做事风格比较强硬，激起盛京将军唐保住的不满，他连同两位副都统一同上疏雍正帝参奏永福干预将军衙门事务，奏道："永福到达之后，不勤于钦交本职事务，每次皆言奉有密旨。又言威远堡等六边至关重要，皇上派副都御史前来，可无目的乎？我前来时，奉有密旨曰：尔抵达后，暂勿具奏一应诸事，待朕造匣子后寄送尔时，著再具奏。如此，则由尔能启开，朕能启开。等语。到处宣扬，又威吓盛京文武官员无一能者。每次审理人参案件，动辄争吵，或责骂协领、章京等官员，意欲强办将军衙门事务。"② 雍正帝对永福的作为，则采取宽宥态度，之后盛京官员又告永福侵蚀人参，雍正帝对此指出："盛京官员积习原本极差，况且合伙整人之诡计不可令其猖獗。先是众人耍诡计欲整永福一情，朕已查出真情。今此事与旧习无甚差异，朕若穷究，则必旷日持久，以致众人受牵。"③ 作为雍正帝亲信出任盛京五部侍郎者，在雍正帝支持下对将军等盛京官员具有很大的监督权和限制权，甚至达到干预将军衙门事务的程度，对五部权力的扩大，雍正

---

① 《雍正五年三月十二日盛京刑部侍郎武格奏报将军噶尔弼家人开铁矿事》，中国第一历史档案馆编译《雍正朝满文朱批奏折全译》下册，黄山书社1998年版，第1447页。
② 《雍正二年四月十七日盛京将军唐保住等奏参副都御史永福干预将军衙门事务折》，中国第一历史档案馆编译《雍正朝满文朱批奏折全译》上册，黄山书社1998年版，第766页。
③ 《雍正五年十二月二十一日盛京兵部侍郎永福奏谢宽宥免于解任折》，中国第一历史档案馆编译《雍正朝满文朱批奏折全译》下册，黄山书社1998年版，第1549页。

帝也不是放任不管。雍正三年（1725），雍正帝下令："添设稽察盛京御史一员，清查五部及将军衙门事件，每一年派换。"① 稽察盛京御史的设立，一方面限制了五部权力的扩大，另一方面也通过对五部的稽察缓解了将军等盛京官员与五部侍郎之间存在的对立情绪。

康熙、雍正两朝，清帝在利用盛京五部监督盛京地方官员的同时，也希望以肃清吏治来保持奉天地区的满洲风俗，但是奉天地区的吏治腐败问题并没有得到根除。乾隆朝时，随着盛京满洲风俗的衰退，盛京五部的贪腐也越来越严重，清帝随即改变了对五部的监察方式，雍正年间设立的稽察盛京巡察御史被废除，奉天地区的巡查官改为先由盛京将军奏请，然后由皇帝从三四品京堂官中选派，每隔五年巡查一次，而平时对盛京官员的稽察，则由将军来执行。例如，乾隆四十七年（1782）九月十二日乾隆帝给盛京将军永玮和吉林将军庆桂的寄谕中，便提到："永玮来避暑山庄陛见时，朕曾面谕，吉林乌拉人赋性俱贪，惟图便宜。到彼之后，不仅一切事务须留心办理，亦应严加管束家人，不得私下勒掯彼处之人。兹将伊调任盛京将军，盛京（官）风亦如吉林，人性甚贪，永玮到任后，惟遵朕昨面训之旨，留心办事。"② 即要求盛京将军在职任内，对盛京等地官风不正、贪污横行的情况，要加以留心。乾隆五十三年（1788）十月初八日，乾隆帝又因盛京工部造价不实寄谕盛京将军都尔嘉："前次往盛京运送玉牒时所用皮箱、抬举之亭及布包袱等物，抵达盛京后，由彼处工部造价。原制作此项物品时用银七百余两，却仅造价九十八两余银，工部驳回令增加造价时，增加数两，仅造价一百三四两银。此均系盛京工部未折实价造价，使属下官员得以侥幸侵蚀，将此寄信都尔嘉，此次解运玉牒所需皮箱等物造价时，

---

① 《清世宗实录》卷37，中华书局1985年版，第1册，第553页上栏。
② 《乾隆四十七年九月十二日寄谕盛京将军永玮吉林将军庆桂著各自严加约束家人》，中国第一历史档案馆编译《乾隆朝满文寄信档译编》第16册，岳麓书社2011年版，第562页。

著务必会同该部详核,秉公照实造价,断不可有侵蚀之弊。"① 即要求盛京将军详细核对盛京工部造价内容,务求秉公造报,进而防止盛京工部属员瞒报贪腐。

　　嘉道之时,清帝主要利用盛京将军与五部侍郎相互监督的方式,来维护清廷对盛京等地的统治。嘉庆五年(1800),盛京礼部侍郎赓音布到任后,曾向嘉庆帝密奏道:"奴才赓音布跪奏,为遵旨具奏事。窃奴才请训后即起程赴任,于六月初三日到沈,迄今将历三月之久,奴才随时留心遍加体访,缘将军衙门协领等官均系本处人员,风土人情因其熟悉,易滋弊混,现在将军宗室晋昌,人甚精明,宽严并济且深知旧习,该协领等亦无所用,其伎俩目下掺演一切,颇见认真。兼管府尹事务穆克登额及府尹明志,均系初任刑名案件,虽素未谙练,然心存谨饬,遇事讲求应办地方事件,实属妥善。户部侍郎成书,刑部侍郎瑚图灵阿,工部侍郎萨敏,每日各上衙门料理本部事件,勤慎供职。府丞李燊,除考试之外,并无应办事件,衡文取士声名亦无不好之处。至奴才职司典礼,凡遇大小祭祀惟有恪遵圣训,果品等项必敬谨检点,务期丰洁鲜明,仰副恩慈,委任至意。所有奴才遵旨缘由,理合恭折具奏,伏乞皇上睿鉴。谨奏。朱批:览奏俱悉。此后若有改位易辙等弊,仍随时密奏。"② 由此可知,嘉庆时期五部侍郎仍具有代替皇帝密查盛京各处官员的职能,赴任之时要多方查访,盛京将军、盛京八旗协领、奉天府兼尹、奉天府府尹、盛京五部侍郎及奉天府府丞等奉天地区大小官员均是密查的对象,密查内容主要是各官员履行职能的情况,对将军的监督主要是关注将军作为奉天地区的最高长官是否具有清醒的头脑和明

---

① 《乾隆五十三年十月初八日寄谕署盛京将军都尔嘉著往盛京解运玉牒所需皮箱等物照实造价》,中国第一历史档案馆编译《乾隆朝满文寄信档译编》第21册,岳麓书社2011年版,第449页。
② 《盛京礼部侍郎赓音布奏为遵旨具奏盛京五部及将军衙门勤慎办公事》,嘉庆五年八月二十二日,中国第一历史档案馆藏,资料号:04—01—16—0091—056。

察独断的能力，而且这种密查并非只在上任之初，还要在盛京官员出现调动时，随时以密奏的方式向皇帝奏报。在五部侍郎监督将军的同时，将军也对五部侍郎职能履行进行监督。同治四年（1865），由于盛京户、礼、兵三部侍郎出外差，造成盛京刑部侍郎志和一人兼理四部事务的情况，对此盛京将军玉明上奏清帝道："……是志和一人现兼户、礼、兵、刑四部之任，未免繁多，即使能员窃恐有顾此失彼、兼顾不暇之虞，易滋弊窦，惟未闻志和自行声明奏请，奴才若再隐默不陈，体制攸关，殊非慎重。公事之道，自未便瞻徇回护，相应据实奏闻，尚有工部侍郎桂清、副都统庆春可否分任署理之处，伏候圣裁，以示限制，奴才为慎重部务起见，伏祈皇太后、皇上圣鉴，谨奏请旨。"① 该资料表明，盛京将军对五部中一部侍郎兼任四部事务的情况提出了异议，而且将军玉明在说明上奏原因时，指出"惟未闻志和自行声明奏请，奴才若再隐默不陈，体制攸关，殊非慎重"，强调自己身为将军，具有监督五部，维护奉天地区各项制度的责任。

综上所述，盛京五部与清帝的关系主要是作为清帝派到盛京的亲信对盛京官员进行监督，监督作用的发挥始于康熙年间，雍正年间由于雍正帝打击异己的需要，对五部侍郎监督甚至干预盛京将军事务的做法极力支持，使得这一时期五部对盛京官员的监督作用表现最为突出，到了乾隆年间随着五部自身腐败的加剧，清帝反而开始利用将军限制五部，嘉道之时，清帝通过将军与五部相互监督方式加强了对奉天地区的统治和管理。

## 二 与盛京内务府的关系

盛京内务府，是总管内务府设置在盛京的分支机构，主要负责

---

① 《盛京将军玉明奏为盛京户部等部侍郎出缺可否委任工部侍郎桂清暨副都统庆春分任署理请旨事》，同治四年四月十四日，中国第一历史档案馆藏，资料号：04—01—12—0499—012。

盛京等处的皇家事务，最初名为"总管盛京内务三佐领"（以下简称"三佐领"），后于乾隆年间更名为"盛京内务府"。清代有两个内务府衙门，一个在京师，一个在盛京，盛京之所以设有内务府与其陪都的身份密不可分，盛京等地的皇产、宫殿及陵寝等均在内务府的管辖范围之内，因此，从陪都机构的角度来看，盛京五部与盛京内务府在职能履行的方面存在交叉，五部属于国家机关，内务府则是服务于清帝的包衣组织，两者一为国效力，一为主效力，具有本质区别。但在封建社会中，皇帝即国家，所以两者职能的交叉点便是那些既是皇家之事又有关国体的内容，主要包括盛京的宫殿、陵寝及坛庙等事务。对包衣三佐领所属人等的管理，与盛京外八旗人相似，如内三旗人的刑名事件，因盛京内务府无审讯职能，所以均由五部负责处理。因此，五部与盛京内务府的关系主要体现在陪都机构的各项职能中，而五部对盛京内务府所属三佐领人丁相关事件的处理，则体现在五部的各项职能中。总的来说，盛京内务府最初各项职能的发挥均与京师内务府联系紧密，与五部即便需要合作，也要由总管内务府从中传达，之后则变为与总管内务府的关系渐疏，而与盛京五部关系渐近，在合作中，盛京五部负责管理，盛京内务府则负责执行，意见存在分歧时以五部的决定为主，以下便对这些表现加以说明。

（一）盛京内务府与五部的联系由疏到近

顺治初年，总管盛京内务三佐领便已开始在盛京办理各项事务，由京师直接管理。当盛京五部建立后，三佐领的某些事务便由五部负责处理。例如，盛京包衣三佐领所属人等比丁事务，康熙六年（1667）三月，总管内务府给盛京包衣佐领辛达里的公文中指出："据宣政院郎中哈西等呈称：去年九月本院为此咨文去讫。据辛达里等呈复，先前诸佐领皆将历届比丁档册送往京城，故伊等亦照此解送，并无解送当地户部之事。……再，康熙二年、五年此二年内经户部奏准晓谕当地诸佐领、管领之告示称：咨文盛京、江宁、西安、杭州等地，造旧查点人丁，缮明各户满洲、蒙古、旧尼堪、投充尼堪之丁数，并将查点之佐领、骁骑校、小领催等人名一并保结，务于九月十五日以前全部收齐造册。等语。此告示辛达里等是否收到？倘接到为何不遵旨解报户部？以上情由，俟辛达里等一一查明速呈之后，本院再议。"① 可见，最初包衣三佐领的比丁档册一直由各佐领自行转送在京机关管理，到康熙初年改为由盛京户部统一收齐后转送京师，而对这一变化包衣三佐领的掌关防官竟未能领会，进而受到了斥责。随后，总管内务府令盛京包衣三佐领："嗣后盛京三佐领之比丁档册，请令辛达里等照比丁之年户部奏准颁行之告示，于限期内解送盛京户部。"② 由此三佐领的比丁档册便由盛京户部负责收齐转送。五部虽承管理盛京地方事务之责，但涉及盛京包衣三佐领所属人等事项，因其包衣特殊身份，仍需包衣三佐领官员参与处理，如雍正八年（1730），盛京户部处理蔡三等人钱粮地亩事务之时，盛京户部向将军衙门询问蔡三等人身份，将军衙门便指出：蔡三等人为包衣佐领下人，并非旗人，应由盛京户部转咨包衣三佐领所属管官负责催追。③

虽然三佐领在五部成立后，由之前的完全依靠总管内务府到开始与五部联系，但是与五部的这种联系并非直接联系而是通过总管内务府及京师各部而实现的间接联系，这种间接联系随着时间的推移，才逐渐演变为盛京内务府与盛京五部之间直接往来。康熙十一

---

① 关嘉禄、王佩环译：《黑图档中有关庄园问题的满文档案文件汇编》，载《清史资料》第5辑，中华书局1984年版，第22页。
② 关嘉禄、王佩环译：《黑图档中有关庄园问题的满文档案文件汇编》，载《清史资料》第5辑，中华书局1984年版，第25页。
③ 《雍正八年八月十二日盛京户部为蔡三等人系京城包衣库官曹印家人其地亩钱粮应由该管入册催追事咨尚书内务府衙门》，辽宁省档案馆编《雍正朝黑图档》第13册，线装书局2016年版，第89页。

年（1672）四月二十六日，盛京包衣佐领辛达里等为奏准清宁宫、凤凰楼、崇政殿等处之油漆木雕由盛京工部修缮一事的咨文中指出："掌管理盛京内务关防佐领辛达里等咨工部。康熙十一年四月二十六日，准总管内务府衙门来文内开，本衙门具奏，为请旨事。据掌管理盛京内务关防佐领辛达里等呈称，康熙三年三月二十七日，准总管内务府衙门咨开，据内工部呈称，准工部来文内开，本部具奏：为修补清宁宫、楼、殿事。准盛京工部咨开，顺治十七年六月来文内开，饬令修缮清宁宫、凤凰楼、龙楼、崇政殿。等语。尚未修缮。等情到部。查得，康熙元年因匠役无暇，待匠役闲暇再行修缮。等情具奏并咨行盛京工部。现修建两陵，匠役无暇，暂停可也。"① 盛京工部与盛京包衣三佐领进行公文往来时，盛京工部需要先行文京师工部，由京师工部行文内工部，由内工部再行文总管内务府，最后由总管内务府行文盛京包衣三佐领。对宫殿进行修缮时，则规定："修缮油饰开裂、脱落、剥落之处所需匠役、颜料等项钱粮，盛京辛达里处札饬工部，转咨盛京工部修缮。修缮时，盛京工部所需匠役、颜料等项钱粮估定后，知会辛达里等共同监修。"② 即具体维修时还是要由盛京三佐领先上报京师工部，然后由京师工部转咨盛京工部修缮，盛京工部与盛京三佐领的这种间接联系表露无遗。

但是，在乾隆年间涉及维修盛京宫殿的公文中，双方关系则发生显著变化。乾隆二十五年（1760）六月初七日盛京工部给盛京内务府的一则公文中指出："盛京工部为咨行事。右清吏司案呈，准盛京总管内务府咨开，营造司案呈，据宫殿催长福禄等呈称，奉堂抄准盛京工部咨开，右司案呈，准盛京总管内务府咨开，营造司案呈，据宫殿催长福禄呈称，查得，东所介祉宫五间，前坡明间西次间黄

---

① 《黑图档》，康熙十一年四月二十六日，辽宁省档案馆藏，第155册，第10—12页。
② 《黑图档》，康熙十一年四月二十六日，辽宁省档案馆藏，第155册，第10—12页。

绿瓦片自二檩以下沉陷，前后老檐至飞檐望板飞爪槽朽，头停夹垄灰斤，俱各剥落，理合呈请咨行盛京工部修理。"① 由此可见，到了乾隆年间，盛京内务府遇维修宫殿事务，可以直接向盛京工部咨报，同时有关工程的料估及兴建等事，盛京工部也可以与盛京内务府共同商议，无需再由京师工部及总管内务府负责指挥和引导。如该案中，盛京内务府便对盛京工部维修的程序提出了疑问，"但介祉宫工程若待题请，往返必需时日，及至题明到日则办理物料不及，今岁亦不能修理，与其稍迟，以俟明年方始兴修，莫若今岁预行备料，明年春融即便兴修，入于下年报销，实属公便"②。盛京工部随即给出了解答，"修理宫殿城郭各工，俱系一面题估，一面派员兴修，并不迟滞时日，相应咨覆盛京总管内务府遵照定例题明，到日再行办理"③。

（二）五部负责管理，内务府负责执行

在盛京五部与盛京内务府协同办理之事中，盛京五部多承担的是管理的职责，而盛京内务府则负责具体实施。例如，对盛京堂子的管理，由盛京将军衙门、盛京内务府及盛京礼部共同负责，将军衙门主要负责驻守，不参与日常管理，堂子的日常管理主要由盛京内务府和盛京礼部承担，盛京内务府选派苏拉负责"殿门封锁、打扫院宇"④，而盛京礼部右司负责对这些苏拉进行管理，苏拉因事不能再应差时，要向盛京礼部提出申请，经部核准同意后，方可开缺，并由盛京内务府再另选他人顶补。乾隆五十二年（1787），因打扫堂子的苏拉病故，盛京礼部给盛京内务府发咨文道："盛京礼部咨开，右司案呈，据正白旗包衣苏拉王忠等呈报，今有包衣厢黄旗打扫堂

---

① 《盛京内务府档》，乾隆二十五年六月初七日，辽宁省档案馆藏，资料号：10834。
② 《盛京内务府档》，乾隆二十五年六月初七日，辽宁省档案馆藏，资料号：10834。
③ 《盛京内务府档》，乾隆二十五年六月初七日，辽宁省档案馆藏，资料号：10834。
④ 《盛京内务府档》，光绪二十七年二月二十九日，辽宁省档案馆藏，资料号：36495。

子苏拉何四小子于本年正月二十日病故，理合呈报。等情。据此，相应咨行盛京总管内务府，转饬该旗将病故何四小子之缺，另行拣选苏拉一名，咨送本部可也。"① 同时，盛京礼部每十日还要派官员前往堂子检查，光绪年间，盛京堂子遭俄兵洗劫，盛京礼部官员查看后指出："窃职等奉堂派查看堂子，于二月二十六日会同前往，带领右司书吏查得栅栏门内外架木丢失大半，值班堆房门窗木植一概全无，宫门虎头环腰杆均经损失，八角亭门窗、隔扇、砖墙俱行拆毁，亭柱有歪斜情形，亭南神树石多有砸坏，正殿隔扇门尚全间有残破，殿内荡然一空，铺地方砖挖坏许多。讯据右司书吏声称，殿内旧有尊藏神幔、铜炉、铜香匙、香槽、香碟祭用各物，全然无存，内外门一律敞开，若不趁早派人看守，恐延日久败坏，不堪收拾，所有查看情形理合据实陈明，做乞鉴核旋行。"② 可见，礼部官员主要检验堂子内部建筑是否完整，有无损坏；殿内的祭器、供品等物是否齐全，摆放是否合乎礼制。由此可见，在堂子的日常管理中，盛京礼部只负责监察，各项事务的履行都是由盛京内务府来完成的。

虽然盛京五部与盛京内务府协同完成任务时，五部只具有监察的职能，但是当五部侍郎的意见与内务府总管的意见发生分歧时，要以五部侍郎的意见为主，足见盛京五部的地位要高于盛京内务府。例如，乾隆四十一年（1776），盛京户部在审理悔婚案时，盛京内务府镶黄旗下线丁十家保呈控金老屋等谎称民人李秀为旗人而与其孙女订婚，盛京内务府进行初步审问后，将此案转交盛京户部处理。盛京户部便对盛京内务府所查的情况提出了异议，认为原告十家保

---

① 《乾隆五十二年三月佐领英敏等为镶黄旗已故打扫堂子苏拉何四小子之缺拣选苏拉李常英顶补事呈文》，中国边疆史地研究中心、辽宁省档案馆合编《东北边疆档案选辑（清代·民国）》第71册，广西师范大学出版社2007年版，第494—495页。

② 《盛京内务府档》，光绪二十七年二月二十九日，辽宁省档案馆藏，资料号：36495。

的另记档案身份"自必有案可稽"①,且"伊等女子即或入拣选秀女,亦不得作为正身旗人确据"②,通过对十家保供词的审断认为其有意翻供。综合以上的各种疑问,盛京户部又将此案发回盛京内务府,要求盛京内务府确查。盛京内务府随即对盛京户部提出的疑问给予解释,而对于翻供情形,盛京内务府认为其只是据实将十家保的供词转咨盛京户部而已,"其民人在部如何质对,本府无由得知,未便越俎"③,由此可见盛京内务府对盛京户部提出的种种质疑,一一给予申辩,显然对盛京户部的诸多看法并不认同,但是最后还是指出"三旗所属另档当差人丁,不下千余,一切户婚争讼本府不过据呈按册开送,其应照何例办理,自应听候部议,以便报京遵行"④,表明还是要按照盛京户部的命令来执行。所以当盛京五部与盛京内务府意见不一时,还是以盛京五部的决断为主。

综上所述,盛京五部与盛京内务府的关系是,盛京内务府最初各项职能的发挥均与总管内务府联系紧密,与五部即便需要合作,也要由总管内务府和京师各部从中传达,之后则变为与总管内务府的关系渐疏而与盛京五部的关系渐近,合作处理各项事务时,盛京五部负责管理,盛京内务府负责执行,意见存在分歧时以五部的决断为主。

---

① 《乾隆四十一年十月厢黄旗佐领双全为额丁十家保不愿将孙女聘于民人李秀为妻事呈文》,中国边疆史地研究中心、辽宁省档案馆合编《东北边疆档案选辑(清代·民国)》第71册,广西师范大学出版社2007年版,第13页。
② 《乾隆四十一年十月厢黄旗佐领双全为额丁十家保不愿将孙女聘于民人李秀为妻事呈文》,中国边疆史地研究中心、辽宁省档案馆合编《东北边疆档案选辑(清代·民国)》第71册,广西师范大学出版社2007年版,第13页。
③ 《乾隆四十一年十月厢黄旗佐领双全为额丁十家保不愿将孙女聘于民人李秀为妻事呈文》,中国边疆史地研究中心、辽宁省档案馆合编《东北边疆档案选辑(清代·民国)》第71册,广西师范大学出版社2007年版,第16页。
④ 《乾隆四十一年十月厢黄旗佐领双全为额丁十家保不愿将孙女聘于民人李秀为妻事呈文》,中国边疆史地研究中心、辽宁省档案馆合编《东北边疆档案选辑(清代·民国)》第71册,广西师范大学出版社2007年版,第16页。

## 第二节 盛京五部与京师六部及彼此之间的关系

盛京五部与京师六部同属于部院机构，在职能履行中关系密切。盛京五部无论是职能履行，还是人员管理，都要受到京师六部的限制，且需代替京师六部对盛京统部地区相关事务进行管理。五部彼此之间，则结成一体、相互监督，同时又分工明确。本节便主要对盛京五部与京师六部及五部彼此之间的关系加以阐述。

### 一 与京师六部的关系

盛京五部作为陪都机构，其职能需参照京师六部相关职能来制定，虽然二者同属中央国家机关，但管辖范围及权力大小却不尽相同，这一点从二者关系中可见一斑。从权力大小来看，盛京五部低于京师六部，属于其所属机构，受其管理；从管辖范围来看，盛京五部代替京师六部对盛京统部相关事务进行管理，以下便对盛京五部与京师六部的这两种关系进行简要叙述。

（一）盛京五部的级别低于京师六部

京师六部中，各部的最高长官是尚书，品级为从一品，其下设左右侍郎，分管部务，品级为正二品。而盛京五部中，各部只设一位侍郎总理部务，未设尚书，五部侍郎的品级与京师各部侍郎一样，均为正二品。由部门最高长官的级别可见，京师六部与盛京五部虽然同属于中央国家机关，但是京师六部的级别要高于盛京五部。从职能的履行上看，盛京五部侍郎虽然可以直接向皇帝上书言事，但日常部务的处理更多情况下需要征得京师六部的同意才能执行。例如，盛京户部凡经手的"征收粮数、赏银、鞭责、补给壮丁等事，

## 第四章 盛京五部与清帝及各衙门之间的关系

均移咨户部转题"①，即此等事件，盛京户部需先行咨会京师户部，由京师户部代为题奏。可见，盛京户部虽名为中央国家机关，具有直接向皇帝上疏的权力，但并非所有事件均需单独题奏。由京师户部转题，也表明将盛京户部所处理的相关事件纳入京师户部所属范围之中。盛京户部每年还要将"各项钱粮旧管、新收、开除、实在数目，逐款开造清册，于岁终奏销，并造细册一本，移送户部"②。盛京户部每年的奏销，都是由皇帝下旨京师户部进行查核的，而且奏销之后盛京户部还要造具细册一本保存于京师户部备查。盛京户部所属的余地考成，体现京师户部与盛京户部之间关系最为明显。

盛京旗地事务盛京户部可以直接向皇帝造报，无需经京师户部转题，而盛京余地考成事务因与旗地事务有关便仍由盛京户部单独造报。即便是由盛京户部单独造报，但对余地考成进行查核还是由京师户部具体负责。如，嘉庆二年（1797）盛京户部造报盛京乾隆六十年余地考成一案，该档案中首先记道："户部为余地考成事。山东司案呈，户科抄出，本部等部议覆，盛京户部侍郎伯麟题，盛京等城乾隆六十年余地考成一案，嘉庆元年十一月二十七日题，嘉庆二年二月初四日奉旨：该部查核具奏，册并发。钦此。钦遵。于本日抄出到部。"③ 这段记载可说明两个问题，第一，盛京户部侍郎伯麟可以直接题奏余地考成一事；第二，清帝将盛京等处余地考成案交由京师户部查核。京师户部对盛京余地考成，首先对原额地、新收地的地数、所征租银数与登记在册的地数及应征租银数进行核对，

---

① 《钦定大清会典则例》卷139，《钦定四库全书》第382册，上海古籍出版社1987年版，第373页上栏。
② 《钦定大清会典则例》卷139，《钦定四库全书》第382册，上海古籍出版社1987年版，第373页上栏。
③ 《嘉庆二年闰六月二十六日盛京户部为将征收乾隆六十年余地考成租银之催长张思明等人记录咨给盛京内务府咨文》，中国边疆史地研究中心、辽宁省档案馆合编《东北边疆档案选辑（清代·民国）》第72册，广西师范大学出版社2007年版，第387页。

之后，对开除的各项地数及租银数进行核对，对于查核中发现的造报之数与之前题报数目不符情况，京师户部需要行文盛京户部，由该部侍郎调查清楚后再知会京师户部，该案中京师户部便通过核查发现盛京等城被灾应免地亩租银与盛京户部题报数目不符情况，"至金州、熊岳、锦州等三城被灾应免征地一万八千七百八十七亩九分八厘二毫，应免租银一千三百一十五两一钱五分八厘零，分作二年、三年代征地七万八千四十二亩三厘八毫，代征银五千四百六十二两九钱四分二厘零，查与具题被灾案内蠲缓地亩租银各数均属不符，应令该侍郎查明声覆报部"①。京师户部除了对地亩及租银进行考成外，还要对承催、督催官进行奖罚。盛京户部造报余地考成之事，除了要将地亩租银造册上报，还要将承催督催各官征收已完未完情况汇总上报，盛京户部只具有考察的职能，对各官进行奖惩还要由京师户部按例来拟定。该案中京师户部便指出："既拟该侍郎将承催督征各官已、未征完职名造册送部，分别查议……今户部核定乾隆六十年分余地租银，除督催未完不及一分之锦州副都统台费荫，承催未完不及一分之委署主事海庆均例无处分毋庸议外，应将经征一千两以下全完之承催官九品催长张思明、张自然，食饷催长李孔寅、七格，照例各准其纪录一次，拜唐阿李孔亮、于恒寿、史逢亮俱系兵丁，应各准其纪录一次，注册俟得官日再行补给。等因。嘉庆二年四月二十八日题，五月初一日奉旨：依议。钦此。为此合咨前去，钦遵查照施行。"② 最终京师户部将查核意见上报皇帝，皇帝允许后，按此施行。通过这一盛京余地考成案可见，对盛京户部所承担的重

---

① 《嘉庆二年闰六月二十六日盛京户部为将增收乾隆六十年余地考成租银之催长张思明等人记录事给盛京内务府咨文》，中国边疆史地研究中心、辽宁省档案馆合编《东北边疆档案选辑（清代·民国）》第72册，广西师范大学出版社2007年版，第393页。
② 《嘉庆二年闰六月二十六日盛京户部为将增收乾隆六十年余地考成租银之催长张思明等人记录事给盛京内务府咨文》，中国边疆史地研究中心、辽宁省档案馆合编《东北边疆档案选辑（清代·民国）》第72册，广西师范大学出版社2007年版，第394—395页。

要职能,京师户部同样具有审查权,而且这种审查绝非流于形式,对审查中发现的问题,京师户部要责令盛京户部查明咨覆,对盛京户部相关官员也可按例奖惩,这都体现出京师户部的职权高于盛京户部。

此外,京师各部对盛京各部所办差务具有监督及查核权,这种监察的权力有时还包括对盛京各部官员渎职贪腐事件的处理。嘉庆十五年(1810),京师户部左侍郎英和曾前往盛京处理协领扎布扎那呈控盛京户部侍郎贵庆需索仓规一案,其给嘉庆帝所上的奏折中指出:

> 臣等于本月十三日具奏协领扎布扎那畏罪自尽缘由,于是日卯时拜发,至酉刻将军富俊前来面告臣等,已故协领扎布扎那曾于初八日在该将军前亲递印呈一纸,系控侍郎贵庆需索仓规,该将军已于初九日专差奏闻交臣等办理,并将扎布扎那原呈清单与臣等阅看。查贵庆身为侍郎需索仓规事,在臣等到沈以前扎布扎那既有确据,何不早在该将军前呈控,奏请查办,乃于臣等到沈讯出包门阎锡栋等供认栽种秧参,扎布扎那曾索修庙银五百两属实之后,始向该将军前呈递,该将军并未向臣等提及,待臣等于初十日巳刻行文传入,解任质讯,又不即日解送,以致初十日夜间扎布扎那在家自缢,十一日该将军来见,臣等告知扎布扎那自缢,亦未提及扎布扎那生前曾有呈控贵庆之事,是以臣等前奏无从叙入。是日申刻将军富俊同(盛京刑部)侍郎崇禄来见臣等,崇禄向臣等言扎布扎那家属存有伊生前所书字纸三件,系将军交与刑部者。臣等细阅三纸内,均无贵庆需索字据,仅有"贵大人苛刑,因此身死"数字,而扎布扎那终未到案,安有受刑之事,且贵庆并未承审,其为怀恨贵庆奏出参务情弊,难以掩饰,已属显然。至贵庆被控需索,臣

等亦不敢保其必无，自应彻底根究，各归各案办理，相应据实奏闻并将已故协领生前所书三纸粘贴黄签，恭呈御览，伏祈皇上睿鉴。谨奏。①

盛京协领扎布扎那呈控盛京户部侍郎贵庆需索仓规一事，由盛京将军上奏，清帝交由京师户部办理。京师户部随即派出左侍郎英和率领部员赶赴盛京办案。在处理此案过程中，英和等人也需会同盛京将军及盛京刑部一同审理，但由该奏折中所述案件调查的情况可见，该案件的审理以英和等人为主稿，英和因此对盛京将军及盛京刑部对案件的处理提出了异议。最终英和等人认为该事件为协领扎布扎那"怀恨贵庆奏出参务情弊，难以掩饰，已属显然"，但对于贵庆是否真有收取仓规，还需进一步调查。由此可见，京师各部还承担处理盛京官员渎职及贪污事件之责。京师各部具有这一职能，一方面，源于本身就对盛京各部日常事务进行监督，熟悉部务，所以处理各部官员渎职行为，更为得心应手；另一方面，以盛京之外官员来处理盛京贪腐案，可避免盛京各级官员相互回护、合谋陷害。

（二）盛京五部代替京师六部对盛京统部地区相关事务进行管理

五部可以代替京师六部对吉林、黑龙江各处相关事务以及三姓、朝鲜等事务进行处理，但最终仍由京师各部决断。为吉林、黑龙江等处官兵发放兵饷，提供赏赐三姓的乌林、接受朝鲜使臣的咨文及安置朝鲜流民等都是这一情况之体现。

盛京户部发放俸饷，对象主要有两个：一是奉天各衙署官员，二是奉天、吉林、黑龙江三处八旗官兵。奉天各衙署官员的俸饷及养廉银等均由盛京户部负责发放，俸银主要来自盛京户部所属仓、

---

① 《户部左侍郎英和奏为已故协领扎布扎那呈控盛京户部侍郎贵庆实在情形请旨查讯事》，嘉庆十五年七月十四日，中国第一历史档案馆藏，资料号：04—01—01—0522—039。

库。奉天、吉林、黑龙江三处八旗官兵的饷银,盛京户部虽负责发放,但俸银主要由京师户部提供。三处将军衙门每年于十一月之前将本处需领兵饷数目造册报至盛京户部,盛京户部进行查核。十二月,盛京户部派出库关防一员、协领一员,自雇车辆,由盛京兵部派人押送前往京师,照数向京师户部领取俸饷。与此同时,吉林、黑龙江两处派官员至盛京城等候,待盛京户部官员领回俸饷后,两地官员照数领取,解回发放。如果在此期间有新任的官员需要补领俸禄,则由各地库储银内暂时支给,待来年上报补给。乾隆八年(1743),盛京将军额尔图称:盛京户部入京领兵饷时,"或遇雪大难行年分,每迟至二月间,始抵奉天。其吉林、黑龙江钱粮,三、四月间,始能运到。该处又复散给分防各城,是以春饷较迟。而三省备存钱粮,每省只二十万两,实属不敷支放。查奉天户部大库并臣衙门滋生库,俱可收贮,请将户部应拨项内量其足支二年之用者,领取三百万两,以二百万两贮部库,以一百万两贮臣衙门库内,到迟年分,即将备存银支放,以领到者补额"①。这样盛京户部库存银便也可在领取俸银迟延之时,为奉天、吉林、黑龙江三地官兵发放俸饷。同治四年(1865),三地俸饷"除应领制钱一千八百串,仍由盛京户部金银库拨给外,通共实应拨银二十九万四千九百三十四两零,拟拨长芦丙寅年应征盐课银十四万四千九百三十四两零,山东地丁项下未解咸丰十一年京饷银五万两,山东盐课项下未解咸丰十年京饷银五万两,直隶丙寅年旗租银五万两。以充东三省丙寅年俸饷之需。等语。著刘长佑、阎敬铭遵照指拨银数,悉心筹画,迅速解赴盛京户部交纳"②。由此可见,此时三地兵饷来源发生了变化,由于京师户部入不敷出,三地兵饷不再由京师户部支出而改为盛京户

---

① 《清高宗实录》卷192,中华书局1985年版,第3册,第472页上栏。
② 《清穆宗实录》卷160,中华书局1987年版,第4册,第706页上栏。

部支出一部分，剩下的由关内一些省份应交京师户部的税课银中补给，并且这些税课银无需再解往京师，直接按期送至盛京户部交纳。

贡貂赏乌林之事，学界多有探讨，①但对处理贡赏事务之时，京师各部与盛京五部之间职能转换，学界则关注不多。清入关后，三姓之人起初是入京师贡貂，此时负责对三姓之人进行赏赐的是京师各部。顺治十六年（1659），清廷指出，"（费牙喀部）庄屯头目克尔格孙等进贡黑狐皮、貂皮，至是礼部奏，贡物应送至京师，交与户部。此后费牙喀部落人民进贡，应送至宁古塔，照例宴赏遣回"②，即三姓之人贡貂之地发生变化，该史料中所述的费雅喀部贡貂之人之后改在宁古塔缴纳，而前文提到也有些三姓之人改入盛京贡貂。随着贡貂之地的转变，负责对三姓人等进行关领乌林的部门便由京师六部变为盛京五部，具体由盛京礼部、盛京户部及盛京工部负责。乾隆二十五年（1760）四月十一日，题为"吉林将军衙门为关领乌林数目册须一式三份事咨三姓副都统衙门"的档案对此时盛京各部负责关领乌林的情况有所反映：

> 将军衙门咨三姓副都统衙门，为知照事。户司案呈，准盛京礼部咨开，据右司呈称，准盛京户部咨开，为知照事。据钱粮司呈称，据银库掌关防郎中福明等呈称，奉部文内开，准盛京礼部咨开，乾隆二十五年应领……以上诸物已由吉林将军衙门派出镶

---

① 关嘉禄的《清朝贡貂赏乌林制度的确立及演变》（载《清史满学暨京剧艺术研究·关嘉禄文集》，社会科学文献出版社2012年版）一文利用辽宁省档案馆藏的《三姓副都统衙门满文档案》对清代贡貂赏乌林制度进行了说明，其中提到了盛京五部在贡赏过程中所发挥的作用。李桂芹的《明清两代对东边北疆的管辖与贡赏联姻制度》（《黑河学刊》1992年第2期）一文，也提出了相同的观点。杨余练、关克笑的《清朝对东北边陲民族的联姻制度》（《黑龙江文物丛刊》1984年第2期）、袁森坡的《康雍乾经营与开发北疆》（中国社会科学出版社1991年版）及关嘉禄的《里达喀及其进京纳妇浅析》（载《清史满学暨京剧艺术研究·关嘉禄文集》，社会科学文献出版社2012年版）等文则对盛京五部负责赏赐远嫁三姓地区民女之事进行论述。

② 《清世祖实录》卷124，中华书局1985年版，第959页上栏。

红旗佐领苏秦保等前去领取，谨此移咨贵部。等因前来。查，前来文开列乌林数目与今来文开列乌林数目经复核无异，将此饬交银库，凡携带该项乌林领单即照数发给。……此外，又查得，盛京礼部咨送之册上仅缮具吉林将军官衔，并未钤用将军印信，祈请行文盛京礼部转咨吉林将军，嗣后需造具清册二本，钤用将军印信后咨送盛京礼部，一本礼部留存，一本转来本部查核办理，列入奏销册内，以为一体。等因呈准，咨送前来。①

三姓副都统衙门成立后，三姓人等的贡赏事务便由其负责。每年遇贡赏之时，三姓副都统衙门要将应关领的物品造具清册上报吉林将军衙门，由将军衙门审核，此后将军衙门再将该清册咨盛京礼部审核，并选派官员到盛京领取乌林。虽然关领乌林由盛京礼部负责，但是乌林主要来自盛京户部、盛京工部所属之库，盛京工部起初负责为三姓人等提供已制好的衣服，但多不合身，之后便改为只提供制作衣服的布匹，由三姓人等自行制作，因而盛京工部便不再涉足关领乌林事务，提供三姓人等的乌林此后便主要来自盛京户部所属之库。盛京礼部接到清单后，先要进行核查，之后将清单转给盛京户部，吉林将军所派之人到盛京户部领取乌林之时，盛京户部官员要将盛京礼部转送的清单与今吉林官员所持清单进行复核，无误方可按此清单咨盛京户部所属之库，照数发给。该档案末尾提到的对清单钤印的要求，正说明了多个部门共同协作完成关领乌林一事。之后，三姓副都统会携带乌林到指定地点对三姓人等进行贡赏，所获貂皮要上交盛京户部，由盛京户部负责运往北京。所以，在对三姓人等的贡貂赏乌林中，盛京五部特别是盛京礼部和盛京户部主

---

① 《乾隆二十五年四月十一日吉林将军衙门为关领乌林数目册须一式三份事咨三姓副都统衙门》，辽宁省档案馆、辽宁社会科学院历史研究所、沈阳故宫博物院编译《三姓副都统衙门满文档案译编》，辽沈书社1984年版，第15—17页。

要承担了关领乌林及转送貂皮的任务。贡赏之地的转换主要是因为京师距三姓路途遥远,三姓人等入京不便,若改在宁古塔贡赏,仍需由京师各部派人运送乌林,亦费时费力,恰巧盛京位于北京与宁古塔之间,又设有地位等同于京师六部的盛京五部,盛京户部所属之库又足以提供三姓所需乌林之物,所以便由盛京五部代替京师六部为三姓关领乌林。

盛京礼部可以代替京师礼部处理朝鲜事务,将进入盛京地界的朝鲜国人转送回国,如乾隆七年（1742）,"盛京礼部等部奏,岫岩城楞子沟地方,有朝鲜遭风商船一只,查明林第兴等十一人,照例给与衣粮,遣回本国"[①]。东北三将军辖区内捕获的私越边界偷捕牲畜的朝鲜国人,也按例交盛京礼部转送其回国受审,如道光七年（1827）,"富俊奏,拿获朝鲜国越界偷捕牲畜人犯……已经该将军咨送盛京礼部,转解该国收审。著礼部檄谕该国王,令其严究确情,自行惩办,并饬该国王严禁属下人等,嗣后不得私行越界打牲伐木,以肃边境"[②]。该史料同时也说明,盛京礼部只具有转解朝鲜人犯的权力,针对此事对朝鲜国发布檄谕仍由京师礼部负责。除了转解朝鲜国人外,朝鲜使臣呈递的咨文,盛京礼部也可以代替京师礼部接收,朝鲜燕行使者的日记中便记录了盛京礼部接收咨文的场景:"东边第二府即礼部也,（朝鲜）使臣正官皆下马步入,历二重门开一大厅,厅中放桌子,上罩黄锦袱,礼部诸官列立,右旁上首者年可六十许,戴珊瑚顶子,长须大耳,颇颀然有贵气,问是礼部侍郎,皇帝近族云。……（使臣）遂出表咨文置于桌子上,使臣行三抨九叩头礼。……礼毕即出。"[③] 由接收咨文的情况可见,盛京礼部侍郎及

---

[①]《清高宗实录》卷175,中华书局1985年版,第3册,第254页上栏。
[②]《清宣宗实录》卷123,中华书局1986年版,第2册,第1062页上、下栏。
[③] 李宜万:《农隐入沈记》,[韩]林基中主编《燕行录全集》第30册,首尔:东国大学校出版部2001年版,第130—131页。

诸官并没有亲自接取，而是由朝鲜使臣自行将咨文呈放在大堂供桌之上，侍郎及部员都列立于堂下，可见盛京礼部并无承接咨文的权力，应办之差只是将咨文收取并转交，例如，同治十年（1871），京师礼部便接收了盛京礼部转送的朝鲜回复宁古塔副都统收领逃民的咨文，"礼部奏，准盛京礼部送到朝鲜国王咨文，系因宁古塔副都统照会该国派员赴塔、春两城，收领逃民"[①]。由此表明盛京五部代行京师各部的职能，只具有执行权，责权仍归京师各部所有。

综上所述，盛京五部无论是职能的履行，还是人员的管理，都要受到京师六部的限制，虽名为陪都机构，实际上更像是受制于中央各部的地方机构，盛京五部的职能不仅涉及奉天地区亦包括对整个盛京统部相关事务的管理，但是，这些职能只是盛京五部代行，盛京五部只具有执行权，并无责权。

## 二 盛京五部彼此之间的关系

盛京五部各部之间，相互合作，作为一个整体来共同履行职能。表现为各部侍郎可以互相调转，可以兼理、署理他部事务，部员可以共同处理与部务关系不大的事项。究其原因，一方面，五部人少事简，无需像京师六部一样设立众多管理机构；另一方面，五部作为陪都机构，需要共同承担陪都机构的职责。同时，正是由于五部之间的一体性，使得各部堂司官很容易介入他部之中，进而促成五部之间相互监督的实现。虽然五部可看作一个整体，但各部之间分管事项仍然具有明确的划分，所以各部之间的关系便表现为既结成一体，相互监督，同时又分工明确。

（一）结成一体

盛京五部的一体性，可以从各部官员的任职情况中得到反映。

---

[①] 《清穆宗实录》卷308，中华书局1987年版，第7册，第82页上栏。

五部侍郎之间可以相互署理和兼理。每当五部中有侍郎因故需要暂时离任时，其职任便"按部递署"①，即按户、礼、兵、刑、工的顺序由下一个部的侍郎署理。例如，同治四年（1865）正月十一日，盛京户部侍郎宝珣因回京丁忧事将印务交给盛京礼部侍郎清安署理；同年闰五月二十六日，盛京礼部侍郎清安因丁忧事将印务交给盛京兵部侍郎庆春来署理；②十三年（1874）三月十二日，盛京兵部侍郎继格因丁父忧事将印钥交盛京刑部侍郎铭安署理；③同治四年十一月初五日，盛京刑部侍郎志和丁忧将印钥交盛京工部侍郎桂清署理等。④各部侍郎除了可以按部递署外，有时也可由一部侍郎兼理多部，同治四年正月十一日，盛京将军玉明"奏为盛京户部侍郎宝珣回京丁忧照例将印务递交盛京礼部侍郎清安署理事"中，便指出盛京户部侍郎因丁忧离任时，循例按部递署印务，但是恰好应接任的盛京礼部侍郎也因故离任，随即向下传递给盛京兵部侍郎，盛京兵部侍郎不久也离职，这样盛京户部、盛京礼部、盛京兵部三部的印务便按例由盛京刑部侍郎来署理，结果便出现一部侍郎连署四部印务之事。盛京五部设立之时，各部仅设侍郎为最高长官，并未类同京师六部设尚书作为各部长官。而雍正八年（1730），清廷设置一位尚书来总管盛京五个部事务，虽然有出于五部人少事简、无需分设的考虑，但同时也表明清廷将五部看作一个整体来加以管理的事实。

各部的管理者可以相互调转以及总管、兼理、署理，而各部的

---

① 《盛京将军玉明奏为盛京户部等部侍郎出缺可否委任工部侍郎桂清暨副都统庆春分任署理请旨事》，同治四年四月十四日，中国第一历史档案馆藏，资料号：04—01—12—0499—012。

② 《奏为盛京礼部侍郎清安丁忧照例将印务移交兵部侍郎庆春署理并起程回京日期事》，同治四年闰五月二十六日，中国第一历史档案馆藏，资料号：04—01—12—0499—079。

③ 《奏为代奏盛京兵部侍郎继格丁父忧所遗印钥照例递交盛京刑部侍郎铭安署理事》，同治十三年三月十二日，中国第一历史档案馆藏，资料号：04—01—12—0517—150。

④ 《奏为盛京刑部侍郎志和丁忧照例将印钥递交盛京工部侍郎桂清署理事》，同治四年十一月初五日，中国第一历史档案馆藏，资料号：04—01—12—0500—036。

第四章　盛京五部与清帝及各衙门之间的关系

属员也经常作为一个整体来履行职能。例如，盛京每年秋季要将尊奉于此的实录、圣容、圣训、玉牒等取出晾晒，此事由盛京内务府负责，但通常需要五部派出官员协助。乾隆二十二年（1757）八月初五日，盛京礼部为造送晾晒圣容、圣训、实录、玉牒官员衔名事咨盛京内务府的档案中便记道："准盛京总管内务府咨称，为咨取事。据营造司案呈，富禄等呈称，前据将军衙门奏称，实录、圣容、圣训、玉牒每年秋季晾晒一次。等因具奏。由本衙门通行盛京五部出派官员晾晒在案。"① 可见，盛京五部有时需要承担一些与本部事务关系不大的任务，而且承担此类事务时，五个部通常都要派员参加，进而由五部共同承担该项任务。就五部共同承担晾晒"实录"等任务来看，这种由五部共同承担的事务，看似与各部职能关系不大，但执行该任务却是五部作为陪都机构身份的体现。

盛京五部的一体性使得一部侍郎同时可以实现对本部之外其他四部的管理，而当侍郎管理他部时，除了处理日常部务外，还可以对他部侍郎及部员的工作进行审查。例如，雍正五年（1727）九月十四日，由于盛京工部侍郎常保奉差前往额勒敏、哈勒敏地方收参，盛京工部的印务随即由盛京刑部侍郎武格署理。武格署理盛京工部期间便对工部日常处理的事务进行了审查，结果发现了一些违规之事，随即向雍正帝进行了汇报："窃侍郎常保已于八月二十四日赴额勒敏、哈勒敏地方收人参。奴才遵旨接盛京工部任后查得，告竣工程未查者多，事关钱粮，不能不详查。虽奴才亲率官员详查，但不能详尽，未可逆料。遂令估算部工程官人黄宗德查问。据管官丁之五品官侯三让告称：原府尹蔡珽求侍郎常保调黄宗德去。等语。以奴才愚意，蔡珽私行求调关系钱粮事上行走之官人者，实属乱来。

---

① 《乾隆二十二年八月初五日盛京礼部为造送晾晒圣容圣训实录玉牒官员衔名事咨盛京内务府》，杨丰陌、赵焕林、佟悦主编《盛京皇宫和关外三陵档案》，辽宁民族出版社2003年版，第26页。

常保将用于部要事之官人徇情调给蔡珽遣之者,殊属不合。奴才一面行文兵部交付蔡珽佐领,令黄宗德查送外,为此谨奏以闻。"① 可见,武格兼理盛京工部期间对部务和官员都进行了查访,结果发现部内有很多告竣工程未经查验,官员存在徇情私调等现象。

盛京五部的司员作为一个整体执行与本部关系不大的任务,除了体现其陪都机构的职能外,也是利用五部之间的相互监督、相互制约来避免一部专管所带来的弊端。例如,稽查奉天各驻防城征收杂税的情况,清廷下令"照雍正四年之例,拣选五部司员,于西锦州、宁远州、中后所、中前所四处,义州、广宁二处,辽阳、牛庄、盖州、熊岳四处,复州、南金州、岫岩、凤凰城四处,共派四员,会同城守尉等,征收一年,著为定额"②。奉天地区钱粮税收之事,本应由盛京户部负责,派司员稽查按例也应选派盛京户部司员稽查,但也正是因为此事涉及钱税,所以改由五部司员中共同选派稽查,这便利用五部之间相互监督、相互制约的关系,在一定程度上防止由于一部专管而引发隐匿、包庇及贪腐之事。

（二）分工明确

盛京五部各部之间虽然形同一个整体,经常共同承担一些任务,但是,各部在承担具体任务时仍然是分工明确,界限清晰。例如,清帝东巡盛京,奉天官员准备接驾时,盛京五部官员便有明确的分工,据乾隆四十八年（1783）盛京将军给盛京内务府发的咨文可见:"预先收拾准备夏园行宫等事,责交工部侍郎兼副都统德察管。……各处中伙处、住宿处应备钱粮均系户部承办事项,该部侍郎鄂派至九关台接驾。由九关台增设卡伦,均系兵部承办事项,着该部侍郎博查办。……三陵祭祀事宜应礼部承办,该部侍郎玉至九关台接驾

---

① 《雍正五年九月十四日盛京刑部侍郎武格奏报侍郎常保擅调部员往他处折》,中国第一历史档案馆编译《雍正朝满文朱批奏折全译》下册,黄山书社1998年版,第1515页。
② 《清高宗实录》卷133,中华书局1985年版,第2册,第932页下栏。

第四章　盛京五部与清帝及各衙门之间的关系

后,再去永陵恭备祭祀事宜。城内既有仓库,刑部又有刑名等事,刑部侍郎荣留城,兼署理户部、礼部、工部、兵部等四部事务。"①其中,盛京五部根据各自特点而各司其职,盛京工部负责对清帝临时住所进行维修;盛京户部负责筹备中伙处及住宿处所需钱粮;盛京兵部负责在东巡沿途增设卡伦;盛京礼部负责三陵祭祀事宜;盛京刑部所具有的职能与筹备接驾事务关系不大,而且接驾之时,其他四部的侍郎都要离开盛京城远赴指定地点接驾,为不耽误五部日常差务的施行,便由留在盛京城的盛京刑部侍郎暂时署理五个部的事务。可见,在承担清帝东巡接驾任务时,五部虽然共同参与,但是各司其职,按照各自应该完成的差事,分头进行。

五部共同承担某项任务时,需要分工合作,当五部中某一部行使职能而涉及他部职任时,仍然需要坚守自身的职权范围,而将非本部职任之事转交给他部处理,虽然各部长官、部员关系密切,但是各部的职权范围仍然界限明确,不可混淆。例如,嘉庆六年(1801),"盛京户部为旗人宋董氏等控告旗人宋李氏乱伦事给盛京内务府咨文"中记,宋李氏控庄头德英额以次冒长,充作庄头,因属田土继承纷争,按例由盛京户部审理,"经本部以原呈内所称以次冒长选放庄头一节,已据内务府咨称,革退庄头德英额,拖欠差徭,传唤族中有能代完者,补放庄头"②。即盛京户部经过调查后,证实宋李氏所言属实,将德英额的庄头革退,但德英额之妻宋董氏因嫉恨宋李氏,便反诬宋李氏犯乱伦罪,"至所称乱伦一节,现据宋董氏、德英额口称宋贵良之母宋李氏,原系宋贵良之父小四之妻,因

---

① 《乾隆四十八年四月二十一日盛京将军衙门为奏准皇帝来时五部侍郎副都统等预为指定应办差使事咨盛京内务府》,杨丰陌、赵焕林、佟悦主编《盛京皇宫和关外三陵档案》,辽宁民族出版社2003年版,第453—454页。

② 《嘉庆六年六月二十六日盛京户部为旗人宋董氏等控告旗人宋李氏乱伦事给盛京内务府咨文》,中国边疆史地研究中心、辽宁省档案馆合编《东北边疆档案选辑(清代·民国)》第73册,广西师范大学出版社2007年版,第83页。

小四溺水身死，而宋贵良之伯父和尚之妻宋氏自缢身亡，乃宋贵良之伯父和尚即以小四之妻宋李氏为妻。等情。其是否有无，事隶盛京刑部，本部未便质讯，录供随即将原告宋董氏、德英额、宋李氏、宋贵良、宋奎五名咨送盛京刑部收审"①。乱伦一事不在盛京户部职权范围内，所以该案审理到此时，盛京户部便将涉案人员及所录供词转交盛京刑部，由盛京刑部按律对乱伦案进行审理，结案之后再咨覆盛京户部，"今准盛京刑部咨宋董氏所控宋李氏乱伦之款，详加审讯，尽属子虚，罪拟杖流，系妇人照例收赎，其争控庄头地亩各情咨覆……"②最终由盛京户部继续对该冒充庄头一案进行审理并定案。可见，在盛京户部处理的事务中涉及盛京刑部所管之事，盛京户部要将此事转交盛京刑部处理，待其处理完结之后，盛京户部再继续处理，这说明五部在履行各自职能时界限分明，职权范围明晰。

综上所述，盛京五部各部之间相互监督、联系紧密，经常作为一个整体共同完成职任，但同时各部在具体合作中又分工明确，界限清晰。

## 第三节　盛京五部与盛京将军衙门的关系

顺治元年（1644），清军入关，随即将都城由盛京迁往京师，关外则由镇守盛京城总管负责管理。顺治三年（1646），镇守盛京城总

---

① 《嘉庆六年六月二十六日盛京户部为旗人宋董氏等控告旗人宋李氏乱伦事给盛京内务府咨文》，中国边疆史地研究中心、辽宁省档案馆合编《东北边疆档案选辑（清代·民国）》第73册，广西师范大学出版社2007年版，第84—85页。
② 《嘉庆六年六月二十六日盛京户部为旗人宋董氏等控告旗人宋李氏乱伦事给盛京内务府咨文》，中国边疆史地研究中心、辽宁省档案馆合编《东北边疆档案选辑（清代·民国）》第73册，广西师范大学出版社2007年版，第102页。

管改为昂邦章京级，随后清廷为其颁发"镇守盛京总管官印"①，"镇守盛京总管官"的官称正式确立。顺治十年（1653），宁古塔城镇守官由梅勒章京升为昂邦章京，由此，关外出现两个昂邦章京级的驻守官，盛京总管作为关外最高驻防官的局面被打破。康熙初年，清廷开始在各地设置驻防将军推行八旗驻防体制，奉天随之也开始设置将军进行管理，但将军的官称却一度发生了几次改变。笔者研究后认为，②康熙元年（1662），由于驻防将军的设置及总管治所由盛京迁往辽阳，"镇守盛京总管官"改称为"镇守辽东等处将军"。康熙四年（1665），将军治所迁回盛京，进而"改辽东将军衔为镇守奉天等处将军"③。乾隆十二年（1747），由于隆重陪都的需要，又将镇守奉天将军改称为"镇守盛京等处将军"④。此后，盛京将军的官称直至清末未曾改变。盛京将军衙门作为奉天地区最高军政机构，主管奉天各处事务，属于地方机关。盛京五部是设在陪都盛京的部院机构，虽然职能主要涉及奉天事务，但是仍属于中央国家机关。两个机构虽然隶属不同，但行使职能时多有交叉，进而关系紧密，盛京五部负责文案，将军衙门所属五司负责施行，盛京五部借助将军衙门对地方事务进行处理。但从实际的权力和地位上看，盛京将军衙门高于盛京五部，而盛京五部侍郎充任奉天府兼尹后，又限制了盛京将军的权力。以下便对盛京将军衙门与盛京五部的关系加以论述。

## 一　盛京将军衙门的权力和地位均高于盛京五部

盛京将军衙门下设机构中，存在有与盛京五部名称和职能都很

---

① 康熙《盛京通志》卷14，康熙二十三年（1684）刻本，第18页a。
② 李小雪：《盛京将军改称考》，《兰台世界》总第491期，2015年第33期。
③ 《清圣祖实录》卷15，中华书局1985年版，第1册，第231页下栏。
④ 《钦定历代职官表》卷48，《钦定四库全书》第360册，上海古籍出版社1987年版，第114页。

相似的五司，但是五司的设置并非盛京将军衙门所独有，清代八旗旗署衙门中都普遍设有这种专门负责处理日常旗务的机构，例如辽阳城守尉公署内便设有"兵、户、工三司，每司置掌案员、号簿员，贴写无定额。其分任事项，兵司兼礼司亦曰兵科，专掌军政、军饷、丁壮、沿道之防备及八旗考试、传递公文等事；户司亦曰户科，掌八旗户婚、田产、有关抚恤及征收地租等事；工司兼刑司亦曰工科，掌查禁贼盗及城垣、廨舍、桥梁营缮，僧道等事"①。将军衙门中，五司的职能与五部相近，又都以处理奉天地区事务为主，所以在履行某些职能时存在交叉。进而使得盛京将军衙门与盛京五部在日常事务的处理中联系紧密。由盛京户部和盛京刑部与将军衙门所属户司和刑司职能交叉情况来看，户司有关俸饷、旗地、户籍等职能与盛京户部存在交叉，例如，盛京户部负责将由北京领取的奉天、吉林、黑龙江三地俸饷分发给三处将军衙门，奉天地区则由将军衙门所属户司负责依照具体规程将俸饷分发给官兵。而盛京户部处理旗地买卖及更名过割时，当批准双方的请求后，需要"行文盛京将军衙门转饬各该尉，将卖地文契钤印，给各买主收执，饬令各该界官俟年底造入过地总册内，报部查核"②。本来奉天旗地是由盛京户部负责管理的，但是当涉及对各地方具体旗地进行查丈、造册时，需要将军衙门的协助。原因在于，一方面盛京五部公署及所属机构多数设在盛京城内，在奉天各地方并没有外派机构，同时奉天各驻防城的旗地是由各城城守尉和界官来负责管理的，"盛京由四乡分八界由协领派一员为总理八界协领，派佐领八员为界官，各管一界，催

---

① 裴焕星等修：《辽阳县志》卷17，民国七年（1928）铅印本，第8页。
② 《嘉庆七年七月初八日盛京户部为准将厢黄旗壮丁李博等所卖红册地亩更名过割并将印领交与买主收执事给盛京内务府咨文》，中国边疆史地研究中心、辽宁省档案馆合编《东北边疆档案选辑（清代·民国）》第73册，广西师范大学出版社2007年版，第172—173页。

征地亩钱粮"①,所以盛京户部涉及地方事务的处理需要城守尉和界官的配合。另一方面,奉天地区施行八旗驻防体制同时兼有民治机构,地方上也是既有旗署也有民署,将军既是奉天地区的军政首脑也是旗署的最高长官,所以地方上的旗署都由将军衙门管理,虽然盛京户部涉及旗地事务需要城守尉和界官的协助,但是也不能直接指挥,需要将需求知会将军衙门,由将军衙门的户司将该需求传达给城守尉和界官来执行。将军衙门所属刑司与盛京刑部之间职权交叉的内容有:共同审理挖参、偷木等案,刑司负责拿获制造赌具、脱逃及偷垦木植之人犯,交由盛京刑部审理,刑司还要负责向盛京刑部已定罪之人追赃。可见,除了一些特殊的案件需要将军衙门与盛京刑部会审外,将军衙门刑司与盛京刑部交叉职能,多是刑司为盛京刑部抓捕人犯供其审讯,或是当盛京刑部对案件量刑后,刑司辅助其向被告追缴应交款项等,也就是说在处理案件时盛京刑部主要负责过堂审理,而抓捕和催追等事项则由将军衙门所属刑司来完成,这也反映出五部属于文职部门,主要以文案事务为主的情况。由此可见,盛京五部与将军衙门在日常管理中存在紧密关系,首先,五部与将军衙门职能交叉时,多是以五部为主,将军衙门协助;其次,五部与将军衙门共同承差时,五部多是负责文案事务,而将军衙门多是负责具体施行,同时利用将军衙门可以调配兵将的特点承担起文职部门无法执行的抓捕及催追等事项;最后,五部没有外派机构,使得地方事务的处理要依靠地方机构来完成,从隶属关系上看,五部不能直接对奉天旗署机构下达命令,所以要先知会将军衙门,由将军衙门把命令传达给各旗署机构来执行。

盛京将军衙门与盛京五部,虽然共同处理奉天事务而且联系紧

---

① 崇厚:《盛京典制备考》卷4,光绪二十五年(1899)上海双顺泰印本,第3册,第10页a。

密,但是从实际的权力和地位上看,将军衙门要高于五部。清入关之初,奉天地区设立总管来管理,入关前各部遗留人员,即盛京五部的前身,便统一由盛京总管来节制,户部遗留人员以郎中为长官,主要负责粮饷税收等事务,"凡粮饷事宜,俱案呈镇守盛京昂邦章京"①,而盛京总管之后便演变为盛京将军,所以,早在五部设立之前,五部的前身便是隶属于将军衙门的下级机构。五部成立之后,作为陪都机构与将军衙门共同管理奉天事务,但是无论在清帝还是奉天百姓眼中,奉天地区事务仍以将军衙门为总管。乾隆四十三年(1778),清廷欲在盛京城建立满洲喇嘛寺,为此寄信给盛京将军弘晌指出:"盛京乃我满洲肇迹之地,彼处皆建有宫殿,且我满洲经亦将修成,应建一满洲喇嘛寺,以兴广黄教。在盛京喇嘛寺甚多,将此著传谕弘晌,从彼处喇嘛寺内,择其大者一处为满洲喇嘛寺,现住喇嘛等视其容纳,分住他寺,照常给食钱粮,见缺出即裁。于其空寺内,在彼处之内府佐领及八旗满洲、锡伯中有愿为喇嘛者,则选二三十人或四五十人为喇嘛,照例拨给钱粮。"② 此事清帝令盛京将军负责办理,将军需要完成的任务是在盛京选择适合的寺院充当喇嘛寺,并从盛京内务府及外八旗满洲、锡伯中选人充作喇嘛,并负责拨给他们钱粮。盛京将军弘晌接到寄信后,随即发咨文给盛京礼部、盛京户部及盛京内务府:"相应咨行盛京礼部,将所有住喇嘛的寺庙名字,每座寺内佛堂有多少间,喇嘛住房有多少间,礼敬何等佛,寺内之供器等物,领钱粮的喇嘛有多少,无钱粮的喇嘛有多少,每年领何项公物,逐项不漏查明,速速造册,除送至本衙查办外,并咨行盛京户部,各喇嘛寺每寺有几庄,每年各交何赋,及各

---

① 康熙《盛京通志》卷14,康熙二十三年(1684)刻本,第19页a。
② 《乾隆四十三年四月初二日寄谕盛京将军弘晌著从盛京喇嘛寺内选一处为满洲喇嘛寺》,中国第一历史档案馆编译《乾隆朝满文寄信档译编》第13册,岳麓书社2011年版,第550页。

庄名下有官地多少，逐项查明，速速造册，送来查办。再将应选喇嘛之包衣人等，咨行盛京内务府总管衙门，奉旨拣选。"① 盛京城内兴建喇嘛寺本属于陪都的宗教事务，按例应由盛京礼部来负责，但是清帝却先交给盛京将军主持，表明清帝把将军当作总管奉天地方事务的官员来看待。将军接受命令后负责分工和安排，在具体分配任务时，由将军知会盛京礼部需要承担的具体事务，并且令盛京礼部"逐项不漏查明，速速造册"，送至将军衙门查核。从应差过程及行文语气中，不难看出将军衙门与盛京礼部在处理此事中的总管与分管、上级与下级的关系。嘉庆六年（1801），九月十一日，盛京内务府所属棉丁于吉控告本处庄头于登学等将其错编入户下并诬其为奴一案内，盛京内务府衙门以"本旗衙门向无刑名，碍难审讯，不能水落石出"②为由，抄录供词并原告、被告一起转送盛京户部处理。而盛京内务府迟迟无法出具于吉与于建朝关系的甘结，致使该案无法审理。于是，嘉庆七年（1802），七月初七日原告于吉又将此案告至将军衙门，将军衙门的处理意见："查壮丁于吉前经呈控于登学等控造一脉族人诬长为奴等情一案，当经随讯，据于吉供称，现在户部候讯办理未结。等语。本衙门于本年五月二十四日即将于吉咨送盛京户部归案办理在案，兹因户部咨传被告于登学等四十余日并未到案守候，情急复行具控前来。查所控该府经管人等受其情嘱并不差传。等情。嗣系一面，碍难遽信。相应将于吉仍咨送盛京户部听候办理外，并咨行盛京总管内务府衙门，希为转饬该管官查明有无情嘱不行差传情事，即行查讯明确。并将被控人等按名作速传

---

① 《乾隆四十三年四月佐领三福等为造送奉旨挑取愿充喇嘛之闲散幼丁旗佐花名册事呈文》，中国边疆史地研究中心、辽宁省档案馆合编《东北边疆档案选辑（清代·民国）》第71册，广西师范大学出版社2007年版，第58—60页。
② 《嘉庆六年八月初二日盛京内务府为棉丁于吉控于建朝等漏丁错入诬族为仆恳恩验册谱以准归宗事咨盛京户部》，辽宁省档案馆编《盛京皇庄档案史料选编》，辽海出版社2006年版，第86页。

提,声明径行咨送归案办理可也。"① 由将军衙门的处理意见可见,原告于吉上告至将军衙门的原因是被告于登学多日传召都未到案致使案件无法审理,于吉认为这是盛京内务府相关官员袒护而有意拖延的结果,将军衙门受理了于吉的呈控,一方面要求盛京户部加紧理清于吉的户籍;另一方面则要求盛京内务府对相关人员有意无意拖延一事进行调查,并督促尽快将被告于登学差传到案。由此案审理过程可见,当盛京户部与盛京内务府相互推脱时,旗丁于吉选择向盛京将军衙门上告,并向将军衙门控诉盛京内务府人员有意拖延等事,可见在当时奉天百姓心中,盛京将军衙门是高于盛京五部及盛京内务府的上级机关,当对盛京部院机构处理事件不满时,可以继续向将军衙门上告。

奉天地区的行政管理机构比较特殊,以八旗驻防体制为主,但因为民人较多,所以同时又存在州县管理体制,因为是满洲龙兴之地又设有陪都体制,多重管理体制的交叉,使得奉天地区相关事务的处理需要多个机构共同负责。在会同处理某些事务时,各部门之间难免会产生分歧,将军和五部侍郎作为奉天地区的主要管理者经常需要协同办事,当二者意见龃龉时,清廷最终还是会尊重并采纳将军的意见。例如,同治六年(1867),盛京户部侍郎兼奉天府府尹额勒和布与盛京将军都兴阿关于如何处理游民私垦边外禁地事出现了分歧,额勒和布没有与都兴阿会衔便单独奏请将私垦禁地升科,对于盛京将军与五部侍郎的意见分歧,清帝将其交由王公大臣进行会议讨论,足见对将军与侍郎出现分歧之事的重视,会议中王大臣对于禁地开垦升科一事,持否定态度,指出"历届未敢轻议开垦"②,特别是

---

① 《嘉庆七年七月盛京内务府为棉丁于吉控于登学等控造一脉族人诬长为奴事咨盛京户部》,辽宁省档案馆编《盛京皇庄档案史料选编》,辽海出版社2006年版,第118—119页。
② 《清穆宗实录》卷203,中华书局1987年版,第5册,第624页上栏。

## 第四章　盛京五部与清帝及各衙门之间的关系

"有关风水者，仍当封禁，不得妄议开垦"①，商议的结果是委派一名重臣前往盛京会同盛京官员进行调查，查核已被私垦的禁地亩数，并对"已垦之地，可以核实清厘，未垦之地，仍当示以限制"②。可见，清廷对此事的处理重在查清已被私垦的土地情况及督责盛京地方官员对禁地加紧看护，并未赞同额勒和布提出的升科建议，而且坚决反对对禁地进行开垦。而对于与额勒和布意见相悖的将军都兴阿，清廷下令，"都兴阿等务当宣示朝廷格外恩施，不咎其既往之愆，仍予以谋生之路，至该省历任将军及各部曾经查勘侍郎，朝廷宽大之恩，既概恕其失察，此次查办各员，务须筹画万全，严定章程，加意防范，以期一劳永逸"③。即宽宥了其之前的失察之罪，并命其负责拣选官员，制定章程，对此事严加办理。都兴阿在谢恩折中指出：

> 钦奉之下奴才感愧之忱，实难名状，惟有钦遵谕旨，派员查勘，合衷商酌，筹划万全，以期仰副圣主慎重根本，训示周详之至意。查奉省边外聚集游民，历年已久，地宽人众，并非一律皆系垦田滞碍殊多，奴才自顾菲材，曷敢轻议妄举，昼夜思维，实无办法，亦不敢上烦宸廑。近来奉省军威不振，元气未复，设有梗阻，进止两难，易启游民轻视之心，内地伏莽，乘隙待动，更属堪虞，深恐前后难于兼顾，是以奴才惟以练兵补救元气为急，期望本省声威壮盛，仰仗皇上洪福，余匪肃清，确有把握妄冀边外游民或者亦稍生畏惧之心，化梗为良，亦未可知，奴才庸懦无能之见，实深愧悚。今既奉有恩旨，派员查勘，奴才务期尽心竭力，通盘筹划万全，断不敢稍存卸诿，仍

---

① 《清穆宗实录》卷203，中华书局1987年版，第5册，第624页下栏。
② 《清穆宗实录》卷203，中华书局1987年版，第5册，第624页上栏。
③ 《清穆宗实录》卷203，中华书局1987年版，第5册，第624页下栏。

当一面督饬官兵勤加训练,亦不敢稍生疏懈。但时当夏令,边外草深树密,洼塘陷甸,人马难行,派员查勘,势须稍缓,俟礼部饬查朝鲜覆文到后,酌定办理,尤臻妥善。所有奴才感愧愚忱,谨恭折奏闻,伏祈皇太后、皇上圣鉴。谨奏。①

由此可见,都兴阿认为奉天地区当务之急是练兵恢复元气,只要奉天军政事务能够"声威壮盛",那么自然会使匪徒包括私垦禁地的流民生起畏惧之心,进而"化梗为良"。都兴阿的这种看法虽然与额勒和布的看法不一,但是却没有得到清廷的否定,内阁军机大臣给都兴阿的批复:"军机大臣奉旨:知道了。著即会同延煦等悉心筹划,以为久安长治之计,毋负委任。钦此。"② 可见,清廷在将军与侍郎产生分歧之时,给予将军支持,尽管将军明显犯有失察之罪,但是也没有追究,反而默许了将军的做法。相反对侍郎的建议则明确表示了反对,再选派京官前往盛京进一步调查时,盛京出派的官员仍由犯有失察之罪的将军选出,而揭发将军失察的侍郎却只有协办的权力而已。

综上所述,清帝寄信盛京将军主持营建盛京喇嘛寺一事可见,在清帝心中将军是负责盛京事务的首脑,一应事务均由将军负责安排,五部等盛京其他衙门具体执行。于吉控诉一事,当盛京户部和盛京内务府相互推脱之时,于吉转而上告至盛京将军衙门,可见在盛京百姓心中盛京将军衙门是五部的上级部门,遇到五部无法处理的事件便要向将军衙门寻求解决。盛京户部侍郎额勒和布上奏私垦一事,表明当盛京将军与盛京五部侍郎意见相左时,清廷支持将军,

---

① 《盛京将军都兴阿奏为遵旨派员查勘盛京私垦边荒合衷商酌竭力通筹事》,同治六年六月初二日,中国第一历史档案馆藏,资料号:04—01—22—0061—001。
② 《盛京将军都兴阿奏为遵旨派员查勘盛京私垦边荒合衷商酌竭力通筹事》,同治六年六月初二日,中国第一历史档案馆藏,资料号:04—01—22—0061—001。

由此表明在清廷的支持下，盛京将军成为奉天地区实际管理者，无论从权力还是地位上看，盛京将军衙门都明显高于五部。

## 二 盛京五部侍郎充当的奉天府兼尹对盛京将军的制约

盛京五部作为部院机构属于行政机关，又因其陪都机构的身份，使其等同于国家机关，但从五部的各项职能来看，其处理的各项事务多涉及旗务，只有盛京户部和盛京刑部在建部初期职能中有涉及民事的内容，随着两部对民人事务管理权的丧失，盛京五部便成为以处理旗务为主的机构。在奉天地区旗署组织中，将军的地位最高，仅次于将军的是副都统，"将军衙门向设副都统二员，分左右。雍正二年，分一员驻防锦州，其留省者为右副都统，故至今犹呼二大人"①。由上文的讨论可见，五部的地位低于将军，至于五部与副都统的关系，可通过将军出外差时任命代理将军事务官员的情况来了解。道光六年（1826），盛京将军晋昌所奏的"奏为晋昌照例带印出省循例咨令盛京户部侍郎常文进城驻守事"中指出："奴才晋昌照例携带印信于八月十六日由省起程，城内必须大员驻守，查盛京副都统安福，现在遵旨前往山海关等候带领黑龙江官兵，熊岳副都统富永、锦州副都统奇明保，已经奴才晋昌奏明，俱有沿途照料官兵过境、监放马匹之差，随遵循旧例，按五部班次先行咨令盛京户部侍郎常文进城驻守之处，理合附片奏闻。谨奏。"② 可见当将军出外差时，由副都统代理，三个副都统中以盛京副都统为先，次为熊岳副都统，再次为锦州副都统。如副都统也有差事无法代理时，再由盛京五部侍郎代理，且按五部班次先后出任。由此事便可说明，副都统的地位要高于五部侍郎。所以，奉天地区的旗署管理层中，盛

---

① 缪东霖：《陪京杂述》，《官治·二大人府》，光绪（1875—1908）刻本，第10页。
② 《盛京将军晋昌奏为晋昌照例带印出省循例咨令盛京户部侍郎常文进城驻守事》，道光六年八月二十日，中国第一历史档案馆藏，资料号：04—01—12—0391—002。

京五部的地位最低，因五部所处理的旗务尽属文案工作，主要是进行检查及复核等，具体执行还要依靠将军衙门协调其他旗署机构来完成，五部在旗署中的作用只是对将军衙门的监督而已。

　　盛京五部侍郎出任兼管奉天府府尹事务大臣后，获得了对奉天府相关事务的管理权，职能等同于之前的奉天府府尹，而此时的奉天府府尹只有会同兼尹处理民务的权力，但是兼尹所具有的权力与之前府尹不尽相同，因由五部侍郎出任，所以既有五部对将军衙门等旗署机构的监督权，又掌握了府尹对奉天地区民人事务的实际管理权。对比之前只统管民署事务的府尹权力有所提高，这种权力的提高，使得民署势力在某些情况下可以与旗署势力相抗衡，成功地发挥了其监督和制衡将军的作用。额勒和布在出任奉天府兼尹时，便联络盛京五部侍郎及奉天府府尹与当时的盛京将军都兴阿进行了较量。费行简的《近代名人小传》中，对额勒和布与都兴阿的关系有所提及："都兴阿与（额勒和布）同官，亘二年交语不及百，兴阿讽为哑人。"[1] 额勒和布与都兴阿"亘二年交语不及百"，并非因为额勒和布不善言辞，而是因为额勒和布与都兴阿之间为人处世多有分歧，彼此不相为谋而已。同治六年（1867），额勒和布便与都兴阿对于如何处理游民私垦边外禁地一事出现了分歧，之后额勒和布没有与都兴阿会衔便单独向清帝上奏，请将私垦禁地升科。额勒和布的日记中，对这次事件虽没有详细的记载，但从只言片语的记录中亦可对当时的情况有所了解："（同治六年三月）二十四日……（额勒和布）赴直夫[2]之约，瀚峤、竹樵[3]、蔼云[4]、培之、莲舫[5]、

---

[1] 费行简：《近代名人小传》，周骏富辑《清代传记丛刊》第202册，台北：明文书局1985年版，第424—425页。
[2] 都兴阿，字直夫，正白旗满洲人，时任盛京将军。
[3] 恩锡，字竹樵，正蓝旗满洲人，时任奉天府府尹。
[4] 志和，字蔼云，正蓝旗满洲人，时任盛京刑部侍郎。
[5] 桂清，字莲舫，正白旗满洲人，时任盛京工部侍郎。

吉甫①、树南②均在坐，会商东边之事。"③ "二十九日……（额勒和布）赴树南寓，会同竹樵、蔼云、莲舫、吉甫商议具奏东边外情形。即请树南拟定稿底，树南留吃饭，吉甫、蔼云均有醉意，致相抵牾。"④ 可见，二十四日时，由将军都兴阿主持召集包括额勒和布在内的奉天各机构官员，对私垦边外禁地事进行了商议，五日后，额勒和布未会同将军，私下召集五部侍郎及奉天府府尹，共同商议联名具奏边外情形之事，可推断在二十四日由都兴阿主持的会谈中，额勒和布与都兴阿就该事件的处理办法并没有达成一致，这才促使其再次召集官员进行商议，召集之人与二十四日也有所不同，未请将军，只召集了四部侍郎和府尹，显然是要在将军之外，联络五部侍郎和奉天府尹共同向清帝表明与将军不同的看法。之后，"（四月）初二日……竹樵约赴嘉禾堂，商议附片拟底。因将军衙门将何名庆等咨送过府，无可位置，故拟附片具奏。适树南往拜，谈许久始散，回寓已酉刻矣。"⑤ "初七日，辰初，赴府衙门，会同莲舫、树南、竹樵拜发具奏东边情形折片，蔼云、吉甫因病未到。"⑥ 可见，额勒和布最终成功地争取到了四部侍郎及奉天府府尹的支持，并将具奏的折片发出。对此事件，清帝特命议政王会同大学士、六部及九卿共同商议，同时选派王大臣亲赴奉天勘察，足见对兼尹与将军存在分歧之事的重视，虽然此事的结尾清廷采纳了将军的意见，但在该事件中，兼尹确实制衡了将军，究其原因，其中最重要的便是

---

① 清安，字吉甫，镶蓝旗满洲人，时任盛京礼部侍郎。
② 延煦，字树南，宗室，正蓝旗满洲人，时任盛京兵部侍郎。
③ 额勒和布：《奉使土默特贝勒旗会审老头会日记》，同治六年三月二十四日，中央民族大学图书馆藏抄本。
④ 额勒和布：《奉使土默特贝勒旗会审老头会日记》，同治六年三月二十九日，中央民族大学图书馆藏抄本。
⑤ 额勒和布：《奉使土默特贝勒旗会审老头会日记》，同治六年四月初二日，中央民族大学图书馆藏抄本。
⑥ 额勒和布：《奉使土默特贝勒旗会审老头会日记》，同治六年四月初七日，中央民族大学图书馆藏抄本。

得到了盛京各部侍郎和奉天府尹的支持。

  盛京五部之间无论是官制还是职能都关系紧密，所以各部侍郎之间往来频繁也属常事，额勒和布在担任盛京户部侍郎期间，便与各部侍郎多有往来，当时的各部侍郎分别是盛京礼部侍郎清安、盛京兵部侍郎延煦、盛京刑部侍郎志和及盛京工部侍郎桂清。其中，延煦、志和及桂清都成了额勒和布的挚友，额勒和布起初到盛京任职时，与他们交往频繁，在额勒和布的日记中多所提及，额勒和布曾与延煦、志和议结交，"（同治五年十二月）二十三日……赴海岚之约，蔼云、静村、树南在坐议结交"①。桂清的独子英老二生病，额勒和布曾多次前往探视，"（同治五年）十二月初一日……未刻，出门，看英老二"②。"十七日……酉刻，赴莲舫处，看视英老二，病已垂危。"③"二十三日，未刻，赴莲舫处看视。"④"二十四日，辰刻，赴工部府，送英老二灵柩起身。莲舫只此一子，不意夭年，惜哉！"⑤额勒和布能亲自为晚辈之人送葬，可想见其与桂清的关系并非一般。额勒和布除了管理盛京户部外，还兼理奉天府的事务，在处理奉天府的事务时，兼尹需要与府尹相配合，这便需要二者多有往来，额勒和布与当时的奉天府府尹恩锡配合默契，关系也十分融洽，他曾言："余与竹樵共事五载，意气相投，于一切公务从无龃龉。"⑥额勒

---

  ① 额勒和布：《奉使土默特贝勒旗会审老头会日记》，同治五年十二月二十三日，中央民族大学图书馆藏抄本。
  ② 额勒和布：《奉使土默特贝勒旗会审老头会日记》，同治五年十二月初一日，中央民族大学图书馆藏抄本。
  ③ 额勒和布：《奉使土默特贝勒旗会审老头会日记》，同治五年十二月十七日，中央民族大学图书馆藏抄本。
  ④ 额勒和布：《奉使土默特贝勒旗会审老头会日记》，同治五年十二月二十三日，中央民族大学图书馆藏抄本。
  ⑤ 额勒和布：《奉使土默特贝勒旗会审老头会日记》，同治五年十二月二十四日，中央民族大学图书馆藏抄本。
  ⑥ 额勒和布：《奉使土默特贝勒旗会审老头会日记》，同治九年闰十月二十五日，中央民族大学图书馆藏抄本。

## 第四章 盛京五部与清帝及各衙门之间的关系

和布与各部侍郎及奉天府府尹的交好，表明他们在诸多政治见解和既得利益方面有共同之处，那么他们组成小集团共同对抗与其利益相冲突者也便是理所当然之事。额勒和布充任兼尹为其建立盛京各部与奉天府之间的联盟创造了条件。

额勒和布在与将军的对抗中，虽然得到了各部和奉天府的支持，但只为其中多数人支持，并非全部。就五部侍郎来看，盛京礼部侍郎清安似乎就与额勒和布意见相左。额勒和布召集五部侍郎和府尹商议具奏之事后，便共同留在延煦府中吃饭，席间"吉甫、蔼云均有醉意，致相抵牾"①，清安与志和便因酒醉而相互抵触，闹起矛盾。之后，额勒和布会同五部及奉天府官员一同准备拜发具奏折片时，"蔼云、吉甫因病未到"②，由此可推断，清安与志和可能是因为几日前席间的争执之事，怒气未消而双双失约，但由于两人的矛盾均发生在额勒和布联合五部和奉天府具奏参劾将军期间，这不仅使人猜测两人的争执与参劾事件有关，因志和是与额勒和布结交的挚友，自然是站在额勒和布一边，那么与志和相抵触的清安便有可能与额勒和布的意见不一致，也因此导致与志和的抵牾。额勒和布的日记中，关于清安的一些记载似乎也能证明笔者的这一看法。其一，就在拜发具奏折片后第五天，额勒和布曾亲自前去拜会清安，但清安并未接待，"（同治六年四月）十二日，午正，进署堂齐，散后，拜吉甫，未会"③。如果是因为有公务在身不便接待，按日记中所记的情况，多数被拜访的官员会再次回访拜会者，但这次清安未会见额勒和布，之后在额勒和布的日记中也未见有清安回访的记录。其二，

---

① 额勒和布：《奉使土默特贝勒旗会审老头会日记》，同治六年三月二十九日，中央民族大学图书馆藏抄本。
② 额勒和布：《奉使土默特贝勒旗会审老头会日记》，同治六年四月初七日，中央民族大学图书馆藏抄本。
③ 额勒和布：《奉使土默特贝勒旗会审老头会日记》，同治六年四月十二日，中央民族大学图书馆藏抄本。

新春佳节之时，奉天官员都会轮流做东请同僚到府中饮宴，几位关系较好的官员也会联合做东，如同治六年（1867）新春，初六日，额勒和布便"会同树南请瀚峤、直夫、竹樵、海岚、蔼云、莲舫、静村、吉甫吃春酒，在本寓"①。之后，"初七日……未刻，出门，赴蔼云、莲舫之约，在刑部寓，瀚峤、直夫、竹樵、静村、吉甫、树南在坐"②。"初九日……未刻，出门拜客，后赴直夫、吉甫之约，在礼部寓，瀚峤、竹樵、蔼云、莲舫、静村、树南在坐。"③ 额勒和布与延煦，志和与桂清，都是同事兼挚友，一起做东宴客自不必说，但值得注意的是清安与将军都兴阿一起做东宴请奉天官员，这便说明清安很可能与都兴阿关系密切，这便可以解释清安在面对额勒和布联络五部和奉天府共同参劾都兴阿时，所表现出来的种种不合作的行为。由此也便表现出盛京五部各部之间虽然联系紧密，但是五个部毕竟都是单独个体，遇事由各部侍郎负责解决，五位侍郎地位平等，互不统属。这种建部时便存在的分散性，很难实现对五部的统一指挥，所以尽管额勒和布作为五部侍郎的一员，又同时与兵、刑、工部侍郎交好，但是也无法强迫礼部侍郎清安对其俯首帖耳，清安一样可以选择与额勒和布的政敌合作。

除此之外，根据之前对五部侍郎任职时间的研究可见，历朝五部侍郎的任职时间都不长，即便各部侍郎之间建立了牢固的友谊，并将这种友谊转变成政治生活中的联合，频繁的调动也不会使这种联盟关系存在太久。额勒和布在奉天地区依靠挚友之间的相互支撑建立的政治联盟，之后便随着延煦、志和、桂清、恩锡等人的远调而土崩瓦解。

---

① 额勒和布：《奉使土默特贝勒旗会审老头会日记》，同治六年正月初六日，中央民族大学图书馆藏抄本。
② 额勒和布：《奉使土默特贝勒旗会审老头会日记》，同治六年正月初七日，中央民族大学图书馆藏抄本。
③ 额勒和布：《奉使土默特贝勒旗会审老头会日记》，同治六年正月初九日，中央民族大学图书馆藏抄本。

这也是清廷将兼尹的权力由给将军改为给五部的一个原因，因为五部本身的特点决定了清廷可以很容易对其进行控制，即便五部侍郎出任兼尹后权力膨胀，也只能持续很短的时间，也正是因为有这种情况的存在才使获得兼尹职权后的五部对将军有了强力的监督作用，进而在这种相互制衡中加强清廷对奉天地区的管理。如果将兼尹的权力赋予将军，将军本来就是一人独掌奉天旗务，再兼管奉天府事务，便由其一人控制了奉天地区的旗民事务，进而掌控了奉天军政大权，盛京五部对其监督作用本来就很薄弱，将军的权力如果再扩大，五部的监督权也便名存实亡了。加之，清廷为了保证边防的巩固，对边防兵将的训练尤为重要，那么担此重任的将军自然要熟知边疆事务及军备情况，不可频繁调动，因此作为奉天地区最高军事统帅的将军任期比较稳定，特别是在清中后期，国家面临内忧外患之时，在地方容易形成兵将合一、专属将军的情况，有时甚至还会得到地方百姓的支持，上文提到的盛京将军都兴阿就因练兵有方，而得到奉天百姓的拥戴："同治六年原任将军都公讳兴阿，历任盛京时，贼氛未靖，将军于是设捷胜营、洋枪步队、刀矛炮队，止齐步伐，训练精详，民赖以安，盗风因以少息。其尤系人思慕者，妙在以清率属，痛绝苞苴，不务名而名自彰，不市恩而恩自见，及三年陛见之日，合城士庶于外攘关外，壶浆顶礼相送，悬棚结采，绵亘里余，并有哭至失声者，闻之父老，为奉省向来所未有。"① 因此，将兼尹之职如果赋予将军的话，会使得将军权力进一步扩大，清廷要想成功驾驭之，便更加困难，所以这便是清廷将原打算交给将军的民人管理权又转交五部的原因之一。

兼尹设立后，代替了府尹原来的位置，成为与将军共同治理奉天地区事务的机构。遇事共同处理，事后共同负责，如同治二年（1863），清帝对奉天地区剿匪不力进行问责时，便责斥将军与兼尹

---

① 缪东霖：《陪京杂述》，《旧闻·送将军》，光绪（1875—1908）刻本，第38—39页。

办事不力，从其话语中可见两者之间的关系，"该将军、兼尹等，身膺重寄，似此漫不经心，何以克副委任"①，"该将军、兼尹等，自问能诿过卸责否耶"②，"各该将军、兼尹等，务当严饬各军，联络一气，合力剿办，不得意存畛域，互相推诿"③。在清帝的这些话语中，处处将将军与兼尹并列提出，而不再提及府尹，可见兼尹的作用已超过府尹，清帝反复申明希望将军和兼尹能够同舟共济，共同处理所办差事，反映出此时奉天事务主要由将军与兼尹共同商议解决，之前府尹与将军会商的地位已被兼尹取代，进而奉天地区的旗民事务便改为由将军与兼尹分别治理了。但是，虽言将军与兼尹共同处理奉天地区事务，但实际上还是以将军为首的旗署为主。乾隆四十一年（1776），朝鲜大通事官李詹等人至锦州高桥地方住店时一千两银被盗，乾隆帝对盛京将军弘晌的处理意见不满意，特寄谕弘晌："昨据弘晌等处奏：高丽人等到锦州地方后下店，银千两被贼盗去。其被盗银两，着落锦州府知府、锦州协领、锦县知县、旗界官，以及照管高丽人之官尹德布、防御七十一等赔补，仍交部照例议处，以示儆戒；将锦州副都统德福、弘晌、莽古赉、富察善、铭通，一并交部查议。等语。朕曾批示：该部严查议奏矣。……将此著寄信弘晌、富察善等，将本家驿丁潘杰及其邻家人等，拿获严审，务将正贼究出，从重治罪。朝鲜国人为外夷之人，入我边境后，弘晌等应即派贤能官员照料，于沿途歇宿之地，派官兵妥为防守。德福乃专管之人，弘晌、莽古赉乃总管之人，富察善、铭通为真正管地方之人，致高丽人银被盗，伊等所司何事？"④该事件中因朝鲜使臣途

---

① 《清穆宗实录》卷85，中华书局1987年版，第2册，第786页下栏。
② 《清穆宗实录》卷85，中华书局1987年版，第2册，第787页上栏。
③ 《清穆宗实录》卷85，中华书局1987年版，第2册，第787页上栏。
④ 《乾隆四十一年六月二十八日寄谕盛京将军弘晌等著将朝鲜国大通事官被盗银两如数给还》，中国第一历史档案馆编译《乾隆朝满文寄信档译编》第12册，岳麓书社2011年版，第497—498页。

经锦州被窃，所以清帝下令由盛京将军和兼尹负责处理，处理方案中除了缉拿盗贼和补还使臣所丢财物外，便是对涉案官员进行追责。盛京将军主张问责地方官员，即锦州府知府、锦州协领、锦县知县、旗界官以及照管朝鲜人之官，而清帝则认为应由奉天地区上层主管官员来承担主要责任，并指出盛京将军弘晌和副都统莽古赉是总管之人，奉天府兼尹富察善和府尹铭通才是真正管理地方之人。由此可见，奉天地区的重大事件由将军和兼尹共同负责，如涉及地方官员，也要由地方的旗民官员共同负责，因该事件发生在锦州，所以由该地方上的旗员锦州协领、旗界官，民官锦州府知府和锦县知县来共同负责，同时奉天各主管官员遇事应承担的责任是，将军和副都统是总管官，兼尹和府尹是具体管理地方事务的官员，也就是说奉天地方重大事务由旗署裁决，而地方事务则主要由民署处理，所以在奉天地区虽明为旗民共治，实际上仍以旗署为主。

综上所述，盛京五部与盛京将军衙门同为奉天地区的管理机构，因而在日常职能的履行中多有交叉，但论及管理奉天地区各项事务的权力，盛京将军衙门要高于盛京五部，而当奉天府兼尹由五部侍郎充任后，兼尹比照之前的府尹增加了对将军进行监督的权力，进而可以利用兼尹兼管五部和奉天府的有利条件，在一定条件下制衡将军，但是终因盛京五部侍郎本身所具有特点，而被清廷控制在股掌之中。

## 第四节 盛京五部与奉天府的关系

盛京五部与奉天府的关系，经历了一个变化发展的过程。这一过程共分三阶段：第一阶段，奉天府初建之时，职能涉及对民人钱粮及刑名事务的管理，需上呈盛京户部和盛京刑部决断，即此时奉天府的部分职能需要听命于盛京五部；第二阶段，盛京五部由原来负责旗民事务到只负责旗务，奉天府则实现了对奉天民务的总管，此时五部与奉天府并驾齐驱；第三阶段，盛京五部侍郎出任兼管奉天府尹大臣，虽名为与府尹协同办事，但实际上通过节制府尹而全面掌握了对奉天府各项事务的管理权。以下便对这一变化过程进行详细阐述。

**一　奉天府建立之初听命于盛京五部**

清帝迁都之初，在盛京设立总管，管理驻防事务，直到顺治中期之前，一直采取的是八旗制的一元管理模式，而在一元管理模式中，五部的前身——入关前三部遗留人员因其隶属于总管，所以也被囊括在单一八旗管理体制之中进行管理，顺治十五年（1658）后，五部陆续设立，最先设立的礼、户、工三部就是在为三部遗留人员铸造部印、增设人员后形成的，甚至连衙署都未改变。表面上五部作为陪都机构与将军平起平坐，但实际上五部与将军的关系仍保持着之前遗留人员与总管的关系，即将军以八旗制总管奉天地区事务，五部专管各项事务。

顺治十四年（1657），奉天府设立，仅是在八旗管理体制内将民人事务作为特殊内容实现了专管，实际上是将其置于将军和五部的一元管理体制之下。可见，设立之初，奉天府作为民治机构管理者，权力有限，根本无法同旗署并驾齐驱。此时奉天府的主要职责，据康熙朝《大清会典》记载："奉天府……凡每年恭遇皇上万寿、太皇太后圣诞、皇太后圣诞、中宫千秋、皇太子千秋及元旦、冬至令节，本府官朝服，齐集笃恭殿行礼，恭进庆贺表笺。凡每月逢五日期，本府官朝服，赴笃恭殿前齐集。凡陵寝四季大祭，本府官朝服，随班行礼。凡每月朔望，陵寝供献，府尹朝服，赴陵前排班。凡每年二、八月上丁日，致祭文庙，府尹率各官照例行礼。凡每年立春先一日，府尹率各官迎春于东郊。凡遇乡试，府丞造应试生员名册，移咨顺天府考试。凡奉锦二府属文武生童,俱由府丞考试。"① 可见,此时奉天府承担的职能主要集中在礼仪、教育等方面,对涉及赋税、词讼的职能均未提及。康熙年间编修的《锦州府志》记载,锦州府所辖锦县、宁远州、广宁县等每年所征之条边银、四季杂税及额征地亩银等粮税,均需解往奉天府。② 但奉天府并不负责收存,而是将这些税银转交盛京户部银库查收,康熙朝《大清会典》中,盛京户部职能内便记,"凡奉天、锦州二府属地丁钱粮税银,(盛京户部)照府尹解送收库"③,即当时奉天府并非管理盛京各地民署机构钱粮事务的最高机关,其仍需将相关事务向盛京户部转报。康熙朝编修的《盛京通志》中,《公署志》内记奉天府所属机构,包括奉天府府尹公署、府丞公署、治中公署、通判公署、经历司公署和司狱司公署,另有儒学公署和医学公署,但这两个机构只有名目,实未设置。府丞、治中和通判均属府尹的佐贰官,因此只有经历司和司狱司才是当时奉天府具体承办相关事务的机关。司狱司的设立,表明奉天府有处理相关词讼事务之职,但此时"开元、凤凰城边城以内,山海关、奉天府所属地方,一应刑名事件,听本部(盛京刑部)审谳"④,即总理奉天各地词讼案件之权仍由盛京刑部掌控,奉天府隶属其下。由此可见,奉天府建立之初与盛京五部应为上下级关系。

## 二 盛京五部与奉天府并驾齐驱

对比康熙朝《大清会典》、雍正朝《大清会典》、乾隆朝《钦定

---

① 康熙朝《大清会典》卷158,《近代中国史料丛刊三编》第72辑,台北:文海出版社1992年版,第7584—7587页。
② 刘源溥、孙成纂修:《锦州府志》卷5,金毓黻主编《辽海丛书》第2册,辽沈书社1985年版,第833页上、下栏。
③ 康熙朝《大清会典》卷39,《近代中国史料丛刊三编》第72辑,台北:文海出版社1992年版,第1875页。
④ 康熙朝《大清会典》卷130,《近代中国史料丛刊三编》第72辑,台北:文海出版社1992年版,第6488页。

大清会典》及《钦定大清会典则例》后可见，康熙朝《大清会典》所记内容截至康熙二十五年（1686），雍正朝《大清会典》所记内容截至雍正五年（1727），其中对奉天府职能的记述与康熙朝会典所述差别不大，乾隆朝《钦定大清会典》所记内容截至乾隆二十七年（1762），其中对奉天府职能的记述则发生了变化，尤其是乾隆朝《钦定大清会典则例》，不仅记述了奉天府原有的礼仪、教育等职能，还增加了治赋等职能。而且，对这些职能的记载追溯至顺康时期，似乎奉天府在顺康时期即建立之初就具备这些职能，但是将此所述内容与康熙及雍正朝《大清会典》中《盛京户部》所记核对后发现，这些内容原为盛京户部职能，而在乾隆朝《钦定大清会典则例》之《盛京户部》所述内容中则将此去掉或只保留了对旗人管理的记录。由文献所述内容的变化，似乎表明盛京户部和奉天府的职能重新进行了划分，盛京户部将原有的某些职能转给了奉天府，而履行这些职能时，奉天府本来便参与其中，只是通过再次划分使其原有的职权地位得到了提高。而这一情况，不仅在奉天府与盛京户部职能中出现，奉天府与盛京刑部之间也进行了职能的重新划分。文献表现出的此种情况，在盛京户部和盛京刑部职能的演变中得到了证实。

  盛京户部职权的分化与奉天地区旗民杂处的治理有很大关系。顺治年间，招垦令颁布之后，清廷鼓励汉民迁往奉天，垦荒种地。汉民迁入辽东后，虽然设有州县管理，但是奉天地区的州县与驻防城辖区多有交叉，再加上民人迁来之初，清廷并未强制推行旗民分治政策，导致清初奉天地区出现了非常普遍的旗民杂处现象。康熙十九年（1680）、二十八年（1689）以及雍正四年（1726），清廷先后对奉天地区旗民田地和住所进行了三次清丈划界，比较全面和彻底地对奉天旗民土地和人口进行了清查和造册，也为之后盛京官员对本地旗民土地人口进行管理提供了重要依据。雍正二年（1724），清廷又提出："盛京旗人所种地亩，仍照旧例。在何界内种地，即将彼界协领、城守尉为督催之员，佐领、拖沙喇哈番品级旗员、骁骑校为经催之员。如有抗欠不交者，该督催官员即行拘拿治罪。如有催追不完之数，计分数题参。"①也就是说，明确了盛京旗地由地方旗员和所在旗属官共同管理的形式，为之后旗民事务的划分奠定了基础。但是，城守尉、界官等地方旗员属于武官，隶属盛京将军管理，而盛京将军虽总管盛京等处事务，但还是以处理军务为主，民务自然按清初之例由盛京户部和盛京刑部管理，所以，盛京户部逐渐成为盛京等处具体负责旗人田土、钱粮事务的机关。而随着旗民杂处的划清，州县官等地方民员负责处理的民人事务逐渐明晰，民人事务的管理体系逐渐建立，进而促使奉天府作为盛京等处最高民署机构的民事管理权逐渐明晰和完善。康熙二十八年（1689）奉天府府尹王国安上任前向康熙帝陛辞时，康熙帝对其的嘱托，可见当时奉天府府尹的职权，"上曰，府尹无甚要务，但奉天为根本重地，今闻游民甚多，务农者少，一遇旱潦，即难补救。……尔至任，当劝民务农，严察光棍游手之徒。奉天田土，旗民疆界，早已丈量明白，以旗下余地，付之庄头，俟满洲蕃衍之时，渐次给与耕种。……今已另遣官前往丈量，虽系彼处户部之事，尔在地方，亦须公同详察，永定则例，毋忽"②。此时，奉天府府尹"无甚要务"，丈量土地也属盛京户部之事，府尹只能"共同详察"。而雍正十一年（1733），奉天府府尹吕耀曾向雍正帝言事时，对此时奉天府府尹的职权有所阐述，"切臣蒙皇上天恩，俾任奉天府尹抵任以来，夙夜只惧于地方事务，不敢纷更以滋烦扰，亦不敢因循以启弊端，凡关系

---

① 鄂尔泰等修：《八旗通志初集》卷18，东北师范大学出版社1985年版，第1册，第329页。

② 《清圣祖实录》卷141，中华书局1985年版，第2册，第549页下栏—550页上栏。

吏治民生,靡不悉心体访,加意筹划,仰图报效"①。可见,此时奉天府府尹需要对奉天地区所有关系"吏治民生"之事负责。同时,吕耀也曾指出,"近年以来,户口日繁,地亩日辟,各州县所属具有数百里远近,又兼旗民杂处,凡赌盗人命会审会验等事,州县日不暇给,至于盘量仓谷,丈量地亩,以及监督监修差委,干办公务,需人甚亟"②。可见,盛京地方民署机构随着社会发展不断完善,奉天府与地方州县之间总管与分管的体系逐步确立,盛京等处的民署机关对民人事务的专管性逐渐增强。旗民管理体系的明晰化,促进旗民分治的形成,尽管文献中未见盛京户部将民人事务的管理权转交奉天府的记录,但是有关盛京户部职能的一些记载,可以证明该情况的存在。例如,盛京户部对奉天仓储管理的变化。清入关后,奉天地区由于人口稀少,土地荒芜,粮食产量并不高,加上清廷起初也并未关注粮食的储存,征税都以征收银两为主,进而导致粮食储积不足,遇到水旱灾害时则无力赈济,致使"兵丁见在买米而食"③,所以康熙二十九年(1689),清廷下旨"仓粮关系紧要,著盛京户部侍郎稽查收贮米谷,每年仍将出入数目报部"④,盛京户部获得了对奉天地区仓储的管理权。与仓储问题相关的事件便是奉天地区粮食运输问题,正如上文所述清初奉天地区粮食储备不足,恰遇水旱灾害之时,除了积极营建仓库屯粮外,最快且有效的方法就是借运他处粮食来应急,最初清廷选择的便是将山东、直隶等地的

---

① 《雍正十一年十一月十五日奉天府尹吕耀曾奏陈请发州县杂职等官及航海游民宜设引票等地方事宜三条折》,中国第一历史档案馆编《雍正朝汉文硃批奏折汇编》第25册,江苏古籍出版社1991年版,第407页。
② 《雍正十一年十一月十五日奉天府尹吕耀曾奏陈请发州县杂职等官及航海游民宜设引票等地方事宜三条折》,中国第一历史档案馆编《雍正朝汉文硃批奏折汇编》第25册,江苏古籍出版社1991年版,第407页。
③ 《清圣祖实录》卷142,中华书局1985年版,第2册,第567页下栏。
④ 雍正朝《大清会典》卷215,《近代中国史料丛刊三编》第79辑,台北:文海出版社1994年版,第14116页。

粮米以海运的方式运至奉天。当时由盛京户部负责粮食运输事务，盛京户部侍郎阿喇弥曾上疏言道："盛京地方歉收，奉旨运山东省米石至三岔口，以济军民。今山东运米之粮，现由金州等处海岸经过，请将所运粮米酌量截留，减价发卖。"① 之后，随着奉天地区土地的大量开垦及粮仓的不断兴修，奉天地区的粮米日渐充足，甚至山东、直隶等地遇水旱灾害时，由奉天运粮接应。奉天外运的粮食，多出自沿海地区的民仓，这样一来可以节省运费，二来可以保证旗仓粮食的充足，避免遇突发事件时，影响军粮的供应。而雍正元年（1723），盛京将军请求买米入承德等县民仓以备运粮时，则指出："本年钦遵上谕：于盛京所属锦县、宁远、海城、盖平等四州县仓及盛京户部仓储米内动支四万石解运天津外，现此四州县仓仅剩米十二万四千余石。嗣后再有需要海运之事，则要动用承德等五州县仓储之米，但因远离海口，车租耗费巨大，倘仍动用此四州县仓米，则仓廪空虚也。该四州县一年收自田亩之米，总共不过一万六千石，即便此数，倘不预先筹备贱买贵卖，亦会多费钱粮。兹趁此秋收尽量采买上仓，以补运解天津之十万石米之缺。查原将军安珠瑚曾奏请用盛京各城杂税银，于米贱之时采买进廒以备。等情施行在案。兹盛京户部所存此项钱粮足有二十万两，祈请饬命盛京户部交府尹选派贤能之员，用该项钱粮趁此时价买米入仓，以备御用。"② 由此可见，此时的民仓便开始由奉天府负责买米入仓，以备御用。雍正五年（1727），奉天将军额尔图便在呈文中指出，"旗仓系盛京户部管理，民仓系府尹管理"③。可见，此时盛京户部的确失去了管理民人事务的权力。

---

① 《清圣祖实录》卷162，中华书局1985年版，第2册，第771页上栏。

② 《雍正元年十月二十七日盛京将军唐保住等奏请动用杂税买米补仓及禁贩粮米入关折》，中国第一历史档案馆编译《雍正朝满文朱批奏折全译》上册，黄山书社1998年版，第460页。

③ 《清高宗实录》卷198，中华书局1985年版，第3册，第550页上栏。

盛京刑部权力的分化，是在奉天地区司法职权的演变中逐步形成的。清初，奉天地区的刑名案件由盛京总管兼管，随着盛京等处事务的增多，总管提议参照盛京户、礼、工三部的设立而设置盛京刑部专管盛京等处的刑名事务，进而盛京刑部自设立之日起，便承担了对整个奉天地区刑名案件的审理工作。但盛京刑部属于行政部门，具体管理措施的执行需要借助地方官来完成，而作为地方官的城防守尉地位略高于州县官，在清初盛京基层管理中扮演着重要角色。康熙五十七年（1718），盛京包衣三佐领所属庄头王有德控民人邢文焕霸地不交租一案①中，由于被告屡不服判，原告庄头王有德进行逐级上告，依次受理的顺序是知县—章京—府尹—户部。知县未经审明，向上申告，原告并未直接报至府尹，而是先报至驻防章京，说明军事官员也兼管地方事务。原告身为旗人，遇旗民纠纷先向民官申报，未得解决再告至旗官，说明在处理地方事务中旗官地位略高于民官，即城防守尉地位略高于州县官。而城防守尉等盛京地方旗官，在处理诸类社会问题时，处理方式却表现出未制度化及无程序化之情况。雍正八年，巴图请接种土地一事中便记："杨大系关里民人，租种巴图地，因雍正四年丈量地时，将杨大姓名错写牌上，挂于地间，丈地大人因将地丈于杨大名下，雍正五年二月内杨大病故，此地巴图接种等语。"②可见，巴图案内盛京官员并未调查清楚，即将租种土地之人作为土地主人写于牌上，导致丈放土地出错。民人王朝卿与庄头田贵争地一案中，盛京户部也指出："本部一连四次饬令辽阳城守尉会同知州将张良堡合村人等地亩查丈报部，该尉并不会丈或系该尉不能会丈或系田贵并无隐匿冒指地亩，仍饬辽阳城

---

① 《康熙五十七年九月二十四日盛京户部为庄头王有德呈控邢文焕霸地不还事咨盛京佐领》，辽宁省档案馆编《康熙朝黑图档》第36册，线装书局2016年版，第216—218页。
② 《雍正八年十月初一日盛京户部为请查明巴图系何佐领下人即将其地亩归入该旗催征钱粮事咨盛京内务府》，辽宁省档案馆编《雍正朝黑图档》第13册，线装书局2016年版，第142页。

守尉声明报部。"① 辽阳城守尉回复道："职等蒙皇恩为官，不敢云不能办理。但职等独自丈量唯恐至于隐瞒蒙混等情亦未可知。"② 盛京户部指责城守尉办事不力时，提出一个原因即其不懂丈地等事务，而城守尉的回复中又指出两个原因"隐瞒"与"蒙混"。

针对城守尉等旗官处理旗民事务未程式化及隐瞒、偏袒等情况，清廷采取提高基层管理中民官地位的方式，借用民署基层管控体系对旗署基层管理之不足进行完善和监督。雍正十年（1732）清廷下令："嗣后如旗员管辖地内，有民人失事者，将该管旗员查参疏，限年缉获，民官免其查参，仍令与旗员协缉；其民官管辖之地，有旗人失事者，亦照此例处分。至遇有人命等案，请令旗民官员，会同查验，仍照该管地址，分别议处。"③ 即地方管理以管辖地界为依据，而非以所属人等旗民之身份来实行。管辖地界内一般案件，皆由此处旗官或民官自行处理，重大案件则不论旗民，皆由旗民官会同处理。由此一改以往旗官高于民官情况，旗民官地位均等，而且民官甚至可以参与旗人之间重大案件的审理，如雍正十三年，盛京户部在处理庄头周国明诬告旗人周景霸地案中，便令"开原城守尉会同民官，据实照依红册查丈明白。随派正蓝旗代事防御张文耀会同民官朱佑濂，前到孤家子门前马耳山南荒所之处，询问地邻守堡人等，据懿路守堡张之有、桂成德、李二，乡约冯玉，保长王之，杨四屯守堡栢七达子、闵贤、闵赖，牌头杨六达子等禀称……"④ 虽为旗人

---

① 《雍正十三年二月二十七日盛京户部为请查明庄头之子田玉红册地及民人王朝卿讨垦荒地四至数目事咨盛京内务府》，辽宁省档案馆编《雍正朝黑图档》第17册，线装书局2016年版，第207页。

② 《雍正十三年二月二十七日盛京户部为请查明庄头之子田玉红册地及民人王朝卿讨垦荒地四至数目事咨盛京内务府》，辽宁省档案馆编《雍正朝黑图档》第17册，线装书局2016年版，第207页。

③ 《清世宗实录》卷122，中华书局1985年版，第2册，第608页下栏。

④ 《雍正十三年闰四月初一日盛京户部为庄头周国明诬告周景霸占地亩将其治罪事咨盛京内务府》，辽宁省档案馆编《雍正朝黑图档》第17册，线装书局2016年版，第348页。

与旗人之间的纠纷，但无论是查丈还是取证，皆由旗民官会同处理。询问地方自治组织，除旗屯外，民屯也参与其中。民署机构在基层管理中地位不断提高的另一表现，即奉天府府尹之下增设专管旗民交涉案件之理事通判，这样使得旗民基层案件审理过程中，不论是旗人与旗人之间，还是民人与民人之间，抑或是旗民之间，皆有民官参与，前两者民官地位与旗官地位均等，后者则由民官主导，这样，使得民署机构在旗民基层管理中的地位与旗署平齐甚至略高。

基层管理中民署地位的上升，促使盛京上层管理机构地位也发生了改变，雍正十三年（1735），清廷下令奉天地区的旗民交涉案件由盛京刑部侍郎一人负责，改为由盛京刑部侍郎会同将军、府尹共同处理。但后来又取消了盛京将军参与刑名案件审理的职能，至此奉天地区的旗民交涉案件便由之前的盛京刑部侍郎一人负责，变成由侍郎和奉天府尹共同负责，而具体负责对案件进行审理的是盛京刑部的司员和奉天府的民员。奉天府府尹宋筠曾指出："奉属事关旗民例送盛京刑部审结，虽名为司员同民员承审，实皆司员主稿。"[①]可见，清廷通过任命奉天府尹协同盛京刑部侍郎处理盛京等处的刑名案件，对盛京刑部掌握奉天地区刑名审判权的限制并不大。乾隆六年（1741），清廷下令，"嗣后奉天旗民交涉、命盗并重大案件及军流徒罪等案之首、从罪犯并应质紧要证佐人等，一并解部审拟，其案内牵连人犯及罪止杖笞者，俱免解部，听旗民各员讯供申详，即行分别保释，仍将缘由逐一声明，听候部议。至赌博、斗殴及一切细小事务罪止枷号杖笞者，俱无庸解部。仍令该地方旗民各员就近审拟完结日，将所办各案，造具清册，报部查核"[②]。即规定，之

---

[①]《雍正十三年六月二十日奉天府府尹宋筠奏报奉属审讯犯人徒事刑求殊乖体制各情折》，中国第一历史档案馆编《雍正朝汉文硃批奏折汇编》第28册，江苏古籍出版社1991年版，第629页。

[②]《清高宗实录》卷143，中华书局1985年版，第2册，第1063页下栏。

后旗民交涉案件及旗民命盗重案由盛京刑部处理，而赌博、斗殴等旗民轻案则由地方旗民官会同办理，之后报部查核。这便对盛京刑部需要直接审理的刑名案件进行了限定，进而使得盛京刑部由负责所有刑名案件改为只负责旗民交涉案件及旗民命盗重案，而其原负责的赌博、斗殴等轻案则由地方旗民官会同办理，之后报部查核。由此，盛京刑部直接负责的案件有所减少，差务有所减轻，同时地方旗民官也因此获得了对地方案件的审理权。二十九年（1764），盛京将军舍图肯、奉天府府尹耀海联名上奏，对奉天地区旗民案件的处理又提出建议："奉属十二州县，已改满员，嗣后请将旗民徒罪以下事件，责令各城就近办理，俟完结之日，呈报将军、府尹查核，一面知照该管旗员约束。至命盗重案及实犯军流者，旗人由州县呈送盛京刑部办理，民人由州县详解府尹覆核题咨。……均应如所请。从之。"① 至此，清廷对奉天地区上层审理案件的权力进行了明确，盛京刑部负责审理旗民交涉案件及旗人的命盗重案，奉天府负责审理民人命盗重案。由此，奉天府获得了对奉天地区民人案件的审理权，奉天地区上层刑名案件的处理实现了旗民分治。伴随着盛京刑部将对民人案件的审理权全部转交给奉天府，盛京户部和盛京刑部对民人事务的管理权便全部移交给了奉天府，进而使得奉天府成为奉天地区专管民人事务的最高民署机关，与专管旗务的将军和五部并驾齐驱。

### 三　盛京五部对奉天府的兼理

奉天地区上层管理机构盛京将军和奉天府对旗民事务分别管理，使得奉天地方机构旗民分治的情况越来越明显，某种情况下，便导致地方旗民官员，处理地方事务时，以分治为由，互相推托，不能通力协作，进而影响相关事务的处理，于是乾隆二十七年（1762），

---

① 《清高宗实录》卷720，中华书局1986年版，第9册，第1033页上栏—1034页上栏。

清廷下令："嗣后奉天府府尹，著听将军节制，遇有应行查拿人犯，该地方州县官，即协同将军差委之人，协力查拿。如仍有似此拒捕殴差以及脱逃等事，将该地方官，交部一并治罪。"① 之后，奉天府府尹便依例受盛京将军节制。但是，乾隆三十年（1765），清廷又指出："向来奉天府尹事务令盛京将军兼辖，今思将军与府尹所属旗民事件，各有专司，若令将军节制，于公务未免牵掣，莫若照京城侍郎兼管顺天府尹之例，于盛京五部侍郎内，派出一员管理，永著为令。于体制更为画一，现在奉天府尹事务，即著雅德兼管。"② 自此以后，盛京五部侍郎便具有了节制奉天府府尹的权力。兼尹的全称是，"兼管府尹事大臣"③，由皇帝从"盛京五部侍郎内特简"④，第一任的兼尹便由盛京工部侍郎雅德担任，虽说兼尹可由五部侍郎中任选其一担任，但纵观有清一代五部侍郎担任兼尹的情况，以盛京户部侍郎充当兼尹的情况最多。五部侍郎充当的兼尹与奉天府府尹的关系，与之前清廷命将军出任兼尹时的情况一致，即"府尹为全省大吏，虽不可便为将军属员，亦当令其听将军节制"⑤，即府尹也并非侍郎的属员，只是听从侍郎的节制而已。对此表现最明显的便是兼尹处理奉天府事务时，需要专门前往奉天府衙门会同府尹进行，处理本部事务时再前往本部公署处理，有时往来于府衙和部署便成为充当兼尹的五部侍郎每日的工作。额勒和布出任盛京户部侍郎兼管奉天府尹时，在他的日记中可见其往返部署与府衙的情景："（同治五年四月）初六日，巳刻，赴府衙门，会同绥庭、

---

① 《清高宗实录》卷676，中华书局1986年版，第9册，第564页下栏。
② 《清高宗实录》卷748，中华书局1986年版，第10册，第233页上栏。
③ 嘉庆朝《钦定大清会典》卷59，《近代中国史料丛刊三编》第64辑，台北：文海出版社1991年版，第2706页。
④ 嘉庆朝《钦定大清会典》卷59，《近代中国史料丛刊三编》第64辑，台北：文海出版社1991年版，第2706页。
⑤ 《清高宗实录》卷676，中华书局1986年版，第9册，第564页上栏。

## 第四章 盛京五部与清帝及各衙门之间的关系

竹樵拜发保举军务处官员折。散后，回府。午正，进署堂齐。未正，回府。"① "初八日，午刻，进署堂齐。散后，赴府衙门会同竹樵过堂。散后，回府。"② 可见，五部侍郎任兼尹时，对奉天府的事务和本部事务是分开处理的，两个部门仍独立办公，互不影响，只是最高长官同属一人而已，正如前文所言，奉天府只是授盛京五部节制并非隶属。

五部侍郎出任的兼尹对府尹的节制主要表现在，在处理奉天府各项事务时，府尹要会同兼尹一同进行。需要向皇帝奏报时，要联名上折子，不可单独奏报。乾隆四十四年（1779），时任奉天府府尹的明通便因为没有与兼尹全魁联名上折而受到了申饬，"本日明通奏到甄别教职、佐杂及属员并无亏空各折，俱系该府尹单衔具奏，殊属非是。奉天府尹事务，已令全魁兼管，则明通奏办诸事，自应与全魁，会衔入告。现在全魁陛见来京，明通所奏各折，不于全魁起程之先，会同办理，竟以单衔具奏，全魁、明通均属不晓事体，全魁已令军机大臣传旨申饬外，明通并著传旨申饬"③。兼尹所具有的职能包括：三大节及国家各项庆典之前上呈庆贺表笺，当日率奉天府官员前往大政殿庆贺；常朝时坐班；参与陵寝各项祭祀；立春时率奉天府官员于东郊迎春等。除了这些礼仪性职能外，兼尹日常在府衙处理的事务主要是收发奏议及审理案件等，由额勒和布所记可见一斑："同治五年岁次丙寅九月十八日……赴府衙门，会同竹樵过堂三起。"④ "二十日……赴府衙门，会同竹樵拜发雨水粮价折，京

---

① 额勒和布：《奉使土默特贝勒旗会审老头会日记》，同治五年四月初六日，中央民族大学图书馆藏抄本。
② 额勒和布：《奉使土默特贝勒旗会审老头会日记》，同治五年四月初八日，中央民族大学图书馆藏抄本。
③ 《清高宗实录》卷1096，中华书局1986年版，第14册，第700页上栏。
④ 额勒和布：《奉使土默特贝勒旗会审老头会日记》，同治五年九月十八日，中央民族大学图书馆藏抄本。

控之案先行拟结折。"①"（十月）二十四日……赴府尹衙门，会同静村、竹樵拜发奏请开复新民厅同知等官摘去顶戴折、雨水粮价折、并无私设铺头行头折、拣员升补义州知州折，后过堂二起，五名。"②在处理这些事件时，兼尹可以"大事以闻，小事决之"③，当府尹与兼尹的意见发生分歧时，以兼尹的意见为主，额勒和布在其日记中，便记录了其与府尹德椿之间产生分歧之事："（同治十年四月）二十日，午刻，进署堂齐。散后，赴府衙门拜发雨水粮价折、并无私设铺头行头折。景融（德椿）面称，'若不标画周慎枢咨补牛庄巡检稿，恐外闻以意见不合等词议论'，且伊已画行，怎好改销，并云'嗣后必先商明，然后定稿'等语。余本面善，见其赧然景况，只好含笑允之。"④即府尹德椿与兼尹额勒和布对标画咨补牛庄巡检稿存在分歧，但在意见未统一前德椿便擅自进行了标画，额勒和布对其专擅行为不满，德椿因而面露赧然之色并保证"嗣后必先商明，然后定稿"，额勒和布因顾及德椿的面子才"含笑允之"，由此表明府尹即便可以表达自己的意见，但最终还是要服从兼尹的命令。所以，府尹的职责更多的方面便体现在对兼尹的配合上，清帝认为"兼尹、府尹，同办地方事务，时以和衷共济为念，若各存意见，则不能为属僚法也"⑤，而对于兼尹来说，如果府尹不相配合，不仅影响事务的处理，有时也会连累兼尹一同受罚，上文所述的府尹明通未连同兼尹全魁一同上奏，结果不仅惩处了明通，全魁也受到了处罚，因

---

① 额勒和布：《奉使土默特贝勒旗会审老头会日记》，同治五年九月二十日，中央民族大学图书馆藏抄本。
② 额勒和布：《奉使土默特贝勒旗会审老头会日记》，同治五年十月二十四日，中央民族大学图书馆藏抄本。
③ 嘉庆朝《钦定大清会典》卷59，《近代中国史料丛刊三编》第64辑，台北：文海出版社1991年版，第2707页。
④ 额勒和布：《奉使土默特贝勒旗会审老头会日记》，同治十年四月二十日，中央民族大学图书馆藏抄本。
⑤ 《清文宗实录》卷182，中华书局1986年版，第3册，第1035页下栏。

而当同事兼挚友的府尹恩锡远调后,兼尹额勒和布发出如此感慨,"余与竹樵(恩锡)共事五载,意气相投,于一切公务,从无龃龉,今又更易新手,未知将来处之如何也"①。府尹除了配合兼尹工作外,还具有监督兼尹的责任。如乾隆四十三年(1778),兼尹富察善病重,便由当时的府尹铭(明)通负责上报:"窃照盛京工部侍郎兼管奉天府府尹富察善,因会勘城工于十月十二日赶赴辽阳州地方,旋于十四日染患痰症,不能动履,十月十七日随同钦差大臣德成回至盛京城,延医调治,奴才往看该侍郎富察善病势骤难痊愈,理合奏闻所有兼管府尹事务,可否另为简员,暂行管理,恭请训示。为此恭折具奏,伏乞皇上睿鉴。谨奏。"②由此可见,兼尹患病,府尹要对其患病的原因及病情进行查核,之后才可上奏清帝。总之,兼尹设置后,特别是由五部侍郎出任兼尹后,盛京五部侍郎具有了节制奉天府府尹的权力,府尹失去了决断奉天地区民人事务的权力,奉天府的相关事务此后都要由兼尹与府尹会同办理,但当二者出现分歧时要由兼尹来决断。此时的兼尹实际上掌握了奉天府的实际管理权,而府尹只是配合和监督其差务而已。

综上所述,顺康时期,盛京五部与奉天府的关系是奉天府在处理民人钱粮及刑名事务时要听命于盛京户部和盛京刑部,其作为陪都机构的礼仪性职能仍独立行使,五部不做干预。当盛京五部专管旗务后,奉天府获得了对民务的总辖权,奉天地区民署机构最高长官的身份使得奉天府的权力和地位与五部不相上下。设置兼尹后,兼尹具有了之前府尹的所有职能,府尹则只能协助和监督兼尹。又由于兼尹由五部侍郎来出任,所以此时的五部侍郎便具有了管理奉

---

① 额勒和布:《奉使土默特贝勒旗会审老头会日记》,同治九年闰十月二十五日,中央民族大学图书馆藏抄本。
② 《乾隆四十三年十月二十二日铭通奏报盛京工部侍郎富察善病重折》,"故宫博物院"编《宫中档乾隆朝奏折》第45辑,台北:"故宫博物院"1982年版,第229页。

天府各项事务的权力，奉天府府尹随即成了五部侍郎的附庸。

## 小结

本章对盛京五部与清帝、京师六部、盛京将军、奉天府、盛京内务府及五部彼此之间的关系进行了论述，盛京五部尽管既是中央机关又是陪都机构，但是从其在有清一代所发挥的作用来看，盛京五部作为陪都机构对奉天地方政治管理所发挥的作用更大一些，因此在盛京五部与各机构的诸多关系中，五部与盛京将军和奉天府的关系显得尤为重要。对于清代奉天地区的政治管理体制，一般会认为主要表现为将军管旗、府尹管民的旗民二重管理体制，盛京五部在旗民二重体制的形成与发展过程中所发挥的作用则表现为将军与府尹关系的协调。顺治初年，奉天府和盛京五部都未设立之时，盛京等处由盛京总管以八旗驻防的形式来管理，属于一元管理体系。顺治末年，奉天府与盛京五部先后建立，盛京总管更名为将军，当时三者的关系是将军总管奉天地方事务，盛京五部中盛京户部和盛京刑部分别管理奉天地方的钱粮和刑名事务，奉天府虽然负责管理民人事务，但是涉及钱粮和刑名事件最终还要向盛京户部和盛京刑部汇报。也就是说，此时只在地方上形成了旗民分治，而在奉天地区的管理阶层施行的仍是旗民共治。随着清廷采取提高基层管理中民官地位的方式，借用民署基层管控体系对旗署基层管理进行完善和监督，促使民署地位在盛京上层统治体制内不断提高，盛京户部和盛京刑部将对民人事务的管理权转交给奉天府，奉天府便成了总管奉天民人事务的机构，与将军总管奉天旗人事务相对应。此时的五部，特别是盛京户部和盛京刑部只剩下对旗务管理的职能，而奉天地区的旗务又由将军总管，所以此时的五部只能起到对将军的监督作用而已。旗民分治在奉天地区的统治阶层得以实现，进而标志奉天地区旗民二重管理体制最终形成。之后清廷以消除旗民分治带来的弊端为名，设置了兼管奉天府尹事大臣一职，最初由将军出任，但随后便以将军出任会影响将军处理本职事务为由改为五部侍郎出任，五部侍郎因此获得了对奉天地区民人事务的管理权。加上原本具有的对将军的监督权，五部在奉天地方管理体制中的地位得到了提高，而此时的奉天府府尹则失去了原有的权力，成了五部侍郎的附庸，由五部侍郎充任的兼尹管理民署事务，与将军管理的旗署共存，成为清代中后期奉天地区旗民二重管理体制的主要表现。

# 结　　语

　　综上所述，本书主要对盛京五部设立的原因、过程、管辖范围、裁撤、机构、人员、各部职能与清帝及各衙门的关系进行了阐述，指出盛京五部是在顺治年间社会发展的推动下，伴随着陪都的设立而逐步建立的陪都部院机构。设置之初的人员和衙署主要来自入关前盛京原有六部，顺治十五年（1658），盛京礼部建立，十六年（1659），盛京户部和盛京工部建立，康熙三年（1664），盛京刑部建立，三十年（1691），盛京兵部建立，盛京五部设立的顺序为礼、户、工、刑、兵。但是，盛京五部虽名为隆重陪都而设立的中央国家机关，实际上是为了满足奉天地方社会发展的需要而逐步设立的地方机构，因此，它的管辖范围主要集中在奉天地区。由于是京师六部的所属机构，进而五部可以代替京师六部处理清代东北地区的相关事务，也因此清朝其职能涉及了对吉、黑两省相关事件的处理。但是在处理这些事件时，盛京五部只负责施行，最终仍由京师六部决策。光绪年间，盛京满洲风俗丧失殆尽，八旗兵战斗力下降，盛京不再是清朝的军事中心。同时，清廷自顾不暇，无力再干预盛京旗民管理，随着东北社会的发展，旗民分治逐渐走向民治，五部作为陪都机构强调盛京军事中心地位及限制旗署的作用也便没有了意义，最终被裁撤。五部的机构在有清一代变化不大，但人员的管理具有一定的特点。五部侍郎的品级与京师部院侍郎相同，但享受的俸禄却类似地方官；任期短暂，任免频繁，道咸时期更换的频率达到最高；旗籍以下五旗居多；乾隆朝之后多系科举出身；五部侍郎多以京官调任，且以升迁和平级调任的情况居多，而离任则多以平级调动和降级为主。盛京五部的部员，品级与在京部院官员相同，但实际上却享受着地方官的待遇；在铨选和处分问题上虽名为参考在京部院官员进行，但存在着很多对盛京官员的特殊规定，特别是在京官和本地官选任问题上表现出清廷对盛京官员的轻视。此外，盛京五部官员在有清一代还存在很多消极的表现，即康雍时期以办事不勤为主，乾隆朝之后，贪腐问题严重。究其原因，笔者认为与五部建立之初负责的事务简少及盛京官员待遇不高，特别是乾隆中期清廷一度奉行重视京官而轻视盛京官的政策有关。

关于五部的职能，盛京户部的职能主要包括对官庄、旗地、钱粮、户籍、词讼及杂项支给的管理，其中对官庄、旗地及钱粮的管理尤为重要。在对这些事务进行管理时，盛京户部主要是借助管庄六品官、仓监督、金银库监督及地方城守尉、界官等进行日常管理，盛京户部负责对各官上报的情况进行查核，在此基础上对部存册档进行更改，之后上报清廷。对户籍、词讼及杂项支给等事务的处理，则成为盛京户部日常所办之事。盛京刑部的职能主要有对旗民案件、逃人、造买赌具、蒙古案件、私入围场及私刨私贩人参案件等的处理。其中，旗民案件、蒙古案件、私刨私贩人参案件是盛京刑部主要负责处理的案件，旗民案件主要指旗人命盗重案和旗民交涉案，该类案件先由地方州县负责查验和略具案情，然后上报盛京刑部审理。旗民交涉案虽然由盛京刑部和奉天府共同审理，实际上由盛京刑部主稿，奉天府的决断权不大。盛京刑部处理的在柳条边外蒙古各旗所属地区发生的刑名案件，由盛京刑部咨奉天府尹衙门选派临近案发地点的州县官前往边外蒙古地区会同当地扎萨克官员查验及略具案情，之后上报盛京刑部复审。盛京刑部对私刨私贩人参案件的审理，经历了由无审理权到获得部分审理权，再到会同盛京将军、兼理威远堡六边门事务的盛京兵部侍郎及奉天府府尹共同审理所有该类案件的变化过程。盛京礼部的主要职能是对盛京的祭祀、礼仪、宗教、官学及贡使等事务进行管理。其中宗教事务是由隶属于盛京礼部的僧箓司和道箓司来具体负责，官学由八旗官学助教负责，贡使由盛京礼部所属的朝鲜使馆来负责。每个具体负责的机构有各自管理的程式，盛京礼部主要是监督与查核，所以盛京礼部日常所负责的便是对祭祀和礼仪的管理，对祭祀的管理主要指对关外三陵和盛京等处坛庙祭祀的管理；对礼仪的管理主要是执行京师礼部下发到各地的仪制及制定奉天本地区的礼仪。盛京兵部的职能主要有点验军器、监射及对奉天地区驿站、边门及武职官员选任的管理等。其中，对驿站的管理由所属驿站监督公署来具体负责，东六边门的管理由总管威远堡等六边门事务衙门管理，盛京兵部对奉天地区驿站及东六边门的管理，以监督和巡查为主。所以，该部日常负责处理之事主要是点验军器、监射及选补官员。盛京兵部借用点验军器和监射的职能实现了对盛京将军军事领导权的限制，通过对武职官员的选任减轻了京师吏部兼管盛京官员选任事务的负担。盛京工部的职能主要有营造和收支两种，所涉及的各项事务多数由本部直接负责完成，间接管理的事务很少。营造主要承担盛京等处大型工程的修造，收入主要来自采木山场的木税和苇塘的苇税，支出主要用于营建工程和为盛京各项事务提供所需物品。

  五部与清帝及各衙门的关系，盛京五部作为陪都机构本属中央国家机关，可以直接上疏清帝，同时，清帝也可以直接向其下达命令，因此，五部设立之初，清帝便通过选用亲信出任盛京五部侍郎的方式对盛京官员进行监督。之后，随着五部贪腐问题的严重，清帝又授意盛京将军监督五部，进而通过将军与五部侍郎的相互监督维护盛京地方政局的稳定。五部与盛京内务府的关系最初比较疏远，之后随着盛京内务府自主性的增强，开始与五部的关系逐渐紧密，在具体履行职能时多表现为五部管理，盛京内务府执行。盛京五部与京师六部，从权力大小来看，盛京五部低于京师六部；从管辖范围来看，盛京五部代替京师六部对盛京统部地区相关事项进行管理。五部彼此之间结成一体，相互监督同时又分工明确。盛京五部与盛京将军衙门的关系，论及管理奉天地区各项事务的权力，盛京将军衙门要高于盛京五部，而当奉天府兼尹由五部侍郎充任后，兼尹比照之前的府尹增加了对将军进行监督的权力，进而可以利用兼尹兼管五部和奉天府的有利条件，在一定条件下制衡将军，但是终因盛京五部本身所具有的特点，其被清廷控制在股掌之中。盛京五部与奉天府的关系，奉天府建立初期，涉及对民人钱粮及刑名事件的管理要向盛京户部和盛京刑部报告，也就是说此时奉天府的部分职能需要听命于盛京五部；当盛京五部由原来负责旗民事务到只负责旗务，奉天府实现了对奉天地区民务的总管后，五部与奉天府并驾齐驱；当五部侍郎出任兼管奉天府尹大臣后，虽名为与府尹协同办事，但实际上通过节制府尹而全面掌握了对奉天府各项事务的管理权。

通过对这些问题的研究，笔者试图对有清一代盛京五部对奉天地区行政管理所发挥的重要作用进行思考，同时也对学界关于盛京五部的看法进行补充，并在此基础上提出新观点。首先，盛京五部为保持盛京作为清廷军事中心的地位作出了贡献。盛京五部的设立，学界普遍认为是为了隆重陪都，但由五部裁撤的内容可见，隆重满洲发祥之地是五部设立的原因之一，但并非主要原因。因为五部裁撤之时，清廷还没有灭亡，盛京仍然是满洲发祥之地，仍然是清帝先祖长眠之所。笔者以为清廷隆重陪都，强调保持满洲风俗，进而在奉天地区设立将军实行军管，保障旗人的利益和地位，是希望盛京八旗兵能够保持良好的战斗能力，当关内的八旗兵作战不力时，盛京及吉林、黑龙江的八旗兵能作为一支奇兵，在关键时刻帮助清廷扭转败局。陪都的设立实际上是要将盛京建为清朝的军事中心，五部作为陪都机构在有清一代便担负有保持盛京旗人满洲风俗及监督盛京八旗国语骑射的重任，进而为保持盛京作为清廷军事中心的地位作出了贡献。

其次，盛京五部在协调奉天地区旗民二重管理体制方面发挥了一定的作用。顺治初年，奉天府和盛京五部都未设立之时，盛京等处由盛京总管以八旗驻防的形式来管理，属于一元管理体系。顺治末年，奉天府与盛京五部先后建立，盛京总管更名为将军，当时三者的关系是将军总管奉天地方事务，盛京户部和盛京刑部分别管理奉天地方的钱粮和刑名事务，奉天府虽然负责管理民人事务，但是涉及钱粮和刑名的事件最终还要向盛京户部和盛京刑部汇报。也就是说此时只在地方上形成了旗民分治，而在奉天地区的管理阶层施行的仍是旗民共治。当盛京户部和盛京刑部将对民人的管理权转交给奉天府后，奉天府便一跃成为总管奉天地方民人事务的民署最高机关，与总管奉天地方旗人事务的将军衙门相并列，标志奉天地区旗民二重管理体制最终形成。但如上文提到的清廷对盛京的重视，根本是要保持其军事中心的地位，进而治理旗民时必然要保证旗人的利益和地位，这一方面是重视八旗的体现，另一方面也是为了防止旗人被汉化进而降低盛京八旗作战能力。针对盛京旗署地位的上升，清廷提出在奉天府府尹之上设置兼尹一职，最初由将军出任，但又唯恐将军势力过大，因而之后改由五部侍郎出任，五部侍郎因此获得了对奉天地区民人事务的管理权，重新将奉天府府尹置于五部之下，由此，五部便在不断协调将军与府尹的关系中，保证了奉天地区上层管理体制的稳定。五部协调旗民二重管理体制的作用也可以解释其最终被裁撤的原因。现有的一些清代文献中涉及五部的内容，多记载了五部贪腐懈怠等情况，因而学界认为贪腐慵懒是五部的一大特点同时也是五部被裁撤的主要原因。笔者认为五部的诸多消极表现并非其被裁撤的主要原因，因为五部在建立初期便已出现各种消极表现，到乾隆中期尤为严重，尽管如此，当时也未被裁撤。因此，即便清末五部贪腐严重，也并非其被裁撤的直接原因。清末，清廷内忧外患严重，自顾不暇，进而对奉天地区的管理弱化。与此同时，地方管理中旗民合一的趋势逐渐增强。奉天地区旗民合一统归民管的趋势早已存在，只是迫于清廷主观的压制而未扩散，到了清末，清廷自顾不暇之际，这种趋势迅速发展，进而最终导致旗民二重管理体制的崩溃，二重管理体制的废除，使得盛京五部的存在缺乏实际意义，进而才导致五部被裁撤。

最后，盛京五部作为中央国家机关为清廷加强对盛京乃至整个东北地区的统治发挥了一定的作用。学界现今认为盛京五部有清一代人少事简，是盛京多余的机构，根据光绪年间北京除吏部外的五部与同时期盛京五部机构和职官设置的情况看，京师户部有二十五个部门，三百六十二人；盛京户部只有七个部门，六十三人；京师礼部有十六个部门，一百四十五人；盛京礼部只有九个部门，五十九人；京师兵部有十一个部门，二百二十一人；盛京兵部只有三个部门，五十八人；京师刑部有三十个部门，四百零七人；盛京刑部有七个部门，二十一人；京师工部有十四个部门，三百一十七人；盛京工部只有七个部门，五十一人。可见，与京师各部相比，盛京五部的机构及职官设置的确很少。由盛京五部的职能来看，五部作为文职机构多是负责查验、奏销及登记造册等事务，而且五部在奉天地方无外派机构，遇有需要处理的地方事件时五部或专门派部内司员前往，或转咨盛京将军衙门令地方旗民官代为处理，因而，五部需要直接处理的事件并不繁杂，由此可见，五部在有清一代的确人少事简，但是，并非存在多余的部门。盛京五部作为陪都机构属于中央国家机关，侍郎由清帝直接任命，遇事可以直接向清帝奏报，有清一代清帝便将五部侍郎作为自己的眼线，加强对盛京各级官员的监督，进而保证了对盛京统治的巩固。雍正时期，清帝任命心腹大臣出任盛京五部侍郎进而对盛京等处官员进行监督，成功地打击了异己势力便是明证。同时，盛京五部作为陪都机构还可以代替京师各部对东北三省的相关事务进行处理，例如，盛京礼部负责接待朝鲜使臣，盛京户部、盛京礼部负责向三姓地区提供乌林等，这些事务多涉及对边界及边疆少数民族事务的管理，所以五部也为东北边疆的稳定作出了一定的贡献。

# 附　　录

表一　　　　　　　　　盛京户部侍郎统计

| 姓名 | 任期 | 旗籍 | 出身 | 任前 | 任后 |
|---|---|---|---|---|---|
| 费齐 | 顺治十六年—十八年 | 正白旗 | | 裁缺吏部启心郎 | |
| 吴玛护 | 顺治十八年—康熙七年 | 正白旗 | | 大理寺卿 | 改盛京将军 |
| 纳桑阿 | 康熙七年—十二年 | 镶蓝旗 | | 左通迁 | |
| 色赫 | 十二年—二十二年 | 正红旗 | | 保和殿大学士 | 改吏部右侍郎 |
| 莽色 | 二十二年—二十七年 | 镶白旗 | 顺治壬辰进士 | 左副都御史改 | 休 |
| 赵山 | 二十七年—二十八年 | 正白旗 | | 内阁学士迁 | 改正红旗满洲副都统 |
| 图尔臣 | 二十八年 | 正白旗 | | | |
| 阿喇弥 | 二十八年—三十三年 | 镶蓝旗 | | 刑部右侍郎改 | 革 |
| 帕海 | 三十三年—四十一年 | 正白旗 | | 盛京工部理事官迁 | |
| 希福纳 | 四十一年—四十四年 | 镶蓝旗 | | 内阁学士迁 | 改吏部右侍郎 |
| 法特哈 | 四十四年 | 镶黄旗 | | 大理寺卿迁 | 病休 |
| 阿玺泰 | 四十四年—四十五年 | | | 盛京兵部理事官迁 | 革 |

续表

| 姓名 | 任期 | 旗籍 | 出身 | 任前 | 任后 |
|---|---|---|---|---|---|
| 董国礼 | 四十五年—五十八年 | 正红旗 | | 左副都御史改 | |
| 花都 | 五十八年—六十年 | | | 内阁学士署甘肃巡抚授 | 降两级调 |
| 保德 | 六十年—六十一年 | 正白旗 | | 盛京户部理事官迁 | 改正红旗蒙古副都统 |
| 格尔布 | 康熙六十一年—雍正三年 | 正黄旗 | | 内阁学士迁 | |
| 傅鼐 | 雍正三年—四年 | 镶黄旗 | | 兵部右侍郎改 | 革 |
| 王朝恩 | 四年—七年 | 镶黄旗汉军 | | 内阁学士迁 | 改盛京刑部（兼理奉天府尹）盛京兵部永福署 |
| 永福 | 七年 | 正蓝旗 | | 以盛京礼部侍郎兼管 | |
| 和善 | 七年—十年 | 镶白旗 | | 内阁侍读学士署，改光禄寺卿仍署 | |
| 兆华 | 十年—十一年 | 正蓝旗 | | 礼部给署仓场侍郎授 | 改仓场侍郎 |
| 葛森 | 十一年—十二年 | 正蓝旗 | | 云南布政使迁 | 改刑部右侍郎 |
| 官保 | 雍正十二年—乾隆二年 | 正白旗 | | 署太仆寺卿迁 | |
| 双喜 | 二年—十年 | 镶黄旗 | | 内阁学士迁 | 休 |
| 蕴著 | 十年—十二年 | 宗室镶白旗 | | 盛京工部侍郎改 | 改兵部右侍郎 |
| 富德 | 十二年—十三年 | 正蓝旗 | | 副都统授 | 召京 |
| 德尔格 | 十三年—十八年 | 正白旗 | | 内阁学士迁 | 盛京兵部侍郎互改 |
| 卞塔海 | 十八年—十九年 | 镶蓝旗 | | 盛京兵部侍郎改 | 改盛京礼部侍郎 |
| 勒克 | 十九年—二十年 | | | 副都统兼 | 革 |
| 赫赫 | 二十年—二十四年 | 正黄旗 | | 盛京工部侍郎改 | 改正红旗汉军副都统（内阁学士） |
| 常福 | 二十四年—三十一年 | 镶白旗 | | 给事中迁 | |

续表

| 姓名 | 任期 | 旗籍 | 出身 | 任前 | 任后 |
|---|---|---|---|---|---|
| 瓦尔达 | 三十一年—三十五年 | 正黄旗 | 雍正丁未进士 | 大理寺卿迁 | 仓场侍郎互调 |
| 突麟 | 三十五年 |  |  | 仓场侍郎改 | 解 |
| 瑭古泰 | 三十五年—三十七年 | 正蓝旗 |  | 内阁学士迁 | 召京 |
| 瓦尔达 | 三十七年—三十八年 | 正黄旗 | 雍正丁未进士 | 东陵总管内务府大臣授，兼奉天府尹 | 革 |
| 德风 | 三十八年—四十年 | 正白旗 | 乾隆壬申进士 | 内阁学士迁，管奉天府尹 | 革 |
| 喀尔崇义 | 四十年—四十四年 | 镶白旗 |  | 盛京刑部侍郎改 |  |
| 全魁 | 四十四年—四十八年 | 镶白旗 | 乾隆辛未进士 | 盛京礼部侍郎改 | 卸管奉天府尹，降 |
| 鄂宝 | 四十八年—五十二年 | 镶黄旗 |  | 漕运总督授 | 死 |
| 宜兴 | 五十二年—五十七年 | 宗室镶红旗 |  | 盛京礼部侍郎改，管奉天府尹 | 改盛京刑部侍郎 |
| 禄康 | 五十七年 | 宗室正蓝旗 |  | 盛京礼部侍郎改 | 盛京兵部侍郎互调 |
| 伯麟 | 乾隆五十七年—嘉庆三年 | 正黄旗 | 乾隆辛卯举人 | 盛京兵部侍郎改，管奉天府尹 | 改兵部右侍郎 |
| 禄康 | 嘉庆三年—四年 | 宗室正蓝旗 |  | 盛京兵部侍郎改 | 改刑部右侍郎 |
| 瑚图灵阿 | 四年—五年 | 正白旗 | 乾隆丁未进士 | 左副都御史授 | 改盛京刑部侍郎 |
| 成书 | 五年—六年 | 镶白旗 | 乾隆甲辰进士 | 盛京兵部侍郎改 | 改工部右侍郎 |
| 德文 | 六年—九年 | 正白旗 | 乾隆庚戌进士 | 内阁学士迁，管奉天府尹 | 改礼部右侍郎 |
| 花尚阿 | 九年—十年 | 镶红旗蒙古 |  | 盛京兵部侍郎改，管奉天府尹 | 降郎中 |
| 荣麟 | 十年—十四年 | 正蓝旗 | 乾隆己酉进士 | 盛京兵部侍郎改，管奉天府尹 | 改工部右侍郎 |

续表

| 姓名 | 任期 | 旗籍 | 出身 | 任前 | 任后 |
|---|---|---|---|---|---|
| 马慧裕 | 十四年—十五年 | 正黄旗汉军 | 乾隆辛卯进士 | 候补三品京堂授,管奉天府尹 | 改工部右侍郎 |
| 贵庆 | 十五年 | 镶白旗 | 嘉庆己未进士 | 内阁学士迁 | 降二级调 |
| 萨彬图 | 十五年—十六年 | 镶白旗 | 乾隆庚子进士 | 光禄寺卿迁 | 革 |
| 润祥 | 十六年—十九年 | 镶蓝旗 | 举人 | 左副都御史改 | 改工部右侍郎 |
| 德文 | 十九年—二十三年 | 正白旗 | 乾隆庚戌进士 | 刑部员外郎迁,管奉天府尹 | 改礼部右侍郎 |
| 多福 | 二十三年 | 正红旗 |  | 盛京工部侍郎改,管奉天府尹 | 降郎中 |
| 明兴阿 | 嘉庆二十三年—道光五年 | 宗室正蓝旗 |  | 兵部右侍郎改,管奉天府尹,兼署盛京刑部 |  |
| 常文 | 道光五年—八年 | 正蓝旗 | 贡生 | 左副都御史迁,管奉天府尹 | 改兵部左侍郎 |
| 多山 | 八年—十一年 | 正蓝旗蒙古 | 乾隆乙卯进士 | 左副都御史迁 | 休 |
| 凯音布 | 十一年 | 镶蓝旗 | 嘉庆辛酉进士 | 盛京礼部侍郎改 | 盛京刑部侍郎互调 |
| 鄂顺安 | 十一年—十二年 | 正红旗 | 生员 | 盛京刑部侍郎改,管奉天府尹 | 改刑部左侍郎 |
| 嵩惠 | 十二年—十三年 |  |  | 盛京工部侍郎改 | 召京 |
| 德兴 | 十三年—十六年 | 镶黄旗 | 嘉庆丁丑进士 | 盛京兵部侍郎改,兼管奉天府尹 | 改泰宁总兵 |
| 德春 | 十六年—十九年 | 镶黄旗 | 嘉庆己卯进士 | 盛京兵部侍郎改 | 改兵部右侍郎 |
| 德诚 | 十九年 | 镶蓝旗宗室 | 道光丙戌进士 | 盛京刑部侍郎改 | 改盛京刑部侍郎 |
| 萨迎阿 | 十九年—二十年 | 镶黄旗 | 举人 | 盛京礼部侍郎改 | 改礼部右侍郎 |

附　录

续表

| 姓名 | 任期 | 旗籍 | 出身 | 任前 | 任后 |
|---|---|---|---|---|---|
| 惟勤 | 二十年—二十二年 | 镶蓝旗宗室 | 嘉庆己巳进士 | 盛京刑部侍郎改,管奉天府尹,署吉林将军 | 改兵部右侍郎 |
| 成刚 |  | 镶蓝旗 |  |  |  |
| 惠丰 | 二十二年—二十三年 | 镶黄旗 | 荫生 | 盛京刑部侍郎改,管奉天府尹 | 改刑部右侍郎 |
| 明训 | 二十三年—二十六年 | 正黄旗蒙古 | 嘉庆庚辰进士 | 盛京礼部侍郎改 | 改工部右侍郎 |
| 庆祺 | 二十六年—二十九年 | 正蓝旗宗室 | 道光壬辰进士 | 左副都御史迁,管奉天府尹 | 改兵部右侍郎 |
| 书元 | 二十九年—三十年 | 镶蓝旗 |  | 左副都御史迁,管奉天府尹 | 改户部右侍郎 |
| 恒毓 | 道光三十年—咸丰五年 | 正白旗 |  | 盛京兵部侍郎改,管奉天府尹,署奉天府尹 | 改乌鲁木齐都统 |
| 书元 | 咸丰五年—六年 | 镶蓝旗 |  | 盛京刑部侍郎改,管奉天府尹 | 降五级调 |
| 富呢雅杭阿 | 六年—七年 | 镶红旗蒙古 | 道光甲辰进士 | 盛京兵部侍郎改,管奉天府尹 | 改内阁学士 |
| 倭仁 | 七年—十一年 | 正红旗蒙古 | 道光己丑进士 | 盛京礼部侍郎改,管奉天府尹,署盛京将军 |  |
| 和润 | 咸丰十一年—同治二年 | 宗室镶蓝旗 | 道光庚子进士 | 盛京刑部侍郎改,管奉天府尹 | 改工部右侍郎 |
| 宝珣 | 同治二年—四年 | 镶黄旗 | 道光辛丑进士 | 内阁学士署兵部左侍郎迁,管奉天府尹 | 降一级调 |
| 额勒和布 | 四年—十年 | 镶蓝旗 | 壬子翻译进士 | 理藩院右改,葬假,盛京礼部麟书兼署 | 改热河都统 |

续表

| 姓名 | 任期 | 旗籍 | 出身 | 任前 | 任后 |
|---|---|---|---|---|---|
| 瑞联 | 十年—十二年 | 宗室正蓝旗 | 咸丰癸丑进士 | 盛京工部侍郎改，署盛京将军 | 改热河都统 |
| 志和 | 同治十二年—光绪元年 | 正蓝旗 | 咸丰壬子进士 | 户部左侍郎改，管奉天府尹，署盛京将军 | 解 |
| 崇实（增） | 光绪元年三月 | 镶黄旗 | 道光庚戌进士 | 以盛京将军兼理盛京户部侍郎 | 七月解兼理 |
| 岐元 | 元年—五年 | 宗室正红旗 | | 内阁学士署奉天府尹授，兼署盛京刑部侍郎，署盛京将军兼管奉天府尹 | 授盛京将军 |
| 恩福 | 五年—八年 | | | 奉天府尹迁，署盛京将军 | 改户部右侍郎 |
| 启秀 | 八年—十四年 | 满洲正白旗 | 同治乙丑进士题名 | 盛京刑部侍郎改 | 病免 |
| 绵宜 | 十四年—二十一年 | 宗室镶白旗 | 咸丰壬子进士 | 兵部右侍郎改 | |
| 良弼 | 二十一年—二十五年 | 正白旗 | 同治戊辰贡士辛未进士榜名傅良弼 | | 解 |
| 清锐 | 二十五年—二十九年 | 镶黄旗蒙古 | 光绪癸未翻译进士 | 盛京刑部侍郎改，兼署盛京将军，盛京兵部侍郎萨廉兼署 | 改理藩院右 |
| 溥颋 | 二十九年 | 宗室镶红旗 | 举人 | 盛京刑部侍郎改 | 迁左都御史 |
| 廷杰 | 三十年—三十一年 | 正白旗 | 光绪丙子进士 | 以奉天府府尹兼署 | 三十一年解缺 |

表二　　　　　　　　　　盛京礼部侍郎统计

| 姓名 | 任期 | 旗籍 | 出身 | 任前 | 任后 |
|---|---|---|---|---|---|
| 胡密达 | 顺治十六年—康熙七年 | 镶蓝旗 | | | 病休 |
| 哈尔松阿 | 康熙七年—二十二年 | 正红旗 | | | 死 |
| 席兰泰 | 二十二年—二十七年 | 镶黄旗 | | 通政使迁 | 休 |
| 朱善 | 二十七年—二十九年 | 正白旗 | | 通政使迁 | 革 |
| 单璧 | 二十九年—三十三年 | 正蓝旗 | | 左副都御史改 | 休 |
| 艾肃 | 三十三年—三十四年 | 镶白旗 | | 光禄寺卿迁 | 病免 |
| 庸爱 | 三十四年—三十五年 | | | 大理寺卿迁 | 改户部右侍郎 |
| 阿山 | 三十五年—三十六年 | 镶蓝旗 | 笔帖式 | 左副都御史改 | 改以礼部侍郎衔任翰林院掌印学士 |
| 哈山 | 三十六年—四十九年 | 镶红旗 | | 左副都御史改 | 改吏部右侍郎 |
| 苏尔德 | 四十九年—五十二年 | 镶红旗 | | 左副都御史改 | 改镶黄旗蒙古副都统 |
| 巴济纳 | 康熙五十二年—雍正元年 | 镶白旗 | | 内阁学士迁 | 休 |
| 关色 | 雍正元年—二年 | 镶白旗 | | 镶白旗汉军副都统授 | 死 |
| 喀什图 | 二年—三年 | | | 刑部右侍郎改 | |
| 武格 | 五年 | 正蓝旗 | | 盛京刑部侍郎兼理 | |
| 尹泰 | 三年—七年 | | | 左都御史以原品署，兼奉天府尹，后协理奉天将军，卸兼奉天府尹 | 迁额外大学士 |
| 永国 | 七年 | | | 内阁侍读学士迁，兼盛京工部侍郎 | |

续表

| 姓名 | 任期 | 旗籍 | 出身 | 任前 | 任后 |
|---|---|---|---|---|---|
| 申珠浑 | 七年—十三年 | 镶红旗 | | 理藩院少卿署，后迁左副都御史仍署，九年兼盛京刑部侍郎，九月授，仍兼盛京刑部侍郎 | 改刑部右侍郎 |
| 德福 | 雍正十三年—乾隆六年 | 镶白旗 | | 大理寺卿迁 | |
| 纳尔泰 | 乾隆六年—十五年 | 镶黄旗 | | 内阁学士迁 | |
| 德龄 | 十五年—十七年 | 镶黄旗 | | 内阁学士迁 | 乞养 |
| 吴达善 | 十七年 | 正红旗 | | 内阁学士迁 | 盛京刑部侍郎 |
| 苏章阿 | 十七年—十八年 | 正黄旗蒙古 | | 内阁学士迁 | 改盛京刑部侍郎 |
| 世臣 | 十八年—十九年 | 正白旗 | | 内阁学士迁 | 革 |
| 卞塔海 | 十九年—二十八年 | 镶蓝旗 | | 盛京户部侍郎改 | 改正红旗汉军副都统 |
| 永宁 | 二十八年—三十二年 | 正红旗 | | 兵部左侍郎改 | 授内阁学士 |
| 温敏 | 三十二年—三十四年 | 正蓝旗 | 乾隆乙丑进士 | 左副都御史授 | |
| 耀海 | 三十四年—三十五年 | 正白旗 | | 奉天府尹迁 | 召京 |
| 志信 | 三十五年—四十年 | 觉罗 正蓝旗 | | 左副都御史授 | 老，召京（授通政使） |
| 全魁 | 四十年—四十四年 | 镶白旗 | 乾隆辛未进士 | 通政使迁，兼管奉天府尹 | 改盛京户部侍郎 |
| 玉鼎柱 | 四十四年—四十八年 | 宗室镶蓝旗 | | 内阁学士迁 | 改吏部右侍郎 |
| 宜兴 | 四十八年—五十二年 | 宗室镶红旗 | | 兼盛京兵部侍郎 | 改盛京户部侍郎 |

284

续表

| 姓名 | 任期 | 旗籍 | 出身 | 任前 | 任后 |
|---|---|---|---|---|---|
| 玉鼎柱 | 五十二年 | 宗室镶蓝旗 | | 吏部右侍郎改 | |
| 禄康 | 五十二年—五十七年 | 宗室正蓝旗 | | 内阁学士迁 | 改盛京户部侍郎 |
| 德瑛 | 乾隆五十七年—嘉庆二年 | 镶黄旗 | 护军 | 内阁学士迁 | 改盛京刑部侍郎 |
| 宝源 | 嘉庆二年—五年 | | | 左副都御史授 | 解（革） |
| 赓音布 | 五年—六年 | 镶蓝旗 | 官学生 | 左副都御史改 | 死 |
| 继善 | 六年—七年 | | | | 改盛京刑部侍郎 |
| 多庆 | 七年—十年 | | | 内阁学士迁 | 改礼部右侍郎 |
| 德文 | 十年—十一年 | 正白旗 | 乾隆庚戌进士 | 内阁学士迁 | 改礼部右侍郎 |
| 成格 | 十一年—十四年 | 正黄旗 | 嘉庆丙辰进士 | 左副都御史授 | 改礼部右侍郎 |
| 凯音布 | 十四年—十六年 | 镶蓝旗 | 嘉庆辛酉进士 | 内阁学士迁 | 改礼部右侍郎 |
| 哈鲁堪 | 十六年 | 正黄旗 | 监生 | 以盛京兵部侍郎兼署 | |
| 花尚阿 | 十六年—十八年 | 镶红旗蒙古 | | 正黄旗汉军副都统授 | 休 |
| 诚安 | 十八年—二十一年 | 正黄旗 | | 左副都御史改，管奉天府尹 | 降左副都御史 |
| 升寅 | 嘉庆二十一年—道光四年 | 镶黄旗 | 嘉庆庚申举人 | 左副都御史改 | 改盛京刑部侍郎 |
| 善庆 | 道光四年—七年 | 正蓝旗 | 嘉庆壬戌进士 | 正黄旗汉军副都统授 | |
| 钟昌 | 七年 | 正白旗 | 嘉庆己巳进士 | 内阁学士署兵部右侍郎授 | 刑部右侍郎互调 |
| 特登额 | 七年—八年 | 镶红旗 | 嘉庆乙丑进士 | 刑部右侍郎改 | 改盛京刑部侍郎 |
| 凯音布 | 八年—十一年 | 镶蓝旗 | 嘉庆辛酉进士 | 吏部左侍郎改，兼盛京刑部侍郎 | 改盛京户部侍郎 |
| 铁麟 | 十一年 | 宗室正蓝旗 | 嘉庆己卯进士 | 左副都御史迁 | 改兵部右侍郎 |
| 那彦成 | 十一年 | | | 革直隶总督授 | 革 |
| 普保 | 十一年—十五年 | 正黄旗 | 嘉庆辛酉进士 | 理藩院左改 | 召京 |

续表

| 姓名 | 任期 | 旗籍 | 出身 | 任前 | 任后 |
|---|---|---|---|---|---|
| 鄂顺安 | 十五年 | 正红旗 | 生员 | 降调山西巡抚授 | 改盛京刑部侍郎 |
| 明训 | 十五年—十六年 | 正黄旗蒙古 | 嘉庆庚辰进士 | 吐鲁番领队授 | 改刑部右侍郎 |
| 萨迎阿 | 十六年—十九年 | 镶黄旗 | 举人 | 哈密办事大臣授,管奉天府尹 | 改盛京户部侍郎 |
| 明训 | 十九年—二十三年 | 正黄旗蒙古 | 嘉庆庚辰进士 | 盛京刑部侍郎改,管奉天府尹 | 改盛京户部侍郎 |
| 春佑 | 二十三年—三十年 | 宗室正红旗 | | 内阁学士迁,回京 | 改兵部右侍郎 |
| 广林 | 三十年 | 正黄旗蒙古 | 嘉庆甲戌进士 | 工部左侍郎改 | 改盛京兵部侍郎 |
| 耆瑞 | 道光三十年—咸丰二年 | 正蓝旗 | | 杭州副都御史授 | 改盛京兵部侍郎 |
| 和色本 | 咸丰二年—六年 | 正蓝旗 | 道光癸未进士 | 理藩院右改,暂署兼管奉天府尹 | |
| 倭仁 | 六年—七年 | 正红旗蒙古 | 道光己丑进士 | 光禄寺卿迁 | 改盛京户部侍郎 |
| 文俊 | 七年—九年 | 镶红旗 | 监生 | 江西巡抚授 | 改刑部右侍郎 |
| 双福 | 咸丰九年—同治元年 | 正黄旗蒙古 | | 内阁学士迁 | 降一级调 |
| 志和 | 同治元年 | 正蓝旗 | 咸丰壬子进士 | 左副都御史迁 | 盛京刑部侍郎互调 |
| 清安 | 元年—八年 | 镶蓝旗 | | 盛京刑部侍郎改 | 巡边,锦州副都统庆春署 |
| 麟书 | 同治八年—光绪元年 | 宗室正蓝旗 | 咸丰癸丑进士 | 内阁学士迁,兼署盛京户部侍郎 | 理藩院右互调 |
| 苏勒布 | 光绪元年—六年 | 正红旗 | 道光辛丑进士 | 理藩院右改,兼署盛京刑部侍郎 | 病免 |
| 松森 | 六年—十二年 | 宗室正蓝旗 | 同治乙丑进士 | | 改盛京刑部侍郎 |
| 文晖 | 十二年—十四年 | 镶红旗蒙古 | 荫生 | 礼部左侍郎改 | |
| 怀塔布 | 十四年—十七年 | 正蓝旗 | 荫生 | 泰宁总兵授 | 迁左都御史 |

续表

| 姓名 | 任期 | 旗籍 | 出身 | 任前 | 任后 |
|---|---|---|---|---|---|
| 文兴 | 十七年—二十五年 | 正蓝旗蒙古 | 监生 | 礼部左侍郎改 | 暂护盛京将军 |
| 崇宽 | 二十五年—二十七年 | 宗室镶蓝旗 | 光绪庚辰进士 | 内阁学士迁，盛京刑部侍郎溥颐兼署 | |
| 特图慎 | 二十七年—二十八年 | 蒙古正白旗 | | 内阁学士迁 | 礼部左侍郎互调 |
| 荣惠 | 二十八年—二十九年 | 正黄旗蒙古 | | 礼部左侍郎改 | |
| 景厚 | 二十九年 | 宗室镶红旗 | 光绪丙戌进士 | 内阁学士迁 | 召京 |

表三　　　　　　　　　　盛京兵部侍郎统计

| 姓名 | 任期 | 旗籍 | 出身 | 任前 | 任后 |
|---|---|---|---|---|---|
| 舜拜 | 康熙三十年—三十四年 | 觉罗，镶红旗 | | 兵部左侍郎改 | 病免 |
| 傅继祖 | 三十四年—三十九年 | 正蓝旗 | | 内阁学士迁 | 改吏部右侍郎 |
| 额伦特 | 三十九年—四十一年 | 镶红旗 | | 左副都御史改 | |
| 傅绅 | 四十一年—五十年 | 镶白旗 | | 内阁学士迁 | 改吏部右侍郎 |
| 色尔图 | 五十年—五十六年 | 镶红旗 | | 内阁学士迁 | 改吏部左侍郎 |
| 海寿 | 五十六年—五十七年 | | | 左副都御史改 | |
| 贝和诺 | 五十七年 | 正黄旗 | | | |
| 玛金泰 | 五十八年 | 镶白旗 | | | |
| 杨柱 | 五十九年—六十一年 | 镶白旗 | | 左副都御史改 | 革 |
| 伊忒海 | 康熙六十一年—雍正元年 | 正红旗 | | 左副都御史改 | 革 |
| 吴尔泰 | 雍正元年—五年 | 镶白旗 | | 户部左侍郎改 | 降调 |
| 永福 | 雍正五年—乾隆四年 | 正蓝旗 | | 任（七年兼署盛京户部） | |

续表

| 姓名 | 任期 | 旗籍 | 出身 | 任前 | 任后 |
|---|---|---|---|---|---|
| 常安 | 乾隆四年—五年 | 镶红旗 | | 军营粮饷侍郎授 | 改刑部右侍郎 |
| 阿山 | 五年—八年 | 正蓝旗 | | 吏部右侍郎授 | 休 |
| 春山 | 八年—十年 | 镶蓝旗 | 康熙壬辰进士 | 内阁学士迁 | |
| 敷文 | 十年—十一年 | 镶黄旗 | | 通政使迁 | 病免 |
| 萧满岱 | 十一年—十三年 | 正蓝旗蒙古 | | 盛京工部侍郎改 | 病免 |
| 吴拜 | 十三年 | | | 仓场侍郎改 | 革 |
| 慧中 | 十三年—十五年 | | | 陕西布政使迁 | 改吏部右侍郎 |
| 世臣 | 十五年—十七年 | 正白旗 | | 内阁学士迁 | 改内阁学士 |
| 卞塔海 | 十七年—十八年 | 镶蓝旗 | | 内阁学士迁 | 盛京户部侍郎互改 |
| 德尔格 | 十八年—二十年 | 镶白旗 | | 盛京户部侍郎改 | |
| 富僧额 | 二十年—二十三年 | 正黄旗 | | 右翼总尉任 | |
| 果勒敏 | 二十三年—三十年 | 正白旗 | | 内阁学士迁 | |
| 富德 | 三十年—三十六年 | 正蓝旗 | | 内阁学士迁 | 休 |
| 福德 | 三十六年 | 正蓝旗 | | 内阁学士迁 | 改内阁学士 |
| 伯兴 | 三十六年—四十八年 | 镶白旗 | | 任，管奉天府尹 | 改内阁学士，盛京礼部侍郎宜兴兼 |
| 范宜清 | 四十八年—五十六年 | 镶黄旗汉军 | | 太仆寺卿迁 | |
| 玉保 | 五十六年—五十七年 | | | 内阁学士迁 | 改兵部右侍郎 |
| 伯麟 | 五十七年 | 正黄旗 | 乾隆辛卯举人 | 内阁学士迁 | 盛京户部侍郎互调 |
| 禄康 | 乾隆五十七年—嘉庆三年 | 宗室正蓝旗 | | 盛京户部侍郎改 | 改盛京户部侍郎 |
| 书敏 | 嘉庆三年 | 镶红旗 | | 内阁学士迁 | 改礼部右侍郎 |

续表

| 姓名 | 任期 | 旗籍 | 出身 | 任前 | 任后 |
|---|---|---|---|---|---|
| 恭泰 | 三年（未任） | 镶黄旗 | 乾隆戊戌进士 | 内阁学士迁（未任） | |
| 铁保 | 四年 | 正黄旗 | 乾隆壬辰进士 | 内阁学士迁 | 改盛京刑部侍郎 |
| 瑚图礼 | 四年 | 正白旗 | 乾隆丁未进士 | 刑部左侍郎改 | 改盛京刑部侍郎 |
| 成书 | 四年—五年 | 镶白旗 | 乾隆甲辰进士 | 内阁学士迁 | 改盛京户部侍郎 |
| 穆克登额 | 五年—七年 | 镶黄旗 | | 通政使迁，管奉天府尹 | 改盛京刑部侍郎 |
| 花尚阿 | 七年—九年 | 镶红旗蒙古 | | 镶白旗蒙古副都统授 | 改盛京户部侍郎 |
| 荣麟 | 九年—十年 | 正蓝旗 | 乾隆己酉进士 | 内阁学士迁 | 改盛京户部侍郎 |
| 赓敏 | 十年—十一年 | | | 内阁学士迁 | |
| 丰绅济伦 | 十一年—十二年 | 镶黄旗 | | 四等侍卫授 | 死 |
| 伊冲阿 | 十二年—十五年 | 正蓝旗 | | 正黄旗满洲副都统授 | 降笔帖式 |
| 哈鲁堪 | 十五年—十八年 | 正黄旗 | 监生 | 大理寺卿迁 | 死 |
| 书敏 | 十八年—二十五年 | 镶蓝旗 | 举人 | 左副都御史改 | 改礼部右侍郎 |
| 润德 | 嘉庆二十五年—道光元年 | | | 左副都御史迁 | |
| 佛住 | 道光元年 | | | 礼部右侍郎互调 | |
| 书铭 | 元年—六年 | 镶蓝旗 | 举人 | 礼部右侍郎改 | 休 |
| 惠端 | 六年—九年 | 宗室镶蓝旗 | 嘉庆壬戌进士 | 左副都御史迁 | 解 |
| 那丹珠 | 九年—十年 | 镶蓝旗 | 嘉庆乙丑进士 | 理藩院左改 | 改工部左侍郎 |
| 常文 | 十年—十二年 | 正蓝旗 | 贡生 | 理藩院左改 | 改盛京刑部侍郎 |
| 德兴 | 十二年—十三年 | 镶黄旗 | 嘉庆丁丑进士 | 左副都御史迁 | 改盛京户部侍郎 |

续表

| 姓名 | 任期 | 旗籍 | 出身 | 任前 | 任后 |
|---|---|---|---|---|---|
| 德春 | 十三年—十六年 | 镶黄旗 | 嘉庆己卯进士 | 左副都御史迁 | 改盛京户部侍郎 |
| 惠吉 | 十六年 | 镶黄旗 | 荫生 | 广西巡抚授 | 盛京刑部侍郎互调 |
| 文蔚 | 十六年—十八年 | 正蓝旗 | 嘉庆庚辰进士 | 盛京刑部侍郎改 | 改工部左侍郎 |
| 成刚 | 十八年—二十年 | 宗室镶蓝旗 | | 左副都御史迁 | 改盛京刑部侍郎 |
| 道庆 | 二十年—二十二年 | 宗室镶蓝旗 | | 内阁学士迁，盛京副都统奕兴署，护理盛京将军 | 改兵部左侍郎 |
| 舒兴阿 | 二十二年—二十三年 | 正蓝旗 | 道光壬辰进士 | 内阁学士迁 | 改兵部右侍郎 |
| 倭什讷 | 二十三年—二十四年 | 正黄旗蒙古 | 荫生 | 左副都御史迁，兼署盛京工部侍郎 | 改兵部右侍郎 |
| 福济 | 二十四年 | 镶白旗 | 道光癸巳进士 | 左副都御史迁 | 改兵部右侍郎 |
| 广林 | 二十四年—二十五年 | 正黄旗蒙古 | 嘉庆甲戌进士 | 左副都御史迁 | 改盛京刑部侍郎 |
| 龄鉴 | 二十五年—二十七年 | 正白旗 | 笔帖式 | 内阁学士迁 | 病免 |
| 灵桂 | 二十七年—二十八年 | 宗室正蓝旗 | 道光戊戌传胪 | 左副都御史迁 | 改工部左侍郎 |
| 恒毓 | 二十八年—三十年 | 正白旗，也做镶白旗 | | 左副都御史迁 | 改盛京户部侍郎 |
| 广林 | 道光三十年—咸丰二年 | 正黄旗蒙古 | 嘉庆甲戌进士 | 盛京礼部侍郎改 | 改盛京工部侍郎 |
| 耆瑞 | 咸丰二年—三年 | 正蓝旗 | | 盛京礼部侍郎改 | 病免 |
| 富呢雅杭阿 | 三年—六年 | 镶红旗蒙古 | 道光甲辰进士 | 盛京副都统授 | 改盛京户部侍郎 |

续表

| 姓名 | 任期 | 旗籍 | 出身 | 任前 | 任后 |
|---|---|---|---|---|---|
| 锡龄 | 六年 | 宗室镶蓝旗 | 道光辛丑进士 | 盛京工部侍郎改 | |
| 聊奎 | 六年 | | | 左副都御史迁 | 病免 |
| 讷尔济 | 六年—九年 | 正白旗 | 道光乙未翻译进士 | 左副都御史迁 | 解 |
| 煜纶 | 咸丰九年—同治元年 | 宗室正红旗 | 道光甲辰进士 | 左副都御史迁 | |
| 聊康 | 同治元年—四年 | 镶黄旗 | | 兵部右侍郎改 | 召京，盛京工部桂清兼署 |
| 延煦 | 四年—七年 | 宗室正蓝旗 | 咸丰丙辰进士 | 内阁学士迁 | 改户部右侍郎 |
| 瑞联 | 七年—八年 | 宗室正蓝旗 | 咸丰癸丑进士 | 内阁学士迁 | 改盛京刑部侍郎 |
| 绵宜 | 八年—十一年 | 宗室镶白旗 | 咸丰壬子进士 | 礼部右侍郎改 | 改礼部右侍郎 |
| 继格 | 同治十一年—光绪四年 | 正白旗 | 咸丰壬子进士 | 左副都御史迁，兼署盛京刑部侍郎 | 改刑部左侍郎 |
| 绵宜 | 光绪四年—六年 | 宗室镶白旗 | 咸丰壬子进士 | 礼部左侍郎改 | 革 |
| 宝森 | 六年—八年 | 宗室镶蓝旗 | 咸丰庚申进士 | 左副都御史迁，兼署盛京刑部侍郎 | 改盛京刑部侍郎 |
| 钟濂 | 八年—十一年 | 蒙古正蓝旗 | | 左副都御史迁 | 病免 |
| 凤秀 | 十一年—十六年 | 镶黄旗 | 监生 | 内阁学士迁 | 改刑部右侍郎 |
| 丰烈 | 十六年—十八年 | 宗室镶白旗 | | 工部右侍郎改 | |
| 启秀 | 十八年—二十年 | 满洲正白旗 | 同治乙丑进士题名 | 礼部左侍郎改 | 迁理藩院尚书 |
| 寿荫 | 二十年—二十一年 | 宗室正红旗 | | 吏部左侍郎改 | 改热河都统 |
| 溥颋 | 二十一年—二十四年 | 宗室镶红旗 | 荫生 | 内阁学士迁 | 礼部右侍郎互调 |

续表

| 姓名 | 任期 | 旗籍 | 出身 | 任前 | 任后 |
|---|---|---|---|---|---|
| 萨廉 | 二十四年 | 镶蓝旗 | 光绪庚辰进士 | 礼部右侍郎改，兼署盛京户部侍郎 | 改礼部左侍郎 |

表四　　　　　　　盛京刑部侍郎统计

| 姓名 | 任期 | 旗籍 | 出身 | 任前 | 任后 |
|---|---|---|---|---|---|
| 祁通格 | 康熙三年—九年 | 正蓝旗 |  | 国史学士授 | 病免 |
| 杭艾 | 九年—二十一年 | 正白旗 |  | 工部侍郎 | 迁左都御史 |
| 噶尔图 | 二十一年—二十五年 | 镶白旗 |  | 内阁学士迁 | 改刑部右侍郎 |
| 阿礼瑚 | 二十五年—二十七年 | 正蓝旗 |  | 国子监祭酒迁 | 革 |
| 吴什巴（胡什巴） | 二十七年—二十九年 | 正蓝旗 |  | 内阁学士迁 | 死 |
| 邬赫 | 二十九年—三十年 | 镶红旗 |  | 大理寺卿迁 | 降五级调 |
| 明额礼 | 三十年—三十二年 | 镶白旗 |  | 大理寺卿迁 | 休 |
| 佛葆 | 三十二年—三十四年 | 正蓝旗 |  | 左副都御史改 | 降两级调 |
| 额赫礼 | 三十四年—三十九年 | 正白旗 |  | 内阁学士迁 | 革 |
| 布泰 | 三十九年—四十年 | 镶白旗 |  | 内阁学士迁 | 降两级调 |
| 绰克托 | 四十年—四十四年 | 正蓝旗 |  | 内阁学士管詹事授 | 改工部右侍郎 |
| 布尔赛 | 四十四年—四十五年 | 镶黄旗 |  | 左副都御史改 | 死 |
| 慕成额 | 四十五年—五十二年 | 镶黄旗 |  | 左副都御史改 | 休 |

续表

| 姓名 | 任期 | 旗籍 | 出身 | 任前 | 任后 |
|---|---|---|---|---|---|
| 瓦尔答 | 五十二年—五十五年 | 正蓝旗 | | 左副都御史改 | |
| 马进泰 | 康熙五十五年—雍正三年 | 镶白旗 | | 盛京户部理事官迁 | 改工部右侍郎 |
| 武格 | 雍正三年—七年 | 正蓝旗 | | 署刑部左侍郎授（五年兼理盛京礼部，兼理盛京工部。六年暂署将军） | 改陕西巡抚 |
| 王朝恩 | 七年—九年 | 镶黄旗汉军 | | 盛京户部侍郎改兼奉天府尹，八年，改刑部左侍郎（汉缺），兼理奉尹，后奉尹黎致远兼理。 | |
| 申珠浑 | 九年—十二年 | 镶红旗 | | 盛京礼部侍郎兼理 | 改刑部右侍郎 |
| 葛森 | 雍正十二年—乾隆三年 | 正蓝旗 | | 刑部右侍郎改 | 亲病，解 |
| 吴拜 | 乾隆三年—七年 | 觉罗，镶红旗 | | 内阁学士迁 | 乞养（改内阁学士） |
| 兆惠 | 七年—九年 | 正黄旗 | | 内阁学士迁 | 刑部左侍郎互改 |
| 托时 | 九年—十一年 | 正黄旗 | | 刑部左侍郎改 | 休 |
| 介福 | 十一年—十三年 | 镶黄旗 | | 内阁学士迁 | 改吏部右侍郎 |
| 钟音 | 十三年—十六年 | 镶蓝旗 | | 内阁学士迁 | 改户部右侍郎 |
| 富森 | 十六年—十七年 | 镶黄旗 | | 通政使迁 | 改内阁学士 |
| 吴达善 | 十七年—十八年 | 正红旗 | | 盛京礼部侍郎改 | 改兵部右侍郎 |
| 苏章阿 | 十八年 | 正黄旗蒙古 | | 盛京礼部侍郎改，盛京工部侍郎互改 | |

续表

| 姓名 | 任期 | 旗籍 | 出身 | 任前 | 任后 |
|---|---|---|---|---|---|
| 吴拜 | 十八年一二十三年 | 觉罗，镶红旗 | | 盛京工部侍郎改 | 迁左都御史 |
| 石柱 | 二十三年一二十四年 | 正红旗 | | 内阁学士迁 | 改吏部左侍郎 |
| 伊禄顺 | 二十四年 | 正白旗 | | 内阁学士授 | 改副都统 |
| 温敏 | 二十四年一二十五年 | 正蓝旗 | | 詹迁 | |
| 朝铨 | 二十五年一三十八年 | 镶黄旗 | | 礼部给事中迁，署奉天将军，三十七年管奉天府尹 | 病，留京 |
| 喀尔崇义 | 三十八年一四十年 | 镶白旗 | | 内阁学士迁 | 改盛京户部 |
| 穆精阿 | 四十年一四十五年 | 正黄旗 | | 候侍授 | 改刑部右侍郎 |
| 荣柱 | 四十五年一五十四年 | 正白旗 | | 河南巡抚授 | 改以刑部郎中用 |
| 僧保住 | 五十四年一五十六年 | 宗室 | | 内阁学士迁 | 改吏部右侍郎 |
| 巴延三 | 五十六年一五十七年 | 觉罗 | | 革户部尚书授 | 解 |
| 宜兴 | 五十七年一五十九年 | 宗室镶红旗 | | 盛京户部侍郎改，管奉天府尹 | 改刑部右侍郎 |
| 傅森 | 乾隆五十九年一嘉庆二年 | 镶黄旗 | 监生 | 盛京工部侍郎改 | 改兵部右侍郎 |
| 德瑛 | 嘉庆二年一四年 | 镶黄旗 | 护军 | 盛京礼部改，兼管奉天府尹 | 改刑部右侍郎 |
| 铁保 | 四年 | 正黄旗 | 乾隆壬辰进士 | 盛京刑部侍郎改 | 改吏部右侍郎 |
| 瑚图礼 | 四年一五年 | 正白旗 | 乾隆丁未进士 | 盛京兵部侍郎改，兼管奉天府尹 | 改广东巡抚 |

续表

| 姓名 | 任期 | 旗籍 | 出身 | 任前 | 任后 |
|---|---|---|---|---|---|
| 瑚图灵阿 | 五年 | 正白旗 | 乾隆丁未进士 | 盛京户部侍郎改 | 改刑部右侍郎 |
| 赓音 | 五年—七年 | 正黄旗 | | 内阁学士迁 | 改刑部右侍郎 |
| 继善 | 七年 | 正蓝旗 | 生员 | 盛京礼部侍郎改 | 革 |
| 穆克登额 | 七年—十三年 | 镶蓝旗 | | 盛京兵部侍郎改 | 改刑部右侍郎 |
| 马慧裕 | 十三年 | 正黄旗汉军 | 乾隆辛卯进士 | 内阁学士迁 | |
| 崇禄 | 十三年—十六年 | 镶白旗 | 监生 | 浙江布政使迁 | 迁左都御史 |
| 和宁 | 十六年 | 镶黄旗蒙古 | 乾隆辛卯进士 | 大理寺少卿迁 | 迁盛京将军 |
| 贵庆 | 十六年—二十年 | 镶白旗 | 嘉庆己未进士 | 大理寺卿迁 | 病免 |
| 永祚 | 二十年—二十一年 | 镶白旗 | 笔帖式 | 左副都御史改 | 革 |
| 思宁 | 二十一年—二十三年 | 正红旗 | 戊辰进士 | 盛京工部侍郎改 | 改礼部左侍郎 |
| 瑞麟 | 二十三年—二十五年 | 正黄旗 | | 奉天府尹迁 | 降员外郎 |
| 承光 | 嘉庆二十五年—道光元年 | 镶黄旗，觉罗 | | 湖北布政使迁 | 刑部右侍郎互调 |
| 海龄 | 道光元年 | 镶黄旗汉军 | 嘉庆壬戌进士 | 刑部右侍郎改 | 留京 |
| 同麟 | 元年—四年 | 镶红旗 | 翻译进士 | 左副都御史迁 | 病免 |
| 海龄 | 四年 | 镶黄旗汉军 | 嘉庆壬戌进士 | 理藩院左署 | 降四级调 |
| 多福 | 四年 | 正红旗 | | 刑部右侍郎改，盛京户部侍郎明兴阿兼署 | |
| 升寅 | 四年—五年 | 镶黄旗 | 举人 | 盛京礼部侍郎改 | 改工部右侍郎 |
| 武忠额 | 五年 | 正白旗 | 嘉庆戊辰进士 | 内阁学士迁 | 改兵部右侍郎 |
| 多山 | 五年—七年 | 正蓝旗蒙古 | 乾隆乙卯进士 | 左副都御史迁 | 盛京工部侍郎互调 |
| 海龄 | 七年—八年 | 镶黄旗汉军 | 嘉庆壬戌进士 | 盛京工部侍郎改 | 改刑部左侍郎 |
| 特登额 | 八年—十年 | 镶红旗 | 嘉庆乙丑进士 | 盛京礼部侍郎改 | 改刑部左侍郎 |
| 惠显 | 十年—十一年 | 镶黄旗 | | 理藩院左改，盛京礼部侍郎凯音布兼，召京 | 改理藩院右 |

续表

| 姓名 | 任期 | 旗籍 | 出身 | 任前 | 任后 |
|---|---|---|---|---|---|
| 鄂顺安 | 十一年 | 正红旗 | 生员 | 贵州布政使迁 | 盛京户部侍郎互调 |
| 凯音布 | 十一年 | 正蓝旗 | 嘉庆辛酉进士 | 盛京户部侍郎改 | 改刑部右侍郎 |
| 裕泰 | 十一年—十二年 | 镶红旗 | | 安徽布政使迁 | 改盛京工部侍郎 |
| 常文 | 十二年 | 正蓝旗 | 贡生 | 盛京兵部侍郎改 | 改工部左侍郎 |
| 祥康 | 十二年—十四年 | 宗室正蓝旗 | | 盛京副都统授 | 改刑部右侍郎 |
| 贵庆 | 十四年—十五年 | 镶白旗 | 嘉庆己未进士 | 病痊授都统，兼署盛京工部侍郎 | 刑部右侍郎互调 |
| 特登额 | 十五年 | 镶红旗 | 嘉庆乙丑进士 | 刑部右侍郎改 | 留京 |
| 富呢扬阿 | 十五年 | 镶红旗 | | 科布多参赞大臣授 | 改乌鲁木齐都统 |
| 鄂顺安 | 十五年 | 正红旗 | 生员 | 盛京礼部侍郎改 | 降（驻藏帮办） |
| 文蔚 | 十五年—十六年 | 正蓝旗 | 嘉庆庚辰进士 | 驻藏大臣授 | 盛京兵部侍郎互调 |
| 惠吉 | 十六年—十七年 | 镶黄旗 | 荫生 | 盛京兵部侍郎改 | 改刑部右侍郎 |
| 麟魁 | 十七年—十八年 | 镶白旗 | 道光丙戌传胪 | 左副都御史迁 | 改刑部右侍郎 |
| 松峻 | 十八年 | 正黄旗 | 嘉庆己卯进士 | 内阁学士迁 | 改工部右侍郎 |
| 德诚 | 十八年—十九年 | 宗室镶蓝旗 | 道光丙戌进士 | 盛京工部侍郎改 | 改盛京户部侍郎 |
| 明训 | 十九年 | 正黄旗蒙古 | 嘉庆庚辰进士 | 左副都御史迁 | 改盛京礼部侍郎 |
| 德诚 | 二十年 | 宗室镶蓝旗 | 道光丙戌进士 | 改刑部右侍郎 | |
| 惟勤 | 二十年 | 宗室镶蓝旗 | 嘉庆己巳进士 | 左副都御史迁 | 改盛京户部侍郎 |
| 柏葰 | 二十年 | 正蓝旗蒙古 | 道光丙戌进士 | 盛京工部侍郎改 | 改刑部左侍郎 |
| 成刚 | 二十年—二十二年 | 镶蓝旗 | | 盛京兵部侍郎改，管奉天府尹 | 改刑部右侍郎 |
| 惠丰 | 二十二年 | 镶黄旗 | 荫生 | 通政使迁 | 改盛京户部侍郎 |

续表

| 姓名 | 任期 | 旗籍 | 出身 | 任前 | 任后 |
|---|---|---|---|---|---|
| 纳勒亨额 | 二十二年—二十三年 | 宗室正蓝旗 | 嘉庆己卯进士 | 驻藏帮办授 | |
| 赓福 | 二十三年 | 镶蓝旗 | 荫生 | 内阁学士迁 | 改礼部右侍郎 |
| 斌良 | 二十三年—二十四年 | 正红旗 | 荫生 | 左副都御史迁 | 改刑部右侍郎 |
| 花沙纳 | 二十四年 | 正黄旗蒙古 | 道光壬辰进士 | 左副都御史迁 | 改礼部右侍郎 |
| 德厚 | 二十四年—二十五年 | 觉罗正红旗 | 嘉庆甲戌进士 | 盛京工部侍郎改 | 改兵部左侍郎 |
| 广林 | 二十五年—二十七年 | 内务府正黄旗蒙古 | 嘉庆甲戌进士 | 盛京兵部侍郎改，署盛京将军 | 改礼部右侍郎 |
| 桂德 | 二十七年—二十八年 | 镶蓝旗 | 文生 | 左副都御史迁 | 死 |
| 毓书 | 二十八年—二十九年 | 正红旗 | | 内阁学士迁 | 改热河都统 |
| 绵森 | 二十九年 | | | 内阁学士迁 | 改理藩院左 |
| 景淳 | 道光二十九年—咸丰三年 | 正黄旗 | 荫生 | 盛京工部侍郎改 | 改吉林将军 |
| 书元 | 咸丰三年—四年 | 镶蓝旗 | | 奉天府尹迁，署盛京将军 | 改盛京户部侍郎 |
| 善焘 | 四年—六年 | 宗室镶白旗 | 道光壬辰进士 | 盛京工部侍郎改 | 改盛京工部侍郎 |
| 和润 | 六年—十一年 | 镶蓝旗 | 道光庚子进士 | 大理寺卿署刑部右侍郎授 | 改盛京户部侍郎 |
| 清安 | 咸丰十一年—同治元年 | 镶蓝旗 | | 盛京工部侍郎改 | 盛京礼部侍郎互调 |
| 志和 | 同治元年—八年 | | | 盛京礼部侍郎改 | 改礼部右侍郎 |
| 瑞联 | 八年—十年 | 宗室正蓝旗 | 咸丰癸丑进士 | 盛京兵部侍郎改 | 改盛京礼部侍郎 |

续表

| 姓名 | 任期 | 旗籍 | 出身 | 任前 | 任后 |
|---|---|---|---|---|---|
| 铭安 | 同治十年—光绪五年 | 镶黄旗 | 咸丰丙辰进士 | 内阁学士迁,差,盛京兵部侍郎继格兼署,署吉林将军,盛京兵部侍郎继格兼署,改刑部左侍郎 | 授吉林将军 |
| 启秀 | 光绪五年—八年 | 满洲正白旗 | 同治乙丑进士题名 | 刑部右侍郎改 | 改盛京刑部侍郎 |
| 宝森 | 八年—十二年 | 宗室镶蓝旗 | 咸丰庚申进士 | 盛京兵部侍郎改 | 病免 |
| 松森 | 十二年—十三年 | 宗室正蓝旗 | 同治乙丑进士 | 盛京礼部侍郎改 | 迁左都御史 |
| 英煦 | 十三年—二十五年 | 镶黄旗 | 同治辛未进士 | 礼部右侍郎改 | 解 |
| 清锐 | 二十五年 | 镶黄旗蒙古 | 光绪癸未翻译进士 | 理藩院左改 | 改盛京户部侍郎 |
| 溥颐 | 二十五年—二十九年 | 宗室镶红旗 | 举人 | 刑部左侍郎改,兼署盛京礼部侍郎 | 改盛京户部侍郎 |
| 儒林 | 二十九年 | 镶蓝旗 | 光绪庚寅翻译进士 | 理藩院右改 | 召京 |

表五　　　　　　　　盛京工部侍郎统计

| 姓名 | 任期 | 旗籍 | 出身 | 任前 | 任后 |
|---|---|---|---|---|---|
| 努山 | 顺治十六年—康熙七年 | 正白旗 | | 裁缺工部郎中 | |
| 敖色 | 康熙七年—十六年 | 正蓝旗 | | 左通迁 | 死 |
| 沙赖 | 十六年—十九年 | 觉罗,镶蓝旗 | | 内阁学士迁 | 改户部右侍郎 |
| 廖旦 | 十九年—二十七年 | 正白旗 | | 工部侍郎授 | 迁左都御史 |
| 图尔宸 | 二十七年—三十年 | 正白旗 | | 礼部右侍郎改 | 改工部右侍郎 |

续表

| 姓名 | 任期 | 旗籍 | 出身 | 任前 | 任后 |
|---|---|---|---|---|---|
| 星安 | 三十年—三十三年 | 镶黄旗 | | 内阁学士迁 | 革 |
| 傅德 | 三十三年—三十五年 | 正蓝旗 | | 左副都御史改 | 死 |
| 齐穑 | 三十五年—三十七年 | 正白旗 | | 内阁学士迁 | 病免 |
| 苏赫纳 | 三十七年 | 镶白旗 | | 内阁侍读学士迁 | 回原任 |
| 白尔克 | 三十七年—四十五年 | 镶黄旗 | | 盛京礼部理事官迁 | 死 |
| 席尔图 | 四十五年—四十九年 | 正白旗 | | 通政使迁 | 降两级调 |
| 逊柱 | 四十九年—五十年 | | | 内阁学士迁 | 改吏部左侍郎 |
| 贝和诺 | 五十年—五十七年 | 正黄旗 | | 降调礼部尚书授 | 迁礼部尚书 |
| 苏库 | 五十七年—六十一年 | 觉罗，正红旗 | | 左副都御史改 | 迁礼部尚书 |
| 李永绍 | 康熙六十一年—雍正二年 | 山东济宁人 | 康熙乙丑进士 | 户部左侍郎（汉缺）改 | 迁工部尚书 |
| 魏廷珍 | 雍正二年—三年 | 直隶景州人 | 康熙癸巳进士 | 湖南巡抚（汉缺）授 | 改安徽巡抚 |
| 增寿 | 三年—四年 | 镶蓝旗 | | 光禄寺少卿迁 | 革 |
| 常保 | 四年—五年 | 正蓝旗 | | 工部左侍郎改 | 降调（武格兼理） |
| 通智 | 五年—六年 | | | 大理寺卿迁，留陕西 | 礼部左侍郎 |
| 吴达礼 | 六年—七年 | | | 光禄寺卿迁 | 革（盛京礼部永国兼） |
| 陈福寿 | 七年—九年 | 正黄旗 | | 工部侍郎擢 | 降调 |
| 对琳 | 九年—十三年 | 正蓝旗 | | 内阁学士迁 | 革 |

续表

| 姓名 | 任期 | 旗籍 | 出身 | 任前 | 任后 |
|---|---|---|---|---|---|
| 七克新 | 雍正十三年—乾隆元年 | 正红旗 |  | 御史署 | 召京 |
| 奚德慎 | 乾隆元年—四年 | 正红旗 |  | 兵部右侍郎改 | 降一级调 |
| 法敏 | 四年 | 镶蓝旗 |  | 山东巡抚授 | 派赴北路军营 |
| 德龄 | 四年—五年 | 镶黄旗 |  | 护军统领任 | 工部左侍郎 |
| 伟瑮 | 五年—八年 | 正黄旗 |  | 大理寺卿迁 | 休 |
| 德新 | 八年—九年 | 镶黄旗 |  | 内阁学士迁 | 乞养（授内阁学士） |
| 留保 | 九年—十一年 | 镶黄旗 |  | 内阁学士迁 | 乞养（改内阁学士） |
| 蕴著 | 十一年 | 镶白旗 |  | 通政使迁 | 改盛京户部侍郎 |
| 萧满岱 | 十一年—十二年 | 正蓝旗蒙古 |  | 太常寺卿迁 | 改盛京兵部侍郎 |
| 长柱 | 十二年—十四年 | 正白旗 |  | 内阁学士迁 | 召京 |
| 卞塔海 | 十四年—十五年 | 镶蓝旗 |  | 太常寺卿迁 | 降两级调（十二月授大理寺卿） |
| 吴拜 | 十五年—十八年 | 正红旗 |  | 内阁学士迁 | 盛京刑部侍郎互改 |
| 苏章阿 | 十八年—十九年 | 正黄旗蒙古 |  | 盛京刑部侍郎改 |  |
| 赫赫 | 十九年—二十年 | 正黄旗蒙古 |  | 内阁学士迁 | 改盛京户部侍郎 |
| 奉宽 | 二十年—二十九年 | 觉罗，正蓝旗 |  | 内阁学士迁 | 召京，改内阁学士 |
| 雅德 | 二十九年—三十七年 | 正红旗 |  | 正白旗蒙古副都统授，管奉天府尹 | 改署刑部右侍郎 |
| 瓦尔达 | 三十七年 | 正黄旗 | 雍正丁未进士 | 仓场侍郎改 | 改东陵总管内务府大臣 |

续表

| 姓名 | 任期 | 旗籍 | 出身 | 任前 | 任后 |
|---|---|---|---|---|---|
| 景福 | 三十七年—四十年 | 镶白旗 | | 左副都御史改 | 改兵部右侍郎 |
| 富察善 | 四十年—四十三年 | 镶黄旗 | | 仓场侍郎改 | 病免 |
| 福德 | 四十三年—四十八年 | 正黄旗 | | | |
| 成策 | 四十八年—五十六年 | 镶黄旗 | | 锦州副都统授 | 改工部右侍郎 |
| 傅森 | 五十六年—五十九年 | 镶黄旗 | 监生 | 成都副都统授 | 改盛京刑部侍郎 |
| 泰宁 | 乾隆五十九年—嘉庆二年 | 正红旗 | | 内阁学士迁 | 改工部左侍郎 |
| 萨敏 | 嘉庆二年—七年 | | | 内阁学士迁 | |
| 巴宁阿 | 七年—八年 | 内务府汉军正白旗 | 笔帖式 | 内务大臣授 | 降佐领 |
| 萨彬图 | 八年—十一年 | 镶白旗 | 乾隆庚子进士 | 内阁学士迁 | 改礼部左侍郎 |
| 策丹 | 十一年—十三年 | 正黄旗蒙古 | 官学生 | 内阁学士迁 | 改理藩院右侍郎 |
| 博庆额 | 十三年—十六年 | | | 内阁学士迁,管奉天府尹 | 解 |
| 富俊 | 十六年—十八年 | 正黄旗蒙古 | 进士 | 革盛京将军授,管奉天府尹 | 改黑龙江将军 |
| 廉善 | 十八年—二十一年 | 正黄旗 | 嘉庆己未进士 | 内阁学士迁,兼盛京副都统 | 改礼部右侍郎 |
| 思宁 | 二十一年 | 正红旗 | 嘉庆戊辰进士 | 大理寺卿迁 | 改盛京刑部侍郎 |
| 多福 | 二十一年—二十三年 | 正红旗 | | 密云副都统授 | 改盛京户部侍郎 |
| 明兴阿 | 二十三年 | 宗室正蓝旗 | | 左副都御史迁 | 改兵部右侍郎 |
| 同麟 | 二十三年 | | | 内阁学士迁 | 改礼部右侍郎 |
| 多山 | 二十三年 | 正蓝旗蒙古 | 乾隆乙卯进士 | 礼部左侍郎改 | 降一级调 |

续表

| 姓名 | 任期 | 旗籍 | 出身 | 任前 | 任后 |
|---|---|---|---|---|---|
| 常起 | 二十三年—二十四年 | 镶白旗 | 生员 | 通政使迁 | 改吏部右侍郎 |
| 明叙 | 二十四年 | 镶黄旗蒙古 | | 内阁学士迁 | 改喀喇沙尔办事 |
| 龄椿 | 嘉庆二十四年—道光二年 | 正蓝旗 | | 左副都御史迁，管奉天府尹 | 改礼部右侍郎 |
| 齐布森 | 道光二年—六年 | 镶红旗 | 监生 | 左副都御史迁，管奉天府尹 | 病免 |
| 海龄 | 六年—七年 | 镶黄旗汉军 | 嘉庆壬戌进士 | 左副都御史迁 | 盛京刑部侍郎互调 |
| 多山 | 七年 | 正蓝旗蒙古 | 乾隆乙卯进士 | 盛京刑部侍郎改 | 降四级调 |
| 保昌 | 七年 | 正黄旗 | 荫生 | 光禄寺卿迁 | 改兵部右侍郎 |
| 诚端 | 七年—九年 | 镶黄旗 | | 左副都御史迁，管奉天府尹 | 降三品，召京 |
| 富呢扬阿 | 九年—十年 | 镶红旗 | | 江西布政使迁，管奉天府尹 | 改浙江巡抚 |
| 萨迎阿 | 十年—十一年 | 镶黄旗 | 举人 | 喀喇沙尔办事授，管奉天府尹 | 署镶白旗汉军副都统 |
| 嵩惠 | 十一年—十二年 | | | 理藩院左改 | 改盛京户部侍郎 |
| 裕泰 | 十二年—十三年 | 镶红旗 | | 盛京刑部侍郎改，管奉天府尹 | 改刑部右侍郎 |
| 恩特亨额 | 十三年 | 镶蓝旗 | 生员 | 湖南布政使署 | 改刑部右侍郎 |
| 乌尔恭额 | 十三年—十四年 | 镶黄旗 | 嘉庆癸酉举人 | 奉天府尹迁，仍兼管，办工程，盛京刑部侍郎贵庆兼署 | 改浙江巡抚 |
| 富呢扬阿 | 十四年—十五年 | 镶红旗 | | 浙江巡抚授，管奉天府尹 | 改科布多参赞大臣 |
| 恩桂 | 十五年 | 宗室镶蓝旗 | 道光壬午进士 | 内阁学士迁 | 改兵部右侍郎 |
| 奕泽 | 十五年—十七年 | 宗室正红旗 | 嘉庆辛未进士 | 理藩院左改 | 解 |

续表

| 姓名 | 任期 | 旗籍 | 出身 | 任前 | 任后 |
|---|---|---|---|---|---|
| 功普 | 十七年 | 宗室正蓝旗 | 嘉庆丁丑进士 | 理藩院右改 | 改兵部右侍郎 |
| 德诚 | 十七年—十八年 | 宗室镶蓝旗 | 道光丙戌进士 | 左副都御史迁 | 改盛京刑部侍郎 |
| 柏葰 | 十八年—二十年 | 正蓝旗蒙古 | 道光丙戌进士 | 内阁学士迁 | 改盛京刑部侍郎 |
| 德厚 | 二十年—二十四年 | 觉罗正红旗 | 嘉庆甲戌进士 | 左副都御史迁 | 改盛京刑部侍郎 |
| 傅迪苏 | 二十四年 |  |  | 礼部右侍郎改 | 病免 |
| 培成 | 二十四年—二十八年 | 镶黄旗 |  | 内阁学士迁 | 改理藩院左 |
| 道庆 | 二十八年—二十九年 | 镶蓝旗宗室 |  | 内阁学士迁 | 改兵部右侍郎 |
| 景淳 | 二十九年 | 正黄旗 | 荫生 | 盛京副都统授 | 改盛京刑部侍郎 |
| 培成 | 道光二十九年—咸丰二年 | 镶黄旗 |  | 理藩院左改 | 改理藩院右 |
| 广林 | 咸丰二年—三年 | 正黄旗蒙古 | 嘉庆甲戌进士 | 盛京兵部侍郎改 | 召京 |
| 恒春 | 三年 | 正白旗 | 嘉庆庚辰进士 | 大理寺卿迁 | 改刑部左侍郎 |
| 善焘 | 三年—五年 | 宗室镶白旗 | 道光壬辰进士 | 乌里雅苏台参赞大臣授 | 改盛京刑部侍郎 |
| 锡龄 | 五年—六年 | 宗室镶蓝旗 | 道光辛丑进士 | 光禄寺卿迁 | 改盛京兵部侍郎 |
| 善焘 | 六年 | 宗室镶白旗 | 道光壬辰进士 | 盛京刑部侍郎改 | 署正黄旗汉军副都统 |
| 麟兴 | 六年—十一年 |  |  | 工部左侍郎改 | 改工部左侍郎 |
| 清安 | 十一年 | 镶蓝旗 |  | 内阁学士署工右侍郎授 | 改盛京刑部侍郎 |
| 载肃 | 咸丰十一年—同治二年 | 宗室镶红旗 | 道光庚戌进士 | 内阁学士迁 |  |
| 桂清 | 同治二年—六年 | 正白旗 | 进士 | 兼署盛京兵部侍郎 | 理藩院右互调 |

续表

| 姓名 | 任期 | 旗籍 | 出身 | 任前 | 任后 |
|---|---|---|---|---|---|
| 奕庆 | 六年—十二年 | 宗室 | | 理藩院右改 | 留京 |
| 桂清 | 同治十三年—光绪元年 | 正白旗 | 进士 | 户部右侍郎改 | 改工部右侍郎 |
| 讷仁 | 光绪元年 | | | 工部右侍郎改 | 病免 |
| 兴恩 | 元年—九年 | | | 左副都御史迁 | |
| 阿克丹 | 九年—十八年 | 宗室正白旗 | 咸丰庚申进士 | 内阁学士迁 | 刑部右侍郎互调 |
| 凤秀 | 十八年—二十二年 | 镶黄旗 | 监生 | 刑部右侍郎改 | |
| 钟灵 | 二十二年 | 正蓝旗 | 光绪丁丑贡士庚辰进士 | 内阁学士迁 | 召京 |

# 参考文献

### 一 历史文献

辽宁省档案馆藏:《黑图档》。

辽宁省档案馆藏:《盛京内务府档》。

中国边疆史地研究中心、辽宁省档案馆合编:《东北边疆档案选辑（清代·民国）》(1—84册)，广西师范大学出版社2007年版。

辽宁省档案馆编:《中国近代社会生活档案（东北卷一）》，广西师范大学出版社2005年版。

辽宁省档案馆编:《盛京皇庄档案史料选编》，辽海出版社2006年版。

赵焕林主编，辽宁省档案馆编:《一宫三陵档案史料选编》，辽海出版社2003年版。

杨丰陌、赵焕林、佟悦主编:《盛京皇宫和关外三陵档案》，辽宁民族出版社2003年版。

辽宁省档案馆、辽宁社会科学院历史研究所、沈阳故宫博物院编译:《三姓副都统衙门满文档案译编》，辽沈书社1984年版。

关嘉禄、关克笑、沈微、王佩环、佟永功编译:《清代三姓副都统衙门满汉文档案选编》，辽宁古籍出版社1996年版。

赵焕林主编，辽宁省档案馆编译:《盛京参务档案史料》，辽海出版社2003年版。

季永海、何溥滢译:《盛京内务府顺治年间档》，载《清史资料》第

2辑，中华书局1981年版。

关嘉禄、王佩环译：《黑图档中有关庄园问题的满文档案文件汇编》，载《清史资料》第5辑，中华书局1984年版。

辽宁省档案馆编译：《盛京内务府粮庄档案汇编》，辽沈书社1993年版。

杨丰陌、赵焕林主编：《兴京旗人档案史料》，辽宁民族出版社2001年版。

中国第一历史档案馆藏：《内阁题本》。

中国第一历史档案馆藏：《军机处录副奏折》。

中国第一历史档案馆藏：《宫中档朱批奏折》。

中国第一历史档案馆、中国社会科学院历史研究所译注：《满文老档》，中华书局1990年版。

中国第一历史档案馆整理编译：《内阁藏本满文老档》，辽宁民族出版社2009年版。

中国第一历史档案馆编译：《清初内国史院满文档案译编》，光明日报出版社1989年版。

中国第一历史档案馆编：《雍正朝内阁六科史书·吏科》，广西师范大学出版社2002年版。

中国第一历史档案馆编：《雍正朝内阁六科史书·户科》，广西师范大学出版社2007年版。

中国第一历史档案馆编：《清代军机处随手登记档》，国家图书馆出版社2013年版。

中国第一历史档案馆编：《乾隆朝上谕档》，广西师范大学出版社2008年版。

中国第一历史档案馆编：《嘉庆道光两朝上谕档》，广西师范大学出版社2000年版。

中国第一历史档案馆编：《咸丰朝上谕档》，广西师范大学出版社

2008年版。

中国第一历史档案馆编：《同治朝上谕档》，广西师范大学出版社2008年版。

中国第一历史档案馆编：《光绪宣统两朝上谕档》，广西师范大学出版社1996年版。

中国第一历史档案馆编译：《乾隆朝满文寄信档译编》，岳麓书社2011年版。

中国第一历史档案馆编：《康熙朝汉文硃批奏折汇编》，档案出版社1984—1985年版。

中国第一历史档案馆编译：《康熙朝满文朱批奏折全译》，中国社会科学出版社1996年版。

中国第一历史档案馆编：《雍正朝汉文硃批奏折汇编》，江苏古籍出版社1991年版。

中国第一历史档案馆编译：《雍正朝满文朱批奏折全译》，黄山书社1998年版。

中国第一历史档案馆编：《雍正朝汉文谕旨汇编》，广西师范大学出版社2008年版。

中国第一历史档案馆编：《光绪朝硃批奏折》，中华书局1996年版。

秦国经主编：《清代官员履历档案全编》，华东师范大学出版社1997年版。

中国第一历史档案馆编：《清代中朝关系档案史料汇编》，国际文化出版公司1996年版。

中国第一历史档案馆编：《清代中朝关系档案史料续编》，中国档案出版社1998年版。

国家档案局明清档案馆编：《清代地震档案史料》，中华书局1959年版。

中国人民大学清史研究所、中国第一历史档案馆译：《盛京刑部原档》,群众出版社 1985 年版。

张伟仁主编,"中央研究院"历史语言研究所编:《明清档案》,台北:联经出版事业公司 1986 年版。

"故宫博物院"编:《宫中档康熙朝奏折》,台北:"故宫博物院" 1977 年版。

"故宫博物院"编:《宫中档雍正朝奏折》,台北:"故宫博物院" 1979 年版。

"故宫博物院"编:《宫中档乾隆朝奏折》,台北:"故宫博物院" 1982 年版。

"故宫博物院"编:《宫中档光绪朝奏折》,台北:"故宫博物院" 1973 年版。

中国科学院民族研究所辽宁少数民族历史调查组编:《满族历史档案资料选辑》,中国科学院 1963 年版。

辽宁社会科学院历史研究所、大连市图书馆文献研究室、辽宁省民族研究所历史研究室编:《清代内阁大库满文档案选编》,天津古籍出版社 1992 年版。

《大连图书馆藏清代内务府档案》,国家图书馆出版社 2010 年版。

《清代档案史料选编》,上海书店出版社 2010 年版。

《康熙起居注》,中华书局 1984 年版。

"故宫博物院"、中国第一历史档案馆编:《清代起居注册——康熙朝》,中华书局、台北:联经出版事业公司 2009 年版。

中国第一历史档案馆编:《雍正帝起居注册》,中华书局 1993 年版。

中国第一历史档案馆编:《乾隆帝起居注》,广西师范大学出版社 2002 年版。

中国第一历史档案馆编:《嘉庆帝起居注》,广西师范大学出版社 2006 年版。

《联合报》文化基金会国学文献馆整理:《清代起居注册——道光

朝》，台北：联经出版事业公司 1985 年版。

《联合报》文化基金会国学文献馆整理：《清代起居注册——咸丰同治朝》，台北：联经出版事业公司 1984 年版。

《联合报》文化基金会国学文献馆整理：《清代起居注册——光绪朝》，台北：联经出版事业公司 1987 年版。

中国第一历史档案馆编：《光绪帝起居注》，广西师范大学出版社 2007 年版。

中国第一历史档案馆编：《宣统帝起居注》，广西师范大学出版社 2007 年版。

《明实录》，台北："中央研究院"历史语言研究所影印校勘本 1962 年版。

《清实录》，中华书局 1985—1987 年版。

《金史》，中华书局 1975 年版。

《清国史》，中华书局 1993 年版。

赵尔巽等：《清史稿》，中华书局 1977 年版。

蒋良骐：《东华录》，齐鲁书社 2005 年版。

《东华录·东华续录》，上海古籍出版社 2007 年版。

康熙朝《大清会典》，《近代中国史料丛刊三编》第 72 辑，台北：文海出版社 1992 年版。

雍正朝《大清会典》，《近代中国史料丛刊三编》第 77—79 辑，台北：文海出版社 1994 年版。

乾隆朝《钦定大清会典》，《景印文渊阁四库全书》第 619 册，台北：商务印书馆 1983 年版。

《钦定大清会典则例》，《钦定四库全书》，上海古籍出版社 1987 年版。

嘉庆朝《钦定大清会典》，《近代中国史料丛刊三编》第 64 辑，台北：文海出版社 1991 版。

嘉庆朝《钦定大清会典事例》，《近代中国史料丛刊三编》第65—70辑，台北：文海出版社1991年—1992年版。

《光绪会典》，《近代中国史料丛刊》第13辑，台北：文海出版社1967年版。

光绪朝《清会典事例》，中华书局1991年版。

《钦定吏部则例》，故宫博物院编《故宫珍本丛刊·清代则例》第281—283册，海南出版社2000年版。

《钦定户部则例》，故宫博物院编《故宫珍本丛刊·清代则例》第284—286册，海南出版社2000年版。

《钦定礼部则例二种》，故宫博物院编《故宫珍本丛刊·清代则例》第288—292册，海南出版社2000年版。

《钦定中枢政考三种》，故宫博物院编《故宫珍本丛刊·清代则例》第323—329册，海南出版社2000年版。

《钦定工部则例三种》，故宫博物院编《故宫珍本丛刊·清代则例》第294—298册，海南出版社2000年版。

鄂尔泰等：《钦定八旗则例》，《四库未收书辑刊》第一辑第25册，北京出版社2000年据乾隆七年（1742）刻本影印。

《钦定皇朝通典》，《四库全书》第642—643册，上海古籍出版社1987年版。

《钦定皇朝通志》，《四库全书》第644—645册，上海古籍出版社1987年版。

《清朝文献通考》，王云五总编《万有文库第二集·十通》第九种，商务印书馆1936年版。

《清朝续文献通考》，王云五总编《万有文库第二集·十通》第十种，商务印书馆1936年版。

田涛、郑秦点校：《大清律例》，法律出版社1999年版。

祝庆祺等编：《刑案汇览三编》，北京古籍出版社2004年版。

蒋廷锡等修：《大清一统志》，乾隆八年（1743）刻本。

和珅等修：《大清一统志》，乾隆二十九年（1764）刻本。

穆彰阿等修：《嘉庆重修一统志》，中华书局1986年版。

穆彰阿等修：《大清一统志》，上海古籍出版社2008年版。

鄂尔泰等修：《八旗通志初集》，东北师范大学出版社1985年版。

《钦定八旗通志》，《景印文渊阁四库全书》第664—671册，台北：商务印书馆1982年版。

康熙《盛京通志》，康熙二十三年（1684）刻本。

雍正《盛京通志》，台北：文海出版社1965年据乾隆元年（1736）刻本影印。

乾隆《盛京通志》，《景印文渊阁四库全书》第501—503册，台北：商务印书馆1983年版。

咸丰《盛京通志》，咸丰二年（1852）校补乾隆元年（1736）刻本之重印本。

王树枏等修：《奉天通志》，民国二十三年（1934）刻本。

金毓黻主编：《奉天通志》，辽海出版社2003年版。

长顺等修：《吉林通志》，吉林文史出版社1986年版。

张伯英总纂：《黑龙江志稿》，黑龙江人民出版社1992年版。

哈达清格：《塔子沟志略》，乾隆三十八年（1773）刻本。

邱文裕：《陪都景略》，同治十二年（1873）刻本。

缪东霖：《陪京杂述》，光绪（1875—1908）刻本。

管凤龢等修：《海城县志》，宣统元年（1909）抄本。

管凤龢等修：《新民府志》，《中国方志丛书》第17号，台北：成文出版社1975年版。

都林布等修：《承德县志书》，宣统二年（1910）石印本。

程廷恒等修：《宽甸县志略》，民国四年（1915）石印本。

程道元等修：《昌图县志》，民国五年（1916）铅印本。

赵恭寅等修：《沈阳县志》，民国六年（1917）铅印本。

裴焕星等修：《辽阳县志》，民国七年（1928）铅印本。

程廷恒等修：《复县志略》，民国九年（1920）石印本。

廖彭等修：《庄河县志》，民国十年（1921）铅印本。

马龙潭等修：《凤城县志》，民国十年（1921）石印本。

沈国冕等修：《兴京县志》，民国十四年（1925）铅印本。

恩麟等修：《兴城县志》，民国十六年（1927）铅印本。

文镒等修：《绥中县志》，民国十八年（1929）铅印本。

周铁铮等修：《朝阳县志》，民国十九年（1930）铅印本。

赵兴德等修：《义县志》，民国二十年（1931）铅印本。

关定保等修：《安东县志》，民国二十年（1931）铅印本。

王恕等修：《彰武县志》，民国二十二年（1933）铅印本。

贾弘文修，董国祥纂：《铁岭县志》，金毓黻编《辽海丛书》第2册，辽沈书社1985年版。

骆云等修：《盖平县志》，民国二十三年（1934）铅印本。

刘起凡等修纂：《开原县志》，金毓黻编《辽海丛书》第2册，辽沈书社1985年版。

马昌奕等修：《宁远州志》，民国二十三年（1934）铅印本。

台隆阿等修：《岫岩志略》，民国二十三年（1934）铅印本。

刘景文等修：《岫岩县志》，民国二十四年（1935）铅印本。

张克湘等修：《抚顺县志》，年代不详。

王奕曾等修：《锦县志》，年代不详，抄本。

刘源博等修：《锦州府志》，年代不详，抄本。

王锺翰点校：《清史列传》，中华书局1987年版。

吴忠匡总校：《满汉名臣传》，黑龙江人民出版社1991年版。

钱仪吉：《碑传集》，周骏富辑《清代传记丛刊》综录类三，台北：明文书局1985年版。

全缪孙编：《续碑传集》，周骏富辑《清代传记丛刊》综录类四，台北：明文书局1985年版。

闵尔昌辑：《碑传集补》，周骏富辑《清代传记丛刊》综录类五，台北：明文书局1985年版。

汪兆镛纂：《碑传集三编》，周骏富辑《清代传记丛刊》综录类六，台北：明文书局1985年版。

李桓：《国朝耆献类征初编》，周骏富辑《清代传记丛刊》综录类七，台北：明文书局1985年版。

李元度：《国朝先正事略》，周骏富辑《清代传记丛刊》综录类八，台北：明文书局1985年版。

蔡冠洛：《清代七百名人传》，周骏富辑《清代传记丛刊》综录类九，台北：明文书局1985年版。

徐世昌：《大清畿辅先哲传》，周骏富辑《清代传记丛刊》综录类十一，台北：明文书局1985年版。

吴桭臣：《宁古塔纪略》，王锡祺《小方壶斋舆地丛钞》第一帙，光绪二十三年（1897）上海著易堂铅印本。

方式济：《龙沙纪略》，王锡祺《小方壶斋舆地丛钞》第一帙，光绪二十三年（1897）上海著易堂铅印本。

方拱乾：《绝域纪略》，王锡祺《小方壶斋舆地丛钞》第一帙，光绪二十三年（1897）上海著易堂铅印本。

西清：《黑龙江外纪》，王锡祺《小方壶斋舆地丛钞》第一帙，光绪二十三年（1897）上海著易堂铅印本。

故宫博物院编：《多尔衮摄政日记》，故宫博物院1933年版。

《盛京奏议》，沈云龙主编《近代中国史料丛刊续编》第52辑，台北：文海出版社1966年版。

王庆云：《石渠余纪》，沈云龙主编《近代中国史料丛刊》第8辑，台北：文海出版社1967年版。

《盛京通鉴》，沈云龙主编《近代中国史料丛刊》第6辑，台北：文海出版社1967年版。

昭梿：《啸亭杂录》，中华书局1980年版。

福格：《听雨丛谈》，中华书局1984年版。

徐珂：《清稗类钞》，中华书局1984年版。

高士奇：《扈从东巡日录》，金毓黻主编《辽海丛书》第1册，辽沈书社1985年版。

杨宾：《柳边纪略》，金毓黻主编《辽海丛书》第1册，辽沈书社1985年版。

《凤城琐录》，金毓黻主编《辽海丛书》第1册，辽沈书社1985年版。

杨同桂：《沈故》，金毓黻主编《辽海丛书》第1册，辽沈书社1985年版。

杨同桂、孙宗翰：《盛京疆域考》，金毓黻主编：《辽海丛书》第4册，辽沈书社1985年版。

《嘉庆东巡纪事》，金毓黻主编《辽海丛书》第4册，辽沈书社1985年版。

金德纯：《旗军志》，金毓黻主编《辽海丛书》第4册，辽沈书社1985年版。

《沈馆录》，金毓黻主编《辽海丛书》第4册，辽沈书社1985年版。

魏源等：《清经世文编》，中华书局1992年版。

徐世昌等：《东三省纪略》，兴振芳主编《辽海丛书续编》第1册，沈阳古籍书店1993年版。

萨英额：《吉林外记》，兴振芳主编《辽海丛书续编》第2册，沈阳古籍书店1993年版。

崇厚：《盛京典制备考》，光绪二十五年（1899）上海双顺泰藏版翻印本。

李景奭:《燕行录》,[韩]林基中主编《燕行录全集》第 18 册,首尔:东国大学校出版部 2001 年版。

郑太和:《西行记》,[韩]林基中主编《燕行录全集》第 19 册,首尔:东国大学校出版部 2001 年版。

赵珩:《翠屏公燕行日记》,[韩]林基中主编《燕行录全集》第 20 册,首尔:东国大学校出版部 2001 年版。

洪命夏:《燕行录》,[韩]林基中主编《燕行录全集》第 20 册,首尔:东国大学校出版部 2001 年版。

朴世堂:《西溪燕录》,[韩]林基中主编《燕行录全集》第 23 册,首尔:东国大学校出版部 2001 年版。

徐文重:《燕行日录》,[韩]林基中主编《燕行录全集》第 24 册,首尔:东国大学校出版部 2001 年版。

《沈阳日记》,[韩]林基中主编《燕行录全集》第 24 册,首尔:东国大学校出版部 2001 年版。

金海一:《燕行日记》,[韩]林基中主编《燕行录全集》第 28 册,首尔:东国大学校出版部 2001 年版。

金海一:《燕行日记续》,[韩]林基中主编《燕行录全集》第 28 册,首尔:东国大学校出版部 2001 年版。

姜铣:《燕行录》,[韩]林基中主编《燕行录全集》第 28 册,首尔:东国大学校出版部 2001 年版。

李宜万:《农隐入沈记》,[韩]林基中主编《燕行录全集》第 30 册,首尔:东国大学校出版部 2001 年版。

金昌业:《老稼斋燕行日记》,[韩]林基中主编《燕行录全集》第 32 册,首尔:东国大学校出版部 2001 年版。

吴振棫:《养吉斋丛录》,中华书局 2005 年版。

谈迁:《北游录》,中华书局 2006 年版。

额勒和布:《奉使土默特贝勒旗会审老头会日记》,中央民族大学图书馆藏抄本。

沈云龙主编:《明清史料丛编》,台北:文海出版社 1967、1968、1969、1971、1973 年版。

"中央研究院"历史语言研究所编:《明清史料》,中华书局 1987 年版。

潘喆、孙方明、李鸿彬编:《清入关前史料选辑》第 1 辑,中国人民大学出版社 1984 年版。

李澍田主编:《清实录东北史料全辑》,吉林文史出版社 1990 年版。

王锺翰辑:《朝鲜〈李朝实录〉中的女真史料选编》,辽宁大学历史系 1979 年版。

吴晗辑:《朝鲜〈李朝实录〉中的中国史料》,中华书局 1980 年版。

王崇实等选编:《朝鲜文献中的东北史料》,吉林文史出版社 1991 年版。

## 二　国内著作及论文

《满族简史》编写组:《满族简史》,中华书局 1979 年版。

白文煜:《清帝东巡研究》,辽宁大学出版社 2015 年版。

白新良:《清史考辨》,人民出版社 2006 年版。

蔡美彪主编:《中国通史》(九),人民出版社 1986 年版。

陈锋:《清代军费研究》,武汉大学出版社 1992 年版。

程妮娜主编:《东北史》,吉林大学出版社 2001 年版。

戴逸:《履霜集》,中国人民大学出版社 1986 年版。

戴逸主编:《简明清史》,中国人民大学出版社 2006 年版。

邓之诚:《中华二千史》(五),中华书局 1983 年版。

刁书仁:《东北旗地研究》,吉林文史出版社 1993 年版。

丁海斌、时义:《清代陪都盛京研究》,中国社会科学出版社 2007 年版。

定宜庄、郭松义、李中清、康文林：《辽东移民中的旗人社会——历史文献、人口统计与田野调查》，上海社会科学院出版社2004年版。

定宜庄：《清代八旗驻防研究》，辽宁民族出版社2003年版。

董万仑：《东北史纲要》，黑龙江人民出版社1987年版。

杜家骥：《八旗与清朝政治论稿》，人民出版社2008年版。

杜家骥：《清代八旗官制与行政》，中国社会科学出版社2015年版。

古鸿廷：《清代官制研究》，台北：五南图书出版公司1999年版。

郭松义、李新达、李尚英：《清朝典章制度》，吉林文史出版社2001年版。

姜念思编：《盛京史迹寻踪》，沈阳出版社2004年版。

姜相顺、佟悦：《盛京皇宫》，紫禁城出版社1987年版。

金毓黻：《东北通史》，吉林教育出版社1941年版。

李鹏年等编：《清代中央国家机关概述》，黑龙江人民出版社1988年版。

李洵、薛虹主编：《明清史》，辽宁人民出版社1985年版。

李燕光、关捷主编：《满族通史》，辽宁民族出版社2003年版。

李治亭主编：《东北通史》，中州古籍出版社2003年版。

李治亭主编：《清史》，上海人民出版社2002年版。

林士铉：《清季东北移民实边政策之研究》，台北：台湾政治大学历史学系2001年版。

刘家驹：《清朝初期的八旗圈地》，台北：文史哲出版社1979年版。

刘文瑞：《中国古代政治制度：皇帝制度与中央政府》，中国书籍出版社2018年版。

刘小萌：《满族从部落到国家的发展》，中国社会科学出版社2007年版。

刘渝龙、金身佳：《古代帝王巡游记实》，岳麓书社1997年版。

刘子扬编：《清代地方官制考》，紫禁城出版社1988年版。

陆海英编:《盛京永陵》,沈阳出版社2004年版。

马大正主编:《中国边疆经略史》,中州古籍出版社2000年版。

孟森:《明清史论著集刊》,中华书局1959年版。

孟森:《明清史论著集刊续编》,中华书局1986年版。

莫东寅:《满族史论丛》,人民出版社1958年版。

穆鸿利主编:《松辽文化》,内蒙古教育出版社2006年版。

那思陆:《清代中央司法审判制度》,台北:文史哲出版社1992年版。

南炳文:《明清史蠡测》,天津教育出版社1996年版。

宁梦辰:《东北地方史》,辽宁大学出版社1999年版。

祁美琴:《清代包衣旗人研究》,人民出版社2019年版。

祁美琴:《清代内务府》,中国人民大学出版社1998年版。

《清代全史》(二、三),辽宁人民出版社1995年版。

瞿同祖:《清代地方政府》,范忠信、晏锋译,法律出版社2003年版。

沈阳一宫两陵志编纂委员会编:《沈阳昭陵志》,辽宁民族出版社2006年版。

沈阳一宫两陵志编纂委员会编:《沈阳福陵志》,辽宁民族出版社2006年版。

孙文良:《满族崛起与明清兴亡》,辽宁大学出版社1992年版。

陶希圣、沈任远:《明清政治制度》,台北:商务印书馆1967年版。

滕绍箴:《满族发展史初编》,天津古籍出版社1990年版。

佟冬主编:《中国东北史》,吉林文史出版社1998年版。

佟永功:《满语文化与满文档案研究》,辽宁民族出版社2009年版。

佟悦:《清代盛京城》,辽宁民族出版社2009年版。

王革生:《清代东北土地制度史》,辽宁大学出版社1991年版。

王天有:《明代国家机构研究》,北京大学出版社1992年版。

王忠昆主编:《盛京皇城》,辽宁美术出版社2019年版。

王锺翰：《清史补考》，辽宁大学出版社2004年版。
王锺翰：《清史新考》，辽宁大学出版社1990年版。
王锺翰：《清史续考》，华世出版社1993年版。
王锺翰：《清史余考》，辽宁大学出版社2001年版。
王锺翰：《清史杂考》，中华书局1963年版。
王锺翰：《王锺翰清史论集》，中华书局2004年版。
王锺翰：《王锺翰学术论著自选集》，中央民族大学出版社1999年版。
韦庆远：《明清史新析》，中国社会科学出版社1995年版。
韦庆远：《中国政治制度史》，中国人民大学出版社1989年版。
乌廷玉、张云樵、张占斌：《东北土地关系史研究》，吉林文史出版社1990年版。
武斌：《故宫学与沈阳故宫》，故宫出版社2017年版。
萧一山：《清代通史》，中华书局1986年版。
薛虹、李澍田主编：《中国东北通史》，吉林文史出版社1993年版。
杨树藩：《清代中央政治制度》，台北：商务印书馆1986年版。
杨树森主编：《清代柳条边》，辽宁人民出版社1978年版。
杨余练、王革生等编：《清代东北史》，辽宁教育出版社1991年版。
姚念慈：《清初政治史探微》，辽宁民族出版社2008年版。
衣兴国、刁书仁：《近三百年东北土地开发史》，吉林文史出版社1994年版。
袁森坡：《康雍乾经营与开发北疆》，中国社会科学出版社1991年版。
张博泉：《东北地方史稿》，吉林大学出版社1985年版。
张德泽编：《清代国家机关考略》，学苑出版社2001年版。
张佳生主编：《中国满族通论》，辽宁民族出版社2005年版。
张杰、张丹卉：《清代东北边疆的满族（1644—1840）》，辽宁民族出版社2005年版。

张杰:《韩国史料三种与盛京满族研究》,辽宁民族出版社 2009
年版。

张杰:《满族要论》,中国社会科学出版社 2007 年版。

张杰:《水滴石斋前集:清文化与满族精神》,辽宁民族出版社 2012
年版。

张晋藩、郭成康:《清入关前国家法律制度史》,辽宁人民出版社
1989 年版。

张士尊:《清代东北移民与社会变迁(1644—1911)》,吉林人民出
版社 2003 年版。

张志强:《沈阳城市史》,东北财经大学出版社 1993 年版。

赵令志:《清前期八旗土地制度研究》,民族出版社 2001 年版。

赵云田:《中国边疆民族管理机构沿革史》,中国社会科学出版社
1993 年版。

赵云田:《中国治边机构史》,中国藏学出版社 2002 年版。

赵志强:《清代中央决策机制研究》,科学出版社 2007 年版。

赵中孚:《中俄东三省界务交涉》,台北:"中央研究院"近代史研
究所 1999 年版。

郑川水:《大清陪都盛京》,沈阳出版社 2004 年版。

郑天挺:《清史探微》,北京大学出版社 1999 年版。

郑天挺:《探微集》,中华书局 1980 年版。

郑天挺主编:《清史》(上),天津人民出版社 1989 年版。

朱诚如主编:《辽宁通史》,辽宁民族出版社 2009 年版。

朱诚如主编:《清朝通史》,紫禁城出版社 2003 年版。

白洪希:《清关外三陵管理机构探实》,《满族研究》1997 年第 4 期。

白洪希:《清陵寝员役制度初探》,《满族研究》2003 年第 2 期。

白文固、解占录:《清代喇嘛衣单粮制度探讨》,《中国藏学》2006
年第 3 期。

暴景升:《清代中前期东北地区统辖管理体制初探》,《云南师范大学学报》(哲学社会科学版)2009年第2期。

蔡锐:《近代日本史学家的中国东北史研究》,《日本研究》1992年第2期。

丛佩远:《清代东北的驿路交通》,《北方文物》1985年第1期。

刁书仁:《略论清代东北与内地的粮米海运贸易》,《清史研究》1993年第4期。

丁海斌:《论清朝陪都盛京的政治制度》,《辽宁大学学报》(哲学社会科学版)2006年第4期。

丁进军:《雍正年间盛京旗地额赋史料》,《历史档案》1987年第1期。

定宜庄:《美国学者近年来对满族史与八旗制度史的研究简述》,《满族研究》2002年第1期。

葛治平:《清代社会史:下层社会与边缘人群——1990年以来以英文发表的清史著作综述之二》,载《清史译丛》第1辑,中国人民大学出版社2004年版。

宫宏祥:《论清代驿站的组织与管理》,《太原大学学报》2003年第3期。

关嘉禄、佟永功:《清代贡貂与赏乌绫制度的确立及演变》,《历史档案》1986年第3期。

关嘉禄、佟永功:《盛京内务府粮庄述要》,《历史档案》1979年第1期。

关亚新:《试析清代东北养息牧牧场的变迁及影响》,《史学集刊》2008年第3期。

管东贵:《清初辽东招垦授官例的效果及其被废的原因的探讨》,《中央研究院近代史研究所集刊》1972年第2期。

管东贵:《入关前满族兵数与人口问题的探讨》,《中央研究院近代史研究所集刊》1969年第41卷。

郭建平、常江：《清末东三省官制改革及其影响》，《辽宁大学学报》（哲学社会科学版）1988年第4期。

韩志峰：《永陵大祭考略》，《满族研究》1986年第2期。

何永智：《清代盛京户部"赴京领饷"制度及其嬗变——兼论东三省俸饷筹措》，《历史教学》2019年第16期。

何永智：《清代盛京户部经费来源研究》，《中国经济史研究》2019年第2期。

姜涛：《清代吉林乌拉通往瑷珲驿站设置变迁考》，《北方文物》1986年第3期。

赖惠敏：《从法律看清朝的旗籍政策》，《清史研究》2011年第1期。

李桂芹：《明清两代对东边北疆的管辖与贡赏联姻制度》，《黑河学刊》1992年第2期。

李善洪：《清代朝鲜对华外交文书的传送》，《历史档案》2009年第3期。

李文秀、穆崟臣：《国内清代皇庄研究的回顾与展望》，《农业考古》2016年第3期。

李小雪：《顺康年间盛京上三旗包衣佐领所属粮庄群体的组织与管理》，《清史研究》2019年第2期。

刘国辉：《试述清季奉天省官制改革》，《北方文物》2012年第1期。

刘文波：《清代东北驻防将军职掌比较研究》，《内蒙古社会科学》（汉文版）2010年第3期。

刘小萌：《"三藩汉人"与东北官庄》，《民族研究》2020年第6期。

刘小萌：《近年来日本的八旗问题研究综述》，《满族研究》2002年第1期。

刘小萌：《近年来日本的清代史研究》，《清史研究》2001年第3期。

马钊：《满学：清朝统治的民族特色——1990年以来以英语发表的

清史著作综述之一》，载《清史译丛》第 1 辑，中国人民大学出版社 2004 年版。

孟繁勇：《清代前期东北三将军选任制考察研究》，《前沿》2011 年第 22 期。

孟繁勇：《清代盛京将军与陪都机构权力关系的演变》，《社会科学辑刊》2009 年第 3 期。

孟宪振、任世铎：《康熙年间吉林至爱珲间的驿站》，《历史档案》1982 年第 3 期。

任玉雪：《从八旗驻防到地方行政制度——以清代盛京八旗驻防制度的嬗变为中心》，《中国历史地理论丛》2007 年第 3 期。

沈微：《盛京内务府粮庄概述》，《社会科学辑刊》1986 年第 4 期。

陶勉：《清代封祭长白山与派员踏查长白山》，《中国边疆史地研究》1996 年第 3 期。

田志和：《论清代东北行政体制的改革》，《东北师大学报》（哲学社会科学版）1987 年第 4 期。

王革生：《"盛京三大牧场"考》，《北方文物》1986 年第 4 期。

王革生：《清代东北官庄的由来和演变》，《中国社会经济史研究》1989 年第 3 期。

王革生：《清代东北官庄生产关系的演变》，《满族研究》1991 年第 3 期。

王建中、贾诚先：《试论东北新政》，《学习与探索》1988 年第 1 期。

王琳：《〈黑图档·咸丰朝〉所见盛京工部对宫殿修缮准备工作的分析》，《兰台世界》2021 年第 2 期。

王佩环：《嘉庆东巡得失论》，《社会科学辑刊》1991 年第 6 期。

王佩环：《清代前期盛京地区官盐生产供销概述》，《盐业史研究》1988 年第 3 期。

王佩环：《沈阳故宫凤凰楼建筑年代考》，《故宫博物院院刊》1982

年第 4 期。

王燕杰:《试析乾隆二十九年的盛京会审——兼论盛京会审与凤凰城会审的差异》,《社会科学辑刊》2011 年第 4 期。

王依凡、赵彦昌:《〈黑图档〉所见盛京礼部祭祀管理的职能》,《兰台世界》2021 年第 5 期。

王依凡:《〈黑图档〉所见盛京礼部及相关史料》,《兰台世界》2020 年第 11 期。

王英鹰、张淑芝:《清关外福、昭二陵祭祀与东巡》,《满族研究》1999 年第 2 期。

魏鉴勋、关嘉禄:《康熙朝盛京内务府皇庄的管理》,《故宫博物院院刊》1984 年第 2 期。

乌廷玉:《清朝盛京内务府官庄的几个问题》,《北方文物》1989 年第 3 期。

谢慧君:《清代盛京城六部建置及坐落位置》,《满族研究》2005 年第 4 期。

徐雪梅:《浅析清朝奉天文官选任的民族选择性》,《北方文物》2011 年第 3 期。

杨合义:《清代活跃于东北的汉族商人》,《食货月刊》1975 年第 3 期。

杨军:《清代中期边境贸易中的"揽头"》,《清史研究》2010 年第 1 期。

杨余练、关克笑:《清朝对东北边陲民族的联姻制度》,《黑龙江文物丛刊》1984 年第 2 期。

于逢春:《日本百年来清朝历史研究述论》,《北京城市学院学报》2009 年第 1 期。

张杰:《清代东北科举家族缪氏考论》,《东北史地》2011 年第 1 期。

张杰:《清前期东北旗学述论》,《辽宁大学学报》(哲学社会科学版）1993 年第 3 期。

张丽梅、丁树毅：《清代东三省盐务述略》，《吉林师范学院学报》1996 年第 4 期。

张士尊：《清代盛京苇税研究》，《鞍山师范学院学报》2011 年第 3 期。

张士尊：《清代盛京移民与二元行政管理体制的变迁》，《东北师范大学学报》2004 年第 4 期。

张士尊：《清代中江贸易和中江税收》，《商业研究》2010 年第 6 期。

张婷：《漫谈美国的新清史研究》，载《满学论丛》第 1 辑，辽宁民族出版社 2011 年版。

张文涛：《清代东北地区林业管理的变化及其影响》，《北京林业大学学报》（社会科学版）2010 年第 2 期。

张莹：《试论清代盛京刑部》，载白文煜主编《清前历史与盛京文化》，辽宁民族出版社 2015 年版。

赵绮娜：《清初东北驻防八旗之建置研究》，《故宫文献》第 5 卷第 1 期，1973 年 3 月。

赵维和：《清代盛京旗地研究》，《满族研究》1999 年第 1 期。

赵兴元：《清代中朝之间的边市贸易及影响》，《北华大学学报》（社会科学版）2006 年第 3 期。

赵彦昌、王依凡：《〈黑图档〉所见盛京礼部对礼仪的管理职能》，《兰台世界》2021 年第 5 期。

赵彦昌、王依凡：《〈黑图档·嘉庆朝〉所见盛京礼部管理皇室档案的职能》，《兰台世界》2021 年第 5 期。

赵云田：《清末新政期间东北边疆的政治改革》，《中国边疆史地研究》2002 年第 3 期。

赵云田：《晚清东北军政管理机构的演变》，《中国边疆史地研究》1992 年第 4 期。

赵中孚:《清代东三省的地权关系与封禁政策》,《中央研究院近代史研究所集刊》1987年第10期。

赵中孚:《清末东三省改制的背景》,载中华文化复兴运动推行委员会主编《清季立宪与改制》,台北:商务印书馆1986年版。

赵中孚:《移民与东三省北部的农业开发》,《中央研究院近代史研究所集刊》1972年第3期。

朱政惠:《美国清史资料及其研究情况述略——以历史学研究为主线的考察》,载《清史译丛》第1辑,中国人民大学出版社2004年版。

党为:《近三十年来的美国清史研究——以新清史为线索》,博士学位论文,华东师范大学,2010年。

刘佺仕:《清代盛京刑部初探》,硕士学位论文,中央民族大学,2013年。

任玉雪:《清代东北地方行政制度研究》,博士学位论文,复旦大学,2003年。

王萍:《清康雍乾时期盛京皇庄研究》,硕士学位论文,辽宁大学,2018年。

闫雨婷:《清帝东巡盛京与清鲜关系》,硕士学位论文,山东大学,2013年。

王锺翰主编:《满族史研究集》,中国社会科学出版社1988年版。

王锺翰主编:《满学朝鲜学论集》,中国城市出版社1995年版。

王锺翰主编:《满族历史与文化》,中央民族大学出版社1996年版。

《庆祝王锺翰先生八十寿辰学术论文集》,辽宁大学出版社1993年版。

《庆祝王锺翰教授八十五暨韦庆远教授七十华诞学术论文集》,黄山书社1999年版。

朱诚如主编:《清史论集——庆贺王锺翰先生九十华诞》,紫禁城出版社 2003 年版。

《纪念王锺翰先生百年诞辰学术论文集》，中央民族大学出版社 2013 年版。

金基浩、葛阴山主编：《满族研究文集》，吉林文史出版社 1990 年版。

白寿彝主编：《清史国际学术讨论会论文集》，辽宁人民出版社 1996 年版。

姜相顺：《满族史论集》，辽宁民族出版社 1999 年版。

阎崇年：《满学论集》，民族出版社 1999 年版。

支运亭主编：《八旗制度与满族文化》，辽宁民族出版社 2002 年版。

中国社会科学院近代史研究所政治史研究室编：《清代满汉关系研究》，社会科学文献出版社 2011 年版。

关嘉禄：《清史满学暨京剧艺术研究·关嘉禄文集》，社会科学文献出版社 2012 年版。

中国第一历史档案馆编：《明清档案论文选编》，档案出版社 1985 年版。

中国第一历史档案馆编：《明清档案与历史研究》，中华书局 1988 年版。

中国第一历史档案馆编：《明清档案与历史研究论文选》，国际文化出版公司 1995 年版。

中国第一历史档案馆编：《明清档案与历史研究论文集》，中国友谊出版公司 2000 年版。

### 三　国外著作及论文

［俄］格·瓦·麦利霍夫：《满洲人在东北（十七世纪）》，黑龙江省哲学社会科学研究所第三室译，商务印书馆 1976 年版。

［法］陆康：《"旗人也，汉人也"：满洲人升寅（1762——1834）与

其青年时期的生活经验》，载中国社会科学院近代史研究所政治史研究室编《清代满汉关系研究》，社会科学文献出版社2011年版。

［韩］金宣旻：《论雍正时期盛京地区的边境统治政策》，载中国社会科学院近代史研究所政治史研究室编《清代满汉关系研究》，社会科学文献出版社2011年版。

［美］布迪、莫里斯：《中华帝国的法律》，朱勇译，江苏人民出版社2003年版。

［美］费正清编：《剑桥中国晚清史（1800—1911）》，中国社会科学院历史研究编译室译，中国社会科学院1983年版。

［美］韩书瑞、罗友枝：《十八世纪中国社会》，陈仲丹译，江苏人民出版社2012年版。

［美］拉铁摩尔：《中国的亚洲内陆边疆》，唐晓峰译，江苏人民出版社2013年版。

［美］罗友枝：《清代宫廷社会史》，周卫平译，中国人民大学出版社2009年版。

［美］裴德生编：《剑桥中国清代前中期史1644—1800年（上卷）》，戴寅等译，中国社会科学出版社2020年版。

［美］邵丹：《故土与边疆：满洲民族与国家认同里的东北》，载中国社会科学院近代史研究所政治史研究室编《清代满汉关系研究》，社会科学文献出版社2011年版。

［美］魏斐德：《洪业——清朝开国史》，陈苏镇等译，江苏人民出版社2008年版。

［美］谢健：《帝国之裘——清朝的山珍、禁地以及自然边疆》，关康译，北京大学出版社2019年版。

《满洲旧惯调查报告》，南满铁道会社1912—1915年版。

白鳥庫吉監修：《満洲の歴史地理》，東京：丸善株式会社1940年版。

[日] 稻叶延吉（君山）：《满洲发达史》，杨成能译，翠文斋书店 1940 年版。

荒武達朗：《近代満洲の開発と移住》，東京：汲古書院 2011 年版。

[日] 山根幸夫：《日本关于中国东北史的研究》，《社会科学战线》 1997 年第 6 期。

[日] 松浦章：《康熙盛京海运和朝鲜赈济》，载石桥秀雄编《清代中国的若干问题》，杨宁一、陈涛译，山东画报出版社 2011 年版。

細谷良夫編：《中国東北地区の清朝史跡——1986～1990 年：科研費成果報告書第 3 冊》，仙台：梅村坦 1991 年版。

園田一亀：《清朝歴代皇帝の満洲巡幸》，1932 年奉天図書館叢刊本。

[日] 织田万：《清国行政法》，李秀清、王沛点校，中国政法大学出版社 2003 年版。

周藤吉之：《清代東アジア史の研究》，東京：日本学術振興会 1972 年版。

[英] 杜格尔德·克里斯蒂：《奉天三十年（1883—1913）》，张士尊、信丹娜译，湖北人民出版社 2007 年版。

[英] 亚历山大·霍斯：《满洲，它的人民、资源和最近的历史》，张士尊、李梅梅译，辽海出版社 2005 年版。

Owen Lattimore, *Manchuria*: *Cradle of Conflict*, New York: The Macmillan Company, 1935.

Robert. H. G Lee, *The Manchurian Frontier in Ching History*, Cambridge, MA and London: Harvard University Press, 1970.

Yoshiki Enatsu, *Banner Legacy*: *The Rise of the Fengtian Local Elite at the End of the Qing*, Ann Arbor, Michigan, Center for Chinese Studies, The University of Michigan Press, 2004.

# 后　　记

　　本书是在我博士学位论文的基础上修改完成的,自 2016 年从中央民族大学博士毕业至今,已过去七个年头,今日论文有幸出版,感到万分激动。期间,我曾多次寻找机会,尝试将论文修改出版,但都因各种缘由,未得实现。所以,现今论文得以付梓,我要感谢资助论文出版的我所在单位东北大学秦皇岛分校及民族学学院穆崟臣教授领衔的满学研究团队。

　　本书的写作过程,是我对初步掌握的历史学研究技能与方法的检验,正是通过博士论文的写作使我对清代盛京史这一研究方向产生兴趣,从此便结下不解之缘。博士毕业至今,先后发表的一系列成果,皆是围绕此一方向展开,我想未来我也将继续在此研究领域深耕。而为此打下坚实基础的便是博士论文写作过程中对清代盛京史相关史料的深入爬梳与整理。现在回忆起当时争分夺秒地翻检古籍与摘抄收录史料的情景仍历历在目,这一过程虽然艰辛,但却使我收获颇丰。一方面使我对清代盛京地区的历史状况有了深入了解,为博士论文的写作奠定基础;另一方面也使我对有待进一步研究与解决的清代盛京地区相关历史问题有所认知,这为之后继续深入研究创造条件。同时,博士论文的写作,是我首次利用满文文献进行的学术研究,写作过程中对满文文献的搜集整理与利用,使我的满文阅读与翻译能力得到训练与提高,特别是在此基础上结合语词特色对满文文献的史料分析,为我今后的专业研究积累了新本领。

完成本书的写作,得到了我的博士生导师赵令志教授的极大帮助。赵老师因材施教、有教无类的教学风格,给我的学习和研究提供了很大的空间,使我能够将自己的更多想法付诸实施,进而使我的潜能得到了更大发展。赵老师平易近人、幽默风趣的性格,也深深影响着我对人对事的看法,使一向内向的我,时不时也轻松了很多。特别要向老师表示感谢的是,老师为了我工作的事操心颇多。不擅交际、只会读书的我,毕业之际,工作问题成了老大难,无从下手,没有门路,让我对自己的未来充满担忧。赵老师在我最困难的时候,向我伸出了援助之手,帮我递简历、做推荐,辛勤的付出却不求回报,"滴水之恩,当涌泉相报",但我对老师的恩情,真的无以回报,只能在此用苍白的话语再次向恩师表达我无限的感激之情。

最后,以我博士学位论文致谢里的一段话结束全书,"回顾这三年的学习生活,最大的感受就是忙碌和疲倦。尽管如此,还是充满遗憾。遗憾的是还有好多想看的书没有看,还有好多想研究的问题没有理清,即便这篇学位论文已经定稿,也还觉得有好多地方需要再修改和完善。为什么会有如此感受,因为我深爱着历史学专业,深爱着史学研究。我写作这篇学位论文,不仅仅是为了获得博士学位,更是为以后的学术研究奠定基础。我用心的写作,促成了它的诞生。"

李小雪<br>
2023 年 6 月